走进我们的大学

——南昌理工学院

（2023年版）

主　审　邱小林

主　编　黄学光

副主编　张友文　刘姝　方婷　刘文

北京理工大学出版社
BEIJING INSTITUTE OF TECHNOLOGY PRESS

内 容 简 介

本书内容包括印象篇、学习篇、生活篇、择业篇、制度规范篇等。重点介绍了学校相关情况，帮助学生了解大学生活、指导大学生后期的就业及创业事宜，帮助学生了解执业前期的学习和准备工作。同时本书的内容还附带了学校及国家的相关管理政策，明确学校的规范化管理依据及学生应该遵守的相关规定。

图书在版编目（CIP）数据

走进我们的大学——南昌理工学院 / 黄学光主编. -- 北京：北京理工大学出版社，2019.8（2023.9 重印）

ISBN 978-7-5682-7534-7

Ⅰ. ①走… Ⅱ. ①黄… Ⅲ. ①大学生－入学教育－高等学校－教材②南昌理工学院－概况 Ⅳ. ① G645.5 ② G649.285.61

中国国家版本馆 CIP 数据核字（2019）第 191075 号

责任编辑： 赵　岩　　**文案编辑：** 赵　轩
责任校对： 周瑞红　　**责任印制：** 李志强

出版发行 / 北京理工大学出版社有限责任公司
社　　址 / 北京市丰台区四合庄路 6 号
邮　　编 / 100070
电　　话 /（010）68914026（教材售后服务热线）
（010）68944437（课件资源服务热线）
网　　址 / http://www.bitpress.com.cn

版 印 次 / 2023 年 9 月第 1 版第 5 次印刷
印　　刷 / 三河市天利华印刷装订有限公司
开　　本 / 787mm × 1092mm　1/16
印　　张 / 26.75
字　　数 / 611 千字
定　　价 / 50.80 元

前言

欢迎您来到美丽神奇的大学校园——南昌理工学院

习近平总书记指出：教育兴则国家兴，教育强则国家强。我们要建设的教育强国，是中国特色社会主义教育强国，必须以坚持党对教育事业的全面领导为根本保证，以立德树人为根本任务，以为党育人、为国育才为根本目标，以服务中华民族伟大复兴为重要使命，以教育理念、体系、制度、内容、方法、治理现代化为基本路径，以支撑引领中国式现代化为核心功能，最终是办好人民满意的教育。

南昌理工学院位于英雄城——南昌，以“航天科教，兴我中华”为办学宗旨，秉承“科学、求实、厚德、创新”的校训，立足江西，面向全球，着眼社会产业结构发展，关注社会人才需求，为国家经济社会发展培养高素质应用创新型人才。

习近平总书记指出：培养什么人、怎样培养人、为谁培养人是教育的根本问题，也是建设教育强国的核心课题。我们建设教育强国的目的，就是培养一代又一代德智体美劳全面发展的社会主义建设者和接班人，培养一代又一代在社会主义现代化建设中可堪大用、能担重任的栋梁之才，确保党的事业和社会主义现代化强国建设后继有人。

未来属于青年，希望寄予青年。为了使广大学生尽快融入大学生活，切实增强社会责任感、创新精神和实践能力，我们组织编写了《走进我们的大学——南昌理工学院》一书。本书旨在全方位服务广大青年学生，使同学们对大学有基本的了解，知道自己在大学里要做什么，如何学习、生活、理财和做好职业生涯规划，为广大学生指明前进的方向和奋斗的目标，也使教育、教学和管理等更加规范化、制度化，从而促使广大青年学生德智体美劳全面发展。

本书主要包括印象篇、学习篇、生活篇、择业篇、制度规范篇等内容。书中的相关规章制度是大学生必须遵守的规则，也是学校开展各项工作和实施学生管理的依据。希望同学们坚定不移听党话、跟党走，怀抱梦想又脚踏实地，敢想敢为又善作善成，用脚步丈量祖国大地，用眼睛发现中国精神，用耳朵倾听人民呼声，用内心感应时代脉搏，把对祖国血浓于水、与人民同呼吸共命运的情感贯穿学业全过程、融汇在事业追求中，争做有理想、敢担当、能吃苦、肯奋斗的新时代好青年，让青春在全面建设社会主义现代化国家的火热实践中绽放绚丽之花。

梦在前方、路在脚下，把青春华章写在祖国大地上。

青春正好、不负韶华，为实现中华民族伟大复兴而不懈奋斗。

航天之歌

——南昌理工学院校歌

（吴兢演唱）

1=G $\frac{4}{4}$

♩=116 自豪地歌唱

邱小林词
胡旭东曲

5 · 5 3 5 | 1 2 · 2 3 1 | 2 · 2 2 3 3 2 · 1 | 3 6 5 - |

圣 地井冈 秀美 的赣江，八 一军旗升起 的 地 方，

浩 瀚宇宙 自由 地翱翔，美 丽校园激情 在 飞 扬，

6 6 · 6 5 6 · 6 | 5 3 1 - | [1] 2 2 · 3 5 5 5 3 1 | 2 - - - :‖

这里 有英雄 的 故 事， 这里 有团 结的力 量。

我们 的歌声 多嘹亮，

[2] 2 2 2 2 3 5 2 3 | 1 - - - | 6 - 5 6 · 6 | 5 3 1 - | 2 2 6 5 4 3 |

我 们的前程多宽 广。 我 可爱 的 校 园 桃李飘

我 可爱 的 家 园 沐浴阳

5 - - - | 6 · 6 5 6 | 5 3 1 - | 2 2 2 3 5 3 1 | 2 - - - | 3 · 3 5 3 |

香， 航 天理工 放 飞 我青春的梦 想， 科 学务实

光， 航 天理工 照 亮 我前进的方 向， 航 天科教

1 · 1 2 3 6̣ - | 6 · 6 5 3 3 1 2 | 1 - - - :‖ 6 · 6 5 3 5 5 6 |

厚 德创 新， 我 要为你放声歌 唱。 我 要为你放声歌

兴 我中华， 我 要为你放声歌 唱。

1̇ - - - | 1̇ - - 0 ‖

唱。

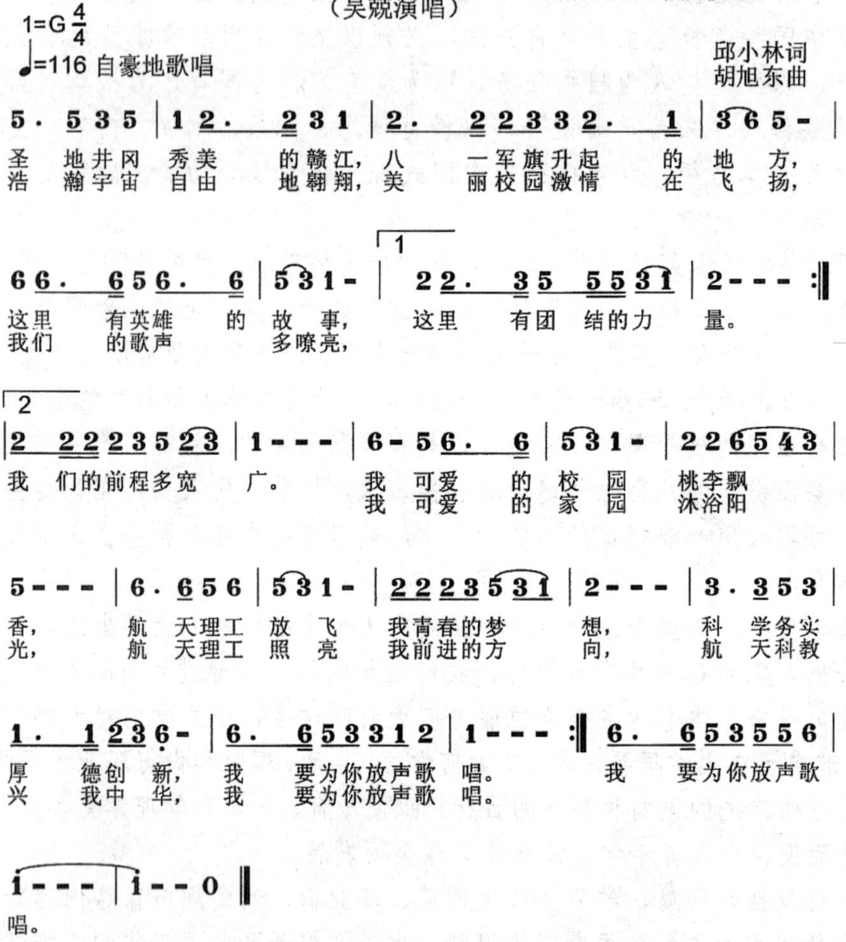

（一）办校宗旨：

航天科教

兴我中华

国家教育部 柳斌 题

（二）校训：

科学　求实

厚德　创新

（三）人才培养目标：

培养思想好、基础实、知识面宽、有较强学习能力、实践能力和创新精神、人格健全的高素质应用型人才。

（四）荣誉校长题词

知识创新
才是力量

邱小林

（五）荣誉校长寄语

亲爱的同学们：

美丽神奇的南昌理工学院与您牵手；

这里探求的为人、为学、为事之哲理；

这里搭建的是成长、成才、成就梦想之平台；

这是遵循的是“科学、求实、厚德、创新”之校训；

这里秉承的是“航天科教、兴我中华”之宗旨。

邱小林

（六）荣誉校长向全体毕业生（校友）致十八字箴言

三是秉初心，肯登攀。

二是怀激情，乐奉献；

一是积跬步，至千里；

邬小林

（七）《岳麓书院学规》：

时常省问父母；朔望恭谒圣贤；

气习各矫偏处；举止整齐严肃；

服食宜从俭素；外事毫不可干；

行坐必依齿序；痛戒讦短毁长；

损友必须拒绝；不可闲谈废时；

日讲经书三起；日看纲目数页；

通晓时务物理；参读古文诗赋；

读书必须过笔；会课按时蚤完；

夜读仍戒晏起；疑误定要力争。

目录

1. 印象篇

2. 学习篇

3. 生活篇

4. 择业篇

5. 制度规范篇

5.1 国家教育行政法规、教育部有关文件 / 71

5.2 南昌理工学院学生管理与服务文件 / 204

一、学生日常管理规范

1

印象篇

1.1 认识大学

一、什么是大学

大学是人类各阶段教育的高等阶段，学名为普通高等学校，是一种功能独特的文化机构，是与社会的经济和政治机构既相互关联又鼎足而立的传承、研究、融合和创新的高等学府。它不仅是人类文化发展到一定阶段的产物，它还在长期办学实践的基础上，经过历史的积淀、自身的努力和外部环境的影响，逐步形成了一种独特的大学文化。

我国现行的本科高等院校有大学与学院之分，关于大学与学院有什么区别，教育部有非常具体的规定。根据教育部 2006 年 9 月 28 日发布的《普通本科学校设置暂行规定》（教发〔2006〕18 号）和 2006 年 9 月 26 日发布的《教育部关于“十一五”期间普通高等学校设置工作的意见》（教发〔2006〕17 号），大学和学院的主要区别在于：大学全日制在校生规模应在 8 000 人以上，在校研究生数不低于全日制在校生总数的 5%；学院全日制在校生规模应在 5 000 人以上。

在人文学科（哲学、文学、历史学）、社会学科（经济学、法学、教育学）、理学、工学、农学、医学、管理学等学科门类中，称为学院的应拥有 1 个以上学科门类作为主要学科，称为大学的应拥有 3 个以上学科门类作为主要学科。称为学院的其主要学科门类中应能覆盖该学科门类 3 个以上的专业；称为大学的其每个主要学科门类中的普通本科专业应能覆盖该学科门类 3 个以上的一级学科，每个主要学科门类的全日制本科以上在校生均不低于学校全日制本科以上在校生总数的 15%，且至少有 2 个硕士学位授予点，学校的普通本科专业总数至少在 20 个以上。称为学院的在建校初期专任教师总数不少于 280 人，专任教师中具有研究生学历的教师数占专任教师总数的比例应不低于 30%，具有副高级专业技术职务以上的专任教师人数一般应不低于专任教师总数的 30%，其中具有正教授职务的专任教师应不少于 10 人。各门公共必修课程和专业基础必修课程，至少应当分别配备具有副高级专业技术职务以上的专任教师

2人；各门专业必修课程，至少应当分别配备具有副高级专业技术职务以上的专任教师1人；每个专业至少配备具有正高级专业技术职务的专任教师1人。称为大学的专任教师中具有研究生学位的人员比例一般应达到50%以上，其中具有博士学位的专任教师占专任教师总数的比例一般应达到20%以上；具有高级专业技术职务的专任教师数一般应不低于400人，其中具有正教授职务的专任教师一般应不低于100人。

二、做怎样的大学生

大学生活不同于中学生活，这就要求大学生在各方面都异于中学生。大学生应在学好科学文化知识的基础上，注重自己能力的培养，全面提高自身综合素质，努力把自己培养成能够适应社会需要，积极推动甚至引导社会变革的人；能进行各种职业选择和行业转换的人；能自如地接受各种挑战，并在社会竞争中不断积累经验的人。

1. 大学生应具备的知识结构

扎实的基础知识。大学生无论选择何种职业，无论要向哪个专业方向发展，都少不了扎实的基础知识。近年来科技发展迅猛，知识更新加快，但更新的绝不是基础知识，基础知识是知识更新的原动力。随着科技和经济的高速发展，社会的产业、行业、职业结构调整的速度必然加快，大学生在择业、就业上已不可能再是从一而终，职业岗位随时变动的状况不可避免。要适应这种变化，必须靠扎实宽厚的基础知识。

精深的专业知识。大学生是将要从事较强专业性工作的人才，因此，专业知识是其知识结构的核心部分，也是科技人才知识结构的特色所在。无专业特色，也就不能称其为科技人才。所谓精深，是指大学生对自己所要从事专业的知识和技术具有一定深度的了解，有质和量的要求，对基本概念、理论体系、研究方法、学科历史和现状、国内外最新信息等都要了解和把握。同时，对其专业邻近领域的知识也要有所了解和熟悉，善于将其所学的领域与其他相关知识领域紧密联系起来。

有一定的其他知识技能。现代各类职业都要求从业者的知识“程度高、内容新、实用强”。“程度高”指知识量大、知识面宽；“内容新”指从业者的知识结构中应以反映当今科学技术发展状况的新知识、新信息为主；“实用强”指从业者的知识在生产、工作中有很强的实用价值。反映上述要求的一个很明显的例子是，目前用人单位普遍要求毕业生能熟练地运用计算机并掌握一门外语。

2. 大学生应具备的能力

主动学习能力。大学里的学习很大程度上是自己主导的，无论选择就业还是继续深造，都不再像中学那样只有学习、升学一条路可选。在这种背景下，主动学习就显得尤为重要。主动学习不仅是学会教材知识，更是要主动学习除本专业之外的一些必要知识。主动学习还要求学生学会学习，如果掌握不了正确的学习方法，即便花费了大量的时间学习，效率仍然还是不高的。

适应社会能力。一个人适应社会的能力是其素质、能力的综合反映。适应社会能力的强弱是与个人的思想品德、知识技能、活动能力、创造能力、处理人际关系能力以及健康状况等密切相关的。一般来说，一个素质比较高、各方面能力比较强、身心健康的大学生走上社会后，能够很快适应环境，适应工作，即使是在比较困难的条件和比较差的环境下，也能变不利的因素为有利因素，通过自己的努力取得好的成绩。

人际交往能力。人际交往能力实际上就是与他人相处的能力。要求大学生重视人际交往能力培养不仅是因为未来的工作环境需要，还因为社会上的人际关系远比学校的同学、师生关系复杂得多，社会生活要求走出校门的大学生必须与各种各样的人发生这样或那样的关系。能否正确、有效地处理好这些关系，影响着他们对环境的适应和工作效率。

组织管理能力。大学结束后不可能人人都走上领导岗位从事管理工作，但每个人在将来的工作中都会不同程度地运用到组织管理才能，这是现代社会对人才提出的新要求。作为受过高等教育的大学毕业生，不管就职于哪个部门，从事哪项工作，都需要与别人进行合作协调，这实际上就是组织管理能力的具体应用。

表达能力。表达能力不仅在工作以后有非常重要的作用，如工作汇报、年终总结、文件起草、研究报告等都需要，而且在毕业生求职择业过程中也发挥着不可低估的作用，比如自荐信的撰写、个人材料的准备、回答招聘人员的问题、接受用人单位的面试等。可以这样说，在求职这一环节上，表达能力的强弱直接影响到择业的成败。

动手能力。对大学生而言，无论今后从事教学、科研还是在生产第一线，动手能力的强弱都将直接影响到能力的发挥程度，因此大学生应注意避免重理论轻实践的倾向。事实上为培养基础知识扎实、动手能力强的人才，各高校在教学培养模式上已做了相关调整，基本上结合教学进程都安排有学习实践环节，大学生在学习过程中必须重视这些环节。

开拓创新能力。大学生如果只能熟悉背诵前人的定理、定义，安于现状而不思开拓、创新、进取，那么他学的知识就会变得毫无意义。著名物理学家、诺贝尔物理学奖获得者史蒂文·温伯格说过："不要安于书本上给你答案，要去尝试发现与书本上不同的东西，这种素质可能比智力更重要，往往是最好的学生和次好的学生的分水岭。"因此大学生在学习的过程中，应注意不断培养和强化自己的开拓创新能力。

决策能力。决策能力是决策者在面临多项选择时，及时、果断做出最佳选择的一种能力。人的一生往往会遇到许多重大的选择，优柔寡断、误失良机和草率决断抓芝麻丢西瓜一样，都会给整个人生带来莫大的影响。因此大学生在校学习期间，不要事事都请别人拿主意，要有意识地去培养自己的决策能力，从日常小事做起，这样日积月累，就会形成一种能力习惯。

3. 大学生应具备的素养

（1）思想道德素质是人才素质结构中最基本、最重要的内容，应把加强大学生思想道德素质的培养放在首位。

当今世界，科学技术突飞猛进，知识经济已见端倪，国力竞争日趋激烈，教育事业与国家的安危、民族的兴衰息息相关。近年来，学校推行素质教育已成为教育改革的主流，在高校实施素质教育，培养全面发展的人才，是我国高等教育改革的一项重大决策。全面推进素质教育的内涵，就是要全面提高学生的思想道德素质、文化素质、业务素质和身心素质，即全面提高学生的综合素质。其中思想道德素质是重中之重，在人的整体素质中，思想道德素质起着主导的作用。

（2）科学文化基础和文化修养，反映人才的素质，加强大学生科学文化素质的培养势在必行。

一定的思想道德观念总是以一定的文化底蕴为基础，文化基础和文化修养在更深层次上反映人才的质量，中西文化的碰撞和古今文化的传承与发展，特别是中华民族优秀传统文化的继承与弘扬，要求有新的中国文化精神和理念来推动人自身发展的现代化。一个国家，一个民族，如果没有现代科学，没有先进技术，一打就垮；而如果没有优秀历史传统，没有民族人文精神，不打自垮。知识经济在科学上表现为学科在高度分化的基础上形成的高度综合。大量的交叉学科、横断学科和边缘学科的出现，是这种综合化的表现。

（3）社会需要具有创新精神和实践能力的高素质人才。

重视并加强学生创新素质培养是时代发展的要求，当今世界科学技术日新月异，新的技术不断产生，只有不断创新，才能在这个时代的洪流中立于不败之地。创新是人类社会发展与进步的动力，培养创新人才是高等教育基本的价值取向，《高等教育法》明确规定："高等教育的任务就是培养具有创新精神和实践能力的高级专门人才"。作为担当未来重任的大学生，必须积极培养自己的创新素质和实践能力。一是要积累知识，增加才干。没有知识的积累，缺乏必要的才干，开拓创新就无从谈起。一个人的知识和经验积累得越多，那么他的创新能力就越强。因为一个人只有积累了丰富的知识与经验，具备了过人的胆识，他才能拥有超群的才干，才能接受新思想，吸纳新知识，抓住新机会，创造新成果。二是培养想象力。想象力并不是文学家、艺术家的专利，它是从事任何职业的人都需要的。对需要具备创新素质的大学生来说，培养自己的想象力就显得十分重要。三是注重自己的个性发展。个性是创新的基础，没有个性发展，就没有创新精神的体现。四是培养发散性思维能力。发散性思维又称创造性思维，是从不同方向、不同角度，全方位、多层次地寻找解决问题方法的一种思维方式。五是从平凡小事做起。对于大家习以为常的事情，完成起来都能频出新招，久而久之，自然会形成创新的欲望和习惯。具备了创新精神，可使道德境界更高、文化底蕴更深厚，文化取向更超前。

三、精彩纷繁的大学生活

大学校园里除了学习还有很多课余文化活动，这些活动与日常学习、生活交织在

一起就组成了大学最亮丽的风景线。

军训。这是大学生的必修课，通过严格的军事训练提高学生的政治觉悟，激发爱国热情，发扬革命英雄主义精神，培养艰苦奋斗、刻苦耐劳的坚强毅力和集体主义精神，增强国防观念和组织纪律性，养成良好的学习和生活作风，掌握基本军事知识和技能。

迎新晚会。军训结束后广大学生接触的第一个大学大型文艺活动就是迎新晚会了。每年迎新晚会由校团委主办，节目也是从各二级学院选拔出来的，在一定程度上集中了有文艺特长的学生，成为历年新生享受大学生活的一次视听盛宴。

主题团日活动。主题团日活动就是以团支部为单位进行的一系列有益于德智发展的活动，其活动围绕一定的主题展开。主题团日活动的现实意义是团结支部成员，并扩大支部影响力，加强支部与社会的联系，提升成员的整体素质。好的主题团日活动可以让成员体验乐趣的同时收获一定的社会认可，创造一定的社会价值。经过班级团干部的策划，主题团日活动精彩纷呈、形式各异，让广大学生在快乐中成长。

党和国家纪念日、农历风俗节日庆典活动。每逢党和国家纪念日，各院系、各班级纷纷组织形式多样的纪念活动，或观影或表演话剧或开展红诗红歌赛，依次来纪念党和国家的历史。在逢农历习俗节日时，各班级往往也会有自己的活动安排，如冬至的集体包饺子、端午时相互赠送粽子等。

社团文化节。大学里的各类社团是由有共同业余爱好的学生创办，为学生充分展示自身才华提供了平台，我校众多社团中有文艺社团、学习社团以及专业社团。为了充分展示大学生风采，让广大学生认识自我，学校每年举办一次声势浩大的社团文化节，在社团文化节上，每个社团都以活动展示本社团的特色，这是大学里的一道靓丽风景线。

各类学术报告。大学是知识的殿堂，除了正常的课堂学习内容以外，学校和各分院还会组织众多学术报告会，这些学术报告一般都是邀请相关专业的专家、学者授课，是大学生充实自身专业知识的绝好机会。

运动会。我校运动会一般分校级春季运动会和各二级学院的秋季运动会，目的都是引导广大学生积极参与体育锻炼。其中每年一度的校级春季运动会最引人注目，开幕式精彩纷呈、美妙绝伦。参赛运动员都以“更高、更快、更强”的体育精神来鞭策自己，都为了自己学院的荣誉而奋战到底，赛场的呐喊声、加油声此起彼伏。

各类比赛。除了上述各类活动，学院还会组织各类比赛，如心理话剧大赛、PPT设计大赛、辩论赛、篮球赛、排球赛、服装设计大赛等，这类比赛为学生愉悦身心、实践自身所学知识提供了平台。

1.2 步入南昌理工学院

一、南昌理工学院

南昌理工学院是经教育部批准设置的民办普通本科（二本）高校。1999 年 5 月创建；2001 年 4 月，经江西省人民政府批准升格为高职院校，定名为江西航天科技职业学院；2005 年 5 月，经教育部批准升格为江西省首批民办本科高校，定名为南昌理工学院；2009 年 4 月，经江西省人民政府学位委员会批准为江西省首批民办高校学士学位授予单位；2012 年 11 月，学校顺利通过教育部本科教学合格评估，是江西省首批第一所一次性通过合格评估的民办高校，专家组一致评价：南昌理工学院是民办教育的一面旗帜；2016 年 4 月，学校与华东交通大学开始联合培养研究生；2017 年 4 月，被江西省人民政府学位委员会列为“十三五”硕士授权立项建设单位；2018 年 2 月，被教育部命名为国防教育特色学校；2018 年 11 月，顺利通过了教育部本科教学工作审核评估，专家组一致认为：南昌理工学院是全国示范性民办高校，国防教育特色鲜明，军魂育人成效显著。2021 年，被江西省人民政府学位委员会列为“十四五”硕士授权立项建设单位。2022 年 11 月，获批全国科普教育基地。

学校位于江西省英雄城市——南昌，以“航天科教，兴我中华”为办学宗旨，秉承“科学、求实、厚德、创新”的校训，立足江西，面向全球，着眼社会产业结构发展，关注社会人才需求，为国家经济社会发展培养高素质应用创新型人才。

南昌理工学院校舍建筑面积 90 余万平方米。下设计算机信息工程学院、机电工程学院、电子与信息学院、航天航空学院、建筑工程学院、工商管理学院、财经学院、人文教育学院、外国语学院、音乐学院、美术与设计学院、传媒学院、体育学院、法学院、医学院、国际交流学院、继续教育学院、马克思主义学院等 18 个教学学院，全日制在校生 3 万余人。

学校总资产达 28.43 亿元，其中教学科研仪器设备总值 2.2397 亿元。拥有国家级职业教育实训基地 1 个，省级实验示范教学中心 3 个，建有 263 个实验室，263 个实习实训基地。学校图书馆总面积为 5.46 万平方米，其中图文信息中心 3 万平方米，阅览座位 5757 席，馆藏图书文献资料 324.6453 万册，电子图书 190 余万种，有中国知网、超星、万方、Emerald 等各类中外文数据库 16 个，图书及数字资源丰富。

科学规划学科专业布局，突显特色发展。学校以“科教兴赣、科技强省”为目标，

主动对接和服务区域经济社会发展，构建服务地方经济与社会发展的学科专业体系，现有63个本科专业，涵盖工学、理学、文学、经济学、管理学、法学、教育学、艺术学等九个学科门类。学校为了错位发展，积极培育新的学科专业增长点，申报了直升机驾驶技术、飞行技术、航空航天工程等航空类专业，我校飞行技术专业被评为省级一流特色建设专业；学校为了特色发展，积极申报了一批新兴专业，如智能制造工程、机器人工程、数据科学与大数据技术、物联网工程等新工科专业，金融科技、金融工程等新商科专业，护理学、康复治疗学等新医科专业。目前，学校形成了支持新一代信息技术产业发展，支持先进制造业和航空产业发展，支持现代服务业发展，支持文化及创意产业发展，支持节能环保、新能源、新材料产业发展的5大具有比较优势的学科专业集群。学校专业建设成效显著，新能源科学与工程、军事法学2个学科被列为江西省高校“十二五”重点学科，有教育部产学合作协同育人项目145项，1个国家级特色专业，6个省级特色专业建设点，3个省级一流专业建设点，3个省级专业综合改革项目，3个“卓越工程师人才培养计划”项目，2个省级人才培养模式创新实验区，1个省级双师教师培训基地，省级精品课程15门，省级精品在线课程、共享育人课程及一流课程30门，省级课程思政示范项目4项。

注重教育教学改革，强化培养质量。学校为深化教育教学改革，坚持知识、能力、素质协调发展的原则，在重视知识传授的基础上，加强专业应用技能的培养。构建了“3平台+接口”的培养方案，设计了“课程实验+每学期的集中职业技能实训+教学环节实践+第二课堂实践”的“四实”实践教学体系，形成了“校长总管，副校长分管，三线监控，多点支持，基层落实的质量保障体系”和“管、监、评分离的三线质量监控体系”。近5年，学生在全国和全省数学建模大赛、电子设计大赛、挑战杯全国大学生课外学术科技作品竞赛等各级各类赛事中获奖3835项，其中国际级：一等奖9项、二等奖12项、三等奖29项；国家级：特等奖5项、一等奖113项，二等奖236项，三等奖413项。在世界航天模型锦标赛中，我校师生代表中国队夺得四金一银四铜的好成绩，特别在火箭高度纪录项目和回收项目上，完胜俄罗斯队和美国队，赢得冠军。由于我校学生基础知识扎实，动手能力及适应能力强，从事的岗位与所学专业符合度高，深受用人单位的好评，每年我校毕业生就业率均高出全省毕业生就业平均水平，连续5年被评为“江西省普通高校毕业生就业工作先进单位”。办学20余年来，我校已累计为社会培养输送了19.8万余名优秀毕业生，其中，部分毕业生在中国航天科工、航天科技集团、中国航天员训练中心和华为集团等军事单位和企业工作；学校还培养了江西中联能源发展有限公司雍芝君董事长，上海赚赚资产管理有限公司张其一董事长，维珍天使集团黄平新董事长等一大批资产过亿的优秀创业者。近年来，学校形成了“进口旺、出口畅、中间质量有保障”的喜人局面。

大力实施人才兴校工程，彰显强校战略。结合学校战略发展的目标，提出大力实施人才兴校工程，有计划有步骤地加强师资队伍建设，初步建成了一支数量充足、结构合理、素质优良、教学科研能力强、能够满足学校事业发展的师资队伍，为人才培养和科学研究提供了强有力的保障。学校专任教师1631人，专任教师中具有博士学位教师、高级职称教师66.8%。学校专任教师中，获国务院特殊津贴的10人，省新世纪百千万人才工程专家2人，省赣鄱英才555工程专家1人，省高校中青年学科带头人2人，省中青年骨干教师19人，省级教学团队2个，还聘请了中国探月工程首席科学家、中科院欧阳自远院士为学校荣誉校长，中科院王梓坤院士为学校学术委员会名誉主任。

南昌理工学院坚持以专家治校，专家治学，专家治教的理念，学校校领导中，博士8人，教授11人；现任党委书记、督导专员许基南教授、博士是江西财经大学博士生导师；现任校长范彦斌教授、博士是佛山科学技术学院原党委副书记、副校长，教育部本科教学工作合格评估专家，教育部本科教育教学工作审核评估专家；各专业带头人均为高级职称，具有20年以上教学管理经验和优秀教学经历者担任。同时，还聘请一批来自行业、企业具有实践经验、动手能力强的双师型教师来校任教，为我校培养应用创新型人才奠定了良好的基础。

搭建科研产业对接平台，加强成果转化。近年来，学校建成了一批高水平的科研创新平台，科研水平快速提升，科研能力明显增强，科研成果转化卓有成效，服务地方的能力不断提升。

学校高度重视教学科研平台建设，现建有一批高水平的科研创新平台，其中省级重点实验室1个（江西省太阳能光电材料重点实验室），文化艺术科学省级重点研究基地1个（江西赣剧音乐研究中心），省级科学普及教育基地1个，市级人文社科研究基地1个，校级研究所（院）20个。特别是江西省太阳能光电材料重点实验室经省科技厅组织专家会议答辩和实地考察验收，获得“江西省十佳省级重点实验室”荣誉称号，是全省民办高校零的突破。

近年来，学校科研能力显著提高，获国家自然科学基金项目2项，国家社会科学基金项目4项，全国重大研编出版项目1项，获批教育部产学合作协同育人项目数近百项；江西省“双千计划”长期人才项目1项；获得江西省科技进步二等奖3项，江西省优秀教学成果一等奖2项、二等奖2项，省教育科学优秀成果二等奖1项，省社科优秀成果一等奖2项，二等奖1项，三等奖1项，获省级以上科研成果奖60余项，省部级以上立项900余项，国家专利、软件著作权1000余项，教师共出版专著和教材580部，发表学术论文9480篇，其中中文核心649篇，被SCI、EI、ISTP和CSSCI收录694篇。2019年，我校邱小林教授和张传军高工共同编著的《嫦娥巡天看中华》科普作品荣获江西省科学技术进步二等奖，为江西省唯一获得省科学技术进步二等奖的民办高校；傅修延教授申报的《The ante-narrative on bronze wares and the Chinese narrative tradition》荣获江西省社会科学优秀成果奖一等奖，也是全省唯一获得一等奖的民办高校。

学校十分重视科研成果和专利的转化，紧紧围绕电子信息、新能源、新能源汽车工程、智能机器人、航天食品等重点产业，建设了50余项前沿科技项目的知识产权及

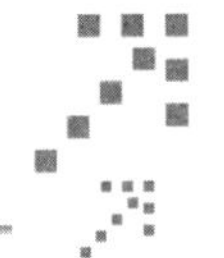

技术成果库。我校研发的通讯通信、音视频系统荣获中国人民解放军军品定点采购，成为各军种列装的首选品牌及航空航天系统等项目的配套产品；我校研究的高性能锂离子电池石墨烯导电剂浆料项目，获得江西省创新创业高层次人才“千人计划”创新人才长期项目，本项目完成后，将推动石墨烯在国防领域的应用价值；自主研发的工业机器人等智能平台和设备，已实现成果转化；研发的光伏电站可调控支架系统设计与开发、光伏电站电路智能检测装备、光伏电站检测漏电设备开发、可清洁防风智能型支架系统设计与开发等太阳能电站装备相关器件已实现转化，我校科研成果和专利不断地转化为生产力，为区域经济社会发展做出了应有的贡献。

学校创始人邱小林、杨秀英夫妇，两位教授热衷教育，为国担当，倾力办学，高瞻远瞩，思想深邃，率领全校教职员工齐心协力创造了民办高校的辉煌，为地方经济建设发展作出了应有的贡献。学校的办学成就，受到中央、省部领导的高度赞扬和社会的肯定，时任国家教育部副部长李卫红莅校视察，称赞学校办学方向对头、宗旨正确、思路清晰、理念好、特色强、带头人好。时任江西省主管教育的副省长朱虹莅校视察，称赞学校有一个好的办学法人、有一个好的办学理念、有一支好的师资队伍、有一个好的领导班子，学校发展得很好、很健康，为江西经济社会发展培养了一大批具有较强实践动手能力的应用型人才，为高等教育的发展创造了好的、新鲜的经验，值得总结和推广。全国人大常委会原副委员长陈至立莅校视察，称赞学校“神奇美丽，很有特色”，对学校办学取得的成就给予充分肯定。

学校在江西省委教育工委、省教育厅的关心、帮助、支持下，始终坚持社会主义办学方向，落实立德树人根本任务，不忘初心、牢记使命，弘扬“特别能吃苦、特别能战斗、特别能攻关、特别能奉献”的载人航天精神，不断加强内涵建设，牢记党的教育方针和“办好人民满意的教育”的使命，努力培养德智体美劳全面发展的时代新人。南昌理工学院全体师生员工将继续开拓进取、奋发图强，为把南昌理工学院建设成为特色鲜明、综合实力一流的应用型民办大学而努力奋斗！

二、院系情况介绍

1. 计算机信息工程学院

计算机信息工程学院创建于 1999 年，是我校的重点院系之一，现有统招本科专业 4 个，统招专科专业 3 个，学院师资力量雄厚，教学设备先进，具有较强的教学科研实力。

拥有中央财政资助的国家级职业教育实训基地，江西省高校实验教学示范中心，实验实训机房 3200 余平方米，教学仪器 2000 余台（件），设备总值 3200 余万元，20 个专（通）用实验室，86 个多媒体教室，为学生提供良好的专业学习和实践环境。

学院十分重视学科专业建设，成为学校的重点学科之一。计算机科学与技术专业是国家级特色专业建设点、被评为省级卓越工程师培养计划建设点，软件工程专业获批省级综合改革试点专业、“计算机网络专业教学综合改革”项目获省级人才培养模式创新实验区，2020-2022 连续三年上榜“校友会网”应用型专业类全国 A+，位列 2022 江西省本科高校应用型一流专业首位。近年来，我院教师发表论文 200 余篇，其中教研论文 36 篇，编写教材 20 余部，其中规划教材 9 本，引入企业培训教材、案例教学讲义 109 本。获批省级一流本科专业课程 5 门，完成省级课题 40 余项，教学能力和水平稳步提升。

学院学生积极参加各类专业技能竞赛，并在全国天梯杯大赛、全国蓝桥杯大赛、全国大学生 CCTV 杯英语竞赛、全国大学生数学建模竞赛、全国大学生大数据技能竞赛、全国行业职业技能竞赛、全国大学生电子商务“创新、创意及创业”挑战赛、全国网络技术挑战赛、华为全球大学生 ICT 大赛、中软国际第三届卓越杯网页设计大赛、江西省大学生科技创新与职业技能竞赛、江西省大学生程序设计竞赛、江西省大学生计算机作品大赛暨互联网 + 创新创业大赛等，取得了优异成绩。

学院注重加强对学生的应用型实用型能力的培养方向，并与知名企业：华为技术有限公司、中兴通讯股份有限公司、科大讯飞股份有限公司、百度在线网络技术（北京）有限公司等国内著名 IT 企业建立了实训基地，由于学生具有较强的应用与动手能力，毕业生的就业率始终保持在 95% 以上，在社会上赢得良好的声誉。

我们将以新的精神风貌，围绕“提升质量，再创辉煌”为主题，尽心尽责，创新发展，为建设一流本科专业不懈努力。

2. 机电工程学院

机电工程学院是南昌理工学院成立最早的院系之一。建院 20 余年来，学院以提高人才培养和毕业生就业质量为宗旨，以提升师资队伍整体水平和强化实践能力素养为建设内涵，以当代科技进步成果引领课程体系改革方向，使学院历年培养的毕业生以基础理论扎实、实践技能过硬而受到社会的广泛赞誉。学院现有全日制本、专科学生 1500 余人。

机电工程学院拥有一支结构合理、爱岗敬业、综合素质高的教师队伍。学院现有专任教师 85 人，其中具有副高以上职称的 36 人，占教师总数的 42%。具有硕士以上学历的教师 49 人，占教师总数的 58%，具有双师型教师 23 人，占教师总数的 27%。学院高度重视专业和学科建设，其中机械设计制造及其自动化专业教学团队是校级优秀教学团队。学院现有两门省级精品课程，六门校级精品课程。其中《机械设计制造及其自动化》本科专业被核准为江西省高等学校特色专业建设点，同时也是江西省卓越工程师培养专业。

学院实验实训中心被省教育厅授予“江西省高校实验教学示范中心”称号，现有智能制造技术、数控技术、模具加工与制造、液压与气压传动、汽车检测与维修、机电自动控制、工程材料及热处理、工程材料检测与分析、工业机器人焊接、计算机辅助设计制造与分析等 10 大实训中心。学院还有南昌市智能制造系统仿真规划与建造重点实验室、机械原理、大学物理、材料力学、互换性与技术测量、产品造型设计、产品包装工程等 28 个省级和市级学科专业实验室。学院设有全国数控工艺员培训中心、国家三维 CAD 培训基地等专业培训基地，建立了 15 个校外实习实训基地。

学院学生历年来参加全国各级各类大学生学科专业竞赛均取得了骄人成绩，如中国国际“互联网 +”大学生创新创业大赛、中国机器人及人工智能大赛、全国大学生金相技能大赛、中国机器人大赛暨 ROBOCUP 机器人世界杯中国赛、“挑战杯”江西省大学生创业计划竞赛、江西省机械创新设计大赛、江西省大学生先进成图技术与产品信息建模创新大赛、大学生创新创业训练计划立项、全国三维数字化创新设计大赛、“学创杯”全国大学生创业综合模拟大赛、全国大学生数学建模竞赛等，近几年来总计获省部级以上奖项几百余项。

其中，中国国际“互联网 +”大学生创新创业大赛省级奖励 1 项，中国机器人及人工智能大赛省部级以上 10 余项，全国大学生金相技能大赛二等奖、三等级各 15 项，国际水中机器人大赛省部级以上 20 余项，“挑战杯”江西省大学生创业计划竞赛省级铜奖 1 项，江西省机械创新设计大赛省级三等奖 3 项，大学生创新创业训练计划立项国家级立项 1 项、省级立项 3 项，全国三维数字化创新设计大赛 14 周年精英联赛（2021-2022）获江西赛区特奖 3 项、全国三等奖 3 项；江西省大学生金相技能大赛国家级三等奖 2 项、省级二等奖 1 项，江西省大学生先进成图技术与产品信息建模创新大赛获省级一等奖 10 余项、二等奖 20 余项、三等奖 30 余项等。

学院本科毕业生考研成果卓然，历届毕业生考研录取人数稳居全校前列。自 2009 年起共考取硕士研究生 386 名，占报考总人数的 67%。其中，赵冉同学以西安电子科技大学机械设计专业第一名的优秀成绩被该校录取，陈敏等 6 人同年也考取了国家重点大学研究生，2022 年李亿超同学考取吉林大学硕士研究生，王晶鑫以 407 分的高分，在同专业考研学生中名列前茅。

考研人数和上线录取比例逐年递增，连续多年被评为学校年度优秀人才培养先进单位。学院一直以人才培养为根本出发点，本科毕业生录取研究生从数量、录取比例都位于学校前列，甚至超过了江西省同类高校。目前有很多同学正在攻读博士学位。

学院重视党建工作和学生思想政治工作，连续多次获得高校先进基层党组织称号，学院党总支 2016 年被省委教育工委授予“高校先进基层党组织”荣誉称号，党建论文《党员干部先进性实践活动的典范》荣获江西高校党建创新成果三等奖。

学院高度重视毕业生就业，实施订单式教育，与世界 500 强企业富士康集团、华为集团、华硕集团、联想集团、海派集团、苏州莱克集团、上海英业达公司，佳世达有限公司、南昌奥克斯有限公司、江西吉利新能源商用车有限公司、江西江铃集团新能源汽车有限公司、长城汽车股份有限公司、南昌海立公司、欧菲光公司等单位建立了合作办学和良好的人才输送渠道。多年来，毕业生一次性就业率在 90% 以上，就业稳定率 100%，1999 年办学以来已向社会输送应用型、高素质人才 4 万余人。

3. 建筑工程学院

建筑工程学院成立于2006年。2007年经江西省教育厅批准设置了土木工程本科专业，并于2008年开始招生。2012年通过教育部本科合格评估并获土木工程专业工学学士学位授予权。2014年土木工程专业批准为省级综合改革试点专业。2017年我院在江西省普通高校土木工程本科专业综合评价排名中列11位。

2020年9月，经学校决定，将原建筑工程学院和工程管理学院重新合并成立新的建筑工程学院。

目前，建筑工程学院设置了土木工程、工程造价及水利水电三个本科专业，还设置了建筑工程技术、工程造价和建筑装饰工程技术三个专科专业。现有在校生2600余人。

建筑工程学院师资队伍不断加强和完善，现有专兼职教师92余人，专任教师中副高以上职称20人，其中教授5人，双师型高级工程师8人，教师队伍中有博士3人，硕士以上学历教师占比例达90%；近年来，我院教师在各类学术期刊上共出版发表论文175篇，完成省级课题3项。

学院建有力学实验室、建筑材料实验室、结构力学实验室以及BIM实验室等7个专业实验室，基本满足各专业基础课和专业课的实验及实训要求。学院与建筑行业企业紧密联系，建立了36个校外专业实训基地，为学院开展专业实训和专业实践提供了可靠的保障，为提高学生实践工作能力提供了稳定的平台，是建筑工程学院培养满足社会需求的应用型专业技术人才重要基础之一。

学院坚持以习近平新时代中国特色社会主义思想为指导坚持社会主义办学方向，注重学生的专业素质和综合素质的培养。我院学生在参加全国大学生数学建模竞赛、全国大学生结构设计竞赛、全国周培源大学生力学竞赛、江西省科技创新与职业技能等竞赛中，有150多人次获得国家级和省级各类奖项，每年有6%的本科生考取研究生，有10%的专科生考入专升本，还有不少毕业生进入公务员岗位工作。学院的毕业生就业率近三年保持在92%以上。

4. 电子与信息学院

电子与信息学院发端于1999年9月，独立组建于2005年5月，现有在校生2200余人。2019年被省人社厅、教育厅授予“全省教育系统先进集体”荣誉称号，是唯一获此殊荣的民办高校单位。2021年7月，学院党总支被授予“全省教育系统先进基层党组织”称号。2022年4月，学院第三党支部被遴选为“全国党建工作样板支部培育创建单位”。2023年3月同新能源与环境工程学院合并组建，对外保留“新能源与环境工程学院”牌子。

学院秉承“紧跟人工智能时代，构建特色专业集群”理念，设有电子信息工程、新能源科学与工程、机器人工程、物联网工程、电气工程及其自动化等本科专业和工业机器人技术、电气自动化技术、电子信息工程技术、光伏发电技术与应用等专

科专业。

2022 年 1 月，电子信息专业学位授权点建设列入我省“新增博士硕士学位授予单位和授权点立项建设总体规划”。新能源科学与工程为省级重点学科，电子信息工程专业为省级一流专业，电子信息工程教学团队为省级高水平教学团队，光电信息工程教学团队为省级教学团队，电工电子实验中心为省级高校实验教学示范中心，新能源科学与工程专业入选省级专业综合改革试点项目和卓越工程师教育培养计划。《钠汞光源的光栅衍射分析的虚拟仿真》《新能源材料合成实验》为省级虚拟仿真实验教学一流本科课程，《电气信息专业导论》为省级精品资源共享课程。

学院现有教师 106 人，其中博士 56 人，49 人具有高级职称，具有行业背景或工程背景教师 61 人，具有博士和硕士研究生指导资格的教师 8 人。邱小林教授等 12 名教师获得国家、省级人才称号。

学院现有各类教学仪器设备达 8963 台（套），实验、实训基地建筑面积达 2.28 万平方米；学院积极构建校企合作办学模式，先后与华为技术有限公司、同方电子科技有限公司、TCL 移动通信有限公司等企业合作建立了 28 个产教融合人才培养基地。

近几年，学院教师共获得省、部级科技进步奖 10 余项，出版教材 39 部，承担国家自然科学基金和省级基金资助科研项目 67 项，取得代表性成果 100 多项，太阳能光电材料实验室为省级重点实验室。

近几年，学院在校生中共有近 500 人次获得省级电子科技创新活动个人奖项和全国数学建模大赛、大学生创新创业大赛等比赛奖项，在省级电子设计竞赛中，多次获得“团体总分第一名”。2022 年获“挑战杯”全国大学生课外学术科技作品竞赛二等奖；2020 年获中国机器人大赛获得冠军；2019 年获中国“互联网 +”大学生创新创业大赛全国铜奖，2017 年获“瑞萨杯”全国大学生电子设计竞赛一等奖。

近年来，学院学生先后获得“全国优秀共青团员”“中国大学生自强之星”“全省优秀共青团员”等荣誉称号。用人单位对毕业生总体满意率超 99%，一批学生投身创业大潮，为社会提供就业岗位 800 多个。

5. 财经学院

财经学院是南昌理工学院最早设立的院部之一，前身是经济管理系，始建于 2000 年，是南昌理工学院首批创办的本科教学单位。学院专业设置主动服务区域新经济发展，现有本科专业会计学、金融科技、财务管理、金融工程；专科专业大数据与会计、金融服务与管理、财富管理；现有在校学生 3000 余人。

财经学院拥有一支由正副教授、博士、硕士、讲师组成的高素质、双师型、老中青相结合的教师队伍，共 150 余人；其中高级职称教师有 50 余人，具有博士或硕士学历教师达 80% 以上，多数教师不仅具有扎实的专业理论知识、教学能力，而且具有较强的实践能力和科学研究能力。

学院建有一个设备完善的实验实训中心，包括 VBSE 财务综合实践教学实验室、财务共享与智能财务实训中心、金融工程实验室、财务管理实验室、基础会计模拟实验室、税务申报实验室、大数据与审计实验室、财务大数据实验室、商业银行及保险实验室等多个实验实训室和先进的多媒体教学设备；通过加强软、硬件建设，采用先进的实践教学手段，培养学生实践应用能力。学院将产教融合、校企协同贯穿于人才培养全过程，与30多家企业建立了校企合作育人基地。

学院重视学生第二课堂活动，在党团组织的领导下，通过学生会、专业协会等社团组织，围绕思想政治与道德素养、学术科研与技能竞赛、艺术体验与审美修养、社会实践与创新创业、志愿服务与交往能力等方面服务学生成长成才，贴近学生成长的实际需求，开展丰富多彩的第二课堂活动，丰富学生的校园文化生活，陶冶情操，促进广大青年学生科学精神和人文素养的养成和提高。

在毕业生就业工作中，实行学校和学院推荐，用人单位考核，双向选择的就业制度。长期以来，我院毕业生实践动手能力强以及勤奋、踏实、肯吃苦、能创新的优秀品质受到众多用人单位的好评，培养的学生综合素质高，就业形势好，赢得了良好的社会赞誉。

历经几代师生的探索、积累、沉淀和升华，学院在人才培养、师资队伍、学科专业建设、科学研究、院系文化等方面均实现了稳步发展；建立了通识教育和专业教育相结合、理论教学和实践教学相融合、课内教学和课外教学相统一的教育教学体系，形成了知识、能力、素质培养为一体的人才培养模式，毕业生受到社会普遍欢迎，为地方经济建设与社会发展做出了积极的贡献。

6. 工商管理学院

工商管理学院瞄准学科前沿和社会发展需求，坚持面向世界科技前沿，面向经济建设主战场，坚持目标、问题、创新导向，把握国情、教情、省情、校情、院情的变化以及由此带来的新形势新要求，提升工商管理创新创业人才培养与教学科研能力水平，坚持科教融合、产教融合、产学融合、育教融合，把文章写在祖国大地上；实施工商管理创新联合体和跨界平台建设，推进重点任务，努力实现“一流”“知名”目标，创新驱动，内涵发展为目标，努力建设成为教学、科研、培训、咨询、人才开发并重的省内一流、国内知名的工商管理学院。

学院现有在校学生1624人，其中本科生873人，专科生751人。

现有专兼职教师134人，现在读博人数：9人。

学院聘请华中科技大学等国内著名高校学术造诣深厚、经验丰富的专家学者、企业家担任学院的管理顾问和兼职教授。

学院具有专业特色。现有工商管理、市场营销、国际经济与贸易、人力资源管理、电子商务、大数据管理与应用六个本科专业；工商企业管理、市场营销、国际经济与贸易、现代物流管理、电子商务五个专科专业。

其中工商管理专业在“江西省教育厅本科专业综合评价”中排名第四，工商管理、市场营销两个专业为“江西省高校特色专业”，新工商管理专业产教融合教学团队获

江西省高水平教学团队。

7. 音乐学院

音乐学院现已开设音乐学、表演、舞蹈表演 3 个本科专业，音乐表演、舞蹈表演 2 个专科专业，在籍学生近 1500 人。

学院具有较强的师资队伍，副高以上职称 21 人，拥有中国小提琴学会常务理事、中国弦乐委员会理事、中国音乐家协会会员，中国舞蹈家协会会员及中国戏剧家协会会员。

学院教学设施完备，现有多功能音乐厅、舞蹈排练厅、综合表演排练室、合唱合奏排练厅、数字影音工作室、电钢琴教室、智慧教室、多媒体教室、现代化机房、琴房等教学场地 2800 平方。

学院始终牢记初心使命，落实立德树人根本任务，为社会培养德智体美劳全面发展的高素质艺术人才。学院注重全面培养学生的综合素质，着力提升学生的专业理论水平和艺术实践能力。学院高度重视毕业生实习就业基地建设工作，先后与江西话剧院、小苹果艺术学校、江西省中山舞蹈中等专业学校、江西省东方艺术学校、浙江横店影视培训学校等省内外近百家单位建立长期合作关系。近年来，我院学子参加各种竞赛取得了骄人成绩，在社会上赢得了良好的声誉，学院毕业生深受用人单位的欢迎，就业率始终保持同类院校前列。

8. 美术与设计学院

美术与设计学院（School of Art & Design）成立于 2015 年 3 月，是我校的重点与特色院系之一，现有统招本科专业 3 个，分别是环境设计、视觉传达设计、产品设计；统招专科专业 4 个，分别是数字媒体设计、艺术设计、环境艺术设计、动漫制作技术。现有在校学生 2100 余人，教师中博士、高级职称人员 38 名。

分院教学设备先进，具有较强的教学与科研实力。近几年投资大量资金打造了集产、学、研为一体的三大专业教学平台，一是设计创意平台，其中包括集数字媒体影音教学体系实验室、101VR 室内教学实验室、产品设计创作实验室、产品设计创意及三维数字中心、920 梦工厂动画制作研究中心、AAD 数字创意梦工场、动漫设计与制作人才培养模式创新实验室、数字摄影实训室、AAD 服装设计创意空间等；二是以艺术中心、美术馆为核心、包括省市美协、省市画院及八大山人纪念馆为实习创作基地的绘画艺术创作平台；三是以大正窑陶瓷工坊和陶瓷艺术研究所为依托，尤其是以南昌瓷板画创作为特色和大师工作室为支撑的陶瓷艺术创作研究平台。

如今的美术与设计学院，教学秩序严谨、师资力量雄厚、教学方向明确、实验平台扎实，形成了教学模式多元、专业特色突显、创新意识活跃、科研成果丰硕、并在全省同类院校具有一定影响力。

学院注重加强对学生的应用型实用型能力的培养方向，并与知名企业：上海龙之谷科技有限公司、江西京东数字产业园、江西观点数字设计有限公司、江西黑小马科技有限公司、卓邦建工集团有限公司等建立了实训基地，由于学生具有较强的应用与动手能力，毕业生的就业率始终保持在全国平均值以上，赢得良好的声誉。

9．传媒学院

传媒学院成立于2003年8月，坚定“办好人民满意的教育”最高宗旨，秉承“科学、求实、厚德、创新”的校训，坚持“知识创新才是力量”，以“传承人类文明，培育创新人才”为办学目标，以“长华夏志气，塑祖国未来”为办学理念，以“厚基础、重能力、求创新”为办学特色，致力于为全社会和全行业培育德智体美劳全面发展的理论与实践相结合的应用型高素质人才。

学院现有教职员工86人，其中正副教授37人、讲师26人，硕士博士和在读硕士博士50余人；拥有在校本、专科生2200余人。现开设7个本、专科专业，其中数字媒体艺术、网络与新媒体、广播电视编导、影视摄影与制作、播音与主持艺术为统招本科专业，广告艺术设计（原广告设计与制作）、影视编导为专科专业。学院坚持理论与实践相结合，教学中心地位突出，教学质量效果明显。在近年全国高等院校各专业综合竞争力正规排名中，学院广播电视编导专业跻身于同类专业竞争力第9名。

学院现为中国语言文化学会副会长单位、江西省音乐舞蹈家协会名誉主席单位，江西省语言学会、江西省传播学会两大省级学会常驻挂牌单位。设有新媒体研究中心，并配备传媒研究所、影视制作中心、平面广告设计工作室、三维动画室、影像创作室、广告创意工作室、网络传播工作室、视音频工作室和纪录片工作室等8大专业工作室。

学院一贯高度重视专业建设及科研学术工作，诚聘请第十届全国人大常委会副委员长、著名语言学家许嘉璐教授为学校承担的中国图书奖重大研编出版项目学术顾问，同时聘请国务院学位委员、学科组长、厦门大学博士生导师李如龙教授为我校名誉教授，聘请中国社会科学院、团中央井冈山青少年培训基地、复旦大学、厦门大学、首都师范大学、湖南师范大学，省委宣传部、省新闻出版局、江西人民出版社、江西日报社、江西广播电视台以及中国网、国际在线、中华网、腾讯网、中国江西网等重要部门和媒体单位40多位高级职称专家学者、高级管理人员为学术顾问或客座教授、指导教师，建立长期教学科研合作关系。学院院长为国家自然科学研究项目及国家社会科学基金项目评审、鉴审专家，并获颁省委教育工委、省教育厅执教逾30年荣誉证书。近年来，已发表各类学术论文180余篇，出版著作20余部，国家级、省部级科研立项10余项。学院为社会输送了大量专业人才，毕业学生以扎实的理论知识、过硬的专业技能和丰富的实践经验，服务于政府部门、高等院校及广播电视台网等各类传统与现代传媒单位，并在所从事的行业领域取得骄人业绩。

10．外国语学院

外国语学院创办于1999年，目前开设有三个本科专业和一个专科专业。本科专业：英语、翻译和日语；专科专业：商务英语。

现有在校生1218人。学院各专业师资力量雄厚，拥有一支业务功底深厚、教学经

验丰富、职称结构、年龄结构和学缘结构均相对合理的教学科研团队。我院现有专职教师 114 人，兼职教师 20 人。专任教师硕士以上 93 人（含硕士），占比 81.57%，高级职称 32 人，占比 28.07%。兼职教师硕士以上（含硕士）16 人，占比 80%，高级职称 13 人，占比 65%。

学院教学基础设施完善。现有多媒体教室 22 间，自主学习中心 2 间，同声传译实训中心 1 间，笔译实验（实训）室 1 间，云网络语音室 1 间，图书资料 141687 册，教学仪器设备总额 320 余万元，能充分满足本专业的教学需求。

近年来，学院不仅在科研和竞赛中屡获佳绩，而且专业和学科建设成绩斐然。在省级以上期刊发表论文 300 余篇，其中核心论文 50 余篇，出版教材 10 余部，获批省级以上课题立项 30 余项，教师发明专利 30 余项。学院教师获得国家级和省级各类奖 80 余项，学生获得国家级和省级各类奖项 160 余项。专业和学科建设方面，我院的英语本科专业被评为省级特色专业建设点和省级一流专业建设点。英语泛读课程被评为省级精品课程，英语话军魂课程被评为省级一流本科课程和精品在线开发课程。“民办高校基础英语教学改革研究”获江西省教学成果奖一等奖。

学院学生管理和党务管理工作成绩突出。在学生管理工作中，坚持党的教育方针，以立德树人为根本任务，认真完成好每一项工作。学院获得“月度先进院系”荣誉称号 27 次，“年度学生工作先进单位”4 次，“年度综治工作（平安建设）先进单位”4 次，学院获得“先进班级”荣誉称号 120 多次，“国旗班”荣誉称号 32 次。在党务管理工作中，严格遵守党章制度，扎实深入细致做好党务工作。学院党总支荣获省级“优秀基层党组织”1 次；校级“先进基层党组织”4 次。

学院重视校企合作单位签订和毕业生实习就业工作。校企合作单位质量较高，数量充足，能够满足毕业生实习就业的需求。据数据反馈，毕业生实习效果良好，就业渠道稳定。学院荣获“先进就业单位”3 次，“先进就业工作者”3 次。学院整体就业率在 90% 以上，就业稳定，去向广泛。学院顺利通过教育部本科教学审核评估。

热忱欢迎全国莘莘学子报读南昌理工学院外国语学院！

11. 航天航空学院

航天航空学院创办于 2004 年，现有在校生千余人。开设四个本科专业和两个专科专业。各专业师资力量雄厚，拥有一支教学经验丰富、职称结构合理的教学科研团队，现有教职员工 60 余人，其中副高以上职称 17 人，讲师 15 人，硕士以上学历 32 人（其中博士学历 5 人）。聘请中国酒泉卫星发射中心副司令员、总工程师文刘庆贵将军和中国航空模型队主教练李任达教授为名誉教授。

现有用于空中乘务专业实验实训的波音 737、空客 340 客机模拟舱、空乘 VR 智慧教学中心、体能训练中心、形体房、钢琴房、化妆间等实验室；用于飞机专业实验实训的有钣铆实验室、风洞实验室、液压气压实验室、飞机维修实验室、无损检测实验室、航模设计中心等合计 30 多个实验室。2021 年购置了波音 737-800 型客机、

ERJ145 型客机供相关有业的学生实训实践。2022 年由学校副校长、航天航空学院院长苑鸿骥博士牵头，组建了以梁玉英博士、郭宗帅博士和胡文杰博士等为骨干的博士教学科研团队，建成了涡喷发动机实验室和无人机实验室。

依托国际飞行学院（南昌理工通用航空有限公司），配置有赛斯纳 172S、泰克南 P2006T 等教练机 6 架，建有飞行模拟器训练中心（高级 3 台、初级 20 余台）、体能训练中心等用于飞行技术专业学生学习训练。培训业务涵盖民用航空和通用航空领域固定翼飞机私、商、仪培训，同时开展一般商业飞行、警用航空等其他通航业务。

学院本着“服务航空、服务部队、服务社会”的教学宗旨，以就业为导向，以教学为核心，全面强化学生综合素质和就业核心竞争力，与江西航空、海南航空、东方航空等多家企业建立了长期合作关系，近年学生就业率高于 95%。

航天航空学院全体师生致力于打造南昌理工学院特色、品牌院系而努力奋斗。

12. 南昌理工学院国际飞行学院

2017 年 9 月 18 日，南昌理工学院经教育部批准设立了本科层次飞行技术专业，随即筹建成立了“南昌理工学院国际飞行学院”。为做好高等学历教育与飞行实践训练协同发展，根据中国民用航空局的运行要求，2018 年 4 月，南昌理工学院独资注册成立了南昌理工通用航空有限公司。

南昌理工通用航空有限公司于 2018 年 7 月经中国民航华东地区管理局批准获得《通用航空经营许可证》，2018 年 10 月经中国民航华东地区管理局批准获得 CCAR-91 部《运行合格证》。

学院领导班子均由原空军有关部队的领导干部担任，具备丰富的飞行运行和训练管理经验，为企业管理正规化和培养优良的飞行作风起到了决定性作用。专业技术人才方面，现有飞行教员 7 人，机务维修人员 5 人，航务管理和安全管理等其他技术人员满足民航局规定的运行要求。我公司现有航空器 6 架、经民航局鉴定合格的塞斯纳 5 级训练器 1 台，其中塞斯纳 172S 型飞机 2 架、钻石 DA40 型飞机 2 架、美国罗宾逊 R44 型直升机 1 架、泰克南 P2006T 型双发飞机 1 架。主运营基地位于的吉安桐坪通用机场，并与赣州黄金机场、宜春明月山机场、井冈山机场、南昌瑶湖机场、上饶三清山机场等江西区域内多家机场签订了“机场保障协议”。

学院以培养高素质、高水平、高技术的民用航空飞行技术人员为目标，培训业务涵盖民用航空和通用航空领域固定翼飞机私、商、仪和高性能科目培训，直升机私照、商照培训和机务维修培训等，同时开展一般商业飞行、飞行体验、空中游览、警用航空等其他相关的通航业务。并与江西航空、厦门航空、海南航空、东方航空等多家航空企业建立了紧密合作的关系；截至目前，本科层次飞行技术专业养成生学员 61 名，其中 2018 级 19 人，2019 级 42 人，2020 年招生 30 人。同时，飞行培训项目受到了社会各界人士的关注，在我公司完成注册的在培训飞行学员已有 19 人，累计实施飞行培训一千余小时。

作为国内为数不多的由高等学校直接创办的民用航空器驾驶员培训学校，南昌理

工学院国际飞行学院旨在满足我国民航运输业快速发展的市场需求而创建的集高等教育与飞行执照培训于一体、社会效益与经济效益相统一、创新服务的组织文化与合作共赢的团队精神为主要内涵及品牌特色的国内知名的新型国际飞行学院，计划 3 年内，实现航空器保有量 20 架，飞行教员数量 30 人，飞行学员容量 200 人，年飞行培训时间 3 万小时。

13. 人文教育学院

南昌理工学院人文教育学院，是学校近年来发展势头较好的学院，特别是专业设置符合人才市场需求，学前教育、汉语言文学、小学教育等本科专业和学前教育及心理咨询专科专业是近年来发展前景广阔的专业，也是我校的特色专业。

学院党政工团学机构健全，设有党政办公室、综治办公室、招生就业科、教务科、科研科、学工科和实验实训科等科室。学院党政领导班子团结协作，配合默契，创新思维能力较强，干劲足，战斗力强，领导和教师经常深入师生之中，服务意识强。

学院教学科研实力较雄厚。师资队伍的学历、职称、年龄结构较合理。教师队伍中具有硕士、博士学位占 95%，双师型教师和副教授以上职称占 45%。

学院教学实验设备较好，拥有学前教育教学实践中心、钢琴房、舞蹈房、专业机房、多媒体教学设备，能满足专业教学需要。我院还与省内外六十多家幼儿教育机构、大中型企业和事业单位合作建立了教学科研实训基地，从而使学生在校期间能得到有效的实习实训，为培养应用型人才营造良好的育人环境和提供成人成才的空间。

学院领导和教师市场意识强。为培养适应市场需求又好用的人才，在专业课程设置上突破常规，毕业生获得本科文凭后考公务员成绩上线率高，近年来毕业生考研究生和考国家及地方公务员上线率在全校名列前茅。因此，我院毕业生就业率高并得到用人单位的好评。

学院在近年荣获“学校平安校园建设工作先进单位”“科研工作先进单位”及“人才培养先进单位”。

人文教育学院是具有现代人文特色，集人文、教育于一体，培养应用型人才的摇篮。

14. 法学院

法学院开设一个本科专业（法学）、一个专科专业（法律事务）；自 2016 年开始，获准与华东交通大学联合培养法学硕士研究生；法学专业系学校的一个重点建设专业。

学院以应用型高层次法律人才培养目标为导向，围绕法律实际工作能力的培养，与著名法学院校建立了长期全面合作关系，科学整合教学资源，规范日常课程教学，突出实践教学，取得了学科建设与人才培养的一系列优异成果：①建设完成江西省高校“十二五”重点学科 1 门；②省级精品课程 1 门；③承担国家社科基金等国家级、省部级科研项目 30 余项；④获省级教学成果一等奖、省级社科成果奖等教学科研奖 5 项；⑤硕士研究生导师 2 名，90%以上的教师为律师、企业法律顾问等“双师型”教师。

学院大力推动与改进实践教学，校内建立了法律咨询中心、法律协会、模拟法庭等实践教学基地，开展了全真案例教学、法庭辩论赛等一系列活动；校外与省市多家法院、检察院、公证仲裁机构、律师事务所、知识产权代理公司等合作建立实践教学基地。学院依托科研优势，凝聚各方优质资源塑造法律精英，带动学生参与课题研究，厚植学术底蕴，培养研发能力，深耕法学田园。“满庭花簇簇，添得几多香”，是我校法学院至纯至真的星语心愿。

15. 体育学院

南昌理工学院体育学院创办于 2003 年，现设有体育教育、社会体育指导与管理、舞蹈表演（体育舞蹈方向）3 个本科专业，以及体育运营与管理 1 个专科专业。学院坚持以育人为本，以教学为中心，立足于培养适应社会经济发展需要的应用与创新型人才。经过近 20 年努力，学院已形成以体育本科教育为主体，以跆拳道、田径、击剑、国标舞、啦啦操专业为特色的办学优势。学院现有教职工 59 人，具有教授、副教授职称教师 15 人，硕士研究生以上学历教师占 80%，省级中青年学科带头人 1 人，骨干教师 2 人。

教学设施齐全。拥有 2 万个座位的标准田径场、大型多功能体育馆和占地 30 余亩的高尔夫练习场；设有室内高尔夫仿真模拟练习馆；拥有 30 余个室外篮、排、网、羽球场及室内恒温游泳馆；学院体育场馆总面积达到 17 万平方米。学院设有运动解剖学、运动生理学、体育保健康复、体质健康测试中心、运动 VR 仿真、运动射击等实验室，实验教学固定资产总额 600 余万元。

运动竞赛成绩卓著。学生金崇志等曾代表中国队在泰国曼谷亚洲室内运动会上获得藤球集体项目男子组第三名；跆拳道队曾多次获全国大学生锦标赛多项金牌；我院男、女篮和男足曾多次荣获全省大学生运动会本科组第一名；田径、跆拳道和武术等项目在省运会大学生组或全省大学生运动会上曾荣获团体总分第一名及第二名；在 2014 年江西省第 14 届运动会上，我院跆拳道队获得金牌 12 枚、银牌 10 枚、铜牌 6 枚、甲组团体总分第一、乙组团体总分第三的优异成绩，创造了我省高校竞技体育奇迹；田径队获得金牌 4 枚、银牌 1 枚、铜牌 2 枚、团体总分第六；武术散打获得金牌 2 枚、铜牌 1 枚；在 2018 年江西省第 15 届运动会上获得 16 金 4 银 4 铜的优异成绩。其中，跆拳道获得 16 金 2 银 2 铜；我院金牌总数和团体总分名列全省同类院校之首。在 2022 年江西省第十六届运动会上，我院共获得 11 金 12 银 9 铜的好成绩，其中跆拳道获得 5 金 6 银 1 铜；体育舞蹈获得 4 金 4 银 2 铜；排舞获得 1 金 4 铜、本科团体总分第二名；田径获得 1 金 2 银 1 铜；省运会前八名共计 10 项，3 人达国家二级运动员，男子团体总分第七名的好成绩。羽毛球获得 1 铜。在 2023 年江西省第十六届运动会上，我院共获得 4 枚金牌，其中游泳获得 3 枚金牌；散打获得 1 枚金牌。在 2023 年江西省青少年啦啦操锦标赛暨全国啦啦操俱乐部联赛（江西站）中，获得了 1 金 1 银 1 铜的好成绩，其中集体爵士自选获得第一名、集体花球校园示范套路获得第二名和

双人爵士自选获得第三名的好成绩。

近些年来，学院毕业生就业率在同类院校中名列前茅，深受用人单位与社会的好评，历届校友中多人在江西、浙江、广东等省级教学技能大赛中获得一等奖的优异成绩。学院考研氛围日益浓厚，报考率、录取率稳步增长，相继考入上海体育学院、吉林体育学院、江西师范大学、华东交通大学、湖南师范大学、江西科技师范大学、福建师范大学等知名学校继续深造。

16. 国际交流学院

2006 年，响应高等教育国际化发展大趋势，南昌理工学院国际交流学院成立。学院秉承“航天科教，兴我中华”之办学宗旨，立足“一带一路”的方针政策，不断创新发展，完善对外合作机制，提升涉外办学水平，为构建人类命运共同体而奋斗。

学院教学设施一流，拥有与国际接轨的语言自主学习中心、智慧教室、多媒体教室、中外文图书馆和文体中心等。学院国际氛围浓厚，是学校引进国外优质教育资源和对外交流的窗口。

学院拥有一支德才兼备、专兼结合、高职称、高学历和国外留学背景的中外教学团队，拥有美国、英国、韩国、日本、乌克兰外籍教师几十人，开设英语、韩语、日语和对外汉语等语言课程。

2017 年经教育部审核批准，开展与韩国南部大学合作培养汽车服务工程本科专业项目，培养国际化、复合型人才。同时进行国际生教育和培养，开设国际经济与贸易、计算机科学、航天航空等本科专业和对外汉语学习课程。2021 年我校获批国家留学基金委专项资助，每年选派 5 位博士、5 位访问学者出国深造，已经实现“走出去、引进来”的国际化教育培养模式。

学院的国际化发展具有中外合作、优势互补、体制灵活的特点，与我校实行学分互认和校际交流的外国知名大学有：美国旧金山湾区大学、英国莱斯特大学、英国林肯大学、詹姆斯库克大学、意大利万神殿设计与科技学院、韩国韩瑞大学、清州大学、韩国国立济州大学、韩国南部大学、韩国光州大学、日本京都情报大学、俄罗斯国立师范大学、俄罗斯阿尔泰国立大学、泰国格乐大学等，主要面向博士、硕士、本科等多个层次进行合作，采用 3+1、2+2 等国内外教学合作培养模式，学生进入南昌理工学院学习 3 至 4 年，再到国外合作大学学习 1 至 2 年，双方互相承认学分、学制、学时，毕业时符合条件可获得相应的国外大学文凭（学位），为师生出国留学、短期研学、带薪实习、访学交流和提升学历搭建中外互通桥梁。

从这里我们走向世界、走向未来。我们将帮助广大优秀学子“立足南理，走向世界”，实现自己人生的成才梦。Come on，Make Our Dreams Come True!

17. 医学院

南昌理工学院医学院是我校重点建设的二级学院之一。医学院坚持“敬佑生命、守护健康”的办学宗旨，秉承“质量立院、人才兴院、特色强院”的发展理念和“用心指导、用仁关怀、用情感染、用爱奉献”的工作作风，发扬“严谨、求实、团结、创新”的院风，以培养具有“爱心、责任、灵慧、奉献”精神的高素质医护专业人才为目标。

学院现有在校生近1700名。师资力量雄厚。现有专兼职教师86名，其中专任教师71名，具有副高级以上职称33名，占46.5%，有博士、硕士以上学位的55人，占77.4%。享受国务院特殊津贴专家2人，国务院学位委员会、教育部、人社部特聘专业学位研究生教指委委员1人，国家级首批新世纪百千万人才工程人选1人，江西省首位南丁格尔奖章获得者章金媛为名誉院长。

学院现设有护理学、康复治疗学、生物工程三个统招本科专业，护理、助产、药品生物技术三个统招专科专业。设有章金媛护理班、航天航空特护班、涉外护理等特色班，与美国、日本、韩国和澳大利亚等多所高校和医院合作，拓宽学生出国深造和就业渠道。

学院按照高标准要求，建设了5500多平方米的现代化实验实训中心，其中设有生理、药理、病理、微生物、生化等基础医学及生物技术实验室2000多平方米，基础护理、健康评估、模拟外科手术室、模拟ICU监护室、康复护理实验室1200多平方米，模拟妇产科、模拟儿科、模拟产房、孕妇学校1200多平方米，康复评定、物理治疗、作业治疗、语言治疗及康复训练中心和航天航空运动模拟演示中心等1100多平方米，购置了近2000万元各种临床、教学及科研设备。

学院高度重视学生社会实践和实习就业工作，成立了中国南丁格尔志愿护理服务总队南昌理工学院分队和章金媛爱心奉献团。学院目前与南方医科大学南方医院、航空总医院、民航上海医院、南昌大学第一、第二、第三、第四附属医院、江西省人民医院、江西省中西医结合医院、南昌市第三医院、江西中医药大学附属生殖医院、江西省中医院、江西省第五人民医院等省内外50余家大型三甲医院及部分医药企业、健康管理机构建立长期合作关系，为学生的实习就业工作打下坚实基础。

近年来，医学院各项工作取得优异成绩。各项管理更加规范，教育教学质量显著提升，学生对教学等工作的满意度测评连续多年平均达到96%以上。主持完成多项省部级科研及教改课题，发表学术论文多篇，连续2年派出青年教师参加江西省青年教师教学比赛获得佳绩，学生国家护士执业资格考试通过率、毕业生就业率一直在全省名列前茅，其中多个班级国家护考通过率为100%；一大批毕业生被南方医院、南昌大学第一附属医院、第二附属医院、江西省人民医院及其他大型综合性三甲医院录取，实现了高质量就业。

当前，面对国家实施健康中国战略和大力发展卫生健康医疗事业的历史机遇，学院在夯实基础、追求卓越的同时，不断深化教育教学改革，坚持以提升质量为核心的内涵式发展道路，努力把学院建设成为特色鲜明、优势突出、社会赞誉的现代化、国际化一流的医学院。

18. 继续教育学院

南昌理工学院继续教育学院成立于2006年，是学校设立的专门从事成人高等教育教学管理的二级学院，承担了学校成人高等教育的教学与管理任务。学院依托优质数字教育资源，充分发挥信息技术优势，联合开发在线网络课程，解决成人教育传统教学模式的“工学矛盾”，进一步提高学生的学习灵活性和自主性。2023年学校为坚持规范与发展并重，加强内涵建设，推动学校继续教育的规范、有序、健康发展，决定将成人教育学院、自考办、职业培训部合并，组建成新的继续教育学院。目前新的继续教育学院主要工作是成人高等教育、自学考试和非学历培训三个方面。

继续教育学院以服务社会经济发展为目标，秉承应用型本科的育人理念，合理设置专业，规范办学，严格按照《教育部关于新时代普通高等学校学历继续教育改革的实施意见》执行。学院现有成教在籍学生5000余人，已形成多学科、多层次、多形式的人才培养模式。2023年成人高等教育招生专业34个，其中高起本专业5个、高起专12个、专达本17个专业，涉及理工、文科、艺术类等。我校自学考试连续多次被省教育厅和自考委评为优秀主考学校，先进助学单位和优秀考点，已经累计颁发自考本科毕业证书2万余人次，有效地拓展了我校专科生获取本科文凭的渠道，其中2021年后我校自考本科软件工程专业获批全省主考学校。另外，非学历培训严格遵循省教育厅所印发的《江西省进一步规范民办高校办学行为三年行动计划》通知中的工作要求，不收取学生任何费用，所有培训报名工作均采取学生自愿原则，保证培训工作规范有序进行，旨在提高学生的实践能力和技能水平。

继续教育学院将坚持以习近平新时代中国特色社会主义思想为指导，坚守立德树人根本任务，牢记党的教育方针和“办好人民满意的教育”的使命，弘扬“特别能吃苦、特别能战斗、特别能攻关、特别能奉献”的载人航天精神，全力推动高质量内涵发展、特色发展，力争使继续教育工作在科学化、规范化管理和办学质量、办学水平等方面迈上一个新台阶，为把南昌理工学院建成一所有特色、高水平，国内一流、国际知名的民办大学而努力奋斗！

19. 马克思主义学院

马克思主义学院成立于2020年12月，前身为思想政治理论教学部，曾获“江西省高校思想政治教育工作先进集体”称号。学院为校二级教学科研部门，下设七个教研室，主要承担《毛泽东思想和中国特色社会主义理论体系概论》《马克思主义基本原理》《中国近现代史纲要》《思想道德与法治》《习近平新时代中国特色社会主义思想概论》《形势与政策》和《红色文化》等思想政治理论课及相关选修课的教学和科研任务，隶属校党委、校理事会和校行政领导。学院拥有一支政治强、情怀深、思维新、视野广、自律严、人格正的马克思主义理论教育教学和科学研究队伍，现有教职工90人，其中教授3人，副教授13人，硕士以上教师占比达92.22%，其中全省高校优秀思想政治理论课教师1人，全省高校思想政治理论课“百佳教师”1人，全省高校思想政治理论课“晒课”活动优秀教师 1 人。

学院自成立以来，始终坚持以习近平新时代中国特色社会主义思想为指导，全面贯彻落实党的教育方针和全国高校思想政治工作会议精神，认真贯彻中央及教育部和省里有关文件精神，坚持为党育人、为国育才，充分发挥思想政治理论课在思想政治工作的主渠道主阵地作用。近年来，学院不断提升马克思主义学院的科学化、规范化、现代化水平，积极探索教学方法改革，全力推进“大思政课”建设，着力打造新时代思政“金课”，深入推进思政课问题式专题化团队教学改革，全面提升思政课的思想性、理论性和亲和力、针对性，着力打造马克思主义理论教育教学、科学研究、理论宣传和人才培养的坚强阵地，在教育教学方面取得丰硕成果。近年来，学院教师在全省青年教师教学比赛、全省高校思想政治理论课教学比赛、全省高校思想政治理论课青年教师教学基本功比赛、全省大中小学公共安全教育骨干教师教学能力展示活动等各类教学比赛中获得一、二、三等奖，共计 20 余项。

三、融入南昌理工学院

如果你是一名新生，入学以后会面临选择加入哪些社团和学生组织等问题。社团有很多，比如文学社、舞蹈社、话剧社等。在学生社团组织中不仅可以交到朋友，同时也可以锻炼自己的能力，更快地融入大学生活。

四、精神滋养

做任何事，物质与信息是必要的，精神力量也同样重要。在一些关键时刻，精神力量甚至可以起到决定性的作用。正如国有国之精神，民有民之精神，大学有大学之精神，各所大学也有各自的精神。中国正处于教育改革的关键时期，大学精神的建构也已经成为高等教育事业改革的核心诉求。大学精神是大学在长期的发展过程中所形成的约束大学行为的价值和规范体系，以及体现这种价值和规范体系的独特气质。大学精神是抽象的，也是具体的；是无形的，也是有形的；是不成文的，但却铭刻在师生的心中。它无时不在，无处不在，无事不在；它活跃在讲台上，在校园里，在师生的言谈和行动中。学生在学校中学到的知识，可以因时代的进步而过时，而淡忘，但大学精神却会一直影响学生的事业。

在尝试给大学精神下一个明确定义的同时，必须承认，大学精神并不是一个僵硬固定的专有名词，而是一个内涵稳定、外延模糊、蕴涵极为深广的概念。正是它外延的不确定性和模糊性，才使它本身具有无限发展的可能性，从而也使人们对大学精神具体包含的内容仁者见仁。有的人认为，大学精神包括人文理念、自由、创新、个性和风格；有的人认为，大学精神包括创造精神、批判精神和社会关怀精神；有的人认为，大学精神包括自觉的学术精神、永恒的道德精神、敏锐的时代精神：有的人认为，

大学精神包括自由精神、民主精神、科学精神和创新精神；有的人认为，大学精神包括以人为本、注重学术、服务社会、科学管理等。不同的研究者是从不同的角度来看待大学精神的，如果再从新的角度或层面来探讨大学精神的外延，还会有更多的提法。因此，我们只能从普遍的意义上探讨大学精神，找出大学精神的基本内容。我们认为，大学精神的基本内容包括爱国精神与民族精神、自由精神、民主精神、学术精神、人文精神、科学精神、创新精神和批判精神等几个相互联系的方面。青年人成才有四个条件是非常重要的：第一是强烈的追求，有崇高的理想和志向；第二要有浓厚的兴趣，对自己所追求的目标有浓厚的兴趣，不断地追求；第三要有长期奋斗和艰苦努力的精神；第四要有高尚的灵魂。

1．爱国精神与民族精神

中国大学的产生和发展的过程体现着爱国主义的伟大精神，体现了中华民族不甘落后、自强不息的民族精神。中国现代大学既传承中华民族的传统文化，又不断发扬和丰富中华文化。中国现代大学办学理念是以生为本。在中国现代大学办学理念的指导下，各高校结合各自的办学特点，经过长期的办学实践形成了各具特色的大学精神，而爱国精神和民族精神是这些各具特色的大学精神的核心。

2．自由精神

自由精神是大学精神的基本内涵。国际大学联合会对学术自由的含义描述为：学术自由是学术团体中的成员（包括学者、教师、学生）在那个团体决定的框架内根据伦理规则和国际标准来从事他们的活动自由，而没有任何外部的压力。具体来说，一是指思想自由，大学是各种观念自由发展的场所；二是学术自由，学术自由包括教学自由、研究自由、出版自由和学习自由，其宗旨是指大学的探索与研究活动要服从真理的标准；三是指言论自由，大学是自由表达思想、观念的场所，大学应鼓励和支持公开的、自由的、平等的交流。

3．民主精神

现代大学必须大力倡导民主，让民主精神深入人心，让学术权力发挥其应有的作用，让学术的自由得到应有的尊重。“教授治校”“学术为重”“人人平等”等理念对于发展大学的学术具有重要的意义。民主氛围的营造和民主制度的构建，会极大地激发学者治学的热情和创新的激情，能够为学者创造和传播知识提供更广阔的空间。

大学不仅要培养学生，还要出学术成果；大学不仅要传承人类的精神文明成果，还要创新，包括思想创新、知识创新、技术创新和方法创新。这些都需要民主的师生关系，需要教师和学生都具有一种批判思维，敢于挑战权威，敢于站在巨人的肩膀上去开拓创新。只有师生关系民主，只有营造一个崇尚理性、尊重事实、开放进取、尊重知识、尊重人才、不惧失败、不盲从、不唯上的精神氛围，才能做到思想自由、兼容并包。

4. 学术精神

学术精神首先体现在政府应使大学在学术水平上不断提高，从而不断地开创各自的事业基础，并且使人力、物力发挥更强的功能，让大学和社会保持相对的超脱与独立，这是大学长久可持续发展的前提。

5. 人文精神

大学不仅教给学生技术，还培养他们健康的情操，使学生在处理人与自身、人与社会、人与自然的关系中持有正确的价值观以及建立在这种价值观基础上的行为规范。大学是人类的精神殿堂，是探究学问、追求真理和终极关怀的地方。人文精神的核心是超越个体、超越族群、超越国家、超越具体人伦事物，从人类整体甚至宇宙大局的角度考虑世界，是建立在自觉道德意识、关怀意识和悲悯情怀之上的，诸如友好相处、和谐发展、学会感恩、孝敬父母、报效国家等。

人文精神要以宽容为情境，只有在宽容的情境中，人文精神才能在大学中传递。

6. 科学精神

大学应该是一个最讲科学的地方，科学是大学最神圣的法则，是大学存在的真理。大学应大力倡导科学的风气，求真务实，不断创新，不断超越前人，不断取得新成果。一切大学的活动都应该建立在科学的基础上，对科学的追求，对真理的追求，是大学最重要的品格。任何学者治学都必须建立在科学的基础上，严谨客观地对待学术。科学精神有丰富的内涵，首先是顺应自然，是在科学探索中体现与自然和谐相处；其次是在科学研究中保持幻想和建立逆向思维，如果大学里一定要照本宣科，一定要有标准答案，那就不能培养科学精神。

在现代社会，科学技术是社会存在和发展的基础，它深刻地影响着人类社会生活的各个方面，正是人类的科技活动塑造和改变了现代社会的基本面貌。知识经济时代的到来，更加凸显科学技术的重要地位。在此种环境下，求真的大学精神就展现为科学精神的诉求。科学精神是一种理性精神，“是什么”和“为什么”是其永恒的诉求，具体外化为客观、求实和无私利的科学品格。大学是进行审慎的科学研究、向社会输送科学人才的重要基地，求真的科学精神的培育就显得尤为重要。

大学的使命就是通过科学知识教育、培养人才。大学向来是先进文化的创造者和传播者，大学以其先进的文化引领社会的潮流与发展的方向，大学精神中的教育性既体现在对内部大学师生的教育影响上，又体现在对外部社会公众的教育影响上。大学精神应不断地引领社会进步，不断地引领广大民众提高综合素质和追求精神价值，促进社会全面发展。

7. 创新精神

创新精神是大学精神存在的价值所在，是大学精神的本质属性，是大学在社会有机体中保持自身品位的根本生命力。不断创新文化，产出更多的科技成果，促进科学

文化的发展与繁荣，是现代大学的使命和应有的社会责任；不断营造创新文化氛围，培养大学生的创新力和创造力，是现代大学的神圣任务和基本职能。大学只有不断地创新、创造，才能焕发应有的生命力，才能实现自身快速、持续的发展。

大学是探索、发现、传播新知识的场所。大学的创新精神具体有四个方面：一是指科学研究，它通过鼓励开拓科学这个无止境的境界，取得大量开拓性的成果，培育大批的科学家、发明家；二是指社会发展，大学的新思想、新制度能够改造社会，推动社会的进步；三是指人才培养，大学把培养具有开拓创新精神的人才作为自己最根本的任务；四是指大学本身，一代代大学人不断根据社会发展和大学的逻辑需要来设置大学、发展大学，使大学成为时代精神的体现者。

8．批判精神

大学是探索高深学问的场所，它能对各种前沿问题、疑难问题作出科学的判断，能发掘出知识的内在逻辑并不断向前发展。这使得大学成为一种能独立思考和判断的机构，使大学具有其他社会机构所不具备的理智力量和清醒头脑。因此，大学精神也包含了追求真理、批判错误、纠正错误的精神。

批判精神是大学精神的组成部分。批判不是彻底否定，而是一种扬弃，不仅包括否定的指向，更是包括一种建构和完善。在以创造和创新为主题性标志的当今社会，如果没有批判，就谈不上创新，社会的进步也就停滞了。大学批判是不带任何功利色彩和世俗目的的，是根据人类的基本价值观念所持有的批判，是基于一定的理论根据、学术态度和不惧怕任何外在压力所进行的批判，这种批判反过来进一步促进了学术的发展。

2

学习篇

2.1 大学生的学习与考核

一、大学生如何学习

“大学”是在适龄的时候，培养自己的学习能力，以达到相应的自我独立和自我认知的水平，大学是人一生中最为关键的阶段。从入学的第一天起，同学们就应当对大学学习生活有一个正确的认识和规划，把自己培养成为一个有能力、有思想、有价值、有前途的人。大学里面，要学的知识很多，要培养的能力也很多。大学生只有不断提高自己的知识水平，才能适应知识经济时代的发展，做一个对社会有用的人。

大学学习要明确学习目标，为大学专业学习打好一定的基础，争取获得优良成绩，能切实在大学里学到丰富的专业知识和基础常识。增加文化素养，提升自身能力，端正学习态度，培养积极勤奋的学习习惯。做学习计划来自我敦促，自我勉励。反思自己有哪些方面的不足，反思自己该如何改善，反思自己继续努力的方向和方法，并且反思自己有哪些方面值得肯定，只有不断地反省，才能为未来的路指明方向。大学的学习主要有以下几个方面。

1. 主动学习

进入大学的校园，同学们的学习就必须从被动转向主动。大学的课堂教学往往是提纲挈领式的，教师在课堂上只讲重难点，其余的需要同学们在课下多花时间自己去攻读、理解和掌握。因此在大学的学习中，不能像中学一样完全依赖教师的计划和安排，必须充分发挥主观能动性，自主学习。在大学里，你必须成为自己未来的主人，你必须积极地管理自己的学业和将来的事业。积极主动首先表现为对自己的一切负责，不要把不确定的或困难的事情一味搁置起来。有句话是这样说的：“在中学时，大学像是黑暗中的一盏明灯，指引着我们前进的方向，进入大学后，天亮了，我们不知道该向何处去。”这正是部分大一年级新生思想的真实写照，许多同学进入大学后走入了目标盲区。有部分同学到了大四才开始做人生和职业规划，而一个主动的学生应该从进入大学时就开始规划自己的未来。如果你不知道自己的志向和兴趣，可以通过听讲座、上网，与你的老师、朋友交流，发掘自己的志向和兴趣。只要认真制定、管理、评估和调整自己的人生规划，你就会离自己的目标越来越近。

2. 专业学习

大学学习的专业性十分明显。大学生的学习实际上是专业学习，从入学开始就有了职业定向，再经过几年的学习，大学生逐步成了基础知识扎实、专业知识结构合理、能力强、创造性高、品行高尚的高级专门人才。

3. 多样学习

大学生的学习形式多种多样。在大学，虽然课堂教学还是主要形式，但大学生可以依靠多种渠道来获得知识。大学的实践性教学活动在整个教学中占有很大的比重，因而要通过自学、讨论，以及听学术讲座等活动来获取知识，加强实验、实习、社会实践和科研实践等环节的实践经验，确保自己通过多样化学习来增长知识、开阔视野。

4. 探索学习

大学生的学习具有明显的探索和研究的性质。大学的教学内容由确定结论的论述逐步转向介绍各派理论观点和最新学术发展动向方面的知识。人文学科的内容变化更大，知识更新更快。这就要求大学生的学习观念从正确再现教学内容向汇集百家之长、形成个人见解的方向转变。大学生从在教师指导下完成作业，到独立完成毕业论文（或毕业设计），这个过程带有明显的探索性质。

二、大学生专业课程学习

从中学到大学，是人生的重大转折，大学生活的重要特点表现在：生活上要自理，管理上要自治，思想上要自我教育，学习上要高度自觉。尤其是学习的内容、方法和要求上，比起中学的学习发生了很大的变化。要想真正学到知识和本领，除了继续发扬勤奋刻苦的学习精神外，还要适应大学的教学规律，掌握大学的学习特点，选择适合自己的学习方法。大学的学习既要求我们掌握比较深厚的基础理论和专业知识，还要求重视各种能力的培养。我们除了扎扎实实掌握书本知识之外，还要培养研究和解决问题的能力。因此，我们要特别注意自学能力的培养，学会独立地支配学习时间，自觉地、生动活泼地学习，还要注意思维能力、创造能力、组织管理能力、表达能力的培养，为将来适应社会工作打下良好的基础。大学专业课程学习包括以下方面。

1. 课前预习

预习是掌握听课主动权的重要方法。预习中要把不理解的问题记下来，听课时增加求知的针对性。既节省学习时间，又能提高听课效率，是学习中非常重要的环节。

2. 课上记笔记

听课记好笔记。上课时要集中精力，全神贯注，对老师强调的要点、难点和独到的见解，要认真作好笔记。课堂上力争弄懂老师所讲内容，经过认真思考，消化吸收，变成自己的东西。

3. 课后复习，查阅参考书籍

课后及时复习，是巩固所学知识必不可少的一环。复习中要认真整理课堂笔记，对照课本和参考书深刻理解知识，要学会使用图书馆、电子游览室等，查阅有关资料，补充和拓展知识，对课堂笔记进行归纳并把多余的部分删掉，经过反复思考写出自己的心得和摘要。每过一个月或一个阶段要进行一次总结，以融会贯通所学知识，形成自己的思路，掌握所学知识的来龙去脉，使所学知识更加完整系统。

4. 实践与总结

在专业课的学习中，我们不仅要学习课本上的理论知识，还要参与实践活动，提高动手实践能力，将理论结合实际，在实践中体会知识的便捷与作用，然后总结经验回到课堂学习，通过不断的学习和实践，提高自己的专业素养和专业能力，为将来从事专业工作打下良好基础。

5. 作业与考试

学生做作业的目的是巩固所学知识，考试是检验大学生对所学知识掌握的程度，大学生做作业要举一反三，触类旁通，要养成良好的习惯；对考试要有正确态度，不作弊，不单纯追求高分，要把考试作为检验自己学习效果和培养独立解决问题能力的演练。在学习中抓住这几个基本环节，进行思考，在理解的基础上进行记忆，及时注意消化和吸收。经过不断思考，不断消化，不断加深理解，这样得到的知识和能力才是扎实的。大学学习除了把握好以上主要环节之外，还要有目的地研究学习规律，选择适合自己特点的学习方法，提高获取知识的能力，具体说来，这些方法主要有：

（1）要制订科学的学习规划和计划。

大学学习单凭勤奋和刻苦精神是远远不够的，只有掌握了学习规律，相应地制定出学习的规划和计划，才能有计划地完成预定的学习目标。从个人的实际出发，根据总目标的要求，从战略角度制定出基本规划。如设想在大学自己要达到的目标，达到什么样的知识结构，学完哪些科目，培养哪几种能力等。大学新生制定整体计划是困难的，最好请教本专业的老师或求教高年级同学。首先制定好一年级的整体计划，经过一年的实践，待熟悉了大学的特点之后，再完善四年的整体规划。其次要制定阶段性具体计划，如一个学期、一个月或一周的安排，这种计划主要是根据入学后自己学习情况，适应程度，主要是学习的重点、学习时间的分配、学习方法如何调整、选择和使用什么教科书和参考书等。这种计划要遵照符合实际、切实可行、不断总结、适当调整的原则。

（2）要讲究读书的方法和艺术。

大学学习不光是完成课堂教学的任务，更重要的是如何发挥自学的能力，在有限的时间里去充实自己，选择与学业及自己的兴趣有关的书籍来读是最好的办法。莎士比亚说："书籍是全世界的营养品。"培根也说："书籍是在时代的波涛中航行的思想之船，它小心翼翼地把珍贵的货物送给一代又一代。"学会在浩如烟海的书籍中，选取自己必读之书，就需要有读书的艺术。首先是确定读什么书；其次对确定要读的书进行分类，一般来讲可分为三类，第一类是浏览性质，第二类是通读，第三类是精读。正如"知识就是力量"的提出者培根所说："有些书可供一赏，有些书可以吞下，不多的几部书应当咀嚼消化。"浏览可粗，通读要快，精读要细。这样就能在较短的时间里读很多书，既广泛地了解最新科学文化信息，又能深入研究重要理论知识，这是一种较好的读书方法。读书时还要做到以下两点：一是读思结合，读书要深入思考，不能浮光掠影，不求甚解。二是读书不唯书，不读死书，这样才能学到真知。

（3）做时间的主人，充分利用时间。

大学期间，除了上课、睡觉和集体活动之外，其余的时间机动性很大，科学地安排好时间对成就学业是很重要的。首先，要安排好每日的作息时间，哪段时间做什么，安排时要根据自己的身体和用脑习惯，在脑子最好用时干什么，脑子疲惫时安排干什么，做到既调整脑子休息，又能愉悦身心。一旦制定好时间表，就要严格执行，切忌拖拉和随意改变，养成今日事今日做的习惯，千万不要等明日，我生待明日，万事成蹉跎；其次，要珍惜零碎时间，大学生活越丰富多彩，时间切割得就越细，零碎时间就越多。华罗庚曾说："时间是由分秒积成的，善于利用零碎时间的人，才会做出更大的成绩来。"英国数学家科尔，1903 年因攻克一道 200 年无人攻破的数学难题而轰动世界，而他是用了近三年的星期天来完成的。

（4）完善知识结构，注意能力培养。

所谓合理的知识结构，就是既有精深的专门知识，又有广博的知识面，具有事业发展实际需要的最合理、最优化的知识体系。大学生建立知识结构，一定要防止知识面过窄。当然，建立合理的知识结构是一个长期复杂的过程，必须注意如下原则：①整体性原则，即专博相济，一专多通，广采百家为我所用。②层次性原则，即合理知识结构的建立，必须从低到高，在纵向联系中，划分基础层次、中间层次和最高层次，没有基础层次，较高层次就会成为空中楼阁，没有高层次，则显示不出水平。因此任何层次都不能忽视。③比例性，即各种知识在顾全大局时，数量和质量之间合理配比。比例的原则应根据培养目标来定，成才方向不同知识结构的组成就不一样。④动态性原则，即所追求的知识结构决不应当处于僵化状态，而是能够不断进行自我调节的动态结构。这是为适应科技发展知识更新、研究探索新的课题和领域、职业和工作变动等因素的需要，不然跟不上飞速发展的时代步伐。

大学生要培养的能力范围很广，主要包括自学能力、操作能力、研究能力、表达

能力、组织能力、社交能力、查阅资料和选择参考书的能力、创造能力等，这些能力都是为将来在事业上奋斗做准备的。正如爱因斯坦所说："高等教育必须重视培养学生具备会思考、探索问题的本领，人们解决世上的所有问题是用大脑的思维能力和智慧，而不是搬书本。"总之，凡是将来从事的工作所需要的能力和素质，我们必须高度重视，并在学习的过程中自觉认真地培养。

三、大学生选修课程学习

对于习惯了中小学课程（所有的课程由学校统一安排，而且科目从小学到高中有连续性）的大学新生来说，大学的课程多得令他们眼花缭乱，课程分类也比较复杂，因此选课对他们而言是一件新鲜而陌生的事物。但大学的学习与选课有莫大的关系，必须了解它，才能掌握主动权。

充分和翔实的信息可以减少选课中的盲目性。反之，在选课中凭兴趣，不讲究个人的条件及学习中的策略性，不做好调查，则可能在后来的选课中吃大亏，遇到意想不到的麻烦。选课之前可以问问师兄师姐，哪些课老师讲得比较好，哪些课可以学到东西，毕竟选课是花时间去听的，付出了就该得到相应的回报。另外，还可以从学长那里了解一下专业课数量和难易程度，以便安排自己的学习时间。知己知彼，选起课来才会有的放矢。

四、大学生考证

近年来，我国高等教育发展很快，大学教育已逐渐大众化，高校扩招后的毕业高峰来临，"双向选择"就业制度以及最近各行业"持证上岗"制度实行，严峻的就业形势使相当多的大学生充满危机意识。因此，"考证热"这一现象变得司空见惯。无论是大学生的自身发展，还是用人单位对大学生要求的多样化，最终都反映在大学生综合能力方面，而大学生的各项证书正是大学生综合能力的集中体现。

（一）英语四、六级证

1. 介绍

英语四、六级考试对象是修完大学英语相应阶段课程的在校大学生。考试目的是参照《大学英语教学指南》（教育部高等学校大学外语教学指导委员会 2015 年制定）设定的教学目标对我国大学生英语综合运用能力进行科学的测量，同时也为用人单位了解我国大学生英语水平提供参照依据。

英语四、六级考试系列分为大学英语四级考试（简称四级考试）和大学英语六级考试（简称六级考试）。四级考试包括四级笔试和四级口试；六级考试包括六级笔试和六级口试。笔试和口试每年各举行两次。

2. 时间

笔试在每年6月和12月各一次；口试在笔试前进行，每年5月和11月各一次。2019年上半年英语四六级考试时间为6月15日，下半年为12月21日。

【英语四级】每年6月和12月第三个星期六9：00~11：20

【英语六级】每年6月和12月第三个星期六15：00~17：25

（二）驾驶证

1. 介绍

大学的课外时间相对来说会比较充裕，我们可以利用这些时间考取驾驶证，因为等以后工作了，时间相对来说会不好控制，所以大学的时候要利用闲余时间把驾照拿到。

考试科目内容及合格标准全国统一，考试顺序按照科目一、科目二、科目三、科目四依次进行，前一科目考试合格后，方准参加后一科目的考试，考试科目分为：科目一，道路交通安全法律、法规及相关知识考试科目。科目二，场地驾驶技能考试科目。科目三，道路驾驶技能考试科目。科目四，安全文明驾驶常识考试科目。

2. 合格标准

（1）道路交通安全法律、法规及相关知识（科目一）——笔试，100分为满分，90分以上为合格（包括90分）。

（2）场地驾驶技能（科目二）——场内，实车。只分合格和不合格。倒车入库、侧方位停车、S弯、直角拐弯、坡道定点起步与停车，这五项必考且依次进行。100分为满分，80分以上为合格（包括80分）大型客车、中型客车、大型货车90分以上为合格（包括90分）。

（3）道路驾驶技能（科目三）——公路或模拟场地，实车。100分为满分，90分以上为合格（包括90分）。

（4）安全文明驾驶常识（科目四)——笔试，100分为满分，90分以上为合格（含90分）。

（三）计算机等级证书

1. 介绍

全国计算机等级考试是经原国家教育委员会（现教育部）批准，由教育部考试中心主办，面向社会的用于考查应试人员计算机应用知识与技能的全国性计算机水平考试体系。

全国计算机等级考试采用全国统一命题，统一考试的形式。2023年全国计算机等级考试（NCRE）将举办四次考试，时间分别为3月25日至27日，9月23日至25日，为满足部分省级承办机构的考试需求，拟增加两次考试，时间分别为5月27日至28日、12月2日至3日，开考一级、二级科目，具体开考省份以各省报名通知为准。

2. 分类

（1）计算机一级证书。

级别：操作技能级 / 信息素养。考核计算机基础知识及计算机基本操作能力，以及 Office 办公软件、图形图像软件、网络安全素质教育。

科目：计算机基础及 MS Office 应用、计算机基础及 WPS Office 应用、计算机基础及 Photoshop 应用、网络安全素质教育，一共四个科目。于四个科目中选择一个参加考试并通过即可。

形式：完全采取上机考试形式，各科上机考试时间均为 90 分钟，满分 100 分。

获证条件：总分不低于 60 分。

（2）计算机二级证书。

级别：程序设计 / 办公软件高级应用级。考核内容包括计算机语言与基础程序设计能力，要求参试者掌握一门计算机语言，可选类别有高级语言程序设计类、数据库程序设计类等；二级还包括办公软件高级应用能力，要求参试者具有计算机应用知识及办公软件的高级应用能力，能够在实际办公环境中开展具体应用。

科目：MS Office 高级应用与设计、WPS Office 高级应用与设计、C 语言程序设计、Java 语言程序设计、C++ 语言程序设计、Web 程序设计、Python 语言程序设计、Access 数据库程序设计、MySQL 数据库程序设计、openGauss 数据库程序设计，共十个科目。于十个科目中选择一个参加考试并通过即可。

形式：完全采取上机考试形式。各科上机考试时间均为 120 分钟，满分 100 分。

获证条件：MS Office 高级应用与设计、WPS Office 高级应用与设计：总分达到 60 分及以上。二级语言类及数据库类科目（即除 MS Office 高级应用与设计、WPS Office 高级应用与设计外的其他二级科目）：总分达到 60 分且选择题得分达到 50% 及以上（即选择题得分要达到 20 分及以上）。

（3）计算机三级证书。

级别：工程师预备级。三级考核面向应用、面向职业的岗位专业技能。

科目：网络技术、数据库技术、信息安全技术、嵌入式系统开发技术、Linux 应用与开发技术，共五个科目。于五个科目中选择一个参加考试并通过即可。Linux 应用与开发技术科目暂停考试。

形式：完全采取上机考试形式。各科上机考试时间均为 120 分钟，满分 100 分。

获证条件：总分不低于 60 分。

（4）计算机四级证书

级别：工程师级。四级证书面向已持有三级相关证书的考生，考核计算机专业课程，是面向应用、面向职业的工程师岗位证书。

科目：网络工程师、数据库工程师、软件测试工程师、信息安全工程师、Linux 应用与开发工程师，共五个考试科目。于五个科目中选择一个参加考试并通过即可。

“Linux 应用与开发工程师”科目暂停考试。

形式：无纸化考试。四级考试科目由四门专业基础课程中指定的两门课程组成，总分 100 分，两门课程各占 50 分。专业基础课程为计算机专业核心课程，包括：操作系统原理、计算机组成与接口、计算机网络、数据库原理。考试总时间为 90 分钟，单课程考试没有时间要求。

获证条件：成绩达到 60 分，并已经（或同时）获得三级相关证书。[8] 考生早期获得三级旧科目证书（三级 PC 技术、三级信息管理技术、三级软件测试技术等）的，不区分科目，可以作为四级任一科目的获证条件。

（四）教师资格证

1. 介绍

教师资格证是教育行业从业教师的许可证。在我国，师范类大学毕业生须在学期期末考试中通过学校开设的教育学和教育心理学课程考试，并且要在全省统一组织的普通话考试中成绩达到二级乙等（中文专业为二级甲等）以上，方可在毕业时领取教师资格证。非师范类和其他社会人员需要在社会上参加认证考试等一系列测试后才能申请教师资格证。

2. 分类

幼儿园教师资格；小学教师资格；初级中学教师和初级职业学校文化课、专业课教师资格；高级中学教师资格；中等专业学校、技工学校、职业高级中学文化课、专业课教师资格；中等专业学校、技工学校、职业高级中学实习指导教师资格；高等学校教师资格。

3. 申请时间

教师资格认定机构和依法接受委托的高等学校，每年春季、秋季各有一次受理资格认定时间。

（五）普通话证书

1. 介绍

普通话等级证书是证明应试人普通话水平的有效凭证，证书由国家语言文字工作委员会统一印制。普通话一级乙等以下成绩的证书由省（直辖市）级语言文字工作委员会加盖印章后颁发，普通话一级甲等的证书须经国家普通话水平测试中心审核并加盖国家普通话水平测试中心印章后方为有效。有效的普通话水平测试等级证书全国通用。根据国家及有关部委的要求，现阶段各类人员的普通话水平应达到的等级标准如下：播音员、节目主持人、影视话剧演员为一级以上水平；教师和大学生为二级以上水平；公务员和社会公共服务行业从业人员为三级以上水平。

2. 普通话等级

一级（标准的普通话）

一级甲等（测试得分：97~100 分之间）

一级乙等（测试得分：92~96.99 分之间）

二级（比较标准的普通话）

二级甲等（测试得分：87~91.99 分之间）

二级乙等（测试得分：80~86.99 分之间）

三级（一般水平的普通话）

三级甲等（测试得分：70~79.99 分之间）

三级乙等（测试得分：60~69.99 分之间）

3. 考试时间

各地考试时间不统一，详情请关注全国普通话培训测试资源网或各地语言文字水平测试中心（语言文字网）。以当年公布的报名时间和考试时间为准。

（六）初级、中级会计证书

初级会计证书

1. 介绍

初级会计证是会计证书的一种，会计证书一般有四个等级：入门为会计从业资格证，初级为助理会计师资格证，高一级就是中级会计师资格证，最高一级为高级会计师资格证，需要通过几轮的考试才能获得。

初级会计证全称为初级会计职称资格证书，通过初级职称考试后，颁发人事部统一印制的《会计专业技术资格证书》，该证书在全国范围内有效。

初级会计专业技术资格实行全国统一组织、统一考试时间、统一考试大纲、统一考试命题、统一合格标准的考试制度。初级会计专业技术资格考试，原则上每年举行一次。在国家机关、社会团体、企业、事业单位和其他组织中从事会计工作，并符合报名条件的人员，均可报考。

2. 报考时间

报考时间一般安排在考试年度上一年的 11 月份开始，以当年财政部通知为准。

3. 考试时间

考试时间定于本年度 5 月进行。

中级会计证书

1. 介绍

会计专业技术资格考试是财政部、人事部共同组织的全国会计从业资格证书统一考试。会计专业技术资格，是指担任会计专业职务的任职资格。分为初级资格、中级资格和高级资格。从 2003 年开始，确定高级会计师资格实行考试与评审相结合的评价办法。凡申请参加高级会计师资格评审的人员，须经考试合格后，方可参加评审。会计专业职务是区别会计人员业务技能的技术等级，会计专业职务分为高级会计师、会计师、助理会计师、会计员。高级会计师为高级职务，会计师为中级职务，助理会计师与会计员为初级职务。初级、中级会计资格的取得实行全国统一考试制度；高级会计师资格的取得实行考试与评审相结合制度。

2. 报考时间

以当年公布的考试时间为准。

（七）注册会计师资格证

1. 介绍

注册会计师，是指通过注册会计师执业资格考试并取得注册会计师证书在会计师事务所执业的人员，英文全称 Certified Public Accountant，简称为 CPA，注册会计师考试科目为会计、审计、财务成本管理、经济法、税法、战略与风险管理。

在国际上说会计师一般是说注册会计师，指的是从事社会审计、中介审计、独立审计的专业人士，在其他一些国家的会计师公会，如加拿大的 CGA，美国的 AICPA，澳大利亚的澳洲会计师公会，英国特许公认会计师公会 ACCA，而不是中国的中级职称概念的会计师。

2. 考试时间

报名的具体时间在各年度财政部考委会发布的报名简章中，地方考委会应当据此确定本地区具体报名日期，并向社会公告。

每科目考试的具体时间，在各年度财政部考委会发布的报名简章中。

（八）物流师职业资格证

1. 介绍

具有物流师职业资格的所有人员都将被加入物流人才库，供物流或相关企业进行人才交流或选聘。职业资格证书制度是劳动就业制度的一项重要内容，也是一种特殊形式的国家考试制度。它是指按照国家制定的职业技能标准或任职资格条件，通过政府认定的考核鉴定机构，对劳动者的技能水平或职业资格进行客观公正、科学规范地评价和鉴定，对合格者授予相应的国家职业资格证书。物流师职业资格认证的级别分为助理物流师、物流师、高级物流师三个级别。

2. 报名时间

每年的 3 月 1 日至 31 日和 9 月 1 日至 30 日。

3. 考试时间

全国认证统一考试时间每年 2 次，考试时间是 5 月第三周的周日和 11 月第一周的周日。

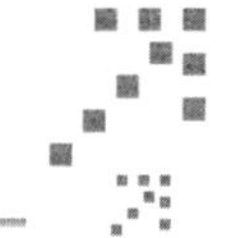

（九）导游资格证

1. 介绍

导游证是导游人员从业行为能力的证明文件，是表明导游人员身份的外在标识，它是国家准许从事导游工作的证件。根据《导游人员管理条例》的规定：在中华人民共和国境内从事导游活动，必须取得导游证。旅游管理专业的同学可以考取导游证，其余有业余爱好的同学也可以报考。

2. 考试时间

笔试时间：当年的 11 月，报名后当地旅游局会有具体通知。

面试时间：面试一般比笔试延后一段时间，在当年的 11 月到 12 月底举行。报名以后当地旅游局会有具体的通知。

（十）证券从业资格证

1. 介绍

证券从业人员资格考试是由中国证券业协会负责组织的全国统一考试，证券从业资格证是进入证券行业的必备证书，是进入银行或非银行金融机构、上市公司、投资公司、大型企业集团、财经媒体、政府经济部门的重要参考，因此，参加证券从业人员资格考试是从事证券职业的第一道关口，证券从业资格证同时也被称为证券行业的准入证。该考试时间由证券协会每年统一确定，资格考试已全部采用网上报名，全国统考、闭卷方式对学员进行考核。

2. 考试时间

考试计划可能会根据市场情况进行调整，如有变动，以当期公告为准。

（十一）外贸从业资格证

1. 介绍

商务部中国对外贸易经济合作企业协会在广泛调研的基础上，针对国际贸易企业业务部门领导和业务骨干，率先推出了专业认证，即高级国际贸易业务员、国际贸易业务员、高级国际商务秘书、国际商务秘书、国际商务英语等级考试（初级）等职业经理人资格认证项目，使国际贸易专业人才从业资格认证在原有的基础上得以扩大和延伸。

2. 考试时间

当年 11 月，具体时间以当地通知为准。

（十二）人力资源管理师证书

1. 介绍

企业人力资源管理人员全国统一考试按照国家职业标准分职业资格二级、高级人力资源师（国家职业资格一级）。凡考核合格者，由国家人力资源和社会保障部颁发相应等级的证书，并实行统一编号登记管理，可在官方网站网上查询，是相关人员求职、任职、晋升、包括出国的有效证件，可记入档案、全国通用。

2. 报考时间

人力资源师考试时间每年两次，在每年的 5 月、11 月的第二个周末。报名时间通常为考前两个月。

（十三）电子商务师证书

1. 介绍

电子商务师是指利用计算机技术、网络技术，通过专业的网络商务平台等现代信息技术，帮助商家与顾客或商家与商家之间从事各类商务活动或相关工作的人员。可以说是融 IT 与商务于一身的高素质复合型人才。

2. 考试时间

电子商务师考试一年安排 1~2 次，时间一般在每年的 5 月和 10 月。电子商务师考试的报名一般安排在考前的 3 个月进行。

（十四）司法考试、国家法律职业资格考试

1. 介绍

国家司法考试是中华人民共和国司法部依据《中华人民共和国法官法》《中华人民共和国检察官法》《中华人民共和国律师法》《中华人民共和国公证法》《国家司法考试实施办法》的有关规定设立的法律类职业证书考试。担任律师、法官、检察官和公证员必须通过国家司法考试。国家司法考试每年的通过率一般在全国考生人数的 10% 左右。考试主要测试内容包括：理论法学、应用法学、现行法律规定、法律实务和法律职业道德。国家司法考试实行全国统一命题和评卷，成绩由中华人民共和国司法部国家司法考试办公室公布。国家司法考试的考试成绩一次有效。通过国家司法考试的人员，由中华人民共和国司法部统一颁发相关证书并可以从事律师、法官、检察官和公证员的工作。从 2018 年开始，国家司法考试改为国家法律职业资格考试。不只是律师、法官、检察官、公证员需要通过该考试，从事行政处罚决定审核、行政复议、行政裁决的工作人员，以及法律顾问、法律类仲裁员也需要参加并通过考试

2. 考试时间

国家司法考试一般确定在每年 9 月的第 3 个周末进行。2023 年国家司法考试于 9 月 16 日、17 日举行。

（十五）一、二级建造师资格证

1. 介绍

建造师是指从事建设工程项目总承包和施工管理关键岗位的执业注册人员。建造师的含义是指懂管理、懂技术、懂经济、懂法规，综合素质较高的综合型人员，既要有理论水平，也要有丰富的实践经验和较强的组织能力。

2. 报名与考试时间

报名时间通常在考试当年的 5~6 月。考试通常是安排在每年 9 月第一个周末进行。

（十六）造价工程师资格证

1. 介绍

造价工程师是通过全国造价工程师执业资格统一考试或者资格认定、资格互认，取得中华人民共和国造价工程师执业资格，并按照《注册造价工程师管理办法》注册，取得中华人民共和国造价工程师注册执业证书和执业印章，从事工程造价活动的专业人员。全国造价工程师执业资格考试由国家建设部与国家人事部共同组织，考试每年举行一次，造价工程师执业资格考试实行全国统一大纲、统一命题、统一组织的办法。原则上每年举行一次，只在省会城市设立考点。考试采用滚动管理，共设 4 个科目，单科滚动周期为 2 年。造价工程师由国家授予资格并准予注册后执业，专门接受某个部门或某个单位的指定、委托或聘请，负责并协助其进行工程造价的计价、定价及管理业务，以维护其合法权益的工程经济专业人员。国家在工程造价领域实施造价工程师执业资格制度。凡是从事工程建设活动的建设、设计、施工、工程造价咨询、工程造价管理等单位和部门，必须在计价、评估、审查（核）、控制及管理等岗位配套有造价工程师执业资格的专业技术人员。

2. 报考时间

考试通常在每年 7 月进行。

（十七）英语专业四级、八级证书

1. 英语专业四级

1）介绍

英语专业四级考试，全称为全国高校英语专业四级考试。自 1991 年起由中国教育部实行，考察全国综合性大学英语专业学生。

考试内容涵盖英语听、说、读、写四个方面。口试自 1998 年开始正式实施，需另行报名。

2）考试时间

考试通常在每年 4 月进行。

2. 英语专业八级

1）介绍

英语专业八级考试，全称为全国高校英语专业八级考试。自 1991 年起由中国教育部实行，考察全国综合性大学英语专业学生。英语专业八级考试是由高等学校外语专业教学指导委员会主办的（非教育部主办）。在每年的 3 月份举行一次，考试在上午进行，题型包括听力、阅读、改错、翻译和写作。2005 年又加入人文常识，以笔试形式考核。口试另外考核，名称为“英语专业八级口语与口译考试”，合格后颁发“英语专业八级口语与口译证书”。

英语专业八级考试时间是每年 3 月，对象是英语及相关专业大四学生。非英语及相关专业与非在校生无法参加考试。考试及格者由高等院校外语专业教学指导委员会颁发成绩单。成绩分 3 级：60~69 分是合格；70~79 分是良好；80 分及以上是优秀。考试合格后颁发的证书终身有效。从 2003 年起，考试不合格能够补考一次。补考合格后只颁发合格证书。

2）报名时间

报名时间为每年的 11 月或 12 月，具体时间以各高校教务处的通知为准，凭所在高校的学生证集体报名，不接受其他学生的报名。

2.2 国防安全教育

一、大学生国防教育

（一）国防教育的意义

1. 高校开展国防教育是贯彻落实法律法规的要求

《中华人民共和国国防教育法》规定，普及和加强国防教育是全社会的共同责任。学校国防教育是全民国防教育的基础，是实施素质教育的重要内容。高等学校应当设置适当的国防教育课程，将课堂教学与军事训练相结合，对学生进行国防教育。并将国防教育列入学校的工作和教学计划，采取有效措施，保证国防教育的质量和效果。教育部制定的《普通高等学校军事课教学大纲》中对此强调指出，学生军训是普通高校本、专科学生的必修课，学校要纳入教学计划。普通高校本、专科的军事理论课教学时间为 36 学时，军事技能课训练时间为 2~3 周。

2. 高校开展国防教育是当前国际形势的需要

和平与发展是当今时代主题，但霸权主义和强权政治仍然存在。国际敌对势力处心积虑遏制中国发展，同时还千方百计进行思想渗透，策划颠覆破坏活动，企图搞垮国家政权，窃取政治、军事、经济、科技等重要情报。而且中国周边环境也存在危机，我们必须时刻提高警惕，掌握必要的国防常识，随时为祖国领土完整和主权独立作出贡献。

3. 高校开展国防教育是加强国防建设的需要

高校是培养强大国防预备役力量的重要阵地。现代高技术战争，需要高质量、高素质的兵源和强大的预备役力量，而军校的培养远远不能满足现代战争的需要。作为培养高级专业技术人才的高校，理所应当承担这份责任和义务。《中华人民共和国兵役法》规定，受过军训的大学生是预备役军官的重要来源和战争动员的主要对象。

4. 国防教育有利于培养国防后备人才，促进国防现代化

我国国防建设一直坚持走精干的常备军和强大的后备力量相结合的道路，这也是我国新时期国防建设的根本指导思想。大学生作为一个特殊的社会群体具有较高的科学文化素质，易于掌握现代科技知识。如果抓好这个群体的国防教育，我们便储备了一大批具有较高科学文化素质而又掌握了一定军事技能的高素质国防后备力量。为此，对大学生进行军事理论教学，必要的军事训练，以便必要时为部队输送高技术军事人才，成为战时扩建、组建部队的骨干，为打赢未来高技术局部战争创造条件，为国防建设和军事斗争准备提供有力保障。

未来高技术条件的局部战争仍要坚持人民战争。随着科学技术的飞速发展和大批高新技术用于军事领域，虽然在一定程度上看，传统的人民战争的方式已经过时了，但是，人民战争的理念不能丢。在新的形势下，人民战争仍有它存在的意义，如信息战、网络战等一些没有硝烟的战争，人民群众中的技术群体会大有作为。他们可以充分发挥其聪明才智投入到维护国家安全的行列中来。我们的青年大学生，无论是在校生还是毕业生，他们个个有专长，如果他们受过较好的大学国防教育，走上社会之后，他们之中的绝大多数将成为各行各业的骨干力量，他们的一言一行、一举一动都将影响着周围的人，而一部分还将走上领导岗位，其影响和作用更大。在和平时期，他们是国防教育的骨干，而一旦战争发生，他们便成为人民战争的排头兵，能发动和组织广大群众参与战争，形成强大的合力，取得战争的胜利，为未来高技术条件下的人民战争打下了坚实的基础。

二、大学生军事训练

（一）学生军训的起源

学生军训，在我国可追溯到古代的奴隶社会。据《礼记》《周礼》等记载，《西周·官学》已有“国学”与“乡学”之分，并有“小学”和“大学”两级。《西周·大学》，以习武为主，教师一般由军官担任。军训主要内容是习射，即学射箭，加驾驭五种战车的方法等。这是我国古代最早对学生进行军训的记载。以后各朝代都有过对学生实施军训的记载。

我国对学生实施军事训练真正走向正轨，是中华人民共和国成立以后。1955 年 7 月，经第一届全国人民代表大会第二次会议审议颁发的《中华人民共和国兵役法》（后简称《兵役法》），第一次从法律上对学生军训做了规定。1955 年 8 月，中央军委根据《兵役法》的规定和广大学生的要求，就高等院校进行学生军事训练，为部队培养预备役军官问题，向党中央请示：高等院校的军事训练，除学习一般军事知识，进行军事生活锻炼外，应在普通学科的基础上，增加学习有关的军事专业知识；训练时间，5 年制学校为 400 小时，4 年制学校为 300 小时，并利用假期进行一次野营训练。1955 年 11 月 1 日，党中央批准了上述请示。从 1955 年冬季起，首先在北京体育学院（现北京体育大学）、北京钢铁学院（现北京科技大学）进行试点。1956 年，经国务院批准，又增加了北京邮电学院（现北京邮电大学）等 12 所高等院校。在两批共 14 所高等院校中，进行了 21 种军事专业课的训练，受训学生共 10 000 多人。

2001 年 7 月，国务院办公厅、中央军委办公厅以国办发〔2001〕48 号文件转发

了《教育部、原总参谋部、原总政治部关于在普通高等学校和高级中学开展学生军事训练工作的意见》；11 月，教育部、原总参谋部、原总政治部联合在天津召开“全国学生军训工作会议”。文件下发和会议的召开，标志学生军训进入制度化的轨道和新的发展时期。

（二）军训的目的和科目

1. 军训的目的

通过严格的军事训练提高学生的政治觉悟，激发爱国热情，发扬革命英雄主义精神，培养艰苦奋斗，刻苦耐劳的坚强毅力和集体主义精神，增强国防观念和组织纪律性，养成良好的学风和生活作风，掌握基本军事知识和技能。

2. 军训的科目

（1）单个军人队列动作：

立正、跨立、稍息。

（2）停止间转法：

是停止间变换方向的一种队列动作，分为向右转、向左转、向后转。需要时，也可以半面向右转或半面向左转。

（3）行进、立定：

① 齐步行进与立定。

② 正步行进与立定。

③ 跑步行进与立定。

④ 踏步。

⑤ 移步。

（4）步法变换：

① 齐步与正步互换。

② 齐步与跑步互换。

③ 齐步与踏步互换。

（5）坐下、蹲下、起立。

（6）脱帽、戴帽。

（7）敬礼：

① 停止间徒手敬礼。

② 行进间徒手敬礼。

③ 注目礼。

3. 班排连的队列动作

（1）集合：

① 班集合。

② 排集合。

③ 连集合。

④ 营集合。

（2）离散：

① 离开。

② 解散。

3

生活篇

3.1 大学生人际交往

一、大学生人际交往的礼仪

礼仪，是人类在长期社会实践和生活中形成人际间相互关系的一种表现形式，它在治国安邦、立身处世方面具有重要作用。它既是衡量一个人道德水准、有无教养的尺度，也是精神素质的重要内容，是精神文明具体的体现。中华民族是举世闻名的礼仪之邦，礼仪文化的教育传统源远流长。如今，随着社会的发展和人们社交面的扩大，礼仪已经渗透到社会生活的方方面面，人们的交往、工作、生活都离不开礼仪。

大学生的生活和学习时时刻刻与他人处于联系和交往活动之中，特别要注重交往礼仪问题。掌握好社交礼仪是必要的，也是必需的，它能够帮助大学生建立良好的人际关系，在人际交往中塑造良好的个人形象，提升个人魅力，获得自信。

礼仪是指人们在社会交往中由于受历史传统、风俗习惯、时代潮流等因素的影响而形成，既为人们所认同，又为人们所遵守，以建立和谐关系为目的的各种符合礼仪的精神。

礼仪具有以下特点：

（一）规范性

礼仪是一种规范，它不是人们主观臆断形成的结果。礼仪规范是对人们在社会交往实践中形成的一定礼仪关系的概括和反映，通过风俗、习惯和传统的方式保留下来。进一步说，礼仪是一定社会或阶级对人们的言行举止所提出的要求，并由社会思想家们集中概括出来，见之于人们生活实践，从而形成人们普遍遵循的行为准则。每个人要想在社会场合表现得彬彬有礼、很有修养，都必须无条件地遵守礼仪规范。任何人如果不按照被社会认可的礼仪规范去工作、生活，而是随心所欲地按自己的方式去做，那么其行为必然令很多交往对象难以接受。所以，规范性是礼仪一个极为重要的特性。

（二）多样性

礼仪作为一种行为规范，涉及社会生活的各个方面，从而决定了礼仪有多样性的特点。任何人因为不同的职业、不同的生活领域需要遵循不同的礼仪规范，因此，不管在内容上，还是形式上，礼仪都是丰富多样的。

（三）继承性

人们交际活动中的行为习惯以准则的形式固定下来。这种固化方式随着时间的推移沿袭下来，从而形成种种行为规范。每一个民族的礼仪文化，都是在依照民族固有传统文化的基础，通过不断吸收其他民族的礼仪文化而发展起来的，人们对待流传下来的礼仪规范应采取“取其精华，去其糟粕”的态度。

（四）差异性

礼仪是在各种社会实践中逐渐沉淀下来的文化遗产，所以对于礼仪的具体运用，会因时间、地点等现实条件的不同而呈现出一定的差异性。另外，同一种礼仪形式，在不同的场合，针对不同的对象，会有细微的差别。如同样的一句话对北方人说可能觉得是笑话，但对于南方人来说，则可能会令彼此尴尬。正因为礼仪存在这些差别，就要求人们在社交活动中，尽可能多地熟悉和掌握社交礼仪，熟练地运用礼仪规范来展示自己的风采，使自己在社交场合中保持良好的形象，促进社会交往的成功。

（五）社会性

礼仪贯穿整个人类的始终，遍及社会各个领域，渗透到各种社会关系之中，只要有人和人的关系存在，就会被作为人的行为准则和规范存在。在现实生活中，每个人都不能脱离社会而独立存在，都希望在自己的交际活动中帮人取得成功，那么礼仪就是一把在社会活动中取得成功的“金钥匙”。

（六）发展性

礼仪是逐渐形成的，并随着时代的发展而变化。任何时代的礼仪，都体现着时代的要求，社会的发展，历史的进步，由此而引起的众多社交活动的新特点、新问题的出现，要求礼仪随着时代的进步而有所发展，礼仪随着社会的进步而更新，以符合时代的要求。

二、大学生的人际交往从三个层面分析

（一）人际关系

狭义的人际关系是指人们在交往过程中所形成的心理关系。在当代大学生中很多人在开始交往中往往会很相信对方，相信程度比较高，相信对方不会故意占自己的便宜，认为最后会达到大致的平衡，所以能够容忍一时的不平衡。以致到最后发现自己过于付出，发现有太多的不平衡，此时就会选择离开对方，放弃这段交往，也会对人

际关系感到厌烦。也有些人际关系在最后交往失败的原因是不够诚实，不去跟他人沟通。事实上是过于保护自己，不想让任何人看到自己真实的一面，久而久之他人也就讨厌了这种虚伪的面目。适当地表露自己是对他人的信任，也是减少彼此之间距离，相互理解与信任的方式。

（二）自我自尊认知

在人际交往中要懂得自我知觉，也就是个人对自己的认识和评价。包括了给他人的第一印象以及建立良好的第一印象。人际关系是在人们的交往中产生的，在交往中应注重自我的自尊，所以要在人际交往方面建立自尊，过分地践踏他人自尊会导致人际交往失败，从而失去一段友谊。所以在人际交往中要懂得树立自我自尊和保护他人自尊。

（三）社会动机

动机是引起、维持和促进个体行动的内在力量。主要动机有：生理需要、安全需要、归属和爱需要、尊重需要、自我实现需要等。而当代大学生许多动机是为了获得更加优秀的成绩，让老师去特意关注自己，获得荣誉，往往通过这些动机以隐蔽的形式去获取利益会被他人厌恶，很难得到同学之间的友好关系，这样的交际在大学里面很多。大学生自我保护意识很强，也就会形成自我意识，以自我为中心，不听取他人建议。这样使彼此之间失去了沟通的机会，久而久之也就失去了语言上的交流。

明显存在于大学生中的心理问题是，普遍不会处理人际关系，这些大学生在人际交往中，与同学或朋友发生矛盾和冲突时，多数人选择了听之任之的态度。当自己遭遇挫折时，多数人会采取默默承受的方式，只有少部分人会找人倾诉。因此，大学生之间发自内心的交流日趋减少，同学之间的关系逐渐冷淡。在调查中，很多大学生都表示，他们特别渴望与他人建立亲密的人际关系。而往往又有许多的交际让他们失去交往的信心，觉得在大学里不可能存在着友谊，也就淡化了人际关系。

三、大学生人际交往中的注意事项

（一）热情交往

人际关系是互动的，不要总是消极地等待别人来主动关心自己，而要主动地与周围的同学交往沟通。开放自我是有感染性的，你对别人开放自我，别人也会对你开放自我。当对方走出故步自封、自我封闭的圈子的时候，你不仅会对对方有更深一层的认识，更重要的是对自己也会有新的认识和体验。

（二）理解尊重

每个人都有自己的气质和性格特点，也有不同的成长背景和生活习惯，所以在与同学交往的过程中，如果能互相理解尊重，同学关系就会融洽，也会减少不必要的摩擦。

（三）以诚相待

人与人的交往，最重要的是真诚和善意，这也是做人的根本原则。口是心非，虚伪傲慢的人很难有朋友。

（四）宽容谅解

俗话说："人无完人，金无足赤。"大学生都还处于成长的阶段，处理问题会有很多不妥之处，在许多问题上同学间也会有不同见解，这就要求我们能够从对方的角度考虑问题，相互谅解，处理好同学之间的关系。

（五）消除依赖

在人际交往中还有一种不健康的心态，就是过分依赖别人，总是希望别人像父母或兄长一样关心自己，凡事都要别人替自己拿主意，这是缺乏独立意识的表现。过强的依赖欲会发展成为控制欲，他们强求别人和自己一起学习，一起复习功课，向自己通报行动计划，甚至限制别人同其他同学的交往。

四、大学生人际交往的意义

人际交往是大学生在大学生活学习过程中不可或缺的社会活动，它对大学生的生理和心理能够产生较大的影响，解决大学生在个人发展过程中遇到的问题，完善个人的成长。总体来说，大学生的人际交往有以下几方面的重要意义：

（1）人际交往有助于学生尽早了解社会；

（2）人际交往能够帮助大学生认识自我、完善自我；

（3）人际交往利于大学生身心健康发展；

（4）人际交往能够帮助大学生了解外界信息；

（5）人际交往能够使大学生获得安全感的需要；

（6）人际交往是大学生个人发展的需要。

3.2　校园安全常识

一、防火

大学生用电安全意识不强，在宿舍使用劣质插排，并将插排随意放置，离开宿舍时不及时断电；防火意识不足，宿舍物品摆放不规范，随意堆放，将书籍及易燃物品堆放在电源附近；对建设文明宿舍重要性认识不足，宿舍内务整理标准落实不到位，物品随意摆放，存在安全隐患；安全上存在侥幸心理，对存在的安全隐患整改不及时。这些都可能导致火灾发生。

大学生做好宿舍防火工作，应注意以下几方面：

（1）强化安全用电意识，购买正牌插排和电器并按规定使用，不用时及时断电；

（2）宿舍物品摆放有序、整洁，易燃物品远离电器，不使用大功率电器，宿舍不乱拉、乱扯电线；

（3）养成日常打扫宿舍卫生、检查宿舍电线、电器的习惯，及时排除安全隐患。

（4）遵守大学生管理规定，不在宿舍内吸烟、点蜡烛等，消除火情隐患。

二、防盗

大学生防盗意识不强、重要财物保管不善等都是导致被盗的原因。避免被盗应从以下几方面加强防盗意识：

（1）加强防盗意识、不在宿舍存放或随身携带大量现金，现金最好的保管办法是存入银行，尤其是数额较大的要及时存入，存入时应选用适当的储蓄种类、就近储蓄；

（2）每学期开学初和临近期末，社会闲杂人员容易趁机混进宿舍，对陌生人要谨慎防范。贵重物品不用时最好锁在抽屉、柜子里，以防被乘虚而入者盗走。放假离校应将贵重物品随身带走或托可靠的人保管，不可留在宿舍；

（3）特殊时刻要锁好宿舍门窗，宿舍门钥匙不要随便乱放、乱借或丢失。

三、防传销

学生缺乏基本的警惕心理，轻易相信他人。现代网络技术发达，学生交流广泛，同学之间联系也相对频繁，但是网络的虚拟性容易使人丧失警惕。现代大学生独立欲望比较强烈，他们渴望经济独立，提高自己的社会地位。大学生社会接触面不广，往往急功近利，对生活的期望值过高，很容易被那些宣称能暴富的传销组织诱惑后，上当受骗。

大学生应从以下几方面提高自身安全意识，避免上当受骗：

（1）增强自身警惕性，不要轻易相信他人，对虚拟的网络友人更应该高度戒备；

（2）不被高回报、高利润等形式的金钱骗局诱惑，传销基本上都是利用人们急于改变现实的心理，许以高回报来诱骗他人上当；

（3）找兼职或者工作要通过正规途径，凡是工作前需要交押金、上交身份证的要多加小心。

四、防诈骗

沉迷网络，轻信网络虚拟的东西；涉世未深，缺乏鉴别判断能力；遇到问题，缺乏应变能力，处理问题的方式单一。这些都是大学生容易被诈骗的因素。大学生应从以下几方面提高自身安全意识，防止被骗：

（1）理性、慎重对待虚拟网络交友，课余时间多参加体育文化活动，通过现实生活扩大自己的朋友圈，对陌生网友保持高度戒备；

（2）离校要走正常请假手续，并告知老师和同学自己出行时间段、目的地及返回时间；

（3）遇危险时要学会自保，勿要以硬碰硬，在自己势单力薄时勿要进行激烈反抗，暂时顺从不法人员，寻找合适机会求救。

五、防人身伤害

争强好胜，相互之间攀比；法律意识淡薄，漠视他人生命；被“哥们义气”蒙蔽了双眼等不成熟的心理都可能是造成自己或他人人身伤害的诱因。大学生应从以下方面提高安全意识，防止人身伤害：

（1）外出乘坐正规交通工具，并按时返回学校，切勿贪图方便而选择黑车，尤其是无营业资质的三轮车；在校园内驾驶电动自助车要保持 20M/h 以内的车速，遵守交通秩序，佩戴头盔；

（2）要有清晰的法律意识，尊重他人生命，无论何时都要牢记人的生命是第一位的，在“哥们义气”面前不要被冲动迷失了自我。

六、防心理疾病

造成大学生心理问题的原因可能有学生家庭环境影响、自身抗压能力太弱，缓解

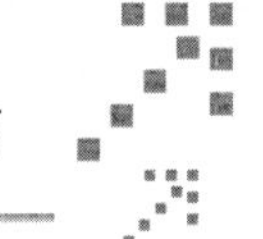

压力的知识匮乏、性格内向、不会适当调整心理状况等。大学生应从以下方面改变自己，防止出现心理疾病：

（1）培养自己广泛的兴趣爱好，锻炼自己的交际能力，积极乐观、胸襟开阔，遇事时沉着冷静、从容不迫；

（2）学会通过对朋友倾诉来宣泄不良情绪或寻求学校心理咨询中心的帮助，掌握心理调节的方法，自觉地控制情绪。

七、防网贷

同学之间互相攀比、高消费、创业筹资等都是造成现在大学生群体出现大额网贷现象的原因。大学生应从以下几方面提高自身安全意识，防止陷入网贷的沼泽：

（1）“擦亮眼睛”，增强防范意识，谨慎使用个人信息，不随意填写和泄露个人信息，对于推销的网贷产品，切勿盲目信任，提高自身对网贷业务的甄别、抵制能力；

（2）“找准组织”，上学遇到经济困难时，请及时找学校资助部门，只要上学有经济困难，国家和学校都会提供适当帮助。解决学费、住宿费问题，以国家助学贷款为主；解决生活费问题，以国家助学金为主；解决突发临时困难问题，以临时困难补助等为主；解决综合能力和生活补助问题，以勤工助学等为主；

（3）“理性消费”，培养勤俭意识，摒弃提前消费、过度消费和从众消费等错误观念，合理安排生活支出，不盲从、不攀比、不炫耀；

（4）参加社会实践活动，借助社会实践可以充分体验社会生活的不易，进而培养自己勤俭节约的意识。

除了以上提及的安全问题，在大学学习和生活中也要养成个人良好的卫生习惯、注重饮食卫生、加强个人运动和运动安全意识、注意疾病及其防治事项等安全保护意识，只有这样才能够健康愉快地度过美好的大学生活。

4

择业篇

4.1 了解环境，认知自我

一、大学生就业环境

大学生对环境的了解和分析应该包括对社会环境和职业环境的了解和分析。对社会环境的了解和分析包括当前社会政治、经济发展趋势、社会热点职业与人才需求状况、所选职业在当前与未来社会中的地位与发展情况等。对职业环境的了解包括对所选职业内部环境分析和企业所面临的外部环境分析。大学生在进行职业规划时，应全面分析社会环境和职业环境，从而准确把握大的环境形势，便于自身就业和从业的选择与发展。

1．社会环境

社会环境主要包括政治、经济、文化、法律、人才等各方面的发展环境，属于宏观层面的职业环境探索，主要目的是引导大学生认识到社会环境对个人职业发展的重要性，能够顺应环境，规划自己的职业发展。

2．职业环境

大学生对未来从事的职业进行理论分析和实际调研，了解该职业甚至是该行业发展趋势和未来前景，目的是对目标职业有充分的了解，在了解的基础上有针对性地进行取舍，从而便于自己对自身职业的把控和规划。

3．社会对人才的需求

当代社会企业对人才的要求更全面，学科交叉、知识融合、技术集成的复合型人才通常具有扎实的专业知识和较高的文化素养，能够将创新与实践相结合，善于沟通与合作，能够在团队中发挥自己的潜能，比较受欢迎。同时除了传统行业对科技人才、技术工人的需求外，各类服务行业的管理咨询人才、信息行业的维护管理人才、新兴行业及跨国公司人才的需求也变得多种多样。

二、大学生自身了解与发展

大学生对自身的了解又称为自我认知，是通过对自己的观察和思考，对自身的感知、思维和意向等方面的觉察，通过对自己的想法、期望、行为及人格特征的判断与评估，实现自我调节与自我评估，从而更好地了解自身情况，科学促进自身职业发展。自我认知主要包括以下几方面的内容：

（1）自身兴趣爱好；

（2）了解自身职业性格；

（3）关注他人态度；

（4）判断自身职业能力；

（5）自我认知的方法。

4.2 职业生涯规划与就业指导

一、大学生职业生涯规划

大学生职业生涯规划又叫“大学生职业生涯设计”，是指结合学生自身以及环境相关因素，在对大学生涯的主客观条件进行测定、分析、总结的基础上，对自己的兴趣、爱好、能力、特点进行综合分析与权衡，结合时代特点，根据自己的学业和职业倾向，确定其最佳的奋斗目标，并为实现这一目标做出行之有效的安排。

1. 职业生涯规划理论

从人的终身发展这一角度出发，美国职业学家舒伯将人的职业生涯发展分为五个大的阶段：成长、探索、建立、维持、衰退。在不同的生命周期，职业生涯规划处于不同的阶段，每个阶段的规划内容和重点也有所区别，但各个阶段的职业生涯规划又是连续的、互相影响的，从而形成贯穿人生发展始终的完整的职业生涯规划过程。

2. 大学生职业生涯规划的意义

职业生涯规划对大学生未来的发展是很重要的，对帮助大学生掌握现在、看到未来，促进自我认识、自我定位、自我发展以及自我实现有重要的意义。职业生涯规划有助于大学生认识自我、明确奋斗目标、全面提高综合素质。

3. 职业生涯规划的步骤

职业生涯规划包括以下步骤：确定志向、自我评估、职业生涯机会的评估、职业的选择、职业生涯路线的选择、设定职业生涯目标、制订行动计划与措施。

二、大学生就业指导

1. 大学生就业渠道

大学生就业信息收集的渠道很广泛，此处列举几种常见的途径：各高校的主管部门、各级毕业就业主管部门和就业指导机构、各类“双向选择洽谈会”、有关新闻媒介、通过各种社会关系获取信息、利用社会实践或毕业实习获取信息、直接与用人单位联系就业信息等。

2. 大学生主要的就业去向

近年来大学毕业生的就业去向多元化，在不同方向、不同岗位都有比较优秀的表现。主要的就业方向有：到城乡基层工作；支教、支医、支农、帮扶乡村振兴服务的三支一扶；志愿服务西部计划；农村义务教育阶段学校教师特设岗位；选聘高校毕业生到村任职；国家公务员；各类企业等。

4.3 大学生创业

一、什么是大学生创业

大学生创业就是大学生在校学习期间或毕业离校之时发现并抓住机会，整合各种资源独立开创或参与开创新企业、提供新产品或新服务，最终实现自身创业目的的一系列活动。

二、大学生创业的特征

（1）大学生创业者具有活力优势。年轻有活力，刚刚进入社会，对工作和事业充满激情与动力，自信心强，具有很强的拼搏毅力。

（2）大学生创业者具有内在的知识和技术优势。因为自身特点，大学生在学校里学到了很多理论性的东西，有着较高层次的知识和技术优势，有很强的专业能力。

（3）大学生创业者具有强烈的创业精神。当代大学生有对传统观念和传统行业挑战的信心和欲望，这种创新精神也造就了大学生创业的动力源泉，成为成功创业的精神支柱。

（4）大学生创业者创业具有一定的盲目性。由于刚刚踏足社会，社会经验不足，常常盲目乐观，没有充足的创业心理准备，急于求成、缺乏市场意识及商业管理经验，这使得大学生创业具有一定的盲目性。

三、大学生创业的类型

（1）网络创业模式。随着互联网的迅速发展，网络蕴含着巨大的商机和良好的前景。主要的种类有：创办网站、网上开店、网上自由职业等。

（2）模拟孵化模式。参加各类创业大赛，利用创业大赛提供的平台和机会展示自己的能力、熟悉创业程序、储备创业知识和经验、接触了解社会、积累人脉资源。

（3）积累式创业模式。从基础做起，在创业过程中不断学习、不断积累资本和经验，积少成多、积小成大，从量的积累到质的转变，成就事业。

（4）依附加盟模式。在社会交往中，充分利用好公司、好平台，在职积累创业经验和资源，建立自己的创业基础，条件成熟后开创自己的事业。同时依托品牌，连锁加盟已有的品牌或者经营模式，利用健全的运营模式和市场机制开展自己的事业也是不错的选择。

四、大学生创业的相关政策

《国务院关于进一步做好新形势下就业创业工作的意见》（国发〔2015〕23号）、《国务院办公厅关于深化高等学校创新创业教育改革的实施意见》（国办发〔2015〕36号）等文件对于高校毕业生自主创业实现人生价值提供了便利的优惠政策。

（1）税收优惠：持人社部门核发《就业创业证》（注明“毕业年度内自主创业税收政策”）的高校毕业生在毕业年度内（指毕业所在自然年，即1月1日至12月31日）创办个体工商户、个人独资企业的，3年内按每户每年8 000元为限额依次扣减其当年实际应缴纳的营业税、城市维护建设税、教育费附加和个人所得税。对高校毕业生创办的小型微利企业，按国家规定享受相关税收支持政策。

（2）创业担保贷款和贴息支持：对符合条件的高校毕业生自主创业的，可在创业地按规定申请创业担保贷款，贷款额度为10万元。鼓励金融机构参照贷款基础利率，结合风险分担情况，合理确定贷款利率水平，对个人发放的创业担保贷款，在贷款基础利率基础上上浮3个百分点以内的，由财政给予贴息。

（3）免收有关行政事业性收费：毕业2年以内的普通高校毕业生从事个体经营

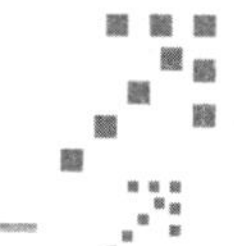

（除国家限制的行业外）的，自其在工商部门首次注册登记之日起 3 年内，免收管理类、登记类和证照类等有关行政事业性收费。

（4）享受培训补贴：对高校毕业生在毕业学年（即从毕业前一年 7 月 1 日起的 12 个月）内参加创业培训的，根据其获得创业培训合格证书或就业、创业情况，按规定给予培训补贴。

（5）免费创业服务：有创业意愿的高校毕业生，可免费获得公共就业和人才服务机构提供的创业指导服务，包括政策咨询、信息服务、项目开发、风险评估、开业指导、融资服务、跟踪扶持等“一条龙”创业服务。各地在充分发挥各类创业孵化基地作用的基础上，因地制宜建设一批大学生创业孵化基地，并给予相关政策扶持。对基地内大学生创业企业要提供培训和指导服务，落实扶持政策，努力提高创业成功率，延长企业存活期。

（6）取消高校毕业生落户限制，允许高校毕业生在创业地办理落户手续（直辖市按有关规定执行）。

5

制度规范篇

5.1 国家教育行政法规、教育部有关文件

一、中华人民共和国高等教育法

（1998 年 8 月 29 日第九届全国人民代表大会常务委员会第四次会议通过 根据 2015 年 12 月 27 日第十二届全国人民代表大会常务委员会第十八次会议《关于修改〈中华人民共和国高等教育法〉的决定》第一次修正 根据 2018 年 12 月 29 日第十三届全国人民代表大会常务委员会第七次会议《关于修改〈中华人民共和国电力法〉等四部法律的决定》第二次修正）

目 录

第一章 总则
第二章 高等教育基本制度
第三章 高等学校的设立
第四章 高等学校的组织和活动
第五章 高等学校教师和其他教育工作者
第六章 高等学校的学生
第七章 高等教育投入和条件保障
第八章 附则

第一章 总则

第一条 为了发展高等教育事业，实施科教兴国战略，促进社会主义物质文明和精神文明建设，根据宪法和教育法，制定本法。

第二条 在中华人民共和国境内从事高等教育活动，适用本法。本法所称高等教育，是指在完成高级中等教育基础上实施的教育。

第三条 国家坚持以马克思列宁主义、毛泽东思想、邓小平理论为指导，遵循宪

法确定的基本原则，发展社会主义的高等教育事业。

第四条　高等教育必须贯彻国家的教育方针，为社会主义现代化建设服务、为人民服务，与生产劳动和社会实践相结合，使受教育者成为德、智、体、美、劳全面发展的社会主义建设者和接班人。

第五条　高等教育的任务是培养具有社会责任感、创新精神和实践能力的高级专门人才，发展科学技术文化，促进社会主义现代化建设。

第六条　国家根据经济建设和社会发展的需要，制定高等教育发展规划，举办高等学校，并采取多种形式积极发展高等教育事业。国家鼓励企业事业组织、社会团体及其他社会组织和公民等社会力量依法举办高等学校，参与和支持高等教育事业的改革和发展。

第七条　国家按照社会主义现代化建设和发展社会主义市场经济的需要，根据不同类型、不同层次高等学校的实际，推进高等教育体制改革和高等教育教学改革，优化高等教育结构和资源配置，提高高等教育的质量和效益。

第八条　国家根据少数民族的特点和需要，帮助和支持少数民族地区发展高等教育事业，为少数民族培养高级专门人才。

第九条　公民依法享有接受高等教育的权利。国家采取措施，帮助少数民族学生和经济困难的学生接受高等教育。高等学校必须招收符合国家规定的录取标准的残疾学生入学，不得因其残疾而拒绝招收。

第十条　国家依法保障高等学校中的科学研究、文学艺术创作和其他文化活动的自由。在高等学校中从事科学研究、文学艺术创作和其他文化活动，应当遵守法律。

第十一条　高等学校应当面向社会，依法自主办学，实行民主管理。

第十二条　国家鼓励高等学校之间、高等学校与科学研究机构以及企业事业组织之间开展协作，实行优势互补，提高教育资源的使用效益。国家鼓励和支持高等教育事业的国际交流与合作。

第十三条　国务院统一领导和管理全国高等教育事业。省、自治区、直辖市人民政府统筹协调本行政区域内的高等教育事业，管理主要为地方培养人才和国务院授权管理的高等学校。

第十四条　国务院教育行政部门主管全国高等教育工作，管理由国务院确定的主要为全国培养人才的高等学校。国务院其他有关部门在国务院规定的职责范围内，负责有关的高等教育工作。

第二章　高等教育基本制度

第十五条　高等教育包括学历教育和非学历教育。高等教育采用全日制和非全日制教育形式。国家支持采用广播、电视、函授及其他远程教育方式实施高等教育。

第十六条　高等学历教育分为专科教育、本科教育和研究生教育。高等学历教育

应当符合下列学业标准：（一）专科教育应当使学生掌握本专业必备的基础理论、专门知识，具有从事本专业实际工作的基本技能和初步能力；（二）本科教育应当使学生比较系统地掌握本学科、专业必需的基础理论、基本知识，掌握本专业必要的基本技能、方法和相关知识，具有从事本专业实际工作和研究工作的初步能力；（三）硕士研究生教育应当使学生掌握本学科坚实的基础理论、系统的专业知识，掌握相应的技能、方法和相关知识，具有从事本专业实际工作和科学研究工作的能力。博士研究生教育应当使学生掌握本学科坚实宽广的基础理论、系统深入的专业知识、相应的技能和方法，具有独立从事本学科创造性科学研究工作和实际工作的能力。

第十七条　专科教育的基本修业年限为二至三年，本科教育的基本修业年限为四至五年，硕士研究生教育的基本修业年限为二至三年，博士研究生教育的基本修业年限为三至四年。非全日制高等学历教育的修业年限应当适当延长。高等学校根据实际需要，可以对本学校的修业年限作出调整。

第十八条　高等教育由高等学校和其他高等教育机构实施。大学、独立设置的学院主要实施本科及本科以上教育。高等专科学校实施专科教育。经国务院教育行政部门批准，科学研究机构可以承担研究生教育的任务。其他高等教育机构实施非学历高等教育。

第十九条　高级中等教育毕业或者具有同等学力的，经考试合格，由实施相应学历教育的高等学校录取，取得专科生或者本科生入学资格。本科毕业或者具有同等学力的，经考试合格，由实施相应学历教育的高等学校或者经批准承担研究生教育任务的科学研究机构录取，取得硕士研究生入学资格。硕士研究生毕业或者具有同等学力的，经考试合格，由实施相应学历教育的高等学校或者经批准承担研究生教育任务的科学研究机构录取，取得博士研究生入学资格。允许特定学科和专业的本科毕业生直接取得博士研究生入学资格，具体办法由国务院教育行政部门规定。

第二十条　接受高等学历教育的学生，由所在高等学校或者经批准承担研究生教育任务的科学研究机构根据其修业年限、学业成绩等，按照国家有关规定，发给相应的学历证书或者其他学业证书。接受非学历高等教育的学生，由所在高等学校或者其他高等教育机构发给相应的结业证书。结业证书应当载明修业年限和学业内容。

第二十一条　国家实行高等教育自学考试制度，经考试合格的，发给相应的学历证书或者其他学业证书。

第二十二条　国家实行学位制度。学位分为学士、硕士和博士。公民通过接受高等教育或者自学，其学业水平达到国家规定的学位标准，可以向学位授予单位申请授予相应的学位。

第二十三条　高等学校和其他高等教育机构应当根据社会需要和自身办学条件，承担实施继续教育的工作。

第三章　高等学校的设立

第二十四条　设立高等学校，应当符合国家高等教育发展规划，符合国家利益和社会公共利益。

第二十五条　设立高等学校，应当具备教育法规定的基本条件。大学或者独立设置的学院还应当具有较强的教学、科学研究力量，较高的教学、科学研究水平和相应规模，能够实施本科及本科以上教育。大学还必须设有三个以上国家规定的学科门类为主要学科。设立高等学校的具体标准由国务院制定。设立其他高等教育机构的具体标准，由国务院授权的有关部门或者省、自治区、直辖市人民政府根据国务院规定的原则制定。

第二十六条　设立高等学校，应当根据其层次、类型、所设学科类别、规模、教学和科学研究水平，使用相应的名称。

第二十七条　申请设立高等学校的，应当向审批机关提交下列材料：

（一）申办报告；

（二）可行性论证材料；

（三）章程；

（四）审批机关依照本法规定要求提供的其他材料。

第二十八条　高等学校的章程应当规定以下事项：

（一）学校名称、校址；

（二）办学宗旨；

（三）办学规模；

（四）学科门类的设置；

（五）教育形式；

（六）内部管理体制；

（七）经费来源、财产和财务制度；

（八）举办者与学校之间的权利、义务；

（九）章程修改程序；

（十）其他必须由章程规定的事项。

第二十九条　设立实施本科及以上教育的高等学校，由国务院教育行政部门审批；设立实施专科教育的高等学校，由省、自治区、直辖市人民政府审批，报国务院教育行政部门备案；设立其他高等教育机构，由省、自治区、直辖市人民政府教育行政部门审批。审批设立高等学校和其他高等教育机构应当遵守国家有关规定。审批设立高等学校，应当委托由专家组成的评议机构评议。高等学校和其他高等教育机构分立、合并、终止，变更名称、类别和其他重要事项，由本条第一款规定的审批机关审批；修改章程，应当根据管理权限，报国务院教育行政部门或者省、自治区、直辖市人民政府教育行政部门核准。

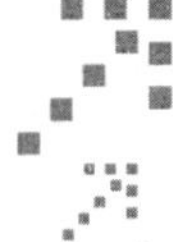

第四章　高等学校的组织和活动

第三十条　高等学校自批准设立之日起取得法人资格。高等学校的校长为高等学校的法定代表人。高等学校在民事活动中依法享有民事权利，承担民事责任。

第三十一条　高等学校应当以培养人才为中心，开展教学、科学研究和社会服务，保证教育教学质量达到国家规定的标准。

第三十二条　高等学校根据社会需求、办学条件和国家核定的办学规模，制定招生方案，自主调节系科招生比例。

第三十三条　高等学校依法自主设置和调整学科、专业。

第三十四条　高等学校根据教学需要，自主制定教学计划、选编教材、组织实施教学活动。

第三十五条　高等学校根据自身条件，自主开展科学研究、技术开发和社会服务。国家鼓励高等学校同企业事业组织、社会团体及其他社会组织在科学研究、技术开发和推广等方面进行多种形式的合作。国家支持具备条件的高等学校成为国家科学研究基地。

第三十六条　高等学校按照国家有关规定，自主开展与境外高等学校之间的科学技术文化交流与合作。

第三十七条　高等学校根据实际需要和精简、效能的原则，自主确定教学、科学研究、行政职能部门等内部组织机构的设置和人员配备；按照国家有关规定，评聘教师和其他专业技术人员的职务，调整津贴及工资分配。

第三十八条　高等学校对举办者提供的财产、国家财政性资助、受捐赠财产依法自主管理和使用。高等学校不得将用于教学和科学研究活动的财产挪作他用。

第三十九条　国家举办的高等学校实行中国共产党高等学校基层委员会领导下的校长负责制。中国共产党高等学校基层委员会按照中国共产党章程和有关规定，统一领导学校工作，支持校长独立负责地行使职权，其领导职责主要是：执行中国共产党的路线、方针、政策，坚持社会主义办学方向，领导学校的思想政治工作和德育工作，讨论决定学校内部组织机构的设置和内部组织机构负责人的人选，讨论决定学校的改革、发展和基本管理制度等重大事项，保证以培养人才为中心的各项任务的完成。社会力量举办的高等学校的内部管理体制按照国家有关社会力量办学的规定确定。

第四十条　高等学校的校长，由符合教育法规定的任职条件的公民担任。高等学校的校长、副校长按照国家有关规定任免。

第四十一条　高等学校的校长全面负责本学校的教学、科学研究和其他行政管理工作，行使下列职权：

（一）拟订发展规划，制定具体规章制度和年度工作计划并组织实施；

（二）组织教学活动、科学研究和思想品德教育；

（三）拟订内部组织机构的设置方案，推荐副校长人选，任免内部组织机构的负责人；

（四）聘任与解聘教师以及内部其他工作人员，对学生进行学籍管理并实施奖励或者处分；

（五）拟订和执行年度经费预算方案，保护和管理校产，维护学校的合法权益；

（六）章程规定的其他职权。高等学校的校长主持校长办公会议或者校务会议，处理前款规定的有关事项。

第四十二条　高等学校设立学术委员会，履行下列职责：

（一）审议学科建设、专业设置，教学、科学研究计划方案；

（二）评定教学、科学研究成果；

（三）调查、处理学术纠纷；

（四）调查、认定学术不端行为；

（五）按照章程审议、决定有关学术发展、学术评价、学术规范的其他事项。

第四十三条　高等学校通过以教师为主体的教职工代表大会等组织形式，依法保障教职工参与民主管理和监督，维护教职工合法权益。

第四十四条　高等学校应当建立本学校办学水平、教育质量的评价制度，及时公开相关信息，接受社会监督。教育行政部门负责组织专家或者委托第三方专业机构对高等学校的办学水平、效益和教育质量进行评估。评估结果应当向社会公开。

第五章　高等学校教师和其他教育工作者

第四十五条　高等学校的教师及其他教育工作者享有法律规定的权利，履行法律规定的义务，忠诚于人民的教育事业。

第四十六条　高等学校实行教师资格制度。中国公民凡遵守宪法和法律，热爱教育事业，具有良好的思想品德，具备研究生或者大学本科毕业学历，有相应的教育教学能力，经认定合格，可以取得高等学校教师资格。不具备研究生或者大学本科毕业学历的公民，学有所长，通过国家教师资格考试，经认定合格，也可以取得高等学校教师资格。

第四十七条　高等学校实行教师职务制度。高等学校教师职务根据学校所承担的教学、科学研究等任务的需要设置。教师职务设助教、讲师、副教授、教授。高等学校的教师取得前款规定的职务应当具备下列基本条件：

（一）取得高等学校教师资格；

（二）系统地掌握本学科的基础理论；

（三）具备相应职务的教育教学能力和科学研究能力；

（四）承担相应职务的课程和规定课时的教学任务。教授、副教授除应当具备以上基本任职条件外，还应当对本学科具有系统而坚实的基础理论和比较丰富的教学、科学研究经验，教学成绩显著，论文或者著作达到较高水平或者有突出的教学、科学研究成果。高等学校教师职务的具体任职条件由国务院规定。

第四十八条　高等学校实行教师聘任制。教师经评定具备任职条件的，由高等学校按照教师职务的职责、条件和任期聘任。高等学校的教师的聘任，应当遵循双方平等自愿的原则，由高等学校校长与受聘教师签订聘任合同。

第四十九条　高等学校的管理人员，实行教育职员制度。高等学校的教学辅助人员及其他专业技术人员，实行专业技术职务聘任制度。

第五十条　国家保护高等学校教师及其他教育工作者的合法权益，采取措施改善高等学校教师及其他教育工作者的工作条件和生活条件。

第五十一条　高等学校应当为教师参加培训、开展科学研究和进行学术交流提供便利条件。高等学校应当对教师、管理人员和教学辅助人员及其他专业技术人员的思想政治表现、职业道德、业务水平和工作实绩进行考核，考核结果作为聘任或者解聘、晋升、奖励或者处分的依据。

第五十二条　高等学校的教师、管理人员和教学辅助人员及其他专业技术人员，应当以教学和培养人才为中心做好本职工作。

第六章　高等学校的学生

第五十三条　高等学校的学生应当遵守法律、法规，遵守学生行为规范和学校的各项管理制度，尊敬师长，刻苦学习，增强体质，树立爱国主义、集体主义和社会主义思想，努力学习马克思列宁主义、毛泽东思想、邓小平理论，具有良好的思想品德，掌握较高的科学文化知识和专业技能。高等学校学生的合法权益，受法律保护。

第五十四条　高等学校的学生应当按照国家规定缴纳学费。家庭经济困难的学生，可以申请补助或者减免学费。

第五十五条　国家设立奖学金，并鼓励高等学校、企业事业组织、社会团体以及其他社会组织和个人按照国家有关规定设立各种形式的奖学金，对品学兼优的学生、国家规定的专业的学生以及到国家规定的地区工作的学生给予奖励。国家设立高等学校学生勤工助学基金和贷学金，并鼓励高等学校、企业事业组织、社会团体以及其他社会组织和个人设立各种形式的助学金，对家庭经济困难的学生提供帮助。获得贷学金及助学金的学生，应当履行相应的义务。

第五十六条　高等学校的学生在课余时间可以参加社会服务和勤工助学活动，但不得影响学业任务的完成。高等学校应当对学生的社会服务和勤工助学活动给予鼓励和支持，并进行引导和管理。

第五十七条　高等学校的学生，可以在校内组织学生团体。学生团体在法律、法规规定的范围内活动，服从学校的领导和管理。

第五十八条　高等学校的学生思想品德合格，在规定的修业年限内学完规定的课程，成绩合格或者修满相应的学分，准予毕业。

第五十九条　高等学校应当为毕业生、结业生提供就业指导和服务。国家鼓励高等学校毕业生到边远、艰苦地区工作。

第七章　高等教育投入和条件保障

第六十条　高等教育实行以举办者投入为主、受教育者合理分担培养成本、高等学校多种渠道筹措经费的机制。国务院和省、自治区、直辖市人民政府依照教育法第五十六条的规定，保证国家举办的高等教育的经费逐步增长。国家鼓励企业事业组织、社会团体及其他社会组织和个人向高等教育投入。

第六十一条　高等学校的举办者应当保证稳定的办学经费来源，不得抽回其投入的办学资金。

第六十二条　国务院教育行政部门会同国务院其他有关部门根据在校学生年人均教育成本，规定高等学校年经费开支标准和筹措的基本原则；省、自治区、直辖市人民政府教育行政部门会同有关部门制订本行政区域内高等学校年经费开支标准和筹措办法，作为举办者和高等学校筹措办学经费的基本依据。

第六十三条　国家对高等学校进口图书资料、教学科研设备以及校办产业实行优惠政策。高等学校所办产业或者转让知识产权以及其他科学技术成果获得的收益，用于高等学校办学。

第六十四条　高等学校收取的学费应当按照国家有关规定管理和使用，其他任何组织和个人不得挪用。

第六十五条　高等学校应当依法建立、健全财务管理制度，合理使用、严格管理教育经费，提高教育投资效益。高等学校的财务活动应当依法接受监督。

第八章　附则

第六十六条　对高等教育活动中违反教育法规定的，依照教育法的有关规定给予处罚。

第六十七条　中国境外个人符合国家规定的条件并办理有关手续后，可以进入中国境内高等学校学习、研究、进行学术交流或者任教，其合法权益受国家保护。

第六十八条　本法所称高等学校是指大学、独立设置的学院和高等专科学校，其中包括高等职业学校和成人高等学校。本法所称其他高等教育机构是指除高等学校和经批准承担研究生教育任务的科学研究机构以外的从事高等教育活动的组织。本法有关高等学校的规定适用于其他高等教育机构和经批准承担研究生教育任务的科学研究机构，但是对高等学校专门适用的规定除外。

第六十九条　本法自 1999 年 1 月 1 日起施行。

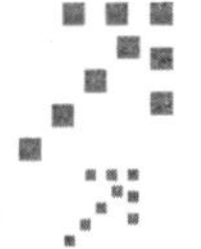

二、中华人民共和国职业教育法

（1996 年 5 月 15 日第八届全国人民代表大会常务委员会第十九次会议通过，2022 年 4 月 20 日第十三届全国人民代表大会常务委员会第三十四次会议修订）

目　录

第一章　总则

第一条　为了推动职业教育高质量发展，提高劳动者素质和技术技能水平，促进就业创业，建设教育强国、人力资源强国和技能型社会，推进社会主义现代化建设，根据宪法，制定本法。

第二条　本法所称职业教育，是指为了培养高素质技术技能人才，使受教育者具备从事某种职业或者实现职业发展所需要的职业道德、科学文化与专业知识、技术技能等职业综合素质和行动能力而实施的教育，包括职业学校教育和职业培训。

机关、事业单位对其工作人员实施的专门培训由法律、行政法规另行规定。

第三条　职业教育是与普通教育具有同等重要地位的教育类型，是国民教育体系和人力资源开发的重要组成部分，是培养多样化人才、传承技术技能、促进就业创业的重要途径。

国家大力发展职业教育，推进职业教育改革，提高职业教育质量，增强职业教育适应性，建立健全适应社会主义市场经济和社会发展需要、符合技术技能人才成长规律的职业教育制度体系，为全面建设社会主义现代化国家提供有力人才和技能支撑。

第四条　职业教育必须坚持中国共产党的领导，坚持社会主义办学方向，贯彻国家的教育方针，坚持立德树人、德技并修，坚持产教融合、校企合作，坚持面向市场、促进就业，坚持面向实践、强化能力，坚持面向人人、因材施教。

实施职业教育应当弘扬社会主义核心价值观，对受教育者进行思想政治教育和职业道德教育，培育劳模精神、劳动精神、工匠精神，传授科学文化与专业知识，培养技术技能，进行职业指导，全面提高受教育者的素质。

第五条　公民有依法接受职业教育的权利。

第六条　职业教育实行政府统筹、分级管理、地方为主、行业指导、校企合作、社会参与。

第七条　各级人民政府应当将发展职业教育纳入国民经济和社会发展规划，与促进就业创业和推动发展方式转变、产业结构调整、技术优化升级等整体部署、统筹实施。

第八条　国务院建立职业教育工作协调机制，统筹协调全国职业教育工作。

国务院教育行政部门负责职业教育工作的统筹规划、综合协调、宏观管理。国务院教育行政部门、人力资源社会保障行政部门和其他有关部门在国务院规定的职责范围内，分别负责有关的职业教育工作。

省、自治区、直辖市人民政府应当加强对本行政区域内职业教育工作的领导，明确设区的市、县级人民政府职业教育具体工作职责，统筹协调职业教育发展，组织开展督导评估。

县级以上地方人民政府有关部门应当加强沟通配合，共同推进职业教育工作。

第九条　国家鼓励发展多种层次和形式的职业教育，推进多元办学，支持社会力量广泛、平等参与职业教育。

国家发挥企业的重要办学主体作用，推动企业深度参与职业教育，鼓励企业举办高质量职业教育。

有关行业主管部门、工会和中华职业教育社等群团组织、行业组织、企业、事业单位等应当依法履行实施职业教育的义务，参与、支持或者开展职业教育。

第十条　国家采取措施，大力发展技工教育，全面提高产业工人素质。

国家采取措施，支持举办面向农村的职业教育，组织开展农业技能培训、返乡创业就业培训和职业技能培训，培养高素质乡村振兴人才。

国家采取措施，扶持革命老区、民族地区、边远地区、欠发达地区职业教育的发展。

国家采取措施，组织各类转岗、再就业、失业人员以及特殊人群等接受各种形式的职业教育，扶持残疾人职业教育的发展。

国家保障妇女平等接受职业教育的权利。

第十一条　实施职业教育应当根据经济社会发展需要，结合职业分类、职业标准、职业发展需求，制定教育标准或者培训方案，实行学历证书及其他学业证书、培训证书、职业资格证书和职业技能等级证书制度。

国家实行劳动者在就业前或者上岗前接受必要的职业教育的制度。

第十二条　国家采取措施，提高技术技能人才的社会地位和待遇，弘扬劳动光荣、技能宝贵、创造伟大的时代风尚。

国家对在职业教育工作中做出显著成绩的单位和个人按照有关规定给予表彰、奖励。

每年 5 月的第二周为职业教育活动周。

第十三条　国家鼓励职业教育领域的对外交流与合作，支持引进境外优质资源发

展职业教育，鼓励有条件的职业教育机构赴境外办学，支持开展多种形式的职业教育学习成果互认。

第二章　职业教育体系

第十四条　国家建立健全适应经济社会发展需要，产教深度融合，职业学校教育和职业培训并重，职业教育与普通教育相互融通，不同层次职业教育有效贯通，服务全民终身学习的现代职业教育体系。

国家优化教育结构，科学配置教育资源，在义务教育后的不同阶段因地制宜、统筹推进职业教育与普通教育协调发展。

第十五条　职业学校教育分为中等职业学校教育、高等职业学校教育。

中等职业学校教育由高级中等教育层次的中等职业学校（含技工学校）实施。

高等职业学校教育由专科、本科及以上教育层次的高等职业学校和普通高等学校实施。根据高等职业学校设置制度规定，将符合条件的技师学院纳入高等职业学校序列。

其他学校、教育机构或者符合条件的企业、行业组织按照教育行政部门的统筹规划，可以实施相应层次的职业学校教育或者提供纳入人才培养方案的学分课程。

第十六条　职业培训包括就业前培训、在职培训、再就业培训及其他职业性培训，可以根据实际情况分级分类实施。

职业培训可以由相应的职业培训机构、职业学校实施。

其他学校或者教育机构以及企业、社会组织可以根据办学能力、社会需求，依法开展面向社会的、多种形式的职业培训。

第十七条　国家建立健全各级各类学校教育与职业培训学分、资历以及其他学习成果的认证、积累和转换机制，推进职业教育国家学分银行建设，促进职业教育与普通教育的学习成果融通、互认。

军队职业技能等级纳入国家职业资格认证和职业技能等级评价体系。

第十八条　残疾人职业教育除由残疾人教育机构实施外，各级各类职业学校和职业培训机构及其他教育机构应当按照国家有关规定接纳残疾学生，并加强无障碍环境建设，为残疾学生学习、生活提供必要的帮助和便利。

国家采取措施，支持残疾人教育机构、职业学校、职业培训机构及其他教育机构开展或者联合开展残疾人职业教育。

从事残疾人职业教育的特殊教育教师按照规定享受特殊教育津贴。

第十九条　县级以上人民政府教育行政部门应当鼓励和支持普通中小学、普通高等学校，根据实际需要增加职业教育相关教学内容，进行职业启蒙、职业认知、职业体验，开展职业规划指导、劳动教育，并组织、引导职业学校、职业培训机构、企业和行业组织等提供条件和支持。

第三章　职业教育的实施

第二十条　国务院教育行政部门会同有关部门根据经济社会发展需要和职业教育特点，组织制定、修订职业教育专业目录，完善职业教育教学等标准，宏观管理指导职业学校教材建设。

第二十一条　县级以上地方人民政府应当举办或者参与举办发挥骨干和示范作用的职业学校、职业培训机构，对社会力量依法举办的职业学校和职业培训机构给予指导和扶持。

国家根据产业布局和行业发展需要，采取措施，大力发展先进制造等产业需要的新兴专业，支持高水平职业学校、专业建设。

国家采取措施，加快培养托育、护理、康养、家政等方面技术技能人才。

第二十二条　县级人民政府可以根据县域经济社会发展的需要，设立职业教育中心学校，开展多种形式的职业教育，实施实用技术培训。

教育行政部门可以委托职业教育中心学校承担教育教学指导、教育质量评价、教师培训等职业教育公共管理和服务工作。

第二十三条　行业主管部门按照行业、产业人才需求加强对职业教育的指导，定期发布人才需求信息。

行业主管部门、工会和中华职业教育社等群团组织、行业组织可以根据需要，参与制定职业教育专业目录和相关职业教育标准，开展人才需求预测、职业生涯发展研究及信息咨询，培育供需匹配的产教融合服务组织，举办或者联合举办职业学校、职业培训机构，组织、协调、指导相关企业、事业单位、社会组织举办职业学校、职业培训机构。

第二十四条　企业应当根据本单位实际，有计划地对本单位的职工和准备招用的人员实施职业教育，并可以设置专职或者兼职实施职业教育的岗位。

企业应当按照国家有关规定实行培训上岗制度。企业招用的从事技术工种的劳动者，上岗前必须进行安全生产教育和技术培训；招用的从事涉及公共安全、人身健康、生命财产安全等特定职业（工种）的劳动者，必须经过培训并依法取得职业资格或者特种作业资格。

企业开展职业教育的情况应当纳入企业社会责任报告。

第二十五条　企业可以利用资本、技术、知识、设施、设备、场地和管理等要素，举办或者联合举办职业学校、职业培训机构。

第二十六条　国家鼓励、指导、支持企业和其他社会力量依法举办职业学校、职业培训机构。

地方各级人民政府采取购买服务，向学生提供助学贷款、奖助学金等措施，对企业和其他社会力量依法举办的职业学校和职业培训机构予以扶持；对其中的非营利性职业学校和职业培训机构还可以采取政府补贴、基金奖励、捐资激励等扶持措施，参

照同级同类公办学校生均经费等相关经费标准和支持政策给予适当补助。

第二十七条　对深度参与产教融合、校企合作，在提升技术技能人才培养质量、促进就业中发挥重要主体作用的企业，按照规定给予奖励；对符合条件认定为产教融合型企业的，按照规定给予金融、财政、土地等支持，落实教育费附加、地方教育附加减免及其他税费优惠。

第二十八条　联合举办职业学校、职业培训机构的，举办者应当签订联合办学协议，约定各方权利义务。

地方各级人民政府及行业主管部门支持社会力量依法参与联合办学，举办多种形式的职业学校、职业培训机构。

行业主管部门、工会等群团组织、行业组织、企业、事业单位等委托学校、职业培训机构实施职业教育的，应当签订委托合同。

第二十九条　县级以上人民政府应当加强职业教育实习实训基地建设，组织行业主管部门、工会等群团组织、行业组织、企业等根据区域或者行业职业教育的需要建设高水平、专业化、开放共享的产教融合实习实训基地，为职业学校、职业培训机构开展实习实训和企业开展培训提供条件和支持。

第三十条　国家推行中国特色学徒制，引导企业按照岗位总量的一定比例设立学徒岗位，鼓励和支持有技术技能人才培养能力的企业特别是产教融合型企业与职业学校、职业培训机构开展合作，对新招用职工、在岗职工和转岗职工进行学徒培训，或者与职业学校联合招收学生，以工学结合的方式进行学徒培养。有关企业可以按照规定享受补贴。

企业与职业学校联合招收学生，以工学结合的方式进行学徒培养的，应当签订学徒培养协议。

第三十一条　国家鼓励行业组织、企业等参与职业教育专业教材开发，将新技术、新工艺、新理念纳入职业学校教材，并可以通过活页式教材等多种方式进行动态更新；支持运用信息技术和其他现代化教学方式，开发职业教育网络课程等学习资源，创新教学方式和学校管理方式，推动职业教育信息化建设与融合应用。

第三十二条　国家通过组织开展职业技能竞赛等活动，为技术技能人才提供展示技能、切磋技艺的平台，持续培养更多高素质技术技能人才、能工巧匠和大国工匠。

第四章　职业学校和职业培训机构

第三十三条　职业学校的设立，应当符合下列基本条件：

（一）有组织机构和章程；

（二）有合格的教师和管理人员；

（三）有与所实施职业教育相适应、符合规定标准和安全要求的教学及实习实训场所、设施、设备以及课程体系、教育教学资源等；

（四）有必备的办学资金和与办学规模相适应的稳定经费来源。

设立中等职业学校，由县级以上地方人民政府或者有关部门按照规定的权限审批；设立实施专科层次教育的高等职业学校，由省、自治区、直辖市人民政府审批，报国务院教育行政部门备案；设立实施本科及以上层次教育的高等职业学校，由国务院教育行政部门审批。

专科层次高等职业学校设置的培养高端技术技能人才的部分专业，符合产教深度融合、办学特色鲜明、培养质量较高等条件的，经国务院教育行政部门审批，可以实施本科层次的职业教育。

第三十四条　职业培训机构的设立，应当符合下列基本条件：

（一）有组织机构和管理制度；

（二）有与培训任务相适应的课程体系、教师或者其他授课人员、管理人员；

（三）有与培训任务相适应、符合安全要求的场所、设施、设备；

（四）有相应的经费。

职业培训机构的设立、变更和终止，按照国家有关规定执行。

第三十五条　公办职业学校实行中国共产党职业学校基层组织领导的校长负责制，中国共产党职业学校基层组织按照中国共产党章程和有关规定，全面领导学校工作，支持校长独立负责地行使职权。民办职业学校依法健全决策机制，强化学校的中国共产党基层组织政治功能，保证其在学校重大事项决策、监督、执行各环节有效发挥作用。

校长全面负责本学校教学、科学研究和其他行政管理工作。校长通过校长办公会或者校务会议行使职权，依法接受监督。

职业学校可以通过咨询、协商等多种形式，听取行业组织、企业、学校毕业生等方面代表的意见，发挥其参与学校建设、支持学校发展的作用。

第三十六条　职业学校应当依法办学，依据章程自主管理。

职业学校在办学中可以开展下列活动：

（一）根据产业需求，依法自主设置专业；

（二）基于职业教育标准制定人才培养方案，依法自主选用或者编写专业课程教材；

（三）根据培养技术技能人才的需要，自主设置学习制度，安排教学过程；

（四）在基本学制基础上，适当调整修业年限，实行弹性学习制度；

（五）依法自主选聘专业课教师。

第三十七条　国家建立符合职业教育特点的考试招生制度。

中等职业学校可以按照国家有关规定，在有关专业实行与高等职业学校教育的贯通招生和培养。

高等职业学校可以按照国家有关规定，采取文化素质与职业技能相结合的考核方式招收学生；对有突出贡献的技术技能人才，经考核合格，可以破格录取。

省级以上人民政府教育行政部门会同同级人民政府有关部门建立职业教育统一招生平台，汇总发布实施职业教育的学校及其专业设置、招生情况等信息，提供查询、

报考等服务。

第三十八条　职业学校应当加强校风学风、师德师风建设，营造良好学习环境，保证教育教学质量。

第三十九条　职业学校应当建立健全就业创业促进机制，采取多种形式为学生提供职业规划、职业体验、求职指导等就业创业服务，增强学生就业创业能力。

第四十条　职业学校、职业培训机构实施职业教育应当注重产教融合，实行校企合作。

职业学校、职业培训机构可以通过与行业组织、企业、事业单位等共同举办职业教育机构、组建职业教育集团、开展订单培养等多种形式进行合作。

国家鼓励职业学校在招生就业、人才培养方案制定、师资队伍建设、专业规划、课程设置、教材开发、教学设计、教学实施、质量评价、科学研究、技术服务、科技成果转化以及技术技能创新平台、专业化技术转移机构、实习实训基地建设等方面，与相关行业组织、企业、事业单位等建立合作机制。开展合作的，应当签订协议，明确双方权利义务。

第四十一条　职业学校、职业培训机构开展校企合作、提供社会服务或者以实习实训为目的举办企业、开展经营活动取得的收入用于改善办学条件；收入的一定比例可以用于支付教师、企业专家、外聘人员和受教育者的劳动报酬，也可以作为绩效工资来源，符合国家规定的可以不受绩效工资总量限制。

职业学校、职业培训机构实施前款规定的活动，符合国家有关规定的，享受相关税费优惠政策。

第四十二条　职业学校按照规定的收费标准和办法，收取学费和其他必要费用；符合国家规定条件的，应当予以减免；不得以介绍工作、安排实习实训等名义违法收取费用。

职业培训机构、职业学校面向社会开展培训的，按照国家有关规定收取费用。

第四十三条　职业学校、职业培训机构应当建立健全教育质量评价制度，吸纳行业组织、企业等参与评价，并及时公开相关信息，接受教育督导和社会监督。

县级以上人民政府教育行政部门应当会同有关部门、行业组织建立符合职业教育特点的质量评价体系，组织或者委托行业组织、企业和第三方专业机构，对职业学校的办学质量进行评估，并将评估结果及时公开。

职业教育质量评价应当突出就业导向，把受教育者的职业道德、技术技能水平、就业质量作为重要指标，引导职业学校培养高素质技术技能人才。

有关部门应当按照各自职责，加强对职业学校、职业培训机构的监督管理。

第五章　职业教育的教师与受教育者

第四十四条　国家保障职业教育教师的权利，提高其专业素质与社会地位。

县级以上人民政府及其有关部门应当将职业教育教师的培养培训工作纳入教师队伍建设规划，保证职业教育教师队伍适应职业教育发展的需要。

第四十五条　国家建立健全职业教育教师培养培训体系。

各级人民政府应当采取措施，加强职业教育教师专业化培养培训，鼓励设立专门的职业教育师范院校，支持高等学校设立相关专业，培养职业教育教师；鼓励行业组织、企业共同参与职业教育教师培养培训。

产教融合型企业、规模以上企业应当安排一定比例的岗位，接纳职业学校、职业培训机构教师实践。

第四十六条　国家建立健全符合职业教育特点和发展要求的职业学校教师岗位设置和职务（职称）评聘制度。

职业学校的专业课教师（含实习指导教师）应当具有一定年限的相应工作经历或者实践经验，达到相应的技术技能水平。

具备条件的企业、事业单位经营管理和专业技术人员，以及其他有专业知识或者特殊技能的人员，经教育教学能力培训合格的，可以担任职业学校的专职或者兼职专业课教师；取得教师资格的，可以根据其技术职称聘任为相应的教师职务。取得职业学校专业课教师资格可以视情况降低学历要求。

第四十七条　国家鼓励职业学校聘请技能大师、劳动模范、能工巧匠、非物质文化遗产代表性传承人等高技能人才，通过担任专职或者兼职专业课教师、设立工作室等方式，参与人才培养、技术开发、技能传承等工作。

第四十八条　国家制定职业学校教职工配备基本标准。省、自治区、直辖市应当根据基本标准，制定本地区职业学校教职工配备标准。

县级以上地方人民政府应当根据教职工配备标准、办学规模等，确定公办职业学校教职工人员规模，其中一定比例可以用于支持职业学校面向社会公开招聘专业技术人员、技能人才担任专职或者兼职教师。

第四十九条　职业学校学生应当遵守法律、法规和学生行为规范，养成良好的职业道德、职业精神和行为习惯，努力学习，完成规定的学习任务，按照要求参加实习实训，掌握技术技能。

职业学校学生的合法权益，受法律保护。

第五十条　国家鼓励企业、事业单位安排实习岗位，接纳职业学校和职业培训机构的学生实习。接纳实习的单位应当保障学生在实习期间按照规定享受休息休假、获得劳动安全卫生保护、参加相关保险、接受职业技能指导等权利；对上岗实习的，应当签订实习协议，给予适当的劳动报酬。

职业学校和职业培训机构应当加强对实习实训学生的指导，加强安全生产教育，协商实习单位安排与学生所学专业相匹配的岗位，明确实习实训内容和标准，不得安排学生从事与所学专业无关的实习实训，不得违反相关规定通过人力资源服务机构、劳务派遣单位，或者通过非法从事人力资源服务、劳务派遣业务的单位或个人组织、

安排、管理学生实习实训。

第五十一条　接受职业学校教育，达到相应学业要求，经学校考核合格的，取得相应的学业证书；接受职业培训，经职业培训机构或者职业学校考核合格的，取得相应的培训证书；经符合国家规定的专门机构考核合格的，取得相应的职业资格证书或者职业技能等级证书。

学业证书、培训证书、职业资格证书和职业技能等级证书，按照国家有关规定，作为受教育者从业的凭证。

接受职业培训取得的职业技能等级证书、培训证书等学习成果，经职业学校认定，可以转化为相应的学历教育学分；达到相应职业学校学业要求的，可以取得相应的学业证书。

接受高等职业学校教育，学业水平达到国家规定的学位标准的，可以依法申请相应学位。

第五十二条　国家建立对职业学校学生的奖励和资助制度，对特别优秀的学生进行奖励，对经济困难的学生提供资助，并向艰苦、特殊行业等专业学生适当倾斜。国家根据经济社会发展情况适时调整奖励和资助标准。

国家支持企业、事业单位、社会组织及公民个人按照国家有关规定设立职业教育奖学金、助学金，奖励优秀学生，资助经济困难的学生。

职业学校应当按照国家有关规定从事业收入或者学费收入中提取一定比例资金，用于奖励和资助学生。

省、自治区、直辖市人民政府有关部门应当完善职业学校资助资金管理制度，规范资助资金管理使用。

第五十三条　职业学校学生在升学、就业、职业发展等方面与同层次普通学校学生享有平等机会。

高等职业学校和实施职业教育的普通高等学校应当在招生计划中确定相应比例或者采取单独考试办法，专门招收职业学校毕业生。

各级人民政府应当创造公平就业环境。用人单位不得设置妨碍职业学校毕业生平等就业、公平竞争的报考、录用、聘用条件。机关、事业单位、国有企业在招录、招聘技术技能岗位人员时，应当明确技术技能要求，将技术技能水平作为录用、聘用的重要条件。事业单位公开招聘中有职业技能等级要求的岗位，可以适当降低学历要求。

第六章　职业教育的保障

第五十四条　国家优化教育经费支出结构，使职业教育经费投入与职业教育发展需求相适应，鼓励通过多种渠道依法筹集发展职业教育的资金。

第五十五条　各级人民政府应当按照事权和支出责任相适应的原则，根据职业教育办学规模、培养成本和办学质量等落实职业教育经费，并加强预算绩效管理，提高资金使用效益。

省、自治区、直辖市人民政府应当制定本地区职业学校生均经费标准或者公用经费标准。职业学校举办者应当按照生均经费标准或者公用经费标准按时、足额拨付经费，不断改善办学条件。不得以学费、社会服务收入冲抵生均拨款。

民办职业学校举办者应当参照同层次职业学校生均经费标准，通过多种渠道筹措经费。

财政专项安排、社会捐赠指定用于职业教育的经费，任何组织和个人不得挪用、克扣。

第五十六条　地方各级人民政府安排地方教育附加等方面的经费，应当将其中可用于职业教育的资金统筹使用；发挥失业保险基金作用，支持职工提升职业技能。

第五十七条　各级人民政府加大面向农村的职业教育投入，可以将农村科学技术开发、技术推广的经费适当用于农村职业培训。

第五十八条　企业应当根据国务院规定的标准，按照职工工资总额一定比例提取和使用职工教育经费。职工教育经费可以用于举办职业教育机构、对本单位的职工和准备招用人员进行职业教育等合理用途，其中用于企业一线职工职业教育的经费应当达到国家规定的比例。用人单位安排职工到职业学校或者职业培训机构接受职业教育的，应当在其接受职业教育期间依法支付工资，保障相关待遇。

企业设立具备生产与教学功能的产教融合实习实训基地所发生的费用，可以参照职业学校享受相应的用地、公用事业费等优惠。

第五十九条　国家鼓励金融机构通过提供金融服务支持发展职业教育。

第六十条　国家鼓励企业、事业单位、社会组织及公民个人对职业教育捐资助学，鼓励境外的组织和个人对职业教育提供资助和捐赠。提供的资助和捐赠，必须用于职业教育。

第六十一条　国家鼓励和支持开展职业教育的科学技术研究、教材和教学资源开发，推进职业教育资源跨区域、跨行业、跨部门共建共享。

国家逐步建立反映职业教育特点和功能的信息统计和管理体系。

县级以上人民政府及其有关部门应当建立健全职业教育服务和保障体系，组织、引导工会等群团组织、行业组织、企业、学校等开展职业教育研究、宣传推广、人才供需对接等活动。

第六十二条　新闻媒体和职业教育有关方面应当积极开展职业教育公益宣传，弘扬技术技能人才成长成才典型事迹，营造人人努力成才、人人皆可成才、人人尽展其才的良好社会氛围。

第七章　法律责任

第六十三条　在职业教育活动中违反《中华人民共和国教育法》、《中华人民共和

国劳动法》等有关法律规定的，依照有关法律的规定给予处罚。

第六十四条　企业未依照本法规定对本单位的职工和准备招用的人员实施职业教育、提取和使用职工教育经费的，由有关部门责令改正；拒不改正的，由县级以上人民政府收取其应当承担的职工教育经费，用于职业教育。

第六十五条　职业学校、职业培训机构在职业教育活动中违反本法规定的，由教育行政部门或者其他有关部门责令改正；教育教学质量低下或者管理混乱，造成严重后果的，责令暂停招生、限期整顿；逾期不整顿或者经整顿仍达不到要求的，吊销办学许可证或者责令停止办学。

第六十六条　接纳职业学校和职业培训机构学生实习的单位违反本法规定，侵害学生休息休假、获得劳动安全卫生保护、参加相关保险、接受职业技能指导等权利的，依法承担相应的法律责任。

职业学校、职业培训机构违反本法规定，通过人力资源服务机构、劳务派遣单位或者非法从事人力资源服务、劳务派遣业务的单位或个人组织、安排、管理学生实习实训的，由教育行政部门、人力资源社会保障行政部门或者其他有关部门责令改正，没收违法所得，并处违法所得一倍以上五倍以下的罚款；违法所得不足一万元的，按一万元计算。

对前款规定的人力资源服务机构、劳务派遣单位或者非法从事人力资源服务、劳务派遣业务的单位或个人，由人力资源社会保障行政部门或者其他有关部门责令改正，没收违法所得，并处违法所得一倍以上五倍以下的罚款；违法所得不足一万元的，按一万元计算。

第六十七条　教育行政部门、人力资源社会保障行政部门或者其他有关部门的工作人员违反本法规定，滥用职权、玩忽职守、徇私舞弊的，依法给予处分；构成犯罪的，依法追究刑事责任。

第八章　附则

第六十八条　境外的组织和个人在境内举办职业学校、职业培训机构，适用本法；法律、行政法规另有规定的，从其规定。

第六十九条　本法自 2022 年 5 月 1 日起施行。

三、普通高等学校学生管理规定（中华人民共和国教育部令第41号）

《普通高等学校学生管理规定》已于2016年12月16日经教育部2016年第49次部长办公会议修订通过，现将修订后的《普通高等学校学生管理规定》公布，自2017年9月1日起施行。

教育部部长　陈宝生

2017年2月4日

第一章　总则

第一条　为规范普通高等学校学生管理行为，维护普通高等学校正常的教育教学秩序和生活秩序，保障学生合法权益，培养德、智、体、美、劳全面发展的社会主义建设者和接班人，依据教育法、高等教育法以及有关法律、法规，制定本规定。

第二条　本规定适用于普通高等学校、承担研究生教育任务的科学研究机构（以下称学校）对接受普通高等学历教育的研究生和本科、专科（高职）学生（以下称学生）的管理。

第三条　学校要坚持社会主义办学方向，坚持马克思主义的指导地位，全面贯彻国家教育方针；要坚持以立德树人为根本，以理想信念教育为核心，培育和践行社会主义核心价值观，弘扬中华优秀传统文化和革命文化、社会主义先进文化，培养学生的社会责任感、创新精神和实践能力；要坚持依法治校，科学管理，健全和完善管理制度，规范管理行为，将管理与育人相结合，不断提高管理和服务水平。

第四条　学生应当拥护中国共产党领导，努力学习马克思列宁主义、毛泽东思想、中国特色社会主义理论体系，深入学习习近平总书记系列重要讲话精神和治国理政新理念新思想新战略，坚定中国特色社会主义道路自信、理论自信、制度自信、文化自信，树立中国特色社会主义共同理想；应当树立爱国主义思想，具有团结统一、爱好和平、勤劳勇敢、自强不息的精神；应当增强法治观念，遵守宪法、法律、法规，遵守公民道德规范，遵守学校管理制度，具有良好的道德品质和行为习惯；应当刻苦学习，勇于探索，积极实践，努力掌握现代科学文化知识和专业技能；应当积极锻炼身体，增进身心健康，提高个人修养，培养审美情趣。

第五条　实施学生管理，应当尊重和保护学生的合法权利，教育和引导学生承担应尽的义务与责任，鼓励和支持学生实行自我管理、自我服务、自我教育、自我监督。

第二章　学生的权利与义务

第六条　学生在校期间依法享有下列权利：

（一）参加学校教育教学计划安排的各项活动，使用学校提供的教育教学资源；

（二）参加社会实践、志愿服务、勤工助学、文娱体育及科技文化创新等活动，获

得就业创业指导和服务；

（三）申请奖学金、助学金及助学贷款；

（四）在思想品德、学业成绩等方面获得科学、公正评价，完成学校规定学业后获得相应的学历证书、学位证书；

（五）在校内组织、参加学生团体，以适当方式参与学校管理，对学校与学生权益相关事务享有知情权、参与权、表达权和监督权；

（六）对学校给予的处理或者处分有异议，向学校、教育行政部门提出申诉，对学校、教职员工侵犯其人身权、财产权等合法权益的行为，提出申诉或者依法提起诉讼；

（七）法律、法规及学校章程规定的其他权利。

第七条　学生在校期间依法履行下列义务：

（一）遵守宪法和法律、法规；

（二）遵守学校章程和规章制度；

（三）恪守学术道德，完成规定学业；

（四）按规定缴纳学费及有关费用，履行获得贷学金及助学金的相应义务；

（五）遵守学生行为规范，尊敬师长，养成良好的思想品德和行为习惯；

（六）法律、法规及学校章程规定的其他义务。

第三章　学籍管理

第一节　入学与注册

第八条　按国家招生规定录取的新生，持录取通知书，按学校有关要求和规定的期限到校办理入学手续。因故不能按期入学的，应当向学校请假。未请假或者请假逾期的，除因不可抗力等正当事由以外，视为放弃入学资格。

第九条　学校应当在报到时对新生入学资格进行初步审查，审查合格的办理入学手续，予以注册学籍；审查发现新生的录取通知、考生信息等证明材料，与本人实际情况不符，或者有其他违反国家招生考试规定情形的，取消入学资格。

第十条　新生可以申请保留入学资格。保留入学资格期间不具有学籍。保留入学资格的条件、期限等由学校规定。

新生保留入学资格期满前应向学校申请入学，经学校审查合格后，办理入学手续。审查不合格的，取消入学资格；逾期不办理入学手续且未有因不可抗力延迟等正当理由的，视为放弃入学资格。

第十一条　学生入学后，学校应当在 3 个月内按照国家招生规定进行复查。复查内容主要包括以下方面：

（一）录取手续及程序等是否合乎国家招生规定；

（二）所获得的录取资格是否真实、合乎相关规定；

（三）本人及身份证明与录取通知、考生档案等是否一致；

（四）身心健康状况是否符合报考专业或者专业类别体检要求，能否保证在校正常学习、生活；

（五）艺术、体育等特殊类型录取学生的专业水平是否符合录取要求。

复查中发现学生存在弄虚作假、徇私舞弊等情形的，确定为复查不合格，应当取消学籍；情节严重的，学校应当移交有关部门调查处理。

复查中发现学生身心状况不适宜在校学习，经学校指定的二级甲等以上医院诊断，需要在家休养的，可以按照第十条的规定保留入学资格。

复查的程序和办法，由学校规定。

第十二条　每学期开学时，学生应当按学校规定办理注册手续。不能如期注册的，应当履行暂缓注册手续。未按学校规定缴纳学费或者有其他不符合注册条件的，不予注册。

家庭经济困难的学生可以申请助学贷款或者其他形式资助，办理有关手续后注册。

学校应当按照国家有关规定为家庭经济困难学生提供教育救助，完善学生资助体系，保证学生不因家庭经济困难而放弃学业。

第二节　考核与成绩记载

第十三条　学生应当参加学校教育教学计划规定的课程和各种教育教学环节（以下统称课程）的考核，考核成绩记入成绩册，并归入学籍档案。考核分为考试和考查两种。考核和成绩评定方式，以及考核不合格的课程是否重修或者补考，由学校规定。

第十四条　学生思想品德的考核、鉴定，以本规定第四条为主要依据，采取个人小结、师生民主评议等形式进行。学生体育成绩评定要突出过程管理，可以根据考勤、课内教学、课外锻炼活动和体质健康等情况综合评定。

第十五条　学生每学期或者每学年所修课程或者应修学分数以及升级、跳级、留级、降级等要求，由学校规定。

第十六条　学生根据学校有关规定，可以申请辅修校内其他专业或者选修其他专业课程；可以申请跨校辅修专业或者修读课程，参加学校认可的开放式网络课程学习。学生修读的课程成绩（学分），学校审核同意后，予以承认。

第十七条　学生参加创新创业、社会实践等活动以及发表论文、获得专利授权等与专业学习、学业要求相关的经历、成果，可以折算为学分，计入学业成绩。具体办法由学校规定。

学校应当鼓励、支持和指导学生参加社会实践、创新创业活动，可以建立创新创业档案、设置创新创业学分。

第十八条　学校应当健全学生学业成绩和学籍档案管理制度，真实、完整地记载、出具学生学业成绩，对通过补考、重修获得的成绩，应当予以标注。

学生严重违反考核纪律或者作弊的，该课程考核成绩记为无效，并应视其违纪或者作弊情节，给予相应的纪律处分。给予警告、严重警告、记过及留校察看处分的，

经教育表现较好，可以对该课程给予补考或者重修机会。

学生因退学等情况中止学业，其在校学习期间所修课程及已获得学分，应当予以记录。学生重新参加入学考试、符合录取条件，再次入学的，其已获得学分，经录取学校认定，可以予以承认。具体办法由学校规定。

第十九条　学生应当按时参加教育教学计划规定的活动。不能按时参加的，应当事先请假并获得批准。无故缺席的，根据学校有关规定给予批评教育，情节严重的，给予相应的纪律处分。

第二十条　学校应当开展学生诚信教育，以适当方式记录学生学业、学术、品行等方面的诚信信息，建立对失信行为的约束和惩戒机制；对有严重失信行为的，可以规定给予相应的纪律处分，对违背学术诚信的，可以对其获得学位及学术称号、荣誉等作出限制。

第三节　转专业与转学

第二十一条　学生在学习期间对其他专业有兴趣和专长的，可以申请转专业；以特殊招生形式录取的学生，国家有相关规定或者录取前与学校有明确约定的，不得转专业。

学校应当制定学生转专业的具体办法，建立公平、公正的标准和程序，健全公示制度。学校根据社会对人才需求情况的发展变化，需要适当调整专业的，应当允许在读学生转到其他相关专业就读。

休学创业或退役后复学的学生，因自身情况需要转专业的，学校应当优先考虑。

第二十二条　学生一般应当在被录取学校完成学业。因患病或者有特殊困难、特别需要，无法继续在本校学习或者不适应本校学习要求的，可以申请转学。有下列情形之一，不得转学：

（一）入学未满一学期或者毕业前一年的；

（二）高考成绩低于拟转入学校相关专业同一生源地相应年份录取成绩的；

（三）由低学历层次转为高学历层次的；

（四）以定向就业招生录取的；

（五）研究生拟转入学校、专业的录取控制标准高于其所在学校、专业的；

（六）无正当转学理由的。

学生因学校培养条件改变等非本人原因需要转学的，学校应当出具证明，由所在地省级教育行政部门协调转学到同层次学校。

第二十三条　学生转学由学生本人提出申请，说明理由，经所在学校和拟转入学校同意，由转入学校负责审核转学条件及相关证明，认为符合本校培养要求且学校有培养能力的，经学校校长办公会或者专题会议研究决定，可以转入。研究生转学还应当经拟转入专业导师同意。

跨省转学的，由转出地省级教育行政部门商转入地省级教育行政部门，按转学条件确认后办理转学手续。须转户口的由转入地省级教育行政部门将有关文件抄送转入学校所在地的公安机关。

第二十四条　学校应当按照国家有关规定，建立健全学生转学的具体办法；对转学情况应当及时进行公示，并在转学完成后 3 个月内，由转入学校报所在地省级教育行政部门备案。

省级教育行政部门应当加强对区域内学校转学行为的监督和管理，及时纠正违规转学行为。

第四节　休学与复学

第二十五条　学生可以分阶段完成学业，除另有规定外，应当在学校规定的最长学习年限（含休学和保留学籍）内完成学业。学生申请休学或者学校认为应当休学的，经学校批准，可以休学。休学次数和期限由学校规定。

第二十六条　学校可以根据情况建立并实行灵活的学习制度。对休学创业的学生，可以单独规定最长学习年限，并简化休学批准程序。

第二十七条　新生和在校学生应征参加中国人民解放军（含中国人民武装警察部队），学校应当保留其入学资格或者学籍至退役后 2 年。

学生参加学校组织的跨校联合培养项目，在联合培养学校学习期间，学校同时为其保留学籍。

学生保留学籍期间，与其实际所在的部队、学校等组织建立管理关系。

第二十八条　休学学生应当办理手续离校。学生休学期间，学校应为其保留学籍，但不享受在校学习学生待遇。因病休学学生的医疗费按国家及当地的有关规定处理。

第二十九条　学生休学期满前应当在学校规定的期限内提出复学申请，经学校复查合格，方可复学。

第五节　退学

第三十条　学生有下列情形之一，学校可予退学处理：

（一）学业成绩未达到学校要求或者在学校规定的学习年限内未完成学业的；

（二）休学、保留学籍期满，在学校规定期限内未提出复学申请或者申请复学经复查不合格的；

（三）根据学校指定医院诊断，患有疾病或者意外伤残不能继续在校学习的；

（四）未经批准连续两周未参加学校规定的教学活动的；

（五）超过学校规定期限未注册而又未履行暂缓注册手续的；

（六）学校规定的不能完成学业、应予退学的其他情形。

学生本人申请退学的，经学校审核同意后，办理退学手续。

第三十一条　退学学生，应当按学校规定期限办理退学手续离校。退学的研究生，按已有毕业学历和就业政策可以就业的，由学校报所在地省级毕业生就业部门办理相

关手续；在学校规定期限内没有聘用单位的，应当办理退学手续离校。退学学生的档案由学校退回其家庭所在地，户口应当按照国家相关规定迁回原户籍地或者家庭户籍所在地。

第六节　毕业与结业

第三十二条　学生在学校规定学习年限内，修完教育教学计划规定内容，成绩合格，达到学校毕业要求的，学校应当准予毕业，并在学生离校前发给毕业证书。

符合学位授予条件的，学位授予单位应当颁发学位证书。

学生提前完成教育教学计划规定内容，获得毕业所要求的学分，可以申请提前毕业。学生提前毕业的条件，由学校规定。

第三十三条　学生在学校规定学习年限内，修完教育教学计划规定内容，但未达到学校毕业要求的，学校可以准予结业，发给结业证书。

结业后是否可以补考、重修或者补作毕业设计、论文、答辩，以及是否颁发毕业证书、学位证书，由学校规定。合格后颁发的毕业证书、学位证书，毕业时间、获得学位时间按发证日期填写。

对退学学生，学校应当发给肄业证书或者写实性学习证明。

第七节　学业证书管理

第三十四条　学校应当严格按照招生时确定的办学类型和学习形式，以及学生招生录取时填报的个人信息，填写、颁发学历证书、学位证书及其他学业证书。

学生在校期间变更姓名、出生日期等证书需填写的个人信息的，应当有合理、充分的理由，并提供有法定效力的相应证明文件。学校进行审查，需要学生生源地省级教育行政部门及有关部门协助核查的，有关部门应当予以配合。

第三十五条　学校应当执行高等教育学籍学历电子注册管理制度，完善学籍学历信息管理办法，按相关规定及时完成学生学籍学历电子注册。

第三十六条　对完成本专业学业同时辅修其他专业并达到该专业辅修要求的学生，由学校发给辅修专业证书。

第三十七条　对违反国家招生规定取得入学资格或者学籍的，学校应当取消其学籍，不得发给学历证书、学位证书；已发的学历证书、学位证书，学校应当依法予以撤销。对以作弊、剽窃、抄袭等学术不端行为或者其他不正当手段获得学历证书、学位证书的，学校应当依法予以撤销。

被撤销的学历证书、学位证书已注册的，学校应当予以注销并报教育行政部门宣布无效。

第三十八条　学历证书和学位证书遗失或者损坏，经本人申请，学校核实后应当出具相应的证明书。证明书与原证书具有同等效力。

第四章　校园秩序与课外活动

第三十九条　学校、学生应当共同维护校园正常秩序，保障学校环境安全、稳定，保障学生的正常学习和生活。

第四十条　学校应当建立和完善学生参与管理的组织形式，支持和保障学生依法、依章程参与学校管理。

第四十一条　学生应当自觉遵守公民道德规范，自觉遵守学校管理制度，创造和维护文明、整洁、优美、安全的学习和生活环境，树立安全风险防范和自我保护意识，保障自身合法权益。

第四十二条　学生不得有酗酒、打架斗殴、赌博、吸毒，传播、复制、贩卖非法书刊和音像制品等违法行为；不得参与非法传销和进行邪教、封建迷信活动；不得从事或者参与有损大学生形象、有悖社会公序良俗的活动。

学校发现学生在校内有违法行为或者严重精神疾病可能对他人造成伤害的，可以依法采取或者协助有关部门采取必要措施。

第四十三条　学校应当坚持教育与宗教相分离原则。任何组织和个人不得在学校进行宗教活动。

第四十四条　学校应当建立健全学生代表大会制度，为学生会、研究生会等开展活动提供必要条件，支持其在学生管理中发挥作用。

学生可以在校内成立、参加学生团体。学生成立团体，应当按学校有关规定提出书面申请，报学校批准并施行登记和年检制度。

学生团体应当在宪法、法律、法规和学校管理制度范围内活动，接受学校的领导和管理。学生团体邀请校外组织、人员到校举办讲座等活动，需经学校批准。

第四十五条　学校提倡并支持学生及学生团体开展有益于身心健康、成长成才的学术、科技、艺术、文娱、体育等活动。

学生进行课外活动不得影响学校正常的教育教学秩序和生活秩序。

学生参加勤工助学活动应当遵守法律、法规以及学校、用工单位的管理制度，履行勤工助学活动的有关协议。

第四十六条　学生举行大型集会、游行、示威等活动，应当按法律程序和有关规定获得批准。对未获批准的，学校应当依法劝阻或者制止。

第四十七条　学生应当遵守国家和学校关于网络使用的有关规定，不得登录非法网站和传播非法文字、音频、视频资料等，不得编造或者传播虚假、有害信息；不得攻击、侵入他人计算机和移动通信网络系统。

第四十八条　学校应当建立健全学生住宿管理制度。学生应当遵守学校关于学生住宿管理的规定。鼓励和支持学生通过制定公约，实施自我管理。

第五章　奖励与处分

第四十九条　学校、省（区、市）和国家有关部门应当对在德、智、体、美、劳全面发展或者在思想品德、学业成绩、科技创造、体育竞赛、文艺活动、志愿服务及社会实践等方面表现突出的学生，给予表彰和奖励。

第五十条　对学生的表彰和奖励可以采取授予“三好学生”称号或者其他荣誉称号、颁发奖学金等多种形式，给予相应的精神鼓励或者物质奖励。

学校对学生予以表彰和奖励，以及确定推荐免试研究生、国家奖学金、公派出国留学人选等赋予学生利益的行为，应当建立公开、公平、公正的程序和规定，建立和完善相应的选拔、公示等制度。

第五十一条　对有违反法律法规、本规定以及学校纪律行为的学生，学校应当给予批评教育，并可视情节轻重，给予如下纪律处分：

（一）警告；

（二）严重警告；

（三）记过；

（四）留校察看；

（五）开除学籍。

第五十二条　学生有下列情形之一，学校可以给予开除学籍处分：

（一）违反宪法，反对四项基本原则、破坏安定团结、扰乱社会秩序的；

（二）触犯国家法律，构成刑事犯罪的；

（三）受到治安管理处罚，情节严重、性质恶劣的；

（四）代替他人或者让他人代替自己参加考试、组织作弊、使用通信设备或其他器材作弊、向他人出售考试试题或答案牟取利益，以及其他严重作弊或扰乱考试秩序行为的；

（五）学位论文、公开发表的研究成果存在抄袭、篡改、伪造等学术不端行为，情节严重的，或者代写论文、买卖论文的；

（六）违反本规定和学校规定，严重影响学校教育教学秩序、生活秩序以及公共场所管理秩序的；

（七）侵害其他个人、组织合法权益，造成严重后果的；

（八）屡次违反学校规定受到纪律处分，经教育不改的。

第五十三条　学校对学生作出处分，应当出具处分决定书。处分决定书应当包括下列内容：

（一）学生的基本信息；

（二）作出处分的事实和证据；

（三）处分的种类、依据、期限；

（四）申诉的途径和期限；

（五）其他必要内容。

第五十四条　学校给予学生处分，应当坚持教育与惩戒相结合，与学生违法、违纪行为的性质和过错的严重程度相适应。学校对学生的处分，应当做到证据充分、依据明确、定性准确、程序正当、处分适当。

第五十五条　在对学生作出处分或者其他不利决定之前，学校应当告知学生作出决定的事实、理由及依据，并告知学生享有陈述和申辩的权利，听取学生的陈述和申辩。

处理、处分决定以及处分告知书等，应当直接送达学生本人，学生拒绝签收的，可以以留置方式送达；已离校的，可以采取邮寄方式送达；难于联系的，可以利用学校网站、新闻媒体等以公告方式送达。

第五十六条　对学生作出取消入学资格、取消学籍、退学、开除学籍或者其他涉及学生重大利益的处理或者处分决定的，应当提交校长办公会或者校长授权的专门会议研究决定，并应当事先进行合法性审查。

第五十七条　除开除学籍处分以外，给予学生处分一般应当设置 6 到 12 个月期限，到期按学校规定程序予以解除。解除处分后，学生获得表彰、奖励及其他权益，不再受原处分的影响。

第五十八条　对学生的奖励、处理、处分及解除处分材料，学校应当真实完整地归入学校文书档案和本人档案。被开除学籍的学生，由学校发给学习证明。学生按学校规定期限离校，档案由学校退回其家庭所在地，户口应当按照国家相关规定迁回原户籍地或者家庭户籍所在地。

第六章　学生申诉

第五十九条　学校应当成立学生申诉处理委员会，负责受理学生对处理或者处分决定不服提起的申诉。学生申诉处理委员会应当由学校相关负责人、职能部门负责人、教师代表、学生代表、负责法律事务的相关机构负责人等组成，可以聘请校外法律、教育等方面专家参加。学校应当制定学生申诉的具体办法，健全学生申诉处理委员会的组成与工作规则，提供必要条件，保证其能够客观、公正地履行职责。

第六十条　学生对学校的处理或者处分决定有异议的，可以在接到学校处理或者处分决定书之日起 10 日内，向学校学生申诉处理委员会提出书面申诉。

第六十一条　学生申诉处理委员会对学生提出的申诉进行复查，并在接到书面申诉之日起 15 日内作出复查结论并告知申诉人。情况复杂不能在规定限期内作出结论的，经学校负责人批准，可延长 15 日。学生申诉处理委员会认为必要的，可以建议学校暂缓执行有关决定。

学生申诉处理委员会经复查，认为做出处理或者处分的事实、依据、程序等存在不当，可以作出建议撤销或变更的复查意见，要求相关职能部门予以研究，重新提交校长办公会或者专门会议作出决定。

第六十二条　学生对复查决定有异议的，在接到学校复查决定书之日起 15 日内，

可以向学校所在地省级教育行政部门提出书面申诉。

省级教育行政部门应当在接到学生书面申诉之日起30个工作日内，对申诉人的问题给予处理并作出决定。

第六十三条　省级教育行政部门在处理因对学校处理或者处分决定不服提起的学生申诉时，应当听取学生和学校的意见，并可根据需要进行必要的调查。根据审查结论，区别不同情况，分别作出下列处理：

（一）事实清楚、依据明确、定性准确、程序正当、处分适当的，予以维持；

（二）认定事实不存在，或者学校超越职权、违反上位法规定作出决定的，责令学校予以撤销；

（三）认定事实清楚，但认定情节有误、定性不准确，或者适用依据有错误的，责令学校变更或者重新作出决定；

（四）认定事实不清、证据不足，或者违反本规定以及学校规定的程序和权限的，责令学校重新作出决定。

第六十四条　自处理、处分或者复查决定书送达之日起，学生在申诉期内未提出申诉的视为放弃申诉，学校或者省级教育行政部门不再受理其提出的申诉。

处理、处分或者复查决定书未告知学生申诉期限的，申诉期限自学生知道或者应当知道处理或者处分决定之日起计算，但最长不得超过6个月。

第六十五条　学生认为学校及其工作人员违反本规定，侵害其合法权益的；或者学校制定的规章制度与法律法规和本规定抵触的，可以向学校所在地省级教育行政部门投诉。

教育主管部门在实施监督或者处理申诉、投诉过程中，发现学校及其工作人员有违反法律、法规及本规定的行为或者未按照本规定履行相应义务的，或者学校自行制定的相关管理制度、规定，侵害学生合法权益的，应当责令改正；发现存在违法违纪的，应当及时进行调查处理或者移送有关部门，依据有关法律和相关规定，追究有关责任人的责任。

第七章　附则

第六十六条　学校对接受高等学历继续教育的学生、港澳台侨学生、留学生的管理，参照本规定执行。

第六十七条　学校应当根据本规定制定或修改学校的学生管理规定或者纪律处分规定，报主管教育行政部门备案（中央部委属校同时抄报所在地省级教育行政部门），并及时向学生公布。省级教育行政部门根据本规定，指导、检查和监督本地区高等学校的学生管理工作。

第六十八条　本规定自2017年9月1日起施行。原《普通高等学校学生管理规定》（教育部令第21号）同时废止。其他有关文件规定与本规定不一致的，以本规定为准。

四、高等学校学生行为准则（教学〔2005〕5号）

第一条　志存高远，坚定信念。努力学习马克思列宁主义、毛泽东思想、邓小平理论和“三个代表”重要思想，面向世界，了解国情，确立在中国共产党领导下走社会主义道路、实现中华民族伟大复兴的共同理想和坚定信念，努力成为有理想、有道德、有文化、有纪律的社会主义新人。

第二条　热爱祖国，服务人民。弘扬民族精神，维护国家利益和民族团结。不参与违反四项基本原则、影响国家统一和社会稳定的活动。培养同人民群众的深厚感情，正确处理国家、集体和个人三者利益关系，增强社会责任感，甘愿为祖国为人民奉献。

第三条　勤奋学习，自强不息。追求真理，崇尚科学；刻苦钻研，严谨求实；积极实践，勇于创新；珍惜时间，学业有成。

第四条　遵纪守法，弘扬正气。遵守宪法、法律法规，遵守校纪校规；正确行使权利，依法履行义务；敬廉崇洁，公道正派；敢于并善于同各种违法违纪行为作斗争。

第五条　诚实守信，严于律己。履约践诺，知行统一；遵从学术规范，恪守学术道德，不作弊，不剽窃；自尊自爱，自省自律；文明使用互联网；自觉抵制黄、赌、毒等不良诱惑。

第六条　明礼修身，团结友爱。弘扬传统美德，遵守社会公德，男女交往文明；关心集体，爱护公物，热心公益；尊敬师长，友爱同学，团结合作；仪表整洁，待人礼貌；豁达宽容，积极向上。

第七条　勤俭节约，艰苦奋斗。热爱劳动，珍惜他人和社会劳动成果；生活俭朴，杜绝浪费；不追求超越自身和家庭实际的物质享受。

第八条　强健体魄，热爱生活。积极参加文体活动，提高身体素质，保持心理健康；磨砺意志，不怕挫折，提高适应能力；增强安全意识，防止意外事故；关爱自然，爱护环境，珍惜资源。

五、中华人民共和国学位条例

第一条　为了促进我国科学专门人才的成长，促进各门学科学术水平的提高和教育、科学事业的发展，以适应社会主义现代化建设的需要，特制定本条例。

第二条　凡是拥护中国共产党的领导、拥护社会主义制度，具有一定学术水平的公民，都可以按照本条例的规定申请相应的学位。

第三条　学位分学士、硕士、博士三级。

第四条　高等学校本科毕业生，成绩优良，达到下述学术水平者，授予学士学位：

（一）较好地掌握本门学科的基础理论、专门知识和基本技能；

（二）具有从事科学研究工作或担负专门技术工作的初步能力。

第五条　高等学校和科学研究机构的研究生，或具有研究生毕业同等学力的人员，通过硕士学位的课程考试和论文答辩，成绩合格，达到下述学术水平者，授予硕士学位：

（一）在本门学科上掌握坚实的基础理论和系统的专门知识；

（二）具有从事科学研究工作或独立担负专门技术工作的能力。

第六条　高等学校和科学研究机构的研究生，或具有研究生毕业同等学力的人员，通过博士学位的课程考试和论文答辩，成绩合格，达到下述学术水平者，授予博士学位：

（一）在本门学科上掌握坚实宽广的基础理论和系统深入的专门知识；

（二）具有独立从事科学研究工作的能力；

（三）在科学或专门技术上做出创造性的成果。

第七条　国务院设立学位委员会，负责领导全国学位授予工作。学位委员会设主任委员一人，副主任委员和委员若干人。主任委员、副主任委员和委员由国务院任免。

第八条　学士学位，由国务院授权的高等学校授予；硕士学位、博士学位，由国务院授权的高等学校和科学研究机构授予。授予学位的高等学校和科学研究机构（以下简称学位授予单位）及其可以授予学位的学科名单，由国务院学位委员会提出，经国务院批准公布。

第九条　学位授予单位，应当设立学位评定委员会，并组织有关学科的学位论文答辩委员会。学位论文答辩委员会必须有外单位的有关专家参加，其组成人员由学位授予单位遴选决定。学位评定委员会组成人员名单由学位授予单位确定，报国务院有关部门和国务院学位委员会备案。

第十条　学位论文答辩委员会负责审查硕士和博士学位论文、组织答辩，就是否授予硕士学位或博士学位作出决议。决议以不记名投票方式，经全体成员三分之二以上通过，报学位评定委员会。学位评定委员会负责审查通过学士学位获得者的名单；负责对学位论文答辩委员会报请授予硕士学位或博士学位的决议，作出是否批准的决定。决定以不记名投票方式，经全体成员过半数通过。决定授予硕士学位或博士学位的名单，报国务院学位委员会备案。

第十一条　学位授予单位，在学位评定委员会作出授予学位的决议后，发给学位获得者相应的学位证书。

第十二条　非学位授予单位应届毕业的研究生，由原单位推荐，可以就近向学位授予单位申请学位。经学位授予单位审查同意，通过论文答辩，达到本条例规定的学术水平者，授予相应的学位。

第十三条　对于在科学或专门技术上有重要的著作、发明、发现或发展者，经有关专家推荐，学位授予单位同意，可以免除考试，直接参加博士学位论文答辩。对于通过论文答辩者，授予博士学位。

第十四条　对于国内外卓越的学者或著名的社会活动家，经学位授予单位提名，国务院学位委员会批准，可以授予名誉博士学位。

第十五条　在我国学习的外国留学生和从事研究工作的外国学者，可以向学位授予单位申请学位。对于具有本条例规定的学术水平者，授予相应的学位。

第十六条　非学位授予单位和学术团体对于授予学位的决议和决定持有不同意见时，可以向学位授予单位或国务院学位委员会提出异议。学位授予单位和国务院学位委员会应当对提出的异议进行研究和处理。

第十七条　学位授予单位对于已经授予的学位，如发现有舞弊作伪等严重违反本条例规定的情况，经学位评定委员会复议，可以撤销。

第十八条　国务院对于已经批准授予学位的单位，在确认其不能保证所授学位的学术水平时，可以停止或撤销其授予学位的资格。

第十九条　本条例的实施办法，由国务院学位委员会制定，报国务院批准。

第二十条　本条例自 1981 年 1 月 1 日起施行。

六、高等学校学生学籍学历电子注册办法（教学〔2014〕11 号）

第一章　总　则

第一条　为规范高等学校学生学籍学历电子注册，向高等学校、学生和社会提供便捷、客观、权威的学籍、学历信息查询、验证及认证服务，保护高等教育受教育者的合法权益，根据《中华人民共和国高等教育法》和《普通高等学校学生管理规定》制定本办法。

第二条　高等学校学生学籍学历电子注册是运用现代信息技术，对高等学校（含具有颁发国家承认学历文凭资格的公办、民办普通高等学校、成人高等学校，开放大学）和经批准承担培养研究生任务的科学研究机构（以下合并简称高等学校或学校）按国家规定录取的高等学历教育学生取得的学籍、获得的学历证书（含通过高等教育自学考试获得的毕业证书）进行在线审核、电子标注、数据备案和网上查询的管理方式。

第三条　高等学校学历教育学生（含预科、专科、本科学生，少数民族骨干计划基础培训阶段研究生，硕士、博士研究生；华侨学生，来自香港、澳门、台湾地区学生以及国际学生）均须进行新生学籍电子注册、在校生学年电子注册、毕（结）业生学历证书电子注册。

第四条　高等学校学生学籍学历电子注册以高等学校为主体，由高等学校对符合国家规定、依法录取的学生学籍、毕（结）业生学历证书进行电子注册。省级教育行政部门依法对高等学校学生学籍学历电子注册工作进行监督和指导。

高等教育自学考试毕业证书电子注册工作由教育部高等教育自学考试办公室进行管理和监督检查，省级高等教育自学考试委员会办公室组织实施。

第五条　中国高等教育学生信息网 (以下简称学信网，网址 http://www.chsi.com.cn) 是高等学校学生学籍学历电子注册信息查询的唯一网站。

第六条　全国高等学校学生信息咨询与就业指导中心（以下简称就业指导中心）负责学信网的运行与管理，承担高等学校学生学籍学历电子注册的技术保障、日常维护和网上查询、验证、认证等服务工作，独立承担因查询、验证及认证工作而产生的法律后果，接受教育部相关部门的监管。

第二章　学籍电子注册

第七条　省级教育行政部门组织相关机构按照国家招生规定审核考生录取数据，将审核通过的数据报送教育部汇总复核后作为高等学校新生入学资格复查和学籍电子注册（以下简称学籍注册）的依据。

第八条　高等学校对报到新生进行录取、入学资格复查，对复查合格的学生予以学籍注册，复查不合格者取消入学资格；对放弃入学资格、保留入学资格、取消入学资格的学生予以标注。

少数民族预科生和少数民族骨干计划基础培训阶段研究生的资格复查由招生学校负责。预科培养和骨干计划基础培训的预科学籍标注由培养培训学校负责。预科培养培训结业后转入招生学校，由招生学校进行新生资格复查和学籍注册。其他预科生由招生学校负责。

普通高校学生（含专科、本科、硕士、博士、专科起点本科、第二学士学位等）在同一学习时段，只注册一个普通全日制学籍。跨校联合培养学生，在录取学校进行学籍注册。

第九条　按照特殊政策录取的学生应标注其录取类型。如定向招生专项计划（含免费医学、免费师范、非西藏生源定向西藏就业计划、扶贫计划等本科生，强军计划、援藏计划、少数民族骨干计划等研究生）、定向生、国防生、政法干警招录培养体制改革试点生等。

第十条　学校在学籍注册中发现录取数据有误或缺失的，由学校向省级招生部门提出申请，省级招生部门核实后将修改意见或补充录取数据报教育部，并将相关结果及时反馈学校。

第十一条　学籍注册后，学校应告知学生及时查询。学生可登录学信网实名注册后查询、核实本人身份信息和学籍注册信息。

第十二条　高等学校从学生入学次年起至毕业，应在每学年第一学期进行学年电子注册（以下简称学年注册）。学年注册包括在校生新学年注册（含注册学籍、暂缓注册等）和上学年学籍变动（含留级、降级、跳级、休学、复学、转学、转专业、保留学籍等）、学籍记载（含学业考试情况、社会实践情况、奖惩情况等）、学籍注销（含退学、取消学籍、开除学籍、死亡等）以及学生取得的其他证书（含肄业证书、学习证明等）的标注。实行学分制的学校无需标注留级、降级、跳级情况。

第十三条　学年注册在每学年第一学期开学后 1 个月内完成。学籍注销应在学籍处理后 15 个工作日内完成。

第十四条　学生离校后学信网将学生的身份信息、学籍注册信息、学年注册信息作为学籍档案保存。

第三章　学历电子注册

第十五条　高等学校颁发的学历证书（含高等教育自学考试毕业证书），应进行学历证书电子注册（以下简称学历注册）。学历注册证书分毕业证书和结业证书两种。

第十六条　高等学校只能为取得本校学籍并进行学籍注册的学生颁发并注册一份学历证书。学生毕（结）业离校时，学校应颁发毕（结）业证书并完成学历注册。学生获得的辅修专业证书，应标注在主修学历证书注册信息中。

第十七条　学历注册信息应与学历证书内容保持一致。学历注册信息包括：姓名、性别、出生日期、照片；学习起止年月；专业、层次、学制、毕（结）业、学习形式；学校名称、校（院）长姓名及证书编号。

学校应完整填报学历注册信息，信息不完整的不提供网上查询。

第十八条　学历证书发证日期应与学生毕业日期一致，发证日期即是学历注册提供网上查询的有效日期。

第十九条　学生在校期间修改或变更身份信息的，由学生本人提供合法性证明，学校或省级教育行政部门审核确认后更改，学信网保留更改前的信息。学生要求修改、变更的信息或证明材料涉嫌弄虚作假的不予受理。

学历注册并提供网上查询后，学校不得变更证书内容及注册信息，不再受理学生信息变更事宜。注册信息确有错误的，须经省级教育行政部门审核确认后方可修改。

学历证书遗失的由学校出具相应的证明书并在学历注册信息中标注。

第四章　查询及认证

第二十条　就业指导中心依据复核备案的学籍学历电子注册信息，建立全国高等教育学生学籍学历电子注册数据库，为学生和社会提供查询、验证和认证服务。

第二十一条　学生可免费查询本人身份信息、学籍注册信息、学年注册信息和学历注册信息，也可查询本人学籍档案。社会其他部门及个人可依据学生提供的相关信息对学生身份信息、学籍注册信息、学年注册信息、学历注册信息和学生学籍档案进行查询、验证。

第二十二条　依据全国高等教育学生学籍学历电子注册数据库及相关证明材料，就业指导中心可提供认证服务，对申请人申请认证的学历证书或学籍材料的真实性、合法性、有效性进行认定。认证服务以申请人自愿原则进行。

第五章　监管与责任

第二十三条　各省、自治区、直辖市教育行政部门，各高等学校及其他教育机构、高等教育自学考试机构，应重视学生学籍学历电子注册工作，加强制度建设，规范工作流程，保障信息安全，强化管理与服务。

第二十四条　高等学校、教育行政部门、就业指导中心的采集、录入及管理服务人员应严格按照工作权限规范管理和服务，数据注册、标注、修改等应专人操作，严格遵守岗位制度、认真履行工作程序，确保数据注册及时准确。

第二十五条　各级管理部门及工作人员应依法正确采集、管理和使用学生信息。不得以任何非法形式展示、公布或分发学生身份信息。

第二十六条　对违反国家规定入学的学生，学校不得为其注册学籍和学历，已经注册的应予以注销。

第二十七条　有以下情形的，一经查实，追究有关人员和单位负责人的责任：

（一）以虚假信息注册学籍学历的；

（二）因密钥、密码管理不善造成学生信息违规变更的；

（三）泄漏或将学生信息用于非法目的的；

（四）违反本办法的其他行为。

第六章　附　则

第二十八条　本办法自 2014 年 9 月 1 日起施行。其他有关文件规定与本办法不一致的，以本办法为准。

七、学校招收和培养国际学生管理办法（中华人民共和国教育部、中华人民共和国外交部、中华人民共和国公安部令第 42 号）

第一章　总则

第一条　为规范学校招收、培养、管理国际学生的行为，为国际学生在中国境内学校学习提供便利，增进教育对外交流与合作，提高中国教育国际化水平，根据《中华人民共和国教育法》《中华人民共和国出境入境管理法》等法律法规，制定本办法。

第二条　本办法所称学校，是指中华人民共和国境内实施学前教育、初等教育、中等教育和高等教育的学校。本办法所称国际学生，是指根据《中华人民共和国国籍法》不具有中国国籍且在学校接受教育的外国学生。本办法第二至五章适用于高等学校。实施学前、初等、中等教育的学校，其对国际学生的招生、教学和校内管理，按照省、自治区、直辖市的规定执行。

第三条　学校招收和培养国际学生，应当遵守中国法律法规和国家政策；应当维护国家主权、安全和社会公共利益；应当规范管理、保证质量。

国际学生应当遵守中国法律法规，尊重中国风俗习惯，遵守学校规章制度，完成学校学习任务。

第四条　国务院教育行政部门统筹管理全国国际学生工作，负责制定招收、培养国际学生的宏观政策，指导、协调省、自治区、直辖市人民政府教育行政部门和学校开展国际学生工作，并可委托有关单位和行业组织承担国际学生的管理和服务工作。

国务院外交、公安等行政部门按照职责分工，做好国际学生的相关管理工作。

第五条　省、自治区、直辖市人民政府教育行政部门对本行政区域内国际学生工作进行指导、协调和监管，负责研究制定本行政区域内学前、初等、中等教育阶段国际学生工作的相关政策。

省、自治区、直辖市人民政府外事、公安等行政部门按照职责分工，做好国际学生的相关管理工作。

第六条　招收国际学生的学校，应当建立健全国际学生招收、培养、管理和服务制度，具体负责国际学生的招收与培养。

第二章　招生管理

第七条　招收国际学生的高等学校，应当具备相应的教育教学条件和培养能力，并依照国家有关规定自主招收国际学生。

第八条　招收国际学生的高等学校，应当按照国务院教育行政部门规定的事项和程序进行备案。

第九条　高等学校招收国际学生，接受学历教育的类别为：专科生、本科生、硕士研究生和博士研究生；接受非学历教育的类别为：预科生、进修生和研究学者。

第十条　高等学校按照其办学条件和培养能力自主确定国际学生招生计划和专业，国家另有规定的除外。

第十一条　高等学校按照国家招生规定，制定和公布本校国际学生招生简章，并按照招生简章规定的条件和程序招收国际学生。

第十二条　高等学校应当对报名申请的外国公民的入学资格和经济保证证明进行审查，对其进行考试或者考核。国际学生的录取由学校决定；对不符合招生条件的，学校不得招收。

第十三条　高等学校经征得原招生学校同意，可以接收由其他学校录取或者转学的国际学生。

第十四条　高等学校对国际学生的收费项目和标准，按照国家有关规定执行。

高等学校应当公布对国际学生的收费项目、收费标准和退学、转学的退费规定。收费、退费以人民币计价。

第三章　教学管理

第十五条　高等学校应当将国际学生教学计划纳入学校总体教学计划，选派适合国际学生教学的师资，建立健全教育教学质量保障制度。

第十六条　国际学生应当按照高等学校的课程安排和教学计划参加课程学习，并应当按照规定参加相应的毕业考试或者考核。学校应当如实记录其学习成绩和日常表现。

汉语和中国概况应当作为高等学历教育的必修课；政治理论应当作为学习哲学、政治学专业的国际学生的必修课。

第十七条　国际学生入学后，经学生申请、高等学校同意，国际学生可以转专业。转专业条件和程序由学校规定。

第十八条　中华人民共和国通用语言文字是高等学校培养国际学生的基本教学语言。对国家通用语言文字水平达不到学习要求的国际学生，学校可以提供必要的补习条件。

第十九条　具备条件的高等学校，可以为国际学生开设使用外国语言进行教学的专业课程。使用外国语言接受高等学历教育的国际学生，学位论文可以使用相应的外国文字撰写，论文摘要应为中文；学位论文答辩是否使用外国语言，由学校确定。

第二十条　高等学校按照教学计划组织国际学生参加教学实习和社会实践，选择实习、实践地点应当遵守国家有关规定。

第二十一条　高等学校根据国家有关规定为国际学生颁发学历证书或者其他学业证书。对接受高等学历教育的国际学生，高等学校应当及时为其办理学籍和毕业证书电子注册。

高等学校为符合学位授予条件的国际学生颁发学位证书。

第四章　校内管理

第二十二条　高等学校应当明确承担国际学生管理职能的工作机构，负责统筹协调国际学生的招收、教学、日常管理和服务以及毕业后的校友联系等工作。

第二十三条　高等学校应当向国际学生公开学校基本情况、教育教学情况、招生简章以及国际学生管理与服务制度，方便国际学生获取信息。

第二十四条　高等学校应当为国际学生提供食宿等必要的生活服务设施，建立健全并公布服务设施使用管理制度。国际学生在学校宿舍外居住的，应当及时到居住地公安部门办理登记手续。

第二十五条　高等学校应当对国际学生开展中国法律法规、校纪校规、国情校情、中华优秀传统文化和风俗习惯等方面内容的教育，帮助其尽快熟悉和适应学习、生活环境。

高等学校应当设置国际学生辅导员岗位，了解国际学生的学习、生活需求，及时做好信息、咨询、文体活动等方面服务工作。国际学生辅导员配备比例不低于中国学生辅导员比例，与中国学生辅导员享有同等待遇。

第二十六条　高等学校鼓励国际学生参加有益于身心健康的文体活动，为其参加文体活动提供便利条件。国际学生可以自愿参加公益活动、中国重大节日的庆祝活动。

高等学校一般不组织国际学生参加军训、政治性活动。

第二十七条　国际学生经高等学校同意，可以在校内指定的地点和范围举行庆祝本国重要传统节日的活动，但不得有反对、攻击其他国家、民族的内容或者违反公共道德的言行。

第二十八条　国际学生经高等学校批准，可以在学校内成立联谊团体，在中国法律、法规规定的范围内活动，并接受学校的指导和管理。

第二十九条　高等学校应当尊重国际学生的民族习俗和宗教信仰，但不提供宗教活动场所。学校内不得进行传教、宗教聚会等任何宗教活动。

第三十条　国际学生在高等学校学习期间可以参加勤工助学活动，但不得就业、经商或从事其他经营性活动。

国际学生勤工助学的具体管理规定，由国务院教育行政部门会同有关部门另行制订。

第三十一条　高等学校参照中国学生学籍管理规定开展国际学生学籍管理工作。学校对国际学生做出退学处理或者开除学籍处分的，应当按照国务院教育行政部门的规定进行备案。

第五章　奖学金

第三十二条　中国政府为接受高等教育的国际学生设立中国政府奖学金，并鼓励地方人民政府设立国际学生奖学金。

中国政府奖学金的管理办法，由国务院有关行政部门制定。

第三十三条　国务院教育行政部门择优委托高等学校培养中国政府奖学金生。承担中国政府奖学金生培养任务的高等学校，应当优先招收中国政府奖学金生。

第三十四条　高等学校可以为国际学生设立奖学金。鼓励企事业单位、社会团体及其他社会组织和个人设立国际学生奖学金，但不得附加不合理条件。

第六章　社会管理

第三十五条　外国人申请到本办法第二条所指的学校学习的，应当在入境前根据其学习期限向中国驻其国籍国或居住地国使领馆或外交部委托的其他驻外机构申请办理 X1 字或 X2 字签证，按照规定提交经教育主管部门备案的证明和学校出具的录取通知书等相关材料。

第三十六条　国际学生所持学习类签证注明入境后需要办理居留证件的，应当自入境之日起三十日内，向拟居留地公安机关出入境管理部门申请办理学习类外国人居留证件。

第三十七条　外交部对外国驻华外交代表机构、领事机构及国际组织驻华代表机构人员及其随任家属申请到学校学习另有规定的，依照外交部规定执行。未按规定办理相关手续的，学校不得招收。

第三十八条　学校招收未满十八周岁且父母不在中国境内常住的国际学生，须要求其父母正式委托在中国境内常住的外国人或者中国人作为该国际学生的监护人，并提供相关证明材料。

学校可以接受以团组形式短期学习的国际学生，但应当预先与外方派遣单位签订协议。实施初等、中等教育的学校接受团组形式短期学习国际学生的，外方派遣单位应当按照其所在国法律规定，预先办理有关组织未成年人出入境所需的法律手续，并应当派人随团并担任国际学生在学校学习期间的监护人。

第三十九条　国际学生入学时应当按照中国卫生行政部门的规定到中国卫生检疫部门办理《外国人体格检查记录》确认手续或者进行体检。经体检确认患有《中华人民共和国出境入境管理法》规定的严重精神障碍、传染性肺结核病或者有可能对公共卫生造成重大危害的其他传染病的，由公安部门依法处理。

第四十条　学校实行国际学生全员保险制度。国际学生必须按照国家有关规定和学校要求投保。对未按照规定购买保险的，应限期投保，逾期不投保的，学校不予录取；对于已在学校学习的，应予退学或不予注册。

第七章　监督管理

第四十一条　国务院教育行政部门建立健全国际学生培养质量监督制度。省、自治区、直辖市教育行政部门应当对本行政区域的国际学生培养进行监督。

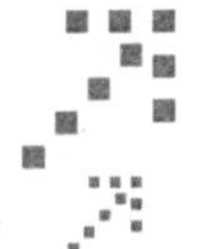

第四十二条　负有国际学生管理职责的国务院教育、公安、外交等行政部门，应当利用现代信息技术建立国际学生信息管理系统，推进信息共享工作机制，不断完善国际学生的管理与服务工作。

第四十三条　对违反《中华人民共和国出境入境管理法》《中华人民共和国治安管理处罚法》以及《中华人民共和国外国人入境出境管理条例》《中华人民共和国境内外国人宗教活动管理规定》等法律法规规定的国际学生，公安等主管部门应当依法处理。

第四十四条　高等学校在国际学生招收和培养过程中出现以下行为的，主管教育行政部门应当责令其整改，按照《中华人民共和国教育法》的有关规定追究法律责任，并可以限制其招收国际学生：

（一）违反国家规定和学校招生规定招生的；

（二）在招生过程中存在牟利行为的；

（三）未公开收费项目、标准和未按项目、标准收费的；

（四）违规颁发学位证书、学历证书或其他学业证书的；

（五）教学质量低劣或管理与服务不到位，造成不良社会影响的；

（六）其他违法违规行为。

第八章　附则

第四十五条　本办法中的短期学习是指在中国学校学习时间不超过 180 日（含），长期学习是指在中国学校学习时间超过 180 日。

第四十六条　中国境内经批准承担研究生教育任务的科学研究机构招收国际学生的，按照本办法执行。

教育行政部门批准的实施非学历教育的教育机构招收国际学生的，参照本办法执行。

香港特别行政区、澳门特别行政区、台湾地区学生的招收、培养和管理，以及中国境内外籍人员子女学校的招生、培养和管理，按照国家其他有关规定执行。

第四十七条　省、自治区、直辖市人民政府教育、外事、公安等部门，应当根据本办法，制定本省、自治区、直辖市的管理规定。

第四十八条　本办法自 2017 年 7 月 1 日起施行。教育部、外交部、公安部 2000 年 1 月 31 日发布的《高等学校接受外国留学生管理规定》、教育部 1999 年 7 月 21 日发布的《中小学接受外国学生管理暂行办法》同时废止。

八、学生伤害事故处理办法（中华人民共和国教育部令第12号）

第一章　总则

第一条　为积极预防、妥善处理在校学生伤害事故，保护学生、学校的合法权益，根据《中华人民共和国教育法》《中华人民共和国未成年人保护法》和其他相关法律、行政法规及有关规定，制定本办法。

第二条　在学校实施的教育教学活动或者学校组织的校外活动中，以及在学校负有管理责任的校舍、场地、其他教育教学设施、生活设施内发生的，造成在校学生人身损害后果的事故的处理，适用本办法。

第三条　学生伤害事故应当遵循依法、客观公正、合理适当的原则，及时、妥善地处理。

第四条　学校的举办者应当提供符合安全标准的校舍、场地、其他教育教学设施和生活设施。

教育行政部门应当加强学校安全工作，指导学校落实预防学生伤害事故的措施，指导、协助学校妥善处理学生伤害事故，维护学校正常的教育教学秩序。

第五条　学校应当对在校学生进行必要的安全教育和自护自救教育；应当按照规定，建立健全安全制度，采取相应的管理措施，预防和消除教育教学环境中存在的安全隐患；当发生伤害事故时，应当及时采取措施救助受伤害学生。

学校对学生进行安全教育、管理和保护，应当针对学生年龄、认知能力和法律行为能力的不同，采用相应的内容和预防措施。

第六条　学生应当遵守学校的规章制度和纪律；在不同的受教育阶段，应当根据自身的年龄、认知能力和法律行为能力，避免和消除相应的危险。

第七条　未成年学生的父母或者其他监护人（以下称为监护人）应当依法履行监护职责，配合学校对学生进行安全教育、管理和保护工作。学校对未成年学生不承担监护职责，但法律有规定的或者学校依法接受委托承担相应监护职责的情形除外。

第二章　事故责任

第八条　发生学生伤害事故，造成学生人身损害的，学校应当按照《中华人民共和国侵权责任法》及相关法律、法规的规定，承担相应的事故责任。

第九条　因下列情形之一造成的学生伤害事故，学校应当依法承担相应的责任：

（一）学校的校舍、场地、其他公共设施，以及学校提供给学生使用的学具、教育教学和生活设施、设备不符合国家规定的标准，或者有明显不安全因素的；

（二）学校的安全保卫、消防、设施设备管理等安全管理制度有明显疏漏，或者管理混乱，存在重大安全隐患，而未及时采取措施的；

（三）学校向学生提供的药品、食品、饮用水等不符合国家或者行业的有关标准、

要求的；

（四）学校组织学生参加教育教学活动或者校外活动，未对学生进行相应的安全教育，并未在可预见的范围内采取必要的安全措施的；

（五）学校知道教师或者其他工作人员患有不适宜担任教育教学工作的疾病，但未采取必要措施的；

（六）学校违反有关规定，组织或者安排未成年学生从事不宜未成年人参加的劳动、体育运动或者其他活动的；

（七）学生有特异体质或者特定疾病，不宜参加某种教育教学活动，学校知道或者应当知道，但未予以必要的注意的；

（八）学生在校期间突发疾病或者受到伤害，学校发现，但未根据实际情况及时采取相应措施，导致不良后果加重的；

（九）学校教师或者其他工作人员体罚或者变相体罚学生，或者在履行职责过程中违反工作要求、操作规程、职业道德或者其他有关规定的；

（十）学校教师或者其他工作人员在负有组织、管理未成年学生的职责期间，发现学生行为具有危险性，但未进行必要的管理、告诫或者制止的；

（十一）对未成年学生擅自离校等与学生人身安全直接相关的信息，学校发现或者知道，但未及时告知未成年学生的监护人，导致未成年学生因脱离监护人的保护而发生伤害的；

（十二）学校有未依法履行职责的其他情形的。

第十条　学生或者未成年学生监护人由于过错，有下列情形之一，造成学生伤害事故，应当依法承担相应的责任：

（一）学生违反法律法规的规定，违反社会公共行为准则、学校的规章制度或者纪律，实施按其年龄和认知能力应当知道具有危险或者可能危及他人的行为的；

（二）学生行为具有危险性，学校、教师已经告诫、纠正，但学生不听劝阻、拒不改正的；

（三）学生或者其监护人知道学生有特异体质，或者患有特定疾病，但未告知学校的；

（四）未成年学生的身体状况、行为、情绪等有异常情况，监护人知道或者已被学校告知，但未履行相应监护职责的；

（五）学生或者未成年学生监护人有其他过错的。

第十一条　学校安排学生参加活动，因提供场地、设备、交通工具、食品及其他消费与服务的经营者，或者学校以外的活动组织者的过错造成的学生伤害事故，有过错的当事人应当依法承担相应的责任。

第十二条　因下列情形之一造成的学生伤害事故，学校已履行了相应职责，行为并无不当的，无法律责任：

（一）地震、雷击、台风、洪水等不可抗拒的自然因素造成的；

（二）来自学校外部的突发性、偶发性侵害造成的；

（三）学生有特异体质、特定疾病或者异常心理状态，学校不知道或者难于知道的；

（四）学生自杀、自伤的；

（五）在对抗性或者具有风险性的体育竞赛活动中发生意外伤害的；

（六）其他意外因素造成的。

第十三条　下列情形下发生的造成学生人身损害后果的事故，学校行为并无不当的，不承担事故责任；事故责任应当按有关法律法规或者其他有关规定认定：

（一）在学生自行上学、放学、返校、离校途中发生的；

（二）在学生自行外出或者擅自离校期间发生的；

（三）在放学后、节假日或者假期等学校工作时间以外，学生自行滞留学校或者自行到校发生的；

（四）其他在学校管理职责范围外发生的。

第十四条　因学校教师或者其他工作人员与其职务无关的个人行为，或者因学生、教师及其他个人故意实施的违法犯罪行为，造成学生人身损害的，由致害人依法承担相应的责任。

第三章　事故处理

第十五条　发生学生伤害事故，学校应当及时救助受伤害学生，并应当及时告知未成年学生的监护人；有条件的，应当采取紧急救援等方式救助。

第十六条　发生学生伤害事故，情形严重的，学校应当及时向主管教育行政部门及有关部门报告；属于重大伤亡事故的，教育行政部门应当按照有关规定及时向同级人民政府和上一级教育行政部门报告。

第十七条　学校的主管教育行政部门应学校要求或者认为必要，可以指导、协助学校进行事故的处理工作，尽快恢复学校正常的教育教学秩序。

第十八条　发生学生伤害事故，学校与受伤害学生或者学生家长可以通过协商方式解决；双方自愿，可以书面请求主管教育行政部门进行调解。

成年学生或者未成年学生的监护人也可以依法直接提起诉讼。

第十九条　教育行政部门收到调解申请，认为必要的，可以指定专门人员进行调解，并应当在受理申请之日起６０日内完成调解。

第二十条　经教育行政部门调解，双方就事故处理达成一致意见的，应当在调解人员的见证下签订调解协议，结束调解；在调解期限内，双方不能达成一致意见，或者调解过程中一方提起诉讼，人民法院已经受理的，应当终止调解。

调解结束或者终止，教育行政部门应当书面通知当事人。

第二十一条　对经调解达成的协议，一方当事人不履行或者反悔的，双方可以依法提起诉讼。

第二十二条　事故处理结束，学校应当将事故处理结果书面报告主管的教育行政

部门；重大伤亡事故的处理结果，学校主管的教育行政部门应当向同级人民政府和上一级教育行政部门报告。

第四章　损害赔偿

第二十三条　对发生学生伤害事故负有责任的组织或者个人，应当按照法律法规的有关规定，承担相应的损害赔偿责任。

第二十四条　学生伤害事故赔偿的范围与标准，按照有关行政法规、地方性法规或者最高人民法院司法解释中的有关规定确定。教育行政部门进行调解时，认为学校有责任的，可以依照有关法律法规及国家有关规定，提出相应的调解方案。

第二十五条　对受伤害学生的伤残程度存在争议的，可以委托当地具有相应鉴定资格的医院或者有关机构，依据国家规定的人体伤残标准进行鉴定。

第二十六条　学校对学生伤害事故负有责任的，根据责任大小，适当予以经济赔偿，但不承担解决户口、住房、就业等与救助受伤害学生、赔偿相应经济损失无直接关系的其他事项。

学校无责任的，如果有条件，可以根据实际情况，本着自愿和可能的原则，对受伤害学生给予适当的帮助。

第二十七条　因学校教师或者其他工作人员在履行职务中的故意或者重大过失造成的学生伤害事故，学校予以赔偿后，可以向有关责任人员追偿。

第二十八条　未成年学生对学生伤害事故负有责任的，由其监护人依法承担相应的赔偿责任。

学生的行为侵害学校教师及其他工作人员以及其他组织、个人的合法权益，造成损失的，成年学生或者未成年学生的监护人应当依法予以赔偿。

第二十九条　根据双方达成的协议、经调解形成的协议或者人民法院的生效判决，应当由学校负担的赔偿金，学校应当负责筹措；学校无力完全筹措的，由学校的主管部门或者举办者协助筹措。

第三十条　县级以上人民政府教育行政部门或者学校举办者有条件的，可以通过设立学生伤害赔偿准备金等多种形式，依法筹措伤害赔偿金。

第三十一条　学校有条件的，应当依据保险法的有关规定，参加学校责任保险。

教育行政部门可以根据实际情况，鼓励中小学参加学校责任保险。

提倡学生自愿参加意外伤害保险。在尊重学生意愿的前提下，学校可以为学生参加意外伤害保险创造便利条件，但不得从中收取任何费用。

第五章　事故责任者的处理

第三十二条　发生学生伤害事故，学校负有责任且情节严重的，教育行政部门应当根据有关规定，对学校的直接负责的主管人员和其他直接责任人员，分别给予相应的行政处分；有关责任人的行为触犯刑律的，应当移送司法机关依法追究刑事责任。

第三十三条　学校管理混乱，存在重大安全隐患的，主管的教育行政部门或者其他有关部门应当责令其限期整顿；对情节严重或者拒不改正的，应当依据法律法规的有关规定，给予相应的行政处罚。

第三十四条　教育行政部门未履行相应职责，对学生伤害事故的发生负有责任的，由有关部门对直接负责的主管人员和其他直接责任人员分别给予相应的行政处分；有关责任人的行为触犯刑律的，应当移送司法机关依法追究刑事责任。

第三十五条　违反学校纪律，对造成学生伤害事故负有责任的学生，学校可以给予相应的处分；触犯刑律的，由司法机关依法追究刑事责任。

第三十六条　受伤害学生的监护人、亲属或者其他有关人员，在事故处理过程中无理取闹，扰乱学校正常教育教学秩序，或者侵犯学校、学校教师或者其他工作人员的合法权益的，学校应当报告公安机关依法处理；造成损失的，可以依法要求赔偿。

第六章　附则

第三十七条　本办法所称学校，是指国家或者社会力量举办的全日制的中小学（含特殊教育学校）、各类中等职业学校、高等学校。

本办法所称学生是指在上述学校中全日制就读的受教育者。

第三十八条　幼儿园发生的幼儿伤害事故，应当根据幼儿为完全无行为能力人的特点，参照本办法处理。

第三十九条　其他教育机构发生的学生伤害事故，参照本办法处理。

在学校注册的其他受教育者在学校管理范围内发生的伤害事故，参照本办法处理。

第四十条　本办法自 2002 年 9 月 1 日起实施，原国家教委、教育部颁布的与学生人身安全事故处理有关的规定，与本办法不符的，以本办法为准。

在本办法实施之前已处理完毕的学生伤害事故不再重新处理。

九、普通本科高校、高等职业学校国家奖学金管理暂行办法

（财教〔2007〕90号）

第一章　总则

第一条　为激励普通本科高校、高等职业学校学生勤奋学习、努力进取，在德、智、体、美、劳方面得到全面发展，根据《国务院关于建立健全普通本科高校、高等职业学校和中等职业学校家庭经济困难学生资助政策体系的意见》（国发〔2007〕13号），制定本办法。

第二条　本办法所称普通本科高校、高等职业学校是指根据国家有关规定批准设立、实施高等学历教育的全日制普通本科高等学校、高等职业学校和高等专科学校（以下简称高校）。

第三条　国家奖学金由中央政府出资设立，用于奖励高校全日制本专科（含高职、第二学士学位）学生（以下简称学生）中特别优秀的学生。

中央高校国家奖学金的名额由财政部商有关部门确定。地方高校国家奖学金的名额由各省（自治区、直辖市）根据财政部、教育部确定的总人数，以及高校数量、类别、办学层次、办学质量、在校本专科生人数等因素确定。在分配国家奖学金名额时，对办学水平较高的高校、以农林水地矿油核等国家需要的特殊学科专业为主的高校予以适当倾斜。

第二章　奖励标准与基本条件

第四条　国家奖学金的奖励标准为每人每年 8 000 元。

第五条　国家奖学金的基本申请条件：

①热爱社会主义祖国，拥护中国共产党的领导；

②遵守宪法和法律，遵守学校规章制度；

③诚实守信，道德品质优良；

④在校期间学习成绩优异，社会实践、创新能力、综合素质等方面特别突出。

第三章　名额分配与预算下达

第六条　全国学生资助管理中心根据财政部、教育部确定的当年国家奖学金的总人数，按照本办法第三条的规定，于每年 5 月底前，提出各省（自治区、直辖市）和中央部门所属高校国家奖学金名额分配建议方案，报财政部、教育部审批。

第七条　每年 7 月 31 日前，财政部、教育部将国家奖学金分配名额和预算下达中央主管部门和省级财政、教育部门。每年 9 月 1 日前，中央主管部门和省及省以下财政、教育部门负责将国家奖学金名额和预算下达所属各高校。

第四章　评审

第八条　国家奖学金每学年评审一次，实行等额评审，坚持公开、公平、公正、择优的原则。

第九条　获得国家奖学金的学生为高校在校生中二年级以上（含二年级）的学生。

同一学年内，获得国家奖学金的家庭经济困难学生可以同时申请并获得国家助学金，但不能同时获得国家励志奖学金。

第十条　高校要根据本办法的规定，制定具体评审办法，并报主管部门备案。

第十一条　高校学生资助管理机构具体负责组织评审工作，提出本校当年国家奖学金获奖学生建议名单，报学校领导集体研究审定后，在校内进行不少于 5 个工作日的公示。公示无异议后，每年 10 月 31 日前，中央高校将评审结果报中央主管部门，地方高校将评审结果逐级报至省级教育部门。中央主管部门和省级教育部门审核、汇总后，统一报教育部审批。教育部于每年 11 月 15 日前批复并公告。

第五章　奖学金发放、管理与监督

第十二条　高校于每年 11 月 30 日前将国家奖学金一次性发放给获奖学生，颁发国家统一印制的奖励证书，并记入学生学籍档案。

第十三条　各高校要切实加强管理，认真做好国家奖学金的评审和发放工作，确保国家奖学金用于奖励特别优秀的学生。

第十四条　各省（自治区、直辖市）、有关部门和高校必须严格执行国家相关财经法规和本办法的规定，对国家奖学金实行分账核算，专款专用，不得截留、挤占、挪用，同时应接受财政、审计、纪检监察、主管机关等部门的检查和监督。

第六章　附则

第十五条　民办高校（含独立学院）国家奖学金管理办法由各省（自治区、直辖市）制定。各省（自治区、直辖市）在制定办法时，应综合考虑学校的办学质量、学费标准、招生录取分数、一次性就业率、学科专业设置等因素。

第十六条　本办法由财政部、教育部负责解释。各省（自治区、直辖市）要根据本办法制定实施细则，并报财政部、教育部备案。

第十七条　本办法自发布之日起施行。《财政部教育部关于印发〈国家助学奖学金管理办法〉的通知》（财教〔2005〕75 号）同时废止。

十、普通本科高校、高等职业学校国家励志奖学金管理暂行办法

（财教〔2007〕91号）

第一章　总则

第一条　为激励普通本科高校、高等职业学校家庭经济困难学生勤奋学习、努力进取，在德、智、体、美、劳等方面得到全面发展，根据《国务院关于建立健全普通本科高校、高等职业学校和中等职业学校家庭经济困难学生资助政策体系的意见》（国发〔2007〕13号），制定本办法。

第二条　本办法所称普通本科高校、高等职业学校是指根据国家有关规定批准设立、实施高等学历教育的全日制普通本科高等学校、高等职业学校和高等专科学校（以下简称高校）。

第三条　国家励志奖学金用于奖励资助高校全日制本专科（含高职、第二学士学位）学生（以下简称学生）中品学兼优的家庭经济困难学生。

中央高校国家励志奖学金的奖励资助名额由财政部商有关部门确定。地方高校国家励志奖学金的奖励资助名额由各省、自治区、直辖市根据财政部、教育部确定的总人数，以及高校数量、类别、办学层次、办学质量、在校本专科生人数和生源结构等因素确定。在分配国家励志奖学金名额时，对办学水平较高的高校，以农林水地矿油核等国家需要的特殊学科专业为主的高校予以适当倾斜。

第四条　国家励志奖学金由中央和地方政府共同出资设立。中央部门所属高校国家励志奖学金所需资金由中央财政负担。地方所属高校国家励志奖学金所需资金根据各地财力及生源状况由中央与地方财政按比例分担。

国家鼓励各省、自治区、直辖市加大家庭经济困难学生资助力度，超出中央核定总额部分的国家励志奖学金所需资金由中央财政给予适当补助。

第二章　奖励标准与申请条件

第五条　国家励志奖学金的奖励标准为每人每年5 000元。

第六条　国家励志奖学金的基本申请条件：

（一）热爱社会主义祖国，拥护中国共产党的领导；

（二）遵守宪法和法律，遵守学校规章制度；

（三）诚实守信，道德品质优良；

（四）在校期间学习成绩优秀；

（五）家庭经济困难，生活俭朴。

第三章 名额分配与预算下达

第七条 每年5月底前，中央主管部门和各省、自治区、直辖市要根据本办法第三条的规定，提出所属高校国家励志奖学金名额分配建议方案，报财政部、教育部。财政部、教育部委托全国学生资助管理中心对中央主管部门和各省、自治区、直辖市报送的国家励志奖学金名额分配建议方案进行审核。

第八条 每年7月31日前，财政部、教育部结合全国学生资助管理中心审核意见，将国家励志奖学金分配名额和预算下达中央主管部门和省级财政、教育部门。

第九条 每年9月1日前，中央主管部门和省以下财政、教育部门负责将国家励志奖学金名额和预算下达所属各高校。

第四章 申请与评审

第十条 国家励志奖学金实行等额评审，坚持公开、公平、公正、择优的原则。

第十一条 国家励志奖学金申请与评审工作由高校组织实施。高校要根据本办法的规定，制定具体评审办法，并报中央主管部门或省级教育行政部门备案。高校在开展国家励志奖学金评审工作中，要对农林水地矿油核等国家需要的特殊学科专业学生予以适当倾斜。

第十二条 国家励志奖学金按学年申请和评审。申请国家励志奖学金的学生为高校在校生中二年级以上（含二年级）的学生。

同一学年内，申请国家励志奖学金的学生可以同时申请并获得国家助学金，但不能同时获得国家奖学金。

试行免费教育的教育部直属师范院校师范类专业学生不再同时获得国家励志奖学金。

第十三条 每年9月30日前，学生根据本办法规定的国家励志奖学金的基本申请条件及其他有关规定，向学校提出申请，并递交《普通本科高校、高等职业学校国家励志奖学金申请表》（见附表）。

第十四条 高校学生资助管理机构负责组织评审，提出本校当年国家励志奖学金获奖学生建议名单，报学校领导集体研究通过后，在校内进行不少于5个工作日的公示。公示无异议后，每年10月31日前，中央高校评审结果报中央主管部门，地方高校评审结果逐级报至省级教育部门。中央主管部门和省级教育部门于11月15日前批复。

第五章 奖金发放、管理与监督

第十五条 高校于每年11月30日前将国家励志奖学金一次性发放给获奖学生，并记入学生的学籍档案。

第十六条 地方财政部门要按有关规定落实所负担的资金，及时拨付，加强管理。

第十七条 各高校要切实加强管理，认真做好国家励志奖学金的评审和发放工作，确保国家励志奖学金真正用于资助品学兼优的家庭经济困难学生。

第十八条　各省、自治区、直辖市、各有关部门和高校必须严格执行国家相关财经法规和本办法的规定，对国家励志奖学金实行分账核算，专款专用，不得截留、挤占、挪用，同时应接受财政、审计、纪检监察、主管机关等部门的检查和监督。

第六章　附则

第十九条　高校要按照国家有关规定，从事业收入中足额提取4%~6%的经费用于资助家庭经济困难学生。中央高校提取的具体比例由财政部商中央主管部门确定，地方高校提取的具体比例由各省、自治区、直辖市确定。

第二十条　民办高校（含独立学院）按照国家有关规定规范办学、举办者按照本办法第十九条规定的比例从事业收入中足额提取经费用于资助家庭经济困难学生的，其招收的符合本办法规定申请条件的普通本专科（含高职、第二学士学位）学生，也可以申请国家励志奖学金。具体评审管理办法，由各省、自治区、直辖市研究制定。各省、自治区、直辖市在制定评审管理办法时，应综合考虑学校的办学质量、学费标准、招生录取分数、一次性就业率、学科专业设置等因素。

第二十一条　本办法由财政部、教育部负责解释。各省、自治区、直辖市要根据本办法制定实施细则，并报财政部、教育部备案。

第二十二条　本办法自公布之日起施行。

十一、普通本科高校、高等职业学校国家助学金管理暂行办法

（财教〔2007〕92号）

第一章 总则

第一条 为体现党和政府对普通本科高校、高等职业学校家庭经济困难学生的关怀，帮助他们顺利完成学业，根据《国务院关于建立健全普通本科高校、高等职业学校和中等职业学校家庭经济困难学生资助政策体系的意见》（国发〔2007〕13号），制定本办法。

第二条 本办法所称普通本科高校、高等职业学校是指根据国家有关规定批准设立、实施高等学历教育的全日制普通本科高等学校、高等职业学校和高等专科学校（以下简称高校）。

第三条 国家助学金用于资助高校全日制本专科（含高职、第二学士学位）在校生中的家庭经济困难学生。

中央高校国家助学金的资助名额由财政部商有关部门确定。地方高校国家助学金的资助名额由各省（自治区、直辖市）根据财政部、教育部确定的总人数，以及高校数量、类别、办学层次、办学质量、在校本科生人数和生源结构等因素确定。在分配国家助学金名额时，对民族院校、以农林水地矿油核等国家需要的特殊学科专业为主的高校予以适当倾斜。

第四条 国家助学金由中央和地方政府共同出资设立。中央部门所属高校国家助学金所需资金由中央财政负担。地方所属高校国家助学金所需资金根据各地财力及生源状况由中央与地方财政按比例分担。

国家鼓励各省（自治区、直辖市）加大家庭经济困难学生资助力度，超出中央核定总额部分的国家助学金所需资金由中央财政给予适当补助。

第二章 资助标准与申请条件

第五条 国家助学金主要资助家庭经济困难学生的生活费用开支。国家助学金的平均资助标准为每生每年2 000元，具体标准在每生每年1 000~3 000元范围内确定，可以分为2~3档。中央高校国家助学金分档及具体标准由财政部商有关部门确定，地方高校国家助学金分档及具体标准由各省（自治区、直辖市）确定。

第六条 国家助学金的基本申请条件：

（一）热爱社会主义祖国，拥护中国共产党的领导；

（二）遵守宪法和法律，遵守学校规章制度；

（三）诚实守信，道德品质优良；

（四）勤奋学习，积极上进；

（五）家庭经济困难，生活俭朴。

第三章　名额分配与预算下达

第七条　每年 5 月底前，中央主管部门和各省（自治区、直辖市）要根据国家确定的有关原则和本办法第三条、第五条的规定，提出所属高校国家助学金名额分配建议方案，报财政部、教育部。财政部、教育部委托全国学生资助管理中心对中央主管部门和各省（自治区、直辖市）报送的国家助学金名额分配建议方案进行审核。

第八条　每年 7 月 31 日前，财政部、教育部结合全国学生资助管理中心审核意见，将国家助学金分配名额和预算下达中央主管部门和省级财政、教育部门。

第九条　每年 9 月 1 日前，中央主管部门和省以下财政、教育部门负责将国家助学金预算下达所属各高校。

第四章　申请与评审

第十条　国家助学金的评定工作坚持公开、公平、公正的原则。

第十一条　国家助学金申请与评审工作由高校组织实施。高校要根据本办法的规定，制定具体评审办法，并报中央主管部门或省级教育部门备案。高校在开展国家助学金评审工作中，要对农林水地矿油核等国家需要的特殊学科专业学生予以适当倾斜。

第十二条　国家助学金按学年申请和评审。

第十三条　每年 9 月 30 日前，学生根据本办法规定的国家助学金的基本申请条件及其他有关规定，向学校提出申请，并递交《普通本科高校、高等职业学校国家助学金申请表》（见附表）。

在同一学年内，申请并获得国家助学金的学生，可同时申请并获得国家奖学金或国家励志奖学金。

试行免费教育的教育部直属师范院校师范类专业学生，不再同时获得国家助学金。

第十四条　高校学生资助管理机构结合本校家庭经济困难学生等级认定情况，组织评审，提出享受国家助学金资助初步名单及资助档次，报学校领导集体研究通过后，于每年 11 月 15 日前，将本校当年国家助学金政策的落实情况按隶属关系报至中央主管部门或省级教育部门备案。

第五章　助学金发放、管理与监督

第十五条　高校应按月将国家助学金发放到受助学生手中。

第十六条　地方财政部门应按有关规定落实所负担的资金，及时拨付，加强管理。

第十七条　各高校应切实加强管理，认真做好国家助学金的评审和发放工作，确保国家助学金用于资助家庭经济困难的学生。

第十八条　各省（自治区、直辖市）、有关部门和高校必须严格执行国家相关财经法规和本办法的规定，对国家助学金实行分账核算，专款专用，不得截留、挤占、挪用，同时应接受财政、审计、纪检监察、主管机关等部门的检查和监督。

第六章 附则

第十九条 高校要按照国家有关规定，从事业收入中足额提取4%~6%的经费用于资助家庭经济困难学生。中央高校提取的具体比例由财政部商中央主管部门确定，地方高校提取的具体比例由各省（自治区、直辖市）确定。

第二十条 民办高校（含独立学院）按照国家有关规定规范办学、举办者按照本办法第十九条规定的比例从事业收入中足额提取经费用于资助家庭经济困难学生的，其招收的符合本办法规定申请条件的普通本专科（含高职、第二学士学位）学生，也可以申请国家助学金，具体评审管理办法，由各省（自治区、直辖市）制定。各省（自治区、直辖市）在制定评审管理办法时，应综合考虑学校的学费标准、招生录取分数、一次性就业率、学科专业设置等因素。

第二十一条 本办法由财政部、教育部负责解释。各省（自治区、直辖市）要根据本办法制定实施细则，并报财政部、教育部备案。

第二十二条 本办法自发布之日起施行。《财政部、教育部关于印发〈国家助学奖学金管理办法〉的通知》（财教〔2005〕75号）同时废止。

十二、普通高等学校毕业生就业工作暂行规定（教学〔1997〕6号）

第一章　总则

第一条　为做好普通高等学校（含研究生培养单位）毕业生（含毕业研究生）就业工作，更好地为经济建设和社会发展服务，维护毕业生和用人单位的合法权益，根据国家的有关法律和政策，制定本规定。

第二条　普通高等学校毕业生凡取得毕业资格的，在国家就业方针、政策指导下，按有关规定就业。

第三条　毕业生是国家按计划培养的专门人才，各级主管毕业生就业部门、高等学校和用人单位共同做好毕业生就业工作。毕业生有执行国家就业方针、政策和根据需要为国家服务的义务。必要时，国家采取行政手段，安置毕业生就业。

第四条　毕业生就业工作要贯彻统筹安排、合理使用、加强重点、兼顾一般和面向基层，充实生产、科研、教学第一线的方针。在保证国家需要的前提下，贯彻学以致用、人尽其才的原则。国家采取措施，鼓励和指导毕业生到边远地区、艰苦行业和其他国家急需人才的地方去工作。

第五条　国家教委归口管理全国毕业生就业工作，国务院其他部委（以下简称部委）和各省、自治区、直辖市（以下简称地方）负责本部门、本地方的毕业生就业工作。

第二章　职责分工

第六条　国家教委的主要职责：

（一）制定全国毕业生就业工作的法规和政策，部署全国毕业生就业工作；

（二）组织研究并指导实施全国毕业生就业制度改革；

（三）收集和发布全国毕业生供需信息，组织指导和管理毕业生就业供需见面、双向选择活动；

（四）编制全国普通高等学校毕业生就业计划，制订国家教委直属高校毕业生就业计划和部委、地方所属高校抽调计划；

（五）负责全国毕业生就业计划协调工作，管理全国毕业生调配工作；

（六）指导、检查毕业生就业工作，授权各省、自治区、直辖市调配部门派遣本地区高校毕业生；

（七）组织开展毕业教育、就业指导和人员培训工作；

（八）开展毕业生就业工作的科学研究和宣传工作；

（九）检查毕业生的使用情况。

第七条　国务院有关部委主管部门的主要职责：

（一）根据国家的有关方针、政策和国家教委的统一部署，提出本部门毕业生就业的具体工作意见；

（二）及时向国家教委报送所属院校毕业生就业计划和本部委需求信息；

（三）组织协调所属院校的毕业生供需信息交流活动；

（四）制订并组织实施所属院校的毕业生就业计划；

（五）组织开展所属院校毕业生教育、就业指导工作；

（六）负责本部门毕业生的接收工作，了解和掌握毕业生的使用情况；

（七）开展有关毕业生就业工作改革的研究和宣传工作。

第八条　省、自治区、直辖市主管部门的主要职责：

（一）根据国家的有关方针、政策和国家教委的统一部署，提出本省、自治区、直辖市毕业生就业的具体工作意见；

（二）负责本地区毕业生的资源统计工作，并按时报送国家教委；

（三）收集本地区毕业生的需求信息并及时报送国家教委；

（四）制订本地区所属院校毕业生的就业计划并及时报送国家教委；

（五）组织管理本地区毕业生就业供需见面和双向选择活动；

（六）受国家教委委托组织实施本地区高校毕业生的资格审查，并负责毕业生的调配派遣和接收工作；

（七）组织开展毕业教育、就业指导工作；

（八）检查、监督本地区用人单位和高等学校的毕业生就业工作；

（九）开展毕业生就业制度改革的研究和宣传工作；

（十）完成国家教委交办的其他工作。

第九条　高等学校的主要职责：

（一）根据国家的就业方针、政策和规定以及学校主管部门的工作意见，制定本学校的工作细则；

（二）负责本校毕业生的资格审查工作，及时向主管部门和地方调配部门报送毕业生资源情况；

（三）收集需求信息，开展毕业生就业供需见面和双向选择活动，负责毕业生的推荐工作；

（四）按照主管部门的要求提出毕业生就业建议计划；

（五）开展毕业教育和就业指导工作；

（六）负责办理毕业生的离校手续；

（七）开展与毕业生就业有关的调查研究工作；

（八）完成主管部门交办的其他工作。

第十条　用人单位的主要职责：

（一）及时向主管部门报送毕业生需求计划，向有关高等学校提供需求信息；

（二）参加供需见面和双向选择活动，如实介绍本单位情况，积极招聘毕业生；

（三）按照国家下达的就业计划接收、安排毕业生；

（四）负责毕业生见习期间的管理工作；

（五）向有关部门和学校反馈毕业生的使用情况。

第三章　毕业生就业工作程序

第十一条　全国高等学校毕业生就业工作程序和时间安排由国家教委统一部署，各部委和地方应按照统一部署具体指导所属院校毕业生的就业工作。

第十二条　毕业生就业工作程序分为就业指导、收集发布信息、供需见面及双向选择、制订就业计划、进行毕业生资格审查、派遣、调整、接收等阶段。

第十三条　毕业生就业工作一般从毕业生在校内的最后一学年开始。

第十四条　用人单位一般应每年 11~12 月向主管部门及有关高校提出下一年度毕业生需求计划，11~5 月与毕业生签订录用协议。

第十五条　毕业生的就业活动不得影响学校正常的教学秩序和学生的学习。毕业生联系工作时间应安排在 1~5 月，春季毕业研究生可适当提前。

第四章　毕业生就业指导与毕业生鉴定

第十六条　毕业生就业指导是高校教学工作的一个重要组成部分，是帮助毕业生了解国家的就业方针政策，树立正确的择业观念，保障毕业生顺利就业的有效手段。

第十七条　毕业生就业指导重点进行人生观、价值观、择业观和职业道德教育，突出毕业生就业政策的宣传。

第十八条　毕业生就业指导要理论联系实际，注重实效，可采用授课、报告、讲座、咨询等多种形式。

第十九条　毕业生就业指导要与毕业教育相结合，教育毕业生以国家利益为重，正确处理国家利益与个人发展的关系，自觉服从国家需要，到基层去，到艰苦的地方去，走与实践相结合的成才之路。

第二十条　高等学校要按照国家教育《普通高等学校学生管理规定》《高等学校学生行为准则（试行）》和《研究生学籍管理规定》的要求，实事求是地对毕业生作出组织鉴定。

第二十一条　毕业鉴定主要包括毕业生在校期间德、智、体等各方面的基本情况，这些基本情况要按照档案管理的有关规定，认真核对无误后归档。档案材料应在毕业生派遣两周内寄送毕业生报到单位。

第五章　供需见面和双向选择活动

第二十二条　供需见面和双向选择活动是落实毕业生就业计划的重要方式。各部委、各地方主管毕业生就业工作部门负责管理举办本部门、本地区的毕业生就业供需见面和双向选择活动，其他部门不得举办以毕业生就业为主的洽谈会或招聘会。举办省级上述活动要报国家教委备案，跨省区、跨部门的有关活动须报国家教委审批。

第二十三条　经供需见面和双向选择后，毕业生、用人单位和高等学校应当签订毕业生就业协议书，作为制定就业计划和派遣的依据。未经学校同意，毕业生擅自签订的协议无效。

第二十四条　供需见面和双向选择活动要在国家就业方针、政策指导下，有组织、有计划、有步骤地进行，时间应安排在节假日。

第二十五条　供需见面和双向选择活动，不得以赢利为目的向学生收费，不得影响学校正常的教学秩序和学生的学习。

第六章　就业计划的制订

第二十六条　国家教委直属学校毕业生面向全国就业，其他部委所属学校毕业生主要面向本系统、本行业就业，地方所属学校主要面向本地区就业。根据招生“并轨”改革的进程，有关部委和各省、自治区、直辖市可根据本部门、本地区的实际情况确定所属高校毕业生的就业范围。

第二十七条　制订就业计划的原则：

（一）遵循国家有关毕业生就业的方针、政策和规定；

（二）依据国民经济和社会发展的需要；

（三）优先保证国防、军工、国有大中型企业、重点科研和教学单位的需要；

（四）来源于边远省区的本、专科毕业生，只要是边远省区急需的，原则上回来源省区就业；

（五）师范类毕业生原则上在教育系统内就业；

（六）定向生、委培生按合同就业；

（七）实行招生“并轨”改革学校的毕业生在国家就业政策指导下，在一定范围内自主择业；

（八）毕业研究生在国家规定的服务范围内就业；

（九）其他类型毕业生按国家有关规定就业。

第二十八条　本、专科毕业生就业计划每年编制一次，毕业研究生就业计划分为春季和暑期两次编制。就业计划按部委、地方和高校各自的职责分工经上下结合，充分协商形成；有关部委和地方审核、汇总所属学校毕业生就业建议计划，并按时报送国家教委；国家教委审核、编制全国普通高等学校毕业生就业计划。

第二十九条　毕业生就业计划经国家教委审核下达后，各部委、地方、高等学校和用人单位必须严格执行。

第七章　调配、派遣工作

第三十条　地方主管毕业生调配部门和高等学校按照国家下达的就业计划派遣毕业生。派遣毕业生统一使用《全国普通高等学校毕业生就业派遣报到证》和《全国毕业研究生就业派遣报到证》（以下简称《报到证》），《报到证》由国家教委授权地方主管毕业生就业调配部门审核签发，特殊情况可由国家教委直接签发。

第三十一条　国家招生计划内招收的自费生（含电大、函授等普通专科班）毕业

后自主择业，在规定时间内找到单位的由地方主管调配部门开具《报到证》。

第三十二条　对于华侨和来自港澳台地区的毕业生愿意留大陆工作的，学校可根据国家有关规定提供必要的帮助。

第三十三条　免试推荐和考取硕士、博士研究生的毕业生，在学校就业计划上报后提出不再攻读的，应回家庭所在地就业。

第三十四条　符合国家规定申请自费留学的毕业生，要在学校规定的期限内提出申请并按规定偿还教育培养费，经批准后，学校不再负责其就业。派遣时未获准出境的，学校可将其档案、户粮关系转家庭所在地自谋职业。

第三十五条　对残疾毕业生学校应帮助其就业，确有困难的，按有关规定由生源所在地民政部门安置。

第三十六条　学校应在派遣前认真负责对毕业生进行健康检查，不能坚持正常工作的，让其回家休养。一年内治愈的（须经学校指定县级以上医院证明能坚持正常工作的）可以随下一届毕业生就业；一年后仍未治愈或无用人单位接收的，户粮关系和档案材料转至家庭所在地，按社会待业人员办理。

第三十七条　结业生由学校向用人单位推荐或自荐，找到工作单位的，可以派遣，但必须在《报到证》上注明“结业生”字样；在规定时间内无接收单位的，由学校将其档案、户粮关系转至家庭所在地（家居农村的保留非农业户口），自谋职业。

第三十八条　全国普通高等学校要在七月一日后派遣毕业生（春季毕业研究生例外）。

第三十九条　在派遣过程中出现特殊情况需要调整改派的，按下列原则办理：

（一）在本省、自治区、直辖市辖区内用人单位之间调整的，由地方主管毕业生调配部门审批并办理改派手续；

（二）跨部委、跨省（自治区、直辖市）调整的，由学校主管部门审核同意后，统一报国家教委审批并下达调整计划，学校所在地方主管毕业生调配部门按照调整计划办理改派手续；

（三）毕业生调整改派须在一年内办理，逾期不再办理有关调整改派手续。毕业生就业后的调整按在职人员有关规定办理。

第八章　接收工作及毕业生待遇

第四十条　毕业生持《报到证》到工作单位报到，用人单位凭《报到证》予以办理接收手续和户粮关系。凡纳入国家就业计划的毕业生，地方政府不得征收其城市增容费。

第四十一条　毕业生报到后，用人单位应根据工作需要和毕业生所学专业及时安排工作岗位。

第四十二条　按国家计划派遣的毕业生，用人单位不得拒绝接收或退回学校。

第四十三条　毕业生报到后，发生疾病不能坚持正常工作的，按在职人员有关规定处理，不得把上岗后发生疾病的毕业生退回学校。

第四十四条　毕业生就业后，其工资标准和福利待遇按国家有关规定执行，工龄从报到之日计算。

第四十五条　到非公有制单位就业的毕业生，其档案按国家有关规定进行管理，工资待遇由毕业生与用人单位协商确定，但工资标准原则上应不低于国家规定。

第九章　违反规定的处理

第四十六条　有以下情形之一的部委、地方和学校就业部门，要通报批评，情节严重的，建议主管部门对有关责任人员给予行政处分：

（一）不按要求和时间报送生源、需求计划的；

（二）不按国家的有关规定派遣毕业生的；

（三）其他违反毕业生就业工作规定的。

第四十七条　对违反就业协议或不履行定向、委托培养合同的用人单位、毕业生、高等学校按协议书或合同书的有关条款办理，并依法承担赔偿责任。

第四十八条　对擅自拒收、截留按国家计划派遣毕业生的用人单位，由其主管部门责令改正，并对有关负责人员给予行政处分。

第四十九条　有下列情形之一的毕业生，由学校报地方主管毕业生调配部门批准，不再负责其就业。在其向学校缴纳全部培养费和奖（助）学金后，由学校将其户粮关系和档案转至家庭所在地，按社会待业人员处理：

（一）不顾国家需要，坚持个人无理要求，经多方教育仍拒不改正的；

（二）自派遣之日起，无正当理由超过三个月不去就业单位报到的；

（三）报到后，拒不服从安排或无理要求用人单位退回的；

（四）其他违反毕业生就业规定的。

第五十条　对利用职权干涉毕业生就业或在毕业生就业工作中徇私舞弊的工作人员，由主管部门或同级纪检、监察部门依法处理；情节严重、构成犯罪的，依法追究其刑事责任。

第十章　附则

第五十一条　本规定中普通高等学校毕业生系指按照国家普通高等学校招生计划和研究生计划招收的具有学籍、取得毕业资格的本、专科生（含招生并轨招收的学生和招生并轨前招收的国家任务生、定向生、委培生、自费生及电大、函授普通专科班学生）和硕士、博士研究生（含统分生、定向生、委培生、自筹经费生）。

第五十二条　各有关部委和地方可根据本规定制定实施细则并报国家教委备案。

第五十三条　本规定由国家教育委员会负责解释。

第五十四条　本规定自发布之日起执行。

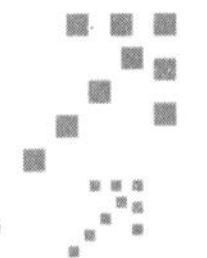

十三、职业学校学生实习管理规定（教职成〔2021〕4号）

第一章　总则

第一条　为规范和加强职业学校学生实习工作，维护学生、学校和实习单位合法权益，提高技术技能人才培养质量，推进现代职业教育高质量发展，更好地服务产业转型升级，依据《中华人民共和国教育法》《中华人民共和国职业教育法》《中华人民共和国劳动法》《中华人民共和国安全生产法》《中华人民共和国未成年人保护法》《中华人民共和国职业病防治法》及相关法律法规、规章，制定本规定。

第二条　本规定所指职业学校学生实习，是指实施全日制学历教育的中职学校、高职专科学校、高职本科学校（以下简称职业学校）学生按照专业培养目标要求和人才培养方案安排，由职业学校安排或者经职业学校批准自行到企（事）业等单位进行职业道德和技术技能培养的实践性教育教学活动，包括认识实习和岗位实习。

认识实习指学生由职业学校组织到实习单位参观、观摩和体验，形成对实习单位和相关岗位的初步认识的活动。

岗位实习指具备一定实践岗位工作能力的学生，在专业人员指导下，辅助或相对独立参与实际工作的活动。

对于建在校内或园区的生产性实训基地、厂中校、校中厂、虚拟仿真实训基地等，依照法律规定成立或登记取得法人、非法人组织资格的，可作为学生实习单位，按本规定进行管理。

第三条　学生实习的本质是教学活动，是实践教学的重要环节。组织开展学生实习应当坚持立德树人、德技并修，遵循学生成长规律和职业能力形成规律，理论与实践相结合，提升学生技能水平，锤炼学生意志品质，服务学生全面发展；应当纳入人才培养方案，科学组织，依法依规实施，切实保护学生合法权益，促进学生高质量就业创业。

第四条　地方各级人民政府相关部门应高度重视职业学校学生实习工作，切实履行责任，结合本地实际制订具体措施，鼓励企（事）业单位安排实习岗位、接纳职业学校学生实习。地方政府和行业相关部门应当鼓励和引导企（事）业单位等按岗位总量的一定比例，设立实习岗位并对外发布岗位信息。

第二章　实习组织

第五条　教育主管部门负责统筹指导职业学校学生实习工作；职业学校主管部门负责职业学校实习的监督管理。职业学校应将学生岗位实习情况按要求报主管部门备案。

第六条　职业学校应当选择符合以下条件的企（事）业单位作为实习单位：

（一）合法经营，无违法失信记录；

（二）管理规范，近 3 年无违反安全生产相关法律法规记录；

（三）实习条件完备，符合专业培养要求，符合产业发展实际；

（四）与学校有稳定合作关系的企（事）业单位优先。

第七条　职业学校在确定新增实习单位前，应当实地考察评估形成书面报告。考察内容应当包括：单位资质、诚信状况、管理水平、实习岗位性质和内容、工作时间、工作环境、生活环境以及健康保障、安全防护等。实习单位名单须经校级党组织会议研究确定后对外公开。

第八条　职业学校应当加强对实习学生的指导，会同实习单位共同组织实施学生实习，在实习开始前，根据人才培养方案共同制订实习方案，明确岗位要求、实习目标、实习任务、实习标准、必要的实习准备和考核要求、实施实习的保障措施等。

职业学校和实习单位应当分别选派经验丰富、综合素质好、责任心强、安全防范意识高的实习指导教师和专门人员全程指导、共同管理学生实习。要加强实习前培训，使学生、实习指导教师和专门人员熟悉各实习阶段的任务和要求。

实习岗位应符合专业培养目标要求，与学生所学专业对口或相近。原则上不得跨专业大类安排实习。

第九条　职业学校安排岗位实习，应当取得学生及其法定监护人（或家长）签字的知情同意书。对学生及其法定监护人（或家长）明确不同意学校实习安排的，可自行选择符合条件的岗位实习单位。

认识实习按照一般校外活动有关规定进行管理，由职业学校安排，学生不得自行选择。

第十条　学生自行选择符合条件的岗位实习单位，应由本人及其法定监护人（或家长）申请，经学校审核同意后实施，实习单位应当安排专门人员指导学生实习，职业学校要安排实习指导教师跟踪了解学生日常实习的情况。

第十一条　实习单位应当合理确定岗位实习学生占在岗人数的比例，岗位实习学生的人数一般不超过实习单位在岗职工总数的 10%，在具体岗位实习的学生人数一般不高于同类岗位在岗职工总人数的 20%。

任何单位或部门不得干预职业学校正常安排和实施实习方案，不得强制职业学校安排学生到指定单位实习，严禁以营利为目的违规组织实习。

第十二条　学生在实习单位的岗位实习时间一般为 6 个月，具体实习时间由职业学校根据人才培养方案安排，应基本覆盖专业所对应岗位（群）的典型工作任务，不得仅安排学生从事简单重复劳动。鼓励支持职业学校和实习单位结合学徒制培养、中高职贯通培养等，合作探索工学交替、多学期、分段式等多种形式的实践性教学改革。

第三章　实习管理

第十三条　职业学校应当明确学生实习工作分管校长和责任部门，规模大的学校应当设立专门管理部门，建立健全学生实习管理岗位责任制和相关管理制度与运行机制；会同实习单位制定学生实习工作具体管理办法和安全管理规定、实习学生安全及突发事件应急预案等制度。

职业学校应当充分运用现代信息技术，建设和完善信息化管理平台，与实习单位共同实施实习全过程管理。

第十四条　学生参加岗位实习前，职业学校、实习单位、学生三方必须以有关部门发布的实习协议示范文本为基础签订实习协议，并依法严格履行协议中有关条款。

未按规定签订实习协议的，不得安排学生实习。

第十五条　实习协议应当明确各方的责任、权利和义务，协议约定的内容不得违反相关法律法规。

实习协议应当包括但不限于以下内容：

（一）各方基本信息；

（二）实习的时间、地点、内容、要求与条件保障；

（三）实习期间的食宿、工作时间和休息休假安排；

（四）实习报酬及支付方式；

（五）实习期间劳动保护和劳动安全、卫生、职业病危害防护条件；

（六）责任保险与伤亡事故处理办法；

（七）实习考核方式；

（八）各方违约责任；

（九）三方认为应当明确约定的其他事项。

第十六条　职业学校和实习单位要依法保障实习学生的基本权利，并不得有以下情形：

（一）安排、接收一年级在校学生进行岗位实习；

（二）安排、接收未满 16 周岁的学生进行岗位实习；

（三）安排未成年学生从事《未成年工特殊保护规定》中禁忌从事的劳动；

（四）安排实习的女学生从事《女职工劳动保护特别规定》中禁忌从事的劳动；

（五）安排学生到酒吧、夜总会、歌厅、洗浴中心、电子游戏厅、网吧等营业性娱乐场所实习；

（六）通过中介机构或有偿代理组织、安排和管理学生实习工作。

（七）安排学生从事 III 级强度及以上体力劳动或其他有害身心健康的实习。

第十七条　除相关专业和实习岗位有特殊要求，并事先报上级主管部门备案的实习安排外，实习单位应遵守国家关于工作时间和休息休假的规定，并不得有以下情形：

（一）安排学生从事高空、井下、放射性、有毒、易燃易爆，以及其他具有较高安全风险的实习；

（二）安排学生在休息日、法定节假日实习；

（三）安排学生加班和上夜班。

第十八条　接收学生岗位实习的实习单位，应当参考本单位相同岗位的报酬标准和岗位实习学生的工作量、工作强度、工作时间等因素，给予适当的实习报酬。在实习岗位相对独立参与实际工作、初步具备实践岗位独立工作能力的学生，原则上应不低于本单位相同岗位工资标准的80%或最低档工资标准，并按照实习协议约定，以货币形式及时、足额、直接支付给学生，原则上支付周期不得超过1个月，不得以物品或代金券等代替货币支付或经过第三方转发。

第十九条　在遇有自然灾害、事故灾难、公共安全等突发事件或重大风险时，按照属地管理要求，分不同风险等级、实习阶段做好分类管控工作。

第二十条　职业学校和实习单位不得向学生收取实习押金、培训费、实习报酬提成、管理费、实习材料费、就业服务费或者其他形式的实习费用，不得扣押学生的学生证、居民身份证或其他证件，不得要求学生提供担保或者以其他名义收取学生财物。

第二十一条　实习学生应当遵守职业学校的实习要求和实习单位的规章制度、实习纪律及实习协议，爱护实习单位设施设备，完成规定的实习任务，撰写实习日志，并在实习结束时提交实习报告。

第二十二条　职业学校要和实习单位互相配合，在学生实习全过程中，加强思想政治、安全生产、道德法纪、心理健康等方面的教育。

第二十三条　职业学校要和实习单位建立学生实习信息通报制度，职业学校安排的实习指导教师和实习单位指定的专人应当负责学生实习期间的业务指导和日常巡查工作，原则上应当每日检查并向职业学校和实习单位报告学生实习情况。遇有重要情况应当立即报告，不得迟报、瞒报、漏报。

第二十四条　职业学校组织学生到外地实习，应当安排学生统一住宿。具备条件的实习单位应当为实习学生提供统一住宿。职业学校和实习单位要建立实习学生住宿制度和请销假制度。学生申请在统一安排的宿舍以外住宿的，须经学生法定监护人（或家长）签字同意，由职业学校备案后方可办理。

职业学校组织学生跨省实习的，须事先经学校主管部门同意，按程序报省级主管部门备案。实习派出地省级主管部门要同步将实习学校、实习单位、实习指导教师等信息及时提供实习单位所在地省级主管部门。跨省实习数量较大的省份之间，要建立跨省实习常态化协同机制。

实习单位所在地省级教育主管部门牵头，会同省级有关部门，将接收省外实习学生的本省实习单位按职责分工纳入本部门实习日常监管体系，将监管发现的有关问题及时告知实习派出省份省级教育主管部门，并积极协助实习派出省份协调实习所在地有关部门，做好有关事件处置工作。

第二十五条　安排学生赴国（境）外实习的，应当事先经学校主管部门同意，按

程序报省级主管部门备案，并通过国家驻外有关机构了解实习环境、实习单位和实习内容等情况，必要时可派人实地考察。要选派指导教师全程参与，做好实习期间的管理和相关服务工作。

第二十六条　各地职业学校主管部门应当建立学生实习管理和综合服务平台，协调相关职能部门、行业企业、有关社会组织，为学生实习提供信息服务。省级教育主管部门要会同有关部门，加强统筹整合，推进信息互通共享。

第四章　实习考核

第二十七条　职业学校要会同实习单位，完善过程性考核与结果性考核有机结合的实习考核制度，根据实习目标、学生实习岗位职责要求制订具体考核方式和标准，共同实施考核。

学生实习考核要纳入学业评价，考核成绩作为毕业的重要依据。不得简单套用实习单位考勤制度，不得对学生简单套用员工标准进行考核。

第二十八条　职业学校应当会同实习单位对违反规章制度、实习纪律、实习考勤考核要求以及实习协议的学生，进行耐心细致的思想教育，对学生违规行为依照校规校纪和有关实习管理规定进行处理。学生违规情节严重的，经双方研究后，由职业学校给予纪律处分；给实习单位造成财产损失的，依法承担相应责任。

对受到处理的学生，要有针对性地做好思想引导和教育管理工作。

第二十九条　职业学校应当组织做好学生实习情况的立卷归档工作。实习材料包括纸质材料和电子文档，具体包括以下内容：

（一）实习三方协议；

（二）实习方案；

（三）学生实习报告；

（四）学生实习考核结果；

（五）学生实习日志；

（六）学生实习检查记录；

（七）学生实习总结；

（八）有关佐证材料（如照片、音视频等）。

第五章　安全职责

第三十条　职业学校和实习单位要确立“安全第一、预防为主”的原则，强化实习单位主要负责人安全生产第一责任人职责，严格执行国家及地方安全生产、职业卫生、人格权保护等有关规定。职业学校主管部门应当会同相关行业主管部门加强实习安全监督检查。

第三十一条　实习单位应当健全本单位安全生产责任制，执行相关安全生产标准，健全安全生产规章制度和操作规程，制定生产安全事故应急救援预案，配备必要的安全保障器材和劳动防护用品，加强对实习学生的安全生产教育培训和管理，保障学生实习期间的人身安全和健康。未经教育培训或未通过考核的学生不得参加实习。

第三十二条　实习学生应遵守国家法律法规、校纪校规和实习单位安全管理规定，认真完成实习方案规定的实习任务，提高自我保护意识。

第三十三条　地方各级负有安全生产监督管理职责的部门要将实习安全责任履行情况作为安全生产检查的重要内容，在各自职责范围内对有关行业、领域实习单位落实安全生产主体责任实施监督管理，依法对实习单位制定并实施本单位实习学生教育培训计划落实情况进行监督检查。

第六章　保障措施

第三十四条　加快发展职业学校学生实习责任保险和适应职业学校学生实习需求的意外伤害保险产品，提高职业学校学生实习期间的风险保障水平。鼓励保险公司对学徒制保险专门确定费率，实现学生实习保险全覆盖。积极探索职业学校实习学生参加工伤保险办法。

第三十五条　职业学校和实习单位应当根据法律、行政法规，为实习学生投保实习责任保险。责任保险范围应当覆盖实习活动的全过程，包括学生实习期间遭受意外事故及由于被保险人疏忽或过失导致的学生人身伤亡，被保险人依法应当承担的赔偿责任以及相关法律费用等。

学生实习责任保险的费用可按照规定从职业学校学费中列支；免除学费的可从免学费补助资金中列支，不得向学生另行收取或从学生实习报酬中抵扣。职业学校与实习单位达成协议由实习单位支付学生实习责任保险投保经费的，实习单位支付的投保经费可从实习单位成本（费用）中列支。

鼓励实习单位为实习学生购买意外伤害险，投保费用可从实习单位成本（费用）中列支。

第三十六条　学生在实习期间受到人身伤害，属于保险赔付范围的，由承保保险公司按保险合同赔付标准进行赔付；不属于保险赔付范围或者超出保险赔付额度的部分，由实习单位、职业学校、学生依法承担相应责任；职业学校和实习单位应当及时采取救治措施，并妥善做好善后工作和心理抚慰。

第三十七条　地方各级工业和信息化部门应当鼓励先进制造业企业、省级“专精特新”中小企业、产教融合型企业等积极参与校企合作，提供实习岗位。

第三十八条　地方财政部门要落实职业学校生均拨款制度，统筹考虑学生实习安全保障相关支出和学费水平，科学合理确定生均拨款标准。实习单位因接收学生实习所实际发生的与取得收入有关的合理支出，依法在计算应纳税所得额时扣除。

第三十九条　地方各级国资部门应当指导国有企业特别是大型企业将实习纳入人力

资源管理重要内容，对行为规范、成效显著的企业，按照有关规定予以相应政策支持。

第四十条　县级以上地方人民政府可结合实际，对实习工作成效明显的职业学校、实习学生和实习单位，按规定给予相应的激励。

第四十一条　职业学校应当对参与学生实习指导和管理工作中表现优秀的教师，在职称评聘和职务晋升、评优表彰等方面予以倾斜。

第七章　监督与处理

第四十二条　教育部门会同有关部门建立职业学校学生实习管理工作协调落实机制。有关部门根据部门职责加强日常监管，并结合教育督导、治安管理、安全生产检查、职业卫生监督检查、劳动保障监察、工商执法等，采取“双随机一公开”方式，联合开展监督检查，对支持职业学校实习工作成效显著的实习单位，按照国家有关规定予以激励和政策支持，对违规行为依法依规严肃处理。

第四十三条　地方各级教育部门应当会同有关部门，将职业学校学生实习情况作为职业学校质量监测、办学水平评价、领导班子工作考核、财政性教育经费分配等的重要指标；纳入学校和各级地方教育行政部门年度质量报告内容，向社会公布，接受社会监督；加强调研和宣传，推广典型经验做法。

第四十四条　地方各级市场监管部门要将治理实习违规行为纳入整顿和规范市场经济秩序有关工作体系，将有实习违规行为的企业信息纳入社会信用体系，并按规定进行失信联合惩戒。

第四十五条　有关部门和职业学校要通过热线电话、互联网、信访等途径，畅通政策咨询与情况反映渠道，汇总情况反映和问题线索并建立专门台账，按管理权限和职责分工组织进行整改。

第四十六条　对违反本规定组织学生实习的职业学校，由职业学校主管部门依法责令改正。拒不改正或者管理混乱，造成严重后果、恶劣影响的，应当对学校依据《中华人民共和国教育法》《中华人民共和国职业教育法》给予相应处罚，对直接负责的主管人员和其他直接责任人依照有关规定给予处分。因工作失误造成重大事故的，应当依法依规对相关责任人追究责任。

第四十七条　实习单位违反本规定，法律法规规定了法律责任的，县级以上地方人民政府或地方有关职能部门应当依法依规追究责任。职业学校可根据情况调整实习安排，根据实习协议要求实习单位承担相关责任。

对违反本规定安排、介绍或者接收未满 16 周岁学生在境内岗位实习的，由人力资源社会保障行政部门依照国家关于禁止使用童工法律法规进行查处；构成犯罪的，依法追究刑事责任。

对违反本规定从事学生实习中介活动或有偿代理的，法律法规规定了法律责任的，由相关部门依法依规追究责任；构成犯罪的，依法追究刑事责任。

第八章　附则

第四十八条　各省、自治区、直辖市和新疆生产建设兵团教育主管部门应当会同人力资源社会保障等有关部门依据本规定，结合本地区实际制定实施细则或相应的管理制度。

第四十九条　非全日制职业教育、高中后中等职业教育学生，以及其他学校按规定开办的职业教育专业的学生实习参照本规定执行。

第五十条　本规定自印发之日起施行，此前发布的教育部及有关部门文件中，有关职业学校学生实习相关内容与此规定不一致的，以此规定为准。《职业学校学生实习管理规定》（教职成〔2016〕3号）同时废止。

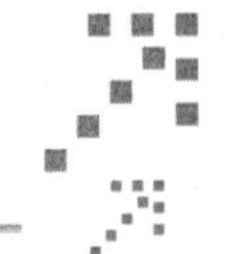

十四、高等学校消防安全管理规定（中华人民共和国教育部、公安部令第 28 号）

第一章　总则

第一条　为了加强和规范高等学校的消防安全管理，预防和减少火灾危害，保障师生员工生命财产和学校财产安全，根据消防法、高等教育法等法律、法规，制定本规定。

第二条　普通高等学校和成人高等学校（以下简称学校）的消防安全管理，适用本规定。驻校内其他单位的消防安全管理，按照本规定的有关规定执行。

第三条　学校在消防安全工作中，应当遵守消防法律、法规和规章，贯彻预防为主、防消结合的方针，履行消防安全职责，保障消防安全。

第四条　学校应当落实逐级消防安全责任制和岗位消防安全责任制，明确逐级和岗位消防安全职责，确定各级、各岗位消防安全责任人。

第五条　学校应当开展消防安全教育和培训，加强消防演练，提高师生员工的消防安全意识和自救逃生技能。

第六条　学校各单位和师生员工应当依法履行保护消防设施、预防火灾、报告火警和扑救初起火灾等维护消防安全的义务。

第七条　教育行政部门依法履行对高等学校消防安全工作的管理职责，检查、指导和监督高等学校开展消防安全工作，督促高等学校建立健全并落实消防安全责任制和消防安全管理制度。

公安机关依法履行对高等学校消防安全工作的监督管理职责，加强消防监督检查，指导和监督高等学校做好消防安全工作。

第二章　消防安全责任

第八条　学校法定代表人是学校消防安全责任人，全面负责学校消防安全工作，履行下列消防安全职责：

（一）贯彻落实消防法律、法规和规章，批准实施学校消防安全责任制、学校消防安全管理制度；

（二）批准消防安全年度工作计划、年度经费预算，定期召开学校消防安全工作会议；

（三）提供消防安全经费保障和组织保障；

（四）督促开展消防安全检查和重大火灾隐患整改，及时处理涉及消防安全的重大问题；

（五）依法建立志愿消防队等多种形式的消防组织，开展群众性自防自救工作；

（六）与学校二级单位负责人签订消防安全责任书；

（七）组织制定灭火和应急疏散预案；

（八）促进消防科学研究和技术创新；

（九）法律、法规规定的其他消防安全职责。

第九条　分管学校消防安全的校领导是学校消防安全管理人，协助学校法定代表人负责消防安全工作，履行下列消防安全职责：

（一）组织制定学校消防安全管理制度，组织、实施和协调校内各单位的消防安全工作；

（二）组织制定消防安全年度工作计划；

（三）审核消防安全工作年度经费预算；

（四）组织实施消防安全检查和火灾隐患整改；

（五）督促落实消防设施、器材的维护、维修及检测，确保其完好有效，确保疏散通道、安全出口、消防车通道畅通；

（六）组织管理志愿消防队等消防组织；

（七）组织开展师生员工消防知识、技能的宣传教育和培训，组织灭火和应急疏散预案的实施和演练；

（八）协助学校消防安全责任人做好其他消防安全工作。

其他校领导在分管工作范围内对消防工作负有领导、监督、检查、教育和管理职责。

第十条　学校必须设立或者明确负责日常消防安全工作的机构（以下简称学校消防机构），配备专职消防管理人员，履行下列消防安全职责：

（一）拟订学校消防安全年度工作计划、年度经费预算，拟订学校消防安全责任制、灭火和应急疏散预案等消防安全管理制度，并报学校消防安全责任人批准后实施；

（二）监督检查校内各单位消防安全责任制的落实情况；

（三）监督检查消防设施、设备、器材的使用与管理、以及消防基础设施的运转，定期组织检验、检测和维修；

（四）确定学校消防安全重点单位（部位）并监督指导其做好消防安全工作；

（五）监督检查有关单位做好易燃易爆等危险品的储存、使用和管理工作，审批校内各单位动用明火作业；

（六）开展消防安全教育培训，组织消防演练，普及消防知识，提高师生员工的消防安全意识、扑救初起火灾和自救逃生技能；

（七）定期对志愿消防队等消防组织进行消防知识和灭火技能培训；

（八）推进消防安全技术防范工作，做好技术防范人员上岗培训工作；

（九）受理驻校内其他单位在校内和学校、校内各单位新建、扩建、改建及装饰装修工程和公众聚集场所投入使用、营业前消防行政许可或者备案手续的校内备案审查工作，督促其向公安机关消防机构进行申报，协助公安机关消防机构进行建设工程消防设计审核、消防验收或者备案以及公众聚集场所投入使用、营业前消防安全检查工作；

（十）建立健全学校消防工作档案及消防安全隐患台账；

（十一）按照工作要求上报有关信息数据；

（十二）协助公安机关消防机构调查处理火灾事故，协助有关部门做好火灾事故处理及善后工作。

第十一条　学校二级单位和其他驻校单位应当履行下列消防安全职责：

（一）落实学校的消防安全管理规定，结合本单位实际制定并落实本单位的消防安全制度和消防安全操作规程；

（二）建立本单位的消防安全责任考核、奖惩制度；

（三）开展经常性的消防安全教育、培训及演练；

（四）定期进行防火检查，做好检查记录，及时消除火灾隐患；

（五）按规定配置消防设施、器材并确保其完好有效；

（六）按规定设置安全疏散指示标志和应急照明设施，并保证疏散通道、安全出口畅通；

（七）消防控制室配备消防值班人员，制定值班岗位职责，做好监督检查工作；

（八）新建、扩建、改建及装饰装修工程报学校消防机构备案；

（九）按照规定的程序与措施处置火灾事故；

（十）学校规定的其他消防安全职责。

第十二条　校内各单位主要负责人是本单位消防安全责任人，驻校内其他单位主要负责人是该单位消防安全责任人，负责本单位的消防安全工作。

第十三条　除本规定第十一条外，学生宿舍管理部门还应当履行下列安全管理职责：

（一）建立由学生参加的志愿消防组织，定期进行消防演练；

（二）加强学生宿舍用火、用电安全教育与检查；

（三）加强夜间防火巡查，发现火灾立即组织扑救和疏散学生。

第三章　消防安全管理

第十四条　学校应当将下列单位（部位）列为学校消防安全重点单位（部位）：

（一）学生宿舍、食堂（餐厅）、教学楼、校医院、体育场（馆）、会堂（会议中心）、超市（市场）、宾馆（招待所）、托儿所、幼儿园以及其他文体活动、公共娱乐等人员密集场所；

（二）学校网络、广播电台、电视台等传媒部门和驻校内邮政、通信、金融等单位；

（三）车库、油库、加油站等部位；

（四）图书馆、展览馆、档案馆、博物馆、文物古建筑；

（五）供水、供电、供气、供热等系统；

（六）易燃易爆等危险化学物品的生产、充装、储存、供应、使用部门；

（七）实验室、计算机房、电化教学中心和承担国家重点科研项目或配备有先进精密仪器设备的部位，监控中心、消防控制中心；

（八）学校保密要害部门及部位；

（九）高层建筑及地下室、半地下室；

（十）建设工程的施工现场以及有人员居住的临时性建筑；

（十一）其他发生火灾可能性较大以及一旦发生火灾可能造成重大人身伤亡或者财产损失的单位（部位）。

重点单位和重点部位的主管部门，应当按照有关法律法规和本规定履行消防安全管理职责，设置防火标志，实行严格消防安全管理。

第十五条　在学校内举办文艺、体育、集会、招生和就业咨询等大型活动和展览，主办单位应当确定专人负责消防安全工作，明确并落实消防安全职责和措施，保证消防设施和消防器材配置齐全、完好有效，保证疏散通道、安全出口、疏散指示标志、应急照明和消防车通道符合消防技术标准和管理规定，制定灭火和应急疏散预案并组织演练，并经学校消防机构对活动现场检查合格后方可举办。

依法应当报请当地人民政府有关部门审批的，经有关部门审核同意后方可举办。

第十六条　学校应当按照国家有关规定，配置消防设施和器材，设置消防安全疏散指示标志和应急照明设施，每年组织检测维修，确保消防设施和器材完好有效。

学校应当保障疏散通道、安全出口、消防车通道畅通。

第十七条　学校进行新建、改建、扩建、装修、装饰等活动，必须严格执行消防法规和国家工程建设消防技术标准，并依法办理建设工程消防设计审核、消防验收或者备案手续。学校各项工程及驻校内各单位在校内的各项工程消防设施的招标和验收，应当有学校消防机构参加。

施工单位负责施工现场的消防安全，并接受学校消防机构的监督、检查。竣工后，建筑工程的有关图纸、资料、文件等应当报学校档案机构和消防机构备案。

第十八条　地下室、半地下室和用于生产、经营、储存易燃易爆、有毒有害等危险物品场所的建筑不得用作学生宿舍。

生产、经营、储存其他物品的场所与学生宿舍等居住场所设置在同一建筑物内的，应当符合国家工程建设消防技术标准。

学生宿舍、教室和礼堂等人员密集场所，禁止违规使用大功率电器，在门窗、阳台等部位不得设置影响逃生和灭火救援的障碍物。

第十九条　利用地下空间开设公共活动场所，应当符合国家有关规定，并报学校消防机构备案。

第二十条　学校消防控制室应当配备专职值班人员，持证上岗。

消防控制室不得挪作他用。

第二十一条　学校购买、储存、使用和销毁易燃易爆等危险品，应当按照国家有关规定严格管理、规范操作，并制定应急处置预案和防范措施。

学校对管理和操作易燃易爆等危险品的人员，上岗前必须进行培训，持证上岗。

第二十二条　学校应当对动用明火实行严格的消防安全管理。禁止在具有火灾、爆炸危险的场所吸烟、使用明火；因特殊原因确需进行电、气焊等明火作业的，动火单位和人员应当向学校消防机构申办审批手续，落实现场监管人，采取相应的消防安全措施。作业人员应当遵守消防安全规定。

第二十三条　学校内出租房屋的，当事人应当签订房屋租赁合同，明确消防安全责任。出租方负责对出租房屋的消防安全管理。学校授权的管理单位应当加强监督检查。

外来务工人员的消防安全管理由校内用人单位负责。

第二十四条　发生火灾时，学校应当及时报警并立即启动应急预案，迅速扑救初起火灾，及时疏散人员。

学校应当在火灾事故发生后两个小时内向所在地教育行政主管部门报告。较大以上火灾同时报教育部。

火灾扑灭后，事故单位应当保护现场并接受事故调查，协助公安机关消防机构调查火灾原因、统计火灾损失。未经公安机关消防机构同意，任何人不得擅自清理火灾现场。

第二十五条　学校及其重点单位应当建立健全消防档案。

消防档案应当全面反映消防安全和消防安全管理情况，并根据情况变化及时更新。

第四章　消防安全检查和整改

第二十六条　学校每季度至少进行一次消防安全检查。检查的主要内容包括：

（一）消防安全宣传教育及培训情况；

（二）消防安全制度及责任制落实情况；

（三）消防安全工作档案建立健全情况；

（四）单位防火检查及每日防火巡查落实及记录情况；

（五）火灾隐患和隐患整改及防范措施落实情况；

（六）消防设施、器材配置及完好有效情况；

（七）灭火和应急疏散预案的制定和组织消防演练情况；

（八）其他需要检查的内容。

第二十七条　学校消防安全检查应当填写检查记录，检查人员、被检查单位负责人或者相关人员应当在检查记录上签名，发现火灾隐患应当及时填发《火灾隐患整改通知书》。

第二十八条　校内各单位每月至少进行一次防火检查。检查的主要内容包括：

（一）火灾隐患和隐患整改情况以及防范措施的落实情况；

（二）疏散通道、疏散指示标志、应急照明和安全出口情况；

（三）消防车通道、消防水源情况；

（四）消防设施、器材配置及有效情况；

（五）消防安全标志设置及其完好、有效情况；

（六）用火、用电有无违章情况；

（七）重点工种人员以及其他员工消防知识掌握情况；

（八）消防安全重点单位（部位）管理情况；

（九）易燃易爆危险物品和场所防火防爆措施落实情况以及其他重要物资防火安全情况；

（十）消防（控制室）值班情况和设施、设备运行、记录情况；

（十一）防火巡查落实及记录情况；

（十二）其他需要检查的内容。

防火检查应当填写检查记录。检查人员和被检查部门负责人应当在检查记录上签名。

第二十九条　校内消防安全重点单位（部位）应当进行每日防火巡查，并确定巡查的人员、内容、部位和频次。其他单位可以根据需要组织防火巡查。巡查的内容主要包括：

（一）用火、用电有无违章情况；

（二）安全出口、疏散通道是否畅通，安全疏散指示标志、应急照明是否完好；

（三）消防设施、器材和消防安全标志是否在位、完整；

（四）常闭式防火门是否处于关闭状态，防火卷帘下是否堆放物品影响使用；

（五）消防安全重点部位的人员在岗情况；

（六）其他消防安全情况。

校医院、学生宿舍、公共教室、实验室、文物古建筑等应当加强夜间防火巡查。

防火巡查人员应当及时纠正消防违章行为，妥善处置火灾隐患，无法当场处置的，应当立即报告。发现初起火灾应当立即报警、通知人员疏散、及时扑救。

防火巡查应当填写巡查记录，巡查人员及其主管人员应当在巡查记录上签名。

第三十条　对下列违反消防安全规定的行为，检查、巡查人员应当责成有关人员改正并督促落实：

（一）消防设施、器材或者消防安全标志的配置、设置不符合国家标准、行业标准，或者未保持完好有效的；

（二）损坏、挪用或者擅自拆除、停用消防设施、器材的；

（三）占用、堵塞、封闭消防通道、安全出口的；

（四）埋压、圈占、遮挡消火栓或者占用防火间距的；

（五）占用、堵塞、封闭消防车通道，妨碍消防车通行的；

（六）人员密集场所在门窗上设置影响逃生和灭火救援的障碍物的；

（七）常闭式防火门处于开启状态，防火卷帘下堆放物品影响使用的；

（八）违章进入易燃易爆危险物品生产、储存等场所的；

（九）违章使用明火作业或者在具有火灾、爆炸危险的场所吸烟、使用明火等违反禁令的；

（十）消防设施管理、值班人员和防火巡查人员脱岗的；

（十一）对火灾隐患经公安机关消防机构通知后不及时采取措施消除的；

（十二）其他违反消防安全管理规定的行为。

第三十一条　学校对教育行政主管部门和公安机关消防机构、公安派出所指出的各类火灾隐患，应当及时予以核查、消除。对公安机关消防机构、公安派出所责令限期改正的火灾隐患，学校应当在规定的期限内整改。

第三十二条　对不能及时消除的火灾隐患，隐患单位应当及时向学校及相关单位的消防安全责任人或者消防安全工作主管领导报告，提出整改方案，确定整改措施、期限以及负责整改的部门、人员，并落实整改资金。

火灾隐患尚未消除的，隐患单位应当落实防范措施，保障消防安全。对于随时可能引发火灾或者一旦发生火灾将严重危及人身安全的，应当将危险部位停止使用或停业整改。

第三十三条　对于涉及城市规划布局等学校无力解决的重大火灾隐患，学校应当及时向其上级主管部门或者当地人民政府报告。

第三十四条　火灾隐患整改完毕，整改单位应当将整改情况记录报送相应的消防安全工作责任人或者消防安全工作主管领导签字确认后存档备查。

第五章　消防安全教育和培训

第三十五条　学校应当将师生员工的消防安全教育和培训纳入学校消防安全年度工作计划。

消防安全教育和培训的主要内容包括：

（一）国家消防工作方针、政策，消防法律、法规；

（二）本单位、本岗位的火灾危险性，火灾预防知识和措施；

（三）有关消防设施的性能、灭火器材的使用方法；

（四）报火警、扑救初起火灾和自救互救技能；

（五）组织、引导在场人员疏散的方法。

第三十六条　学校应当采取下列措施对学生进行消防安全教育，使其了解防火、灭火知识，掌握报警、扑救初起火灾和自救、逃生方法。

（一）开展学生自救、逃生等防火安全常识的模拟演练，每学年至少组织一次学生消防演练；

（二）根据消防安全教育的需要，将消防安全知识纳入教学和培训内容；

（三）对每届新生进行不低于 4 学时的消防安全教育和培训；

（四）对进入实验室的学生进行必要的安全技能和操作规程培训；

（五）每学年至少举办一次消防安全专题讲座，并在校园网络、广播、校内报刊开设消防安全教育栏目。

第三十七条　学校二级单位应当组织新上岗和进入新岗位的员工进行上岗前的消防安全培训。消防安全重点单位（部位）对员工每年至少进行一次消防安全培训。

第三十八条　下列人员应当依法接受消防安全培训：

（一）学校及各二级单位的消防安全责任人、消防安全管理人；

（二）专职消防管理人员、学生宿舍管理人员；

（三）消防控制室的值班、操作人员；

（四）其他依照规定应当接受消防安全培训的人员。

前款规定中的第（三）项人员必须持证上岗。

第六章　灭火、应急疏散预案和演练

第三十九条　学校、二级单位、消防安全重点单位（部位）应当制定相应的灭火和应急疏散预案，建立应急反应和处置机制，为火灾扑救和应急救援工作提供人员、装备等保障。

灭火和应急疏散预案应当包括以下内容：

（一）组织机构：指挥协调组、灭火行动组、通信联络组、疏散引导组、安全防护救护组；

（二）报警和接警处置程序；

（三）应急疏散的组织程序和措施；

（四）扑救初起火灾的程序和措施；

（五）通信联络、安全防护救护的程序和措施。

（六）其他需要明确的内容。

第四十条　学校实验室应当有针对性地制定突发事件应急处置预案，并将应急处置预案涉及的生物、化学及易燃易爆物品的种类、性质、数量、危险性和应对措施及处置药品的名称、产地和储备等内容报学校消防机构备案。

第四十一条　校内消防安全重点单位应当按照灭火和应急疏散预案每半年至少组织一次消防演练，并结合实际，不断完善预案。

消防演练应当设置明显标识并事先告知演练范围内的人员，避免意外事故发生。

第七章　消防经费

第四十二条　学校应当将消防经费纳入学校年度经费预算，保证消防经费投入，保障消防工作的需要。

第四十三条　学校日常消防经费用于校内灭火器材的配置、维修、更新，灭火和

应急疏散预案的备用设施、材料，以及消防宣传教育、培训等，保证学校消防工作正常开展。

第四十四条　学校安排专项经费，用于解决火灾隐患，维修、检测、改造消防专用给水管网、消防专用供水系统、灭火系统、自动报警系统、防排烟系统、消防通信系统、消防监控系统等消防设施。

第四十五条　消防经费使用坚持专款专用、统筹兼顾、保证重点、勤俭节约的原则。任何单位和个人不得挤占、挪用消防经费。

第八章　奖惩

第四十六条　学校应当将消防安全工作纳入校内评估考核内容，对在消防安全工作中成绩突出的单位和个人给予表彰奖励。

第四十七条　对未依法履行消防安全职责、违反消防安全管理制度、或者擅自挪用、损坏、破坏消防器材、设施等违反消防安全管理规定的，学校应当责令其限期整改，给予通报批评；对直接负责的主管人员和其他直接责任人员根据情节轻重给予警告等相应的处分。

前款涉及民事损失、损害的，有关责任单位和责任人应当依法承担民事责任。

第四十八条　学校违反消防安全管理规定或者发生重特大火灾的，除依据消防法的规定进行处罚外，教育行政部门应当取消其当年评优资格，并按照国家有关规定对有关主管人员和责任人员依法予以处分。

第九章　附则

第四十九条　学校应当依据本规定，结合本校实际，制定本校消防安全管理办法。高等学校以外的其他高等教育机构的消防安全管理，参照本规定执行。

第五十条　本规定所称学校二级单位，包括学院、系、处、所、中心等。

第五十一条　本规定自 2010 年 1 月 1 日起施行。

十五、普通高等学校辅导员队伍建设规定（中华人民共和国教育部令第43号）

第一章　总则

第一条　为深入贯彻落实全国高校思想政治工作会议精神和《中共中央国务院关于加强和改进新形势下高校思想政治工作的意见》，切实加强高等学校辅导员队伍专业化职业化建设，依据《高等教育法》等有关法律法规，制定本规定。

第二条　辅导员是开展大学生思想政治教育的骨干力量，是高等学校学生日常思想政治教育和管理工作的组织者、实施者、指导者。辅导员应当努力成为学生成长成才的人生导师和健康生活的知心朋友。

第三条　高等学校要坚持把立德树人作为中心环节，把辅导员队伍建设作为教师队伍和管理队伍建设的重要内容，整体规划、统筹安排，不断提高队伍的专业水平和职业能力，保证辅导员工作有条件、干事有平台、待遇有保障、发展有空间。

第二章　要求与职责

第四条　辅导员工作的要求是：恪守爱国守法、敬业爱生、育人为本、终身学习、为人师表的职业守则；围绕学生、关照学生、服务学生，把握学生成长规律，不断提高学生思想水平、政治觉悟、道德品质、文化素养；引导学生正确认识世界和中国发展大势、正确认识中国特色和国际比较、正确认识时代责任和历史使命、正确认识远大抱负和脚踏实地，成为又红又专、德才兼备、全面发展的中国特色社会主义合格建设者和可靠接班人。

第五条　辅导员的主要工作职责是：

（一）思想理论教育和价值引领。引导学生深入学习习近平总书记系列重要讲话精神和治国理政新理念新思想新战略，深入开展中国特色社会主义、中国梦宣传教育和社会主义核心价值观教育，帮助学生不断坚定中国特色社会主义道路自信、理论自信、制度自信、文化自信，牢固树立正确的世界观、人生观、价值观。掌握学生思想行为特点及思想政治状况，有针对性地帮助学生处理好思想认识、价值取向、学习生活、择业交友等方面的具体问题。

（二）党团和班级建设。开展学生骨干的遴选、培养、激励工作，开展学生入党积极分子培养教育工作，开展学生党员发展和教育管理服务工作，指导学生党支部和班团组织建设。

（三）学风建设。熟悉了解学生所学专业的基本情况，激发学生学习兴趣，引导学生养成良好的学习习惯，掌握正确的学习方法。指导学生开展课外科技学术实践活动，营造浓厚学习氛围。

（四）学生日常事务管理。开展入学教育、毕业生教育及相关管理和服务工作。组

织开展学生军事训练。组织评选各类奖学金、助学金。指导学生办理助学贷款。组织学生开展勤工俭学活动，做好学生困难帮扶。为学生提供生活指导，促进学生和谐相处、互帮互助。

（五）心理健康教育与咨询工作。协助学校心理健康教育机构开展心理健康教育，对学生心理问题进行初步排查和疏导，组织开展心理健康知识普及宣传活动，培育学生理性平和、乐观向上的健康心态。

（六）网络思想政治教育。运用新媒体新技术，推动思想政治工作传统优势与信息技术高度融合。构建网络思想政治教育重要阵地，积极传播先进文化。加强学生网络素养教育，积极培养校园好网民，引导学生创作网络文化作品，弘扬主旋律，传播正能量。创新工作路径，加强与学生的网上互动交流，运用网络新媒体对学生开展思想引领、学习指导、生活辅导、心理咨询等。

（七）校园危机事件应对。组织开展基本安全教育。参与学校、院（系）危机事件工作预案制定和执行。对校园危机事件进行初步处理，稳定局面控制事态发展，及时掌握危机事件信息并按程序上报。参与危机事件后期应对及总结研究分析。

（八）职业规划与就业创业指导。为学生提供科学的职业生涯规划和就业指导以及相关服务，帮助学生树立正确的就业观念，引导学生到基层、到西部、到祖国最需要的地方建功立业。

（九）理论和实践研究。努力学习思想政治教育的基本理论和相关学科知识，参加相关学科领域学术交流活动，参与校内外思想政治教育课题或项目研究。

第三章　配备与选聘

第六条　高等学校应当按总体上师生比不低于 1：200 的比例设置专职辅导员岗位，按照专兼结合、以专为主的原则，足额配备到位。

专职辅导员是指在院（系）专职从事大学生日常思想政治教育工作的人员，包括院（系）党委（党总支）副书记、学工组长、团委（团总支）书记等专职工作人员，具有教师和管理人员双重身份。高等学校应参照专任教师聘任的待遇和保障，与专职辅导员建立人事聘用关系。

高等学校可以从优秀专任教师、管理人员、研究生中选聘一定数量兼职辅导员。兼职辅导员工作量按专职辅导员工作量的三分之一核定。

第七条　辅导员应当符合以下基本条件：

（一）具有较高的政治素质和坚定的理想信念，坚决贯彻执行党的基本路线和各项方针政策，有较强的政治敏感性和政治辨别力；

（二）具备本科以上学历，热爱大学生思想政治教育事业，甘于奉献，潜心育人，具有强烈的事业心和责任感；

（三）具有从事思想政治教育工作相关学科的宽口径知识储备，掌握思想政治教育工作相关学科的基本原理和基础知识，掌握思想政治教育专业基本理论、知识和方法，掌握马克思主义中国化相关理论和知识，掌握大学生思想政治教育工作实务相关知识，掌握有关法律法规知识；

（四）具备较强的组织管理能力和语言、文字表达能力，及教育引导能力、调查研究能力，具备开展思想理论教育和价值引领工作的能力；

（五）具有较强的纪律观念和规矩意识，遵纪守法，为人正直，作风正派，廉洁自律。

第八条　辅导员选聘工作要在高等学校党委统一领导下进行，由学生工作部门、组织、人事、纪检等相关部门共同组织开展。根据辅导员基本条件要求和实际岗位需要，确定具体选拔条件，通过组织推荐和公开招聘相结合的方式，经过笔试、面试、公示等相关程序进行选拔。

第九条　青年教师晋升高一级专业技术职务（职称），须有至少一年担任辅导员或班主任工作经历并考核合格。高等学校要鼓励新入职教师以多种形式参与辅导员或班主任工作。

第四章　发展与培训

第十条　高等学校应当制定专门办法和激励保障机制，落实专职辅导员职务职级“双线”晋升要求，推动辅导员队伍专业化职业化建设。

第十一条　高等学校应当结合实际，按专任教师职务岗位结构比例合理设置专职辅导员的相应教师职务岗位，专职辅导员可按教师职务（职称）要求评聘思想政治教育学科或其他相关学科的专业技术职务（职称）。

专职辅导员专业技术职务（职称）评聘应更加注重考察工作业绩和育人实效，单列计划、单设标准、单独评审。将优秀网络文化成果纳入专职辅导员的科研成果统计、职务（职称）评聘范围。

第十二条　高等学校可以成立专职辅导员专业技术职务（职称）聘任委员会，具体负责本校专职辅导员专业技术职务（职称）聘任工作。聘任委员会一般应由学校党委有关负责人、学生工作、组织人事、教学科研部门负责人、相关学科专家等人员组成。

第十三条　高等学校应当制定辅导员管理岗位聘任办法，根据辅导员的任职年限及实际工作表现，确定相应级别的管理岗位等级。

第十四条　辅导员培训应当纳入高等学校师资队伍和干部队伍培训整体规划。

建立国家、省级和高等学校三级辅导员培训体系。教育部设立高等学校辅导员培训和研修基地，开展国家级示范培训。省级教育部门应当根据区域内现有高等学校辅导员规模数量设立辅导员培训专项经费，建立辅导员培训和研修基地，承担所在区域内高等学校辅导员的岗前培训、日常培训和骨干培训。高等学校负责对本校辅导员的系统培训，确保每名专职辅导员每年参加不少于 16 个学时的校级培训，每 5 年参加 1

次国家级或省级培训。

第十五条　省级教育部门、高等学校要积极选拔优秀辅导员参加国内国际交流学习和研修深造，创造条件支持辅导员到地方党政机关、企业、基层等挂职锻炼，支持辅导员结合大学生思想政治教育的工作实践和思想政治教育学科的发展开展研究。高等学校要鼓励辅导员在做好工作的基础上攻读相关专业学位，承担思想政治理论课等相关课程的教学工作，为辅导员提升专业水平和科研能力提供条件保障。

第十六条　高等学校要积极为辅导员的工作和生活创造便利条件，应根据辅导员的工作特点，在岗位津贴、办公条件、通信经费等方面制定相关政策，为辅导员的工作和生活提供必要保障。

第五章　管理与考核

第十七条　高等学校辅导员实行学校和院（系）双重管理。

学生工作部门牵头负责辅导员的培养、培训和考核等工作，同时要与院（系）党委（党总支）共同做好辅导员日常管理工作。院（系）党委（党总支）负责对辅导员进行直接领导和管理。

第十八条　高等学校要根据辅导员职业能力标准，制定辅导员工作考核的具体办法，健全辅导员队伍的考核评价体系。对辅导员的考核评价应由学生工作部门牵头，组织人事部门、院（系）党委（党总支）和学生共同参与。考核结果与辅导员的职务聘任、奖惩、晋级等挂钩。

第十九条　教育部在全国教育系统先进集体和先进个人表彰中对高校优秀辅导员进行表彰。各地教育部门和高等学校要结合实际情况建立辅导员单独表彰体系并将优秀辅导员表彰奖励纳入各级教师、教育工作者表彰奖励体系中。

第六章　附则

第二十条　本规定适用于普通高等学校辅导员队伍建设。其他类型高等学校的辅导员队伍建设或思想政治工作其他队伍建设可以参照本规定执行。

第二十一条　高等学校要根据本规定，结合实际制定相关实施细则，并报主管教育部门备案。

第二十二条　本规定自 2017 年 10 月 1 日起施行。原《普通高等学校辅导员队伍建设规定》同时废止。

十六、大中小学劳动教育指导纲要（试行）（教材〔2020〕4号）

为深入贯彻习近平总书记关于教育的重要论述，全面贯彻党的教育方针，落实《中共中央国务院关于全面加强新时代大中小学劳动教育的意见》，加快构建德智体美劳全面培养的教育体系，制定本指导纲要。

一、劳动教育性质和基本理念

（一）劳动教育性质

劳动是创造物质财富和精神财富的过程，是人类特有的基本社会实践活动。劳动教育是发挥劳动的育人功能，对学生进行热爱劳动、热爱劳动人民的教育活动。当前实施劳动教育的重点是在系统的文化知识学习之外，有目的、有计划地组织学生参加日常生活劳动、生产劳动和服务性劳动，让学生动手实践、出力流汗，接受锻炼、磨炼意志，培养学生正确劳动价值观和良好劳动品质。

劳动教育是新时代党对教育的新要求，是中国特色社会主义教育制度的重要内容，是全面发展教育体系的重要组成部分，是大中小学必须开展的教育活动。它具有鲜明的思想性，必须将马克思主义劳动观贯彻始终，强调劳动是一切财富、价值的源泉，劳动者是国家的主人，一切劳动和劳动者都应该得到鼓励和尊重；倡导通过诚实劳动创造美好生活、实现人生梦想，反对一切不劳而获、崇尚暴富、贪图享乐的错误思想。具有突出的社会性，必须加强学校教育与社会生活、生产实践的直接联系，发挥劳动在个人与社会之间的纽带作用，引导学生认识社会，增强社会责任感；同时注重让学生学会分工合作，体会社会主义社会平等、和谐的新型劳动关系。具有显著的实践性，必须面向真实的生活世界和职业世界，引导学生以动手实践为主要方式，在认识世界的基础上，获得有积极意义的价值体验，学会建设世界，塑造自己，实现树德、增智、强体、育美的目的。

（二）劳动教育基本理念

（1）强化劳动观念，弘扬劳动精神。将劳动观念和劳动精神教育贯穿人才培养全过程，贯穿家庭、学校、社会各方面。注重让学生在学习和掌握基本劳动知识技能的过程中，领悟劳动的意义价值，形成勤俭、奋斗、创新、奉献的劳动精神。

（2）强调身心参与，注重手脑并用。把握劳动教育的根本特征，让学生面对真实的个人生活、生产和社会性服务任务情境，亲历实际的劳动过程，善于观察思考，注重运用所学知识解决实际问题，提高劳动质量和效率。

（3）继承优良传统，彰显时代特征。在充分发挥传统劳动、传统工艺项目育人功能的同时，紧跟科技发展和产业变革，准确把握新时代劳动工具、劳动技术、劳动形态的新变化，创新劳动教育内容、途径、方式，增强劳动教育的时代性。

（4）发挥主体作用，激发创新创造。关注学生劳动过程中的体验和感悟，引导学生感受劳动的艰辛和收获的快乐，增强获得感、成就感、荣誉感。鼓励学生在学习和借鉴他人丰富经验、技艺的基础上，尝试新方法、探索新技术，打破僵化思维方式，

推陈出新。

二、劳动教育目标和内容

（一）总体目标

准确把握社会主义建设者和接班人的劳动精神面貌、劳动价值取向和劳动技能水平的培养要求，全面提高学生劳动素养，使学生：

树立正确的劳动观念。正确理解劳动是人类发展和社会进步的根本力量，认识劳动创造人、劳动创造价值、创造财富、创造美好生活的道理，尊重劳动，尊重普通劳动者，牢固树立劳动最光荣、劳动最崇高、劳动最伟大、劳动最美丽的思想观念。

具有必备的劳动能力。掌握基本的劳动知识和技能，正确使用常见劳动工具，增强体力、智力和创造力，具备完成一定劳动任务所需要的设计、操作能力及团队合作能力。

培育积极的劳动精神。领会“幸福是奋斗出来的”内涵与意义，继承中华民族勤俭节约、敬业奉献的优良传统，弘扬开拓创新、砥砺奋进的时代精神。

养成良好的劳动习惯和品质。能够自觉自愿、认真负责、安全规范、坚持不懈地参与劳动，形成诚实守信、吃苦耐劳的品质。珍惜劳动成果，养成良好的消费习惯，杜绝浪费。

（二）主要内容

主要包括日常生活劳动、生产劳动和服务性劳动中的知识、技能与价值观。日常生活劳动教育立足个人生活事务处理，结合开展新时代校园爱国卫生运动，注重生活能力和良好卫生习惯培养，树立自立自强意识。生产劳动教育要让学生在工农业生产过程中直接经历物质财富的创造过程，体验从简单劳动、原始劳动向复杂劳动、创造性劳动的发展过程，学会使用工具，掌握相关技术，感受劳动创造价值，增强产品质量意识，体会平凡劳动中的伟大。服务性劳动教育让学生利用知识、技能等为他人和社会提供服务，在服务性岗位上见习实习，树立服务意识，实践服务技能；在公益劳动、志愿服务中强化社会责任感。

（三）学段要求

1. 小学

低年级：以个人生活起居为主要内容，开展劳动教育，注重培养劳动意识和劳动安全意识，使学生懂得人人都要劳动，感知劳动乐趣，爱惜劳动成果。指导学生：（1）完成个人物品整理、清洗，进行简单的家庭清扫和垃圾分类等，树立自己的事情自己做的意识，提高生活自理能力；（2）参与适当的班级集体劳动，主动维护教室内外环境卫生等，培养集体荣誉感；（3）进行简单手工制作，照顾身边的动植物，关爱生命，热爱自然。

中高年级：以校园劳动和家庭劳动为主要内容开展劳动教育，体会劳动光荣，尊重普通劳动者，初步养成热爱劳动、热爱生活的态度。指导学生：（1）参与家居清洁、收纳整理，制作简单的家常餐等，每年学会1—2项生活技能，增强生活自理能力和勤俭节约意识，培养家庭责任感；（2）参加校园卫生保洁、垃圾分类处理、绿化美化等，适当参加社区环保、公共卫生等力所能及的公益劳动，增强公共服务意识；（3）初步体验种植、养殖、手工制作等简单的生产劳动，初步学会与他人合作劳动，懂得生活用品、食品来之不易，珍惜劳动成果。

2. 初中

兼顾家政学习、校内外生产劳动、服务性劳动，安排劳动教育内容，开展职业启蒙教育，体会劳动创造美好生活，养成认真负责、吃苦耐劳的劳动品质和安全意识，增强公共服务意识和担当精神。让学生：（1）承担一定的家庭日常清洁、烹饪、家居美化等劳动，进一步培养生活自理能力和习惯，增强家庭责任意识；（2）定期开展校园包干区域保洁和美化，以及助残、敬老、扶弱等服务性劳动，初步形成对学校、社区负责任的态度和社会公德意识；（3）适当体验包括金工、木工、电工、陶艺、布艺等项目在内的劳动及传统工艺制作过程，尝试家用器具、家具、电器的简单修理，参与种植、养殖等生产活动，学习相关技术，获得初步的职业体验，形成初步的生涯规划意识。

3. 普通高中

注重围绕丰富职业体验，开展服务性劳动和生产劳动，理解劳动创造价值，接受锻炼、磨炼意志，具有劳动自立意识和主动服务他人、服务社会的情怀。指导学生：（1）持续开展日常生活劳动，增强生活自理能力，固化良好劳动习惯；（2）选择服务性岗位，经历真实的岗位工作过程，获得真切的职业体验，培养职业兴趣；积极参加大型赛事、社区建设、环境保护等公益活动、志愿服务，强化社会责任意识和奉献精神；（3）统筹劳动教育与通用技术课程相关内容，从工业、农业、现代服务业以及中华优秀传统文化特色项目中，自主选择1—2项生产劳动，经历完整的实践过程，提高创意物化能力，养成吃苦耐劳、精益求精的品质，增强生涯规划的意识和能力。

4. 职业院校

重点结合专业特点，增强职业荣誉感和责任感，提高职业劳动技能水平，培育积极向上的劳动精神和认真负责的劳动态度。组织学生：（1）持续开展日常生活劳动，自我管理生活，提高劳动自立自强的意识和能力；（2）定期开展校内外公益服务性劳动，做好校园环境秩序维护，运用专业技能为社会、为他人提供相关公益服务，培育社会公德，厚植爱国爱民的情怀；（3）依托实习实训，参与真实的生产劳动和服务性劳动，增强职业认同感和劳动自豪感，提升创意物化能力，培育不断探索、精益求精、追求卓越的工匠精神和爱岗敬业的劳动态度，坚信“三百六十行，行行出状元”，体认劳动不分贵贱，任何职业都很光荣，都能出彩。

5. 普通高等学校

强化马克思主义劳动观教育，注重围绕创新创业，结合学科专业开展生产劳动和服务性劳动，积累职业经验，培育创造性劳动能力和诚实守信的合法劳动意识。使学生：（1）掌握通用劳动科学知识，深刻理解马克思主义劳动观和社会主义劳动关系，树立正确的择业就业创业观，具有到艰苦地区和行业工作的奋斗精神；（2）巩固良好

日常生活劳动习惯，自觉做好宿舍卫生保洁，独立处理个人生活事务，积极参加勤工助学活动，提高劳动自立自强能力；（3）强化服务性劳动，自觉参与教室、食堂、校园场所的卫生保洁、绿化美化和管理服务等，结合“三支一扶”、大学生志愿服务西部计划、“青年红色筑梦之旅”“三下乡”等社会实践活动开展服务性劳动，强化公共服务意识和面对重大疫情、灾害等危机主动作为的奉献精神；（4）重视生产劳动锻炼，积极参加实习实训、专业服务和创新创业活动，重视新知识、新技术、新工艺、新方法的运用，提高在生产实践中发现问题和创造性解决问题的能力，在动手实践的过程中创造有价值的物化劳动成果。

三、劳动教育途径、关键环节和评价

（一）劳动教育途径

将劳动教育纳入人才培养全过程，丰富、拓展劳动教育实施途径。

1. 独立开设劳动教育必修课

在大中小学设立劳动教育必修课程。中小学劳动教育课平均每周不少于 1 课时，用于活动策划、技能指导、练习实践、总结交流等，与通用技术和地方课程、校本课程等有关内容进行必要统筹。职业院校开设劳动专题教育必修课，不少于 16 学时；主要围绕劳动精神、劳模精神、工匠精神、劳动组织、劳动安全和劳动法规等方面设计。普通高等学校要将劳动教育纳入专业人才培养方案，明确主要依托的课程，可在已有课程中专设劳动教育模块，也可专门开设劳动专题教育必修课，本科阶段不少于 32 学时；课程内容应加强马克思主义劳动观教育，普及与学生职业发展密切相关的通用劳动科学知识，并经历必要的实践体验。

2. 在学科专业中有机渗透劳动教育

中小学道德与法治（思想政治）、语文、历史、艺术等学科要有重点地纳入劳动创造人本身、劳动创造历史、劳动创造世界、劳动不分贵贱等马克思主义劳动观，纳入歌颂劳模、歌颂普通劳动者的选文选材，纳入阐释勤劳、节俭、艰苦奋斗等中华民族优良传统的内容，加强对学生辛勤劳动、诚实劳动、合法劳动等方面的教育。数学、科学、地理、技术、体育与健康等学科要注重培养学生劳动的科学态度、规范意识、效率观念和创新精神。

职业院校要将劳动教育全面融入公共基础课，要强化马克思主义劳动观、劳动安全、劳动法规教育。专业课在进行职业劳动知识技能教学的同时，注重培养“干一行爱一行”的敬业精神，吃苦耐劳、团结合作、严谨细致的工作态度。

普通高等学校要将劳动教育有机纳入专业教育、创新创业教育，不断深化产教融合，强化劳动锻炼要求，加强高等学校与行业骨干企业、高新企业、中小微企业紧密协同，推动人才培养模式改革。专业类课程主要与服务学习、实习实训、科学实验、社会实践、毕业设计等相结合开展各类劳动实践，注重分析相关劳动形态发展趋势，强化劳动品质培养。在公共必修课中，要进一步强化马克思主义劳动观教育、劳动相关法律法规与政策教育。

3. 在课外校外活动中安排劳动实践

将劳动教育与学生的个人生活、校园生活和社会生活有机结合起来，丰富劳动体验，提高劳动能力，深化对劳动价值的理解。

中小学每周课外活动和家庭生活中劳动时间，小学 1 至 2 年级不少于 2 小时，其他年级不少于 3 小时；职业院校和普通高等学校要明确生活中的劳动事项和时间，纳入学生日常管理工作。

大中小学每学年设立劳动周，采用专题讲座、主题演讲、劳动技能竞赛、劳动成果展示、劳动项目实践等形式进行。小学以校内为主，小学高年级可适当安排部分校外劳动；普通中学、职业院校和普通高等学校兼顾校内外，可在学年内或寒暑假安排，以集体劳动为主，由学校组织实施。高等学校也可安排劳动月，集中落实各学年劳动周要求。

4. 在校园文化建设中强化劳动文化

学校要将劳动习惯、劳动品质的养成教育融入校园文化建设之中。要通过制定劳动公约、每日劳动常规、学期劳动任务单，采取与劳动教育有关的兴趣小组、社团等组织形式，结合植树节、学雷锋纪念日、五一劳动节、农民丰收节、志愿者日等，开展丰富的劳动主题教育活动，营造劳动光荣、创造伟大的校园文化。

要举办“劳模大讲堂”“大国工匠进校园”、优秀毕业生报告会等劳动榜样人物进校园活动，组织劳动技能和劳动成果展示，综合运用讲座、宣传栏、新媒体等，广泛宣传劳动榜样人物事迹，特别是身边的普通劳动者事迹，让师生在校园里近距离接触劳动模范，聆听劳模故事，观摩精湛技艺，感受并领悟勤勉敬业的劳动精神，争做新时代的奋斗者。

（二）劳动教育关键环节

各地和学校要注重围绕劳动教育的目标和内容要求，从提高劳动教育的效果出发，把握劳动教育任务的特点，抓住关键环节，选择适宜的劳动教育方式。

（1）讲解说明。围绕劳动为什么、是什么问题，有重点地进行讲解，让学生懂得劳动的意义和价值。加强劳动观念、劳动纪律、劳动相关法律法规的正面引导，指明轻视劳动特别是轻视普通劳动的危害，让学生明辨是非。加强劳动知识技能的讲解，让学生认清事理，掌握实践操作的基本原理、程序、规则，正确使用工具的方法和技术。讲解要与启发思考、示范、练习等结合起来。

（2）淬炼操作。围绕如何做的问题，注重示范与练习，让学生会劳动。强化规范意识，注重从最基本的程序学起，严守规则，避免主观随意。强化质量意识，注重引导学生关注细节，每个步骤、环节都要精准到位。强化专注品质，注重引导学生对操作行为的评估与监控，做到眼到手到心到，有始有终。

（3）项目实践。围绕劳动能力的培养，让学生完成真实、综合任务，经历完整劳动过程。注重劳动价值体认，引导学生从现实生活中发现需求，选择和确定劳动项目。强化规划设计意识，充分发挥学生的主动性、积极性、创造性，引导学生对项目实践

进行整体构思，综合运用所学知识、技术，不断优化行动方案。强化身体力行，锤炼意志品质，敢于在困难与挑战中完成行动任务。

（4）反思交流。围绕劳动价值意义的建构，引导学生总结、交流，促进学生形成反思交流习惯。指导学生思考劳动过程和结果与社会进步、个体成长的关联，避免停留在简单的苦乐体验上。组织学生交流分享劳动的体验和收获，肯定具有积极意义的认识，纠正观念上的偏差。将反思交流与改进结合起来，使学生在劳动中获得成长。

（5）榜样激励。围绕劳动的精神追求，树立典型，激发劳动热情。注意遴选、树立多类型榜样，不仅要有大国工匠、劳动模范，还要有身边劳动表现优异的普通劳动者和同学。指导学生从榜样的具体事迹中领悟他们的高尚精神和优良品质。明确要求学生在日常劳动实践中努力向榜样看齐。

（三）劳动教育评价

将劳动素养纳入学生综合素质评价体系。以劳动教育目标、内容要求为依据，将过程性评价和结果性评价结合起来，健全和完善学生劳动素养评价标准、程序和方法，鼓励、支持各地利用大数据、云平台、物联网等现代信息技术手段，开展劳动教育过程监测与记实评价，发挥评价的育人导向和反馈改进功能。

1. 平时表现评价

要在平时劳动教育实践活动中及时进行评价，以评价促进学生发展。要覆盖各类型劳动教育活动，明确学年劳动实践类型、次数、时间等考核要求。关注学生在劳动教育活动中的实际表现，注重从行为表现中分析把握劳动观念形成情况。以自我评价为主，辅以教师、同伴、家长、服务对象、用人单位等他评方式，指导学生进行反思改进。要指导学生如实记录劳动教育活动情况，收集整理相关制品、作品等，选择代表性的写实记录，纳入综合素质档案，作为学生学年评优评先的重要参考。

2. 学段综合评价

学段结束时，要依据学段目标和内容，结合综合素质档案分析，兼顾必修课学习和课外劳动实践，对劳动观念、劳动能力、劳动精神、劳动习惯和品质等劳动素养发展状况进行综合评定。建立诚信机制，实行写实记录抽查制度，对弄虚作假者在评优评先方面一票否决，性质严重的应依法依规严肃处理。在高中和大学开展志愿者星级认证。高中学校和高等学校要将考核结果作为毕业依据之一。推动将学段综合评价结果作为学生升学、就业的重要参考。

3. 开展学生劳动素养监测

将学生劳动素养监测纳入基础教育质量监测、职业院校教学质量评估和普通高等学校本科教学质量评估。可委托有关专业机构，定期组织开展关于学生劳动素养状况调查，注重学生劳动观念、劳动能力、劳动精神、劳动习惯和品质等的监测。发挥监测结果的示范引导、反馈改进等功能。

四、学校劳动教育的规划与实施

（一）整体规划劳动教育

学校是劳动教育的实施主体，应根据国家相关规定，结合当地和本校实际情况，对劳动教育进行整体设计、系统规划，形成劳动教育总体实施方案。方案要明确劳动教育目标内容、课时安排、主要劳动实践活动安排、劳动教育过程组织与指导及考核评价办法等。同时要基于学生的年段特征、阶段性教育要求，研究制定“学校学年（或学期）劳动教育计划”，对学年、学期劳动教育实践活动作出具体安排，特别是规划好劳动周等集中劳动，细化有关要求。使总体实施方案和学年（或学期）活动计划相互配套、衔接，形成可持续开展的劳动教育实施方案。

学校在劳动教育规划时要注意处理以下几个方面的关系：

1. 理论学习和实践锻炼的关系

理论学习和实践锻炼都是劳动教育的必要内容。理论学习重在让学生理解和掌握“劳动创造了人本身”“劳动创造世界”等历史唯物主义基本理论主张以及劳动相关法律、法规、政策，作为行动的指南。实践锻炼重在将所学知识转化为真正有用的实际本领，形成良好的劳动习惯，弘扬劳动精神。规划劳动教育时，要两者兼顾，坚持以实践锻炼为主，切实保证每一个学生都有必要的劳动实践经历，不能只是口头上喊劳动、课堂上讲劳动。要通过学生实践前的计划构想、实践中的观察思考和实践后的反思交流，加深对有关思想理论、法规政策的理解，实现理论学习和实践锻炼的统一。

2. 劳动教育与其他教育活动的关系

在开足专门劳动教育必修课的同时，中小学劳动教育必修课实践环节中与综合实践活动的社会服务、设计制作、职业体验重叠部分，可整合实施。职业院校、普通高等学校劳动教育中学生生产劳动和服务性劳动可以通过专业实习、实训、创新创业等实践环节完成，日常生活劳动可以通过学生管理落实。

3. 劳动的传统形态与新形态的关系

将日常生活劳动教育贯穿大中小学始终。在安排生产劳动和服务性劳动项目时，中小学要以使用传统工具、传统工艺的劳动为主，引导学生体会劳动人民的艰辛与智慧，传承中华优秀传统文化，兼顾使用新知识、新技术、新工艺、新方法的劳动。职业院校、普通高等学校要注重结合产业新业态、劳动新形态，选择现代农业、工业、服务业项目，提升创造性劳动能力。

（二）劳动教育的组织实施

1. 实施机构和人员

学校要建立健全劳动教育组织实施的工作机制。明确主管校领导，设置机构或明确相关部门负责劳动教育的规划设计、组织协调、资源整合、师资培训、过程管理、总结评价等。

要建立专兼职相结合的劳动教育教师队伍。根据学校劳动教育需要，明确劳动教育责任人，进行劳动教育规划、组织实施、评价等，配齐劳动教育必修课教师，保持

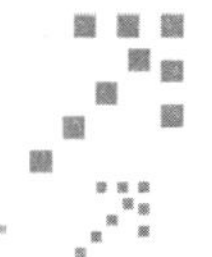

教师队伍的相对稳定性。要充分发挥教职员工特别是班主任、辅导员、导师的作用，利用少先队、共青团、党组织以及学生社团等各方面的力量，合力开展劳动教育实践活动。充分利用家长及当地人力资源，聘请相关行业专业人士担任劳动实践指导教师。

2. 劳动安全风险防范与管理

学校要把劳动安全教育与管理作为组织实施的必要内容，强化劳动安全意识，建立健全安全教育与管理并重的劳动安全保障体系。

要依据学生身心发育情况，适度安排劳动强度、时长，切实关注劳动任务及场所设施的适宜性。科学评估劳动实践活动的安全风险，认真排查、清除学生劳动实践中的各种隐患。在场所设施选择、材料选用、工具设备和防护用品使用、活动流程等方面制定安全、科学操作规范，强化劳动过程每个岗位的管理，明确各方责任，防患于未然。制定劳动实践活动风险防控预案，完善应急与事故处理机制。要特别关注劳动过程中的卫生隐患，按照疾控、卫生健康部门及行业有关规定，采取相应措施，切实保护学生的身心健康。鼓励购买劳动教育相关保险。

3. 建立协同实施机制

中小学要推动建立以学校为主导、家庭为基础、社区为依托的协同实施机制，形成共育合力。学校要通过家长会、家长学校、社区宣讲、网络媒体等途径，引导家长树立正确的劳动观；明确家长的劳动教育责任，让家长主动指导和督促孩子完成家庭、社区劳动任务；学校要与相关社会实践基地共同开发并实施劳动教育课程。

职业院校、普通高等学校要建立学校负责规划设计，行业企业社会机构主要负责业务指导，双方共同管理的劳动教育实施机制。通过建立劳模工作室、技能大师工作室，设置荣誉教师、实务导师岗位等，多渠道引入社会力量参与学校劳动教育。要联合社会力量，共建共享稳定的劳动实践基地、校外实习实训基地、各类型创新创业孵化平台，多渠道拓展劳动实践场所。

五、劳动教育条件保障与专业支持

地方教育行政部门要切实加强对劳动教育工作的组织领导，明确机构和人员承担区域推进劳动教育的职责任务，切实加强条件保障、专业支持和督导评估，整体提高大中小学劳动教育质量和水平。

（一）条件建设

1. 丰富和拓展劳动实践场所

地方教育行政部门要统筹规划和配置劳动教育实践资源，满足学校多样化劳动实践需求。充分利用现有综合实践基地、青少年校外活动场所、职业院校和普通高等学校劳动实践场所，建立健全开放共享机制，特别是充分利用职业院校实训实习场所、设施设备，为普通中小学和普通高等学校提供所需要的服务。可安排一批土地、山林、草场等作为学农实践基地，确认一批厂矿企业作为学工实践基地，认定一批城乡社区、福利院、医院、博物馆、科技馆、图书馆等事业单位、社会机构、公共场所作为服务性劳动基地。推动学校充分利用校内学习、生活有关场所，逐步建好配齐劳动技术实践教室、实训基地，丰富劳动教育资源。

2. 加强师资队伍建设

要明确劳动课教师管理要求，保障劳动课教师在绩效考核、职称评聘、评先评优、专业发展等方面与其他专任教师享受同等待遇。推动中小学、职业院校与普通高等学校建立师资交流共享机制，发挥职业院校教师的专业优势，承担普通学校劳动教育教学任务。建立劳动课教师特聘制度，为学校聘请具有实践经验的社会专业技术人员、劳动模范等担任兼职教师创造条件。

高等学校要加强劳动教育师资培养，有条件的院校开设劳动教育相关专业。把劳动教育纳入教育行政干部、校长、教师、辅导员培训内容，开展全员培训，强化劳动意识、劳动观念，提升劳动教育的自觉性。对承担劳动教育课程的教师进行专项培训，提高劳动育人意识和专业化水平。

3. 健全经费投入机制

各地要统筹中央补助资金和自有财力，多种形式筹措资金，加快建设校内劳动教育场所和校外劳动教育实践基地，加强学校劳动教育设施建设，建立学校劳动教育器材、耗材补充机制。学校可按照规定统筹安排公用经费等资金开展劳动教育，可采取政府购买服务方式，吸引社会力量提供劳动教育服务。

（二）加强专业研究和指导

1. 加强劳动教育研究与指导

在全国教育科学规划、教育部人文社会科学研究项目中支持劳动教育研究。地方教育行政部门鼓励和支持相关机构设立劳动教育研究项目。设立一批试验区或试验学校，注重开展跟踪研究、行动研究。举办论坛讲座，营造良好学术氛围。

各级中小学教研机构要配备劳动教育教研员，组织开展专题教研、区域教研、网络教研，通过协同创新、校际联动、区域推进，提高劳动教育整体实施水平。鼓励高等学校依托有关专业机构开展劳动教育教学研究。

2. 组织开展劳动教育课程资源研发

基于劳动教育教学的实际需要，省级教育行政部门明确中小学劳动实践指导手册编写要求，体现“一纲多本”，满足不同地区学校的多样化需求，负责组织审查。职业院校可组织编写劳动精神、劳模精神、工匠精神专题读本，由编写院校或委托专业机构进行审查。鼓励学校、学术团体、专业机构等收集整理反映劳动先进人物事迹和精神的影视资料，组织研发展示劳动过程、劳动安全要求的数字资源，梳理遴选来自教学一线的典型案例和鲜活经验，形成分学段、分专题的劳动教育课程资源包，促进优质资源的共享与使用。

（三）督导评估与激励

1. 加强对学校劳动教育实施情况的督查

把劳动教育纳入教育督导体系，完善督导办法。对地方各级人民政府和有关部门

保障劳动教育情况进行督导。对学校劳动教育开课率、学生劳动实践组织的有序性，教学指导的针对性，保障措施的有效性等进行督查和指导。督导结果要向社会公开，作为衡量区域教育质量和水平的重要指标，作为对被督导部门和学校及其主要负责人考核奖惩的依据。

2. 建立健全劳动教育激励机制

在国家级、省级教学成果奖励中，将劳动教育教学成果纳入评奖范围，对优秀成果予以奖励。依托有关专业组织、教科研机构等开展劳动教育经验交流和成果展示活动，激发广大教师实践创新的潜能和动力。积极协调新闻媒体传播劳动光荣、创造伟大思想，大力宣传劳动教育先进学校、先进个人。

十七、中华人民共和国治安管理处罚法

（2005 年 8 月 28 日第十届全国人民代表大会常务委员会第十七次会议通过　根据 2012 年 10 月 26 日第十一届全国人民代表大会常务委员会第二十九次会议《关于修改〈中华人民共和国治安管理处罚法〉的决定》修正　主席令第 67 号）

目　录

第一章　总则

第一条　为维护社会治安秩序，保障公共安全，保护公民、法人和其他组织的合法权益，规范和保障公安机关及其人民警察依法履行治安管理职责，制定本法。

第二条　扰乱公共秩序，妨害公共安全，侵犯人身权利、财产权利，妨害社会管理，具有社会危害性，依照《中华人民共和国刑法》的规定构成犯罪的，依法追究刑事责任；尚不够刑事处罚的，由公安机关依照本法给予治安管理处罚。

第三条　治安管理处罚的程序，适用本法的规定；本法没有规定的，适用《中华人民共和国行政处罚法》的有关规定。

第四条　在中华人民共和国领域内发生的违反治安管理行为，除法律有特别规定的外，适用本法。

在中华人民共和国船舶和航空器内发生的违反治安管理行为，除法律有特别规定的外，适用本法。

第五条　治安管理处罚必须以事实为依据，与违反治安管理行为的性质、情节以及社会危害程度相当。

实施治安管理处罚，应当公开、公正，尊重和保障人权，保护公民的人格尊严。

办理治安案件应当坚持教育与处罚相结合的原则。

第六条　各级人民政府应当加强社会治安综合治理，采取有效措施，化解社会矛盾，增进社会和谐，维护社会稳定。

第七条　国务院公安部门负责全国的治安管理工作。县级以上地方各级人民政府公安机关负责本行政区域内的治安管理工作。

治安案件的管辖由国务院公安部门规定。

第八条　违反治安管理的行为对他人造成损害的，行为人或者其监护人应当依法承担民事责任。

第九条　对于因民间纠纷引起的打架斗殴或者损毁他人财物等违反治安管理行为，情节较轻的，公安机关可以调解处理。经公安机关调解，当事人达成协议的，不予处罚。经调解未达成协议或者达成协议后不履行的，公安机关应当依照本法的规定对违反治安管理行为人给予处罚，并告知当事人可以就民事争议依法向人民法院提起民事诉讼。

第二章　处罚的种类和适用

第十条　治安管理处罚的种类分为：

（一）警告；

（二）罚款；

（三）行政拘留；

（四）吊销公安机关发放的许可证。

对违反治安管理的外国人，可以附加适用限期出境或者驱逐出境。

第十一条　办理治安案件所查获的毒品、淫秽物品等违禁品，赌具、赌资，吸食、注射毒品的用具以及直接用于实施违反治安管理行为的本人所有的工具，应当收缴，按照规定处理。

违反治安管理所得的财物，追缴退还被侵害人；没有被侵害人的，登记造册，公开拍卖或者按照国家有关规定处理，所得款项上缴国库。

第十二条　已满十四周岁不满十八周岁的人违反治安管理的，从轻或者减轻处罚；不满十四周岁的人违反治安管理的，不予处罚，但是应当责令其监护人严加管教。

第十三条　精神病人在不能辨认或者不能控制自己行为的时候违反治安管理的，不予处罚，但是应当责令其监护人严加看管和治疗。间歇性的精神病人在精神正常的时候违反治安管理的，应当给予处罚。

第十四条　盲人或者又聋又哑的人违反治安管理的，可以从轻、减轻或者不予处罚。

第十五条　醉酒的人违反治安管理的，应当给予处罚。

醉酒的人在醉酒状态中，对本人有危险或者对他人的人身、财产或者公共安全有威胁的，应当对其采取保护性措施约束至酒醒。

第十六条　有两种以上违反治安管理行为的，分别决定，合并执行。行政拘留处罚合并执行的，最长不超过二十日。

第十七条　共同违反治安管理的，根据违反治安管理行为人在违反治安管理行为中所起的作用，分别处罚。

教唆、胁迫、诱骗他人违反治安管理的，按照其教唆、胁迫、诱骗的行为处罚。

第十八条　单位违反治安管理的，对其直接负责的主管人员和其他直接责任人员依照本法的规定处罚。其他法律、行政法规对同一行为规定给予单位处罚的，依照其规定处罚。

第十九条　违反治安管理有下列情形之一的，减轻处罚或者不予处罚：

（一）情节特别轻微的；

（二）主动消除或者减轻违法后果，并取得被侵害人谅解的；

（三）出于他人胁迫或者诱骗的；

（四）主动投案，向公安机关如实陈述自己的违法行为的；

（五）有立功表现的。

第二十条　违反治安管理有下列情形之一的，从重处罚：

（一）有较严重后果的；

（二）教唆、胁迫、诱骗他人违反治安管理的；

（三）对报案人、控告人、举报人、证人打击报复的；

（四）六个月内曾受过治安管理处罚的。

第二十一条　违反治安管理行为人有下列情形之一，依照本法应当给予行政拘留处罚的，不执行行政拘留处罚：

（一）已满十四周岁不满十六周岁的；

（二）已满十六周岁不满十八周岁，初次违反治安管理的；

（三）七十周岁以上的；

（四）怀孕或者哺乳自己不满一周岁婴儿的。

第二十二条　违反治安管理行为在六个月内没有被公安机关发现的，不再处罚。

前款规定的期限，从违反治安管理行为发生之日起计算；违反治安管理行为有连续或者继续状态的，从行为终了之日起计算。

第三章　违反治安管理的行为和处罚

第一节　扰乱公共秩序的行为和处罚

第二十三条　有下列行为之一的，处警告或者二百元以下罚款；情节较重的，处五日以上十日以下拘留，可以并处五百元以下罚款：

（一）扰乱机关、团体、企业、事业单位秩序，致使工作、生产、营业、医疗、教学、科研不能正常进行，尚未造成严重损失的；

（二）扰乱车站、港口、码头、机场、商场、公园、展览馆或者其他公共场所秩序的；

（三）扰乱公共汽车、电车、火车、船舶、航空器或者其他公共交通工具上的秩序的；

（四）非法拦截或者强登、扒乘机动车、船舶、航空器以及其他交通工具，影响交通工具正常行驶的；

（五）破坏依法进行的选举秩序的。

聚众实施前款行为的，对首要分子处十日以上十五日以下拘留，可以并处一千元以下罚款。

第二十四条　有下列行为之一，扰乱文化、体育等大型群众性活动秩序的，处警告或者二百元以下罚款；情节严重的，处五日以上十日以下拘留，可以并处五百元以下罚款：

（一）强行进入场内的；

（二）违反规定，在场内燃放烟花爆竹或者其他物品的；

（三）展示侮辱性标语、条幅等物品的；

（四）围攻裁判员、运动员或者其他工作人员的；

（五）向场内投掷杂物，不听制止的；

（六）扰乱大型群众性活动秩序的其他行为。

因扰乱体育比赛秩序被处以拘留处罚的，可以同时责令其十二个月内不得进入体育场馆观看同类比赛；违反规定进入体育场馆的，强行带离现场。

第二十五条　有下列行为之一的，处五日以上十日以下拘留，可以并处五百元以下罚款；情节较轻的，处五日以下拘留或者五百元以下罚款：

（一）散布谣言，谎报险情、疫情、警情或者以其他方法故意扰乱公共秩序的；

（二）投放虚假的爆炸性、毒害性、放射性、腐蚀性物质或者传染病病原体等危险物质扰乱公共秩序的；

（三）扬言实施放火、爆炸、投放危险物质扰乱公共秩序的。

第二十六条　有下列行为之一的，处五日以上十日以下拘留，可以并处五百元以下罚款；情节较重的，处十日以上十五日以下拘留，可以并处一千元以下罚款：

（一）结伙斗殴的；

（二）追逐、拦截他人的；

（三）强拿硬要或者任意损毁、占用公私财物的；

（四）其他寻衅滋事行为。

第二十七条　有下列行为之一的，处十日以上十五日以下拘留，可以并处一千元以下罚款；情节较轻的，处五日以上十日以下拘留，可以并处五百元以下罚款：

（一）组织、教唆、胁迫、诱骗、煽动他人从事邪教、会道门活动或者利用邪教、会道门、迷信活动，扰乱社会秩序、损害他人身体健康的；

（二）冒用宗教、气功名义进行扰乱社会秩序、损害他人身体健康活动的。

第二十八条　违反国家规定，故意干扰无线电业务正常进行的，或者对正常运行的无线电台(站)产生有害干扰，经有关主管部门指出后，拒不采取有效措施消除的，处五日以上十日以下拘留；情节严重的，处十日以上十五日以下拘留。

第二十九条　有下列行为之一的，处五日以下拘留；情节较重的，处五日以上十日以下拘留：

(一)违反国家规定，侵入计算机信息系统，造成危害的；

(二)违反国家规定，对计算机信息系统功能进行删除、修改、增加、干扰，造成计算机信息系统不能正常运行的；

(三)违反国家规定，对计算机信息系统中存储、处理、传输的数据和应用程序进行删除、修改、增加的；

(四)故意制作、传播计算机病毒等破坏性程序，影响计算机信息系统正常运行的。

第二节　妨害公共安全的行为和处罚

第三十条　违反国家规定，制造、买卖、储存、运输、邮寄、携带、使用、提供、处置爆炸性、毒害性、放射性、腐蚀性物质或者传染病病原体等危险物质的，处十日以上十五日以下拘留；情节较轻的，处五日以上十日以下拘留。

第三十一条　爆炸性、毒害性、放射性、腐蚀性物质或者传染病病原体等危险物质被盗、被抢或者丢失，未按规定报告的，处五日以下拘留；故意隐瞒不报的，处五日以上十日以下拘留。

第三十二条　非法携带枪支、弹药或者弩、匕首等国家规定的管制器具的，处五日以下拘留，可以并处五百元以下罚款；情节较轻的，处警告或者二百元以下罚款。

非法携带枪支、弹药或者弩、匕首等国家规定的管制器具进入公共场所或者公共交通工具的，处五日以上十日以下拘留，可以并处五百元以下罚款。

第三十三条　有下列行为之一的，处十日以上十五日以下拘留：

(一)盗窃、损毁油气管道设施、电力电信设施、广播电视设施、水利防汛工程设施或者水文监测、测量、气象测报、环境监测、地质监测、地震监测等公共设施的；

(二)移动、损毁国家边境的界碑、界桩以及其他边境标志、边境设施或者领土、领海标志设施的；

(三)非法进行影响国(边)界线走向的活动或者修建有碍国(边)境管理的设施的。

第三十四条　盗窃、损坏、擅自移动使用中的航空设施，或者强行进入航空器驾驶舱的，处十日以上十五日以下拘留。

在使用中的航空器上使用可能影响导航系统正常功能的器具、工具，不听劝阻的，处五日以下拘留或者五百元以下罚款。

第三十五条　有下列行为之一的，处五日以上十日以下拘留，可以并处五百元以下罚款；情节较轻的，处五日以下拘留或者五百元以下罚款：

(一)盗窃、损毁或者擅自移动铁路设施、设备、机车车辆配件或者安全标志的；

(二)在铁路线路上放置障碍物，或者故意向列车投掷物品的；

（三）在铁路线路、桥梁、涵洞处挖掘坑穴、采石取沙的；

（四）在铁路线路上私设道口或者平交过道的。

第三十六条　擅自进入铁路防护网或者火车来临时在铁路线路上行走坐卧、抢越铁路，影响行车安全的，处警告或者二百元以下罚款。

第三十七条　有下列行为之一的，处五日以下拘留或者五百元以下罚款；情节严重的，处五日以上十日以下拘留，可以并处五百元以下罚款：

（一）未经批准，安装、使用电网的，或者安装、使用电网不符合安全规定的；

（二）在车辆、行人通行的地方施工，对沟井坎穴不设覆盖物、防围和警示标志的，或者故意损毁、移动覆盖物、防围和警示标志的；

（三）盗窃、损毁路面井盖、照明等公共设施的。

第三十八条　举办文化、体育等大型群众性活动，违反有关规定，有发生安全事故危险的，责令停止活动，立即疏散；对组织者处五日以上十日以下拘留，并处二百元以上五百元以下罚款；情节较轻的，处五日以下拘留或者五百元以下罚款。

第三十九条　旅馆、饭店、影剧院、娱乐场、运动场、展览馆或者其他供社会公众活动的场所的经营管理人员，违反安全规定，致使该场所有发生安全事故危险，经公安机关责令改正，拒不改正的，处五日以下拘留。

第三节　侵犯人身权利、财产权利的行为和处罚

第四十条　有下列行为之一的，处十日以上十五日以下拘留，并处五百元以上一千元以下罚款；情节较轻的，处五日以上十日以下拘留，并处二百元以上五百元以下罚款：

（一）组织、胁迫、诱骗不满十六周岁的人或者残疾人进行恐怖、残忍表演的；

（二）以暴力、威胁或者其他手段强迫他人劳动的；

（三）非法限制他人人身自由、非法侵入他人住宅或者非法搜查他人身体的。

第四十一条　胁迫、诱骗或者利用他人乞讨的，处十日以上十五日以下拘留，可以并处一千元以下罚款。

反复纠缠、强行讨要或者以其他滋扰他人的方式乞讨的，处五日以下拘留或者警告。

第四十二条　有下列行为之一的，处五日以下拘留或者五百元以下罚款；情节较重的，处五日以上十日以下拘留，可以并处五百元以下罚款：

（一）写恐吓信或者以其他方法威胁他人人身安全的；

（二）公然侮辱他人或者捏造事实诽谤他人的；

（三）捏造事实诬告陷害他人，企图使他人受到刑事追究或者受到治安管理处罚的；

（四）对证人及其近亲属进行威胁、侮辱、殴打或者打击报复的；

（五）多次发送淫秽、侮辱、恐吓或者其他信息，干扰他人正常生活的；

（六）偷窥、偷拍、窃听、散布他人隐私的。

第四十三条　殴打他人的，或者故意伤害他人身体的，处五日以上十日以下拘留，并处二百元以上五百元以下罚款；情节较轻的，处五日以下拘留或者五百元以下罚款。

有下列情形之一的，处十日以上十五日以下拘留，并处五百元以上一千元以下罚款：

（一）结伙殴打、伤害他人的；

（二）殴打、伤害残疾人、孕妇、不满十四周岁的人或者六十周岁以上的人的；

（三）多次殴打、伤害他人或者一次殴打、伤害多人的。

第四十四条　猥亵他人的，或者在公共场所故意裸露身体，情节恶劣的，处五日以上十日以下拘留；猥亵智力残疾人、精神病人、不满十四周岁的人或者有其他严重情节的，处十日以上十五日以下拘留。

第四十五条　有下列行为之一的，处五日以下拘留或者警告：

（一）虐待家庭成员，被虐待人要求处理的；

（二）遗弃没有独立生活能力的被扶养人的。

第四十六条　强买强卖商品，强迫他人提供服务或者强迫他人接受服务的，处五日以上十日以下拘留，并处二百元以上五百元以下罚款；情节较轻的，处五日以下拘留或者五百元以下罚款。

第四十七条　煽动民族仇恨、民族歧视，或者在出版物、计算机信息网络中刊载民族歧视、侮辱内容的，处十日以上十五日以下拘留，可以并处一千元以下罚款。

第四十八条　冒领、隐匿、毁弃、私自开拆或者非法检查他人邮件的，处五日以下拘留或者五百元以下罚款。

第四十九条　盗窃、诈骗、哄抢、抢夺、敲诈勒索或者故意损毁公私财物的，处五日以上十日以下拘留，可以并处五百元以下罚款；情节较重的，处十日以上十五日以下拘留，可以并处一千元以下罚款。

第四节　妨害社会管理的行为和处罚

第五十条　有下列行为之一的，处警告或者二百元以下罚款；情节严重的，处五日以上十日以下拘留，可以并处五百元以下罚款：

（一）拒不执行人民政府在紧急状态情况下依法发布的决定、命令的；

（二）阻碍国家机关工作人员依法执行职务的；

（三）阻碍执行紧急任务的消防车、救护车、工程抢险车、警车等车辆通行的；

（四）强行冲闯公安机关设置的警戒带、警戒区的。

阻碍人民警察依法执行职务的，从重处罚。

第五十一条　冒充国家机关工作人员或者以其他虚假身份招摇撞骗的，处五日以上十日以下拘留，可以并处五百元以下罚款；情节较轻的，处五日以下拘留或者五百元以下罚款。

冒充军警人员招摇撞骗的，从重处罚。

第五十二条　有下列行为之一的，处十日以上十五日以下拘留，可以并处一千元以下罚款；情节较轻的，处五日以上十日以下拘留，可以并处五百元以下罚款：

（一）伪造、变造或者买卖国家机关、人民团体、企业、事业单位或者其他组织的公文、证件、证明文件、印章的；

（二）买卖或者使用伪造、变造的国家机关、人民团体、企业、事业单位或者其他组织的公文、证件、证明文件的；

（三）伪造、变造、倒卖车票、船票、航空客票、文艺演出票、体育比赛入场券或者其他有价票证、凭证的；

（四）伪造、变造船舶户牌，买卖或者使用伪造、变造的船舶户牌，或者涂改船舶发动机号码的。

第五十三条　船舶擅自进入、停靠国家禁止、限制进入的水域或者岛屿的，对船舶负责人及有关责任人员处五百元以上一千元以下罚款；情节严重的，处五日以下拘留，并处五百元以上一千元以下罚款。

第五十四条　有下列行为之一的，处十日以上十五日以下拘留，并处五百元以上一千元以下罚款；情节较轻的，处五日以下拘留或者五百元以下罚款：

（一）违反国家规定，未经注册登记，以社会团体名义进行活动，被取缔后，仍进行活动的；

（二）被依法撤销登记的社会团体，仍以社会团体名义进行活动的；

（三）未经许可，擅自经营按照国家规定需要由公安机关许可的行业的。

有前款第三项行为的，予以取缔。

取得公安机关许可的经营者，违反国家有关管理规定，情节严重的，公安机关可以吊销许可证。

第五十五条　煽动、策划非法集会、游行、示威，不听劝阻的，处十日以上十五日以下拘留。

第五十六条　旅馆业的工作人员对住宿的旅客不按规定登记姓名、身份证件种类和号码的，或者明知住宿的旅客将危险物质带入旅馆，不予制止的，处二百元以上五百元以下罚款。

旅馆业的工作人员明知住宿的旅客是犯罪嫌疑人员或者被公安机关通缉的人员，不向公安机关报告的，处二百元以上五百元以下罚款；情节严重的，处五日以下拘留，可以并处五百元以下罚款。

第五十七条　房屋出租人将房屋出租给无身份证件的人居住的，或者不按规定登记承租人姓名、身份证件种类和号码的，处二百元以上五百元以下罚款。

房屋出租人明知承租人利用出租房屋进行犯罪活动，不向公安机关报告的，处二百元以上五百元以下罚款；情节严重的，处五日以下拘留，可以并处五百元以下罚款。

第五十八条　违反关于社会生活噪声污染防治的法律规定，制造噪声干扰他人正常生活的，处警告；警告后不改正的，处二百元以上五百元以下罚款。

第五十九条　有下列行为之一的，处五百元以上一千元以下罚款；情节严重的，处五日以上十日以下拘留，并处五百元以上一千元以下罚款：

（一）典当业工作人员承接典当的物品，不查验有关证明、不履行登记手续，或者明知是违法犯罪嫌疑人、赃物，不向公安机关报告的；

（二）违反国家规定，收购铁路、油田、供电、电信、矿山、水利、测量和城市公用设施等废旧专用器材的；

（三）收购公安机关通报寻查的赃物或者有赃物嫌疑的物品的；

（四）收购国家禁止收购的其他物品的。

第六十条　有下列行为之一的，处五日以上十日以下拘留，并处二百元以上五百元以下罚款：

（一）隐藏、转移、变卖或者损毁行政执法机关依法扣押、查封、冻结的财物的；

（二）伪造、隐匿、毁灭证据或者提供虚假证言、谎报案情，影响行政执法机关依法办案的；

（三）明知是赃物而窝藏、转移或者代为销售的；

（四）被依法执行管制、剥夺政治权利或者在缓刑、暂予监外执行中的罪犯或者被依法采取刑事强制措施的人，有违反法律、行政法规或者国务院有关部门的监督管理规定的行为。

第六十一条　协助组织或者运送他人偷越国（边）境的，处十日以上十五日以下拘留，并处一千元以上五千元以下罚款。

第六十二条　为偷越国（边）境人员提供条件的，处五日以上十日以下拘留，并处五百元以上二千元以下罚款。

偷越国（边）境的，处五日以下拘留或者五百元以下罚款。

第六十三条　有下列行为之一的，处警告或者二百元以下罚款；情节较重的，处五日以上十日以下拘留，并处二百元以上五百元以下罚款：

（一）刻划、涂污或者以其他方式故意损坏国家保护的文物、名胜古迹的；

（二）违反国家规定，在文物保护单位附近进行爆破、挖掘等活动，危及文物安全的。

第六十四条　有下列行为之一的，处五百元以上一千元以下罚款；情节严重的，处十日以上十五日以下拘留，并处五百元以上一千元以下罚款：

（一）偷开他人机动车的；

（二）未取得驾驶证驾驶或者偷开他人航空器、机动船舶的。

第六十五条　有下列行为之一的，处五日以上十日以下拘留；情节严重的，处十日以上十五日以下拘留，可以并处一千元以下罚款：

（一）故意破坏、污损他人坟墓或者毁坏、丢弃他人尸骨、骨灰的；

（二）在公共场所停放尸体或者因停放尸体影响他人正常生活、工作秩序，不听劝阻的。

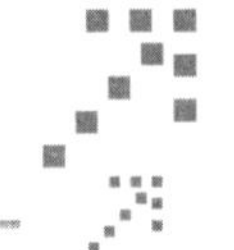

第六十六条　卖淫、嫖娼的，处十日以上十五日以下拘留，可以并处五千元以下罚款；情节较轻的，处五日以下拘留或者五百元以下罚款。

在公共场所拉客招嫖的，处五日以下拘留或者五百元以下罚款。

第六十七条　引诱、容留、介绍他人卖淫的，处十日以上十五日以下拘留，可以并处五千元以下罚款；情节较轻的，处五日以下拘留或者五百元以下罚款。

第六十八条　制作、运输、复制、出售、出租淫秽的书刊、图片、影片、音像制品等淫秽物品或者利用计算机信息网络、电话以及其他通讯工具传播淫秽信息的，处十日以上十五日以下拘留，可以并处三千元以下罚款；情节较轻的，处五日以下拘留或者五百元以下罚款。

第六十九条　有下列行为之一的，处十日以上十五日以下拘留，并处五百元以上一千元以下罚款：

（一）组织播放淫秽音像的；

（二）组织或者进行淫秽表演的；

（三）参与聚众淫乱活动的。

明知他人从事前款活动，为其提供条件的，依照前款的规定处罚。

第七十条　以营利为目的，为赌博提供条件的，或者参与赌博赌资较大的，处五日以下拘留或者五百元以下罚款；情节严重的，处十日以上十五日以下拘留，并处五百元以上三千元以下罚款。

第七十一条　有下列行为之一的，处十日以上十五日以下拘留，可以并处三千元以下罚款；情节较轻的，处五日以下拘留或者五百元以下罚款：

（一）非法种植罂粟不满五百株或者其他少量毒品原植物的；

（二）非法买卖、运输、携带、持有少量未经灭活的罂粟等毒品原植物种子或者幼苗的；

（三）非法运输、买卖、储存、使用少量罂粟壳的。

有前款第一项行为，在成熟前自行铲除的，不予处罚。

第七十二条　有下列行为之一的，处十日以上十五日以下拘留，可以并处二千元以下罚款；情节较轻的，处五日以下拘留或者五百元以下罚款：

（一）非法持有鸦片不满二百克、海洛因或者甲基苯丙胺不满十克或者其他少量毒品的；

（二）向他人提供毒品的；

（三）吸食、注射毒品的；

（四）胁迫、欺骗医务人员开具麻醉药品、精神药品的。

第七十三条　教唆、引诱、欺骗他人吸食、注射毒品的，处十日以上十五日以下拘留，并处五百元以上二千元以下罚款。

第七十四条　旅馆业、饮食服务业、文化娱乐业、出租汽车业等单位的人员，在公安机关查处吸毒、赌博、卖淫、嫖娼活动时，为违法犯罪行为人通风报信的，处十日以上十五日以下拘留。

第七十五条　饲养动物，干扰他人正常生活的，处警告；警告后不改正的，或者放任动物恐吓他人的，处二百元以上五百元以下罚款。

驱使动物伤害他人的，依照本法第四十三条第一款的规定处罚。

第七十六条　有本法第六十七条、第六十八条、第七十条的行为，屡教不改的，可以按照国家规定采取强制性教育措施。

第四章　处罚程序

第一节　调查

第七十七条　公安机关对报案、控告、举报或者违反治安管理行为人主动投案，以及其他行政主管部门、司法机关移送的违反治安管理案件，应当及时受理，并进行登记。

第七十八条　公安机关受理报案、控告、举报、投案后，认为属于违反治安管理行为的，应当立即进行调查；认为不属于违反治安管理行为的，应当告知报案人、控告人、举报人、投案人，并说明理由。

第七十九条　公安机关及其人民警察对治安案件的调查，应当依法进行。严禁刑讯逼供或者采用威胁、引诱、欺骗等非法手段收集证据。

以非法手段收集的证据不得作为处罚的根据。

第八十条　公安机关及其人民警察在办理治安案件时，对涉及的国家秘密、商业秘密或者个人隐私，应当予以保密。

第八十一条　人民警察在办理治安案件过程中，遇有下列情形之一的，应当回避；违反治安管理行为人、被侵害人或者其法定代理人也有权要求他们回避：

(一) 是本案当事人或者当事人的近亲属的；

(二) 本人或者其近亲属与本案有利害关系的；

(三) 与本案当事人有其他关系，可能影响案件公正处理的。

人民警察的回避，由其所属的公安机关决定；公安机关负责人的回避，由上一级公安机关决定。

第八十二条　需要传唤违反治安管理行为人接受调查的，经公安机关办案部门负责人批准，使用传唤证传唤。对现场发现的违反治安管理行为人，人民警察经出示工作证件，可以口头传唤，但应当在询问笔录中注明。

公安机关应当将传唤的原因和依据告知被传唤人。对无正当理由不接受传唤或者逃避传唤的人，可以强制传唤。

第八十三条　对违反治安管理行为人，公安机关传唤后应当及时询问查证，询问查证的时间不得超过八小时；情况复杂，依照本法规定可能适用行政拘留处罚的，询问查证的时间不得超过二十四小时。

公安机关应当及时将传唤的原因和处所通知被传唤人家属。

第八十四条　询问笔录应当交被询问人核对；对没有阅读能力的，应当向其宣读。记载有遗漏或者差错的，被询问人可以提出补充或者更正。被询问人确认笔录无误后，应当签名或者盖章，询问的人民警察也应当在笔录上签名。

被询问人要求就被询问事项自行提供书面材料的，应当准许；必要时，人民警察也可以要求被询问人自行书写。

询问不满十六周岁的违反治安管理行为人，应当通知其父母或者其他监护人到场。

第八十五条　人民警察询问被侵害人或者其他证人，可以到其所在单位或者住处进行；必要时，也可以通知其到公安机关提供证言。

人民警察在公安机关以外询问被侵害人或者其他证人，应当出示工作证件。

询问被侵害人或者其他证人，同时适用本法第八十四条的规定。

第八十六条　询问聋哑的违反治安管理行为人、被侵害人或者其他证人，应当有通晓手语的人提供帮助，并在笔录上注明。

询问不通晓当地通用的语言文字的违反治安管理行为人、被侵害人或者其他证人，应当配备翻译人员，并在笔录上注明。

第八十七条　公安机关对与违反治安管理行为有关的场所、物品、人身可以进行检查。检查时，人民警察不得少于二人，并应当出示工作证件和县级以上人民政府公安机关开具的检查证明文件。对确有必要立即进行检查的，人民警察经出示工作证件，可以当场检查，但检查公民住所应当出示县级以上人民政府公安机关开具的检查证明文件。

检查妇女的身体，应当由女性工作人员进行。

第八十八条　检查的情况应当制作检查笔录，由检查人、被检查人和见证人签名或者盖章；被检查人拒绝签名的，人民警察应当在笔录上注明。

第八十九条　公安机关办理治安案件，对与案件有关的需要作为证据的物品，可以扣押；对被侵害人或者善意第三人合法占有的财产，不得扣押，应当予以登记。对与案件无关的物品，不得扣押。

对扣押的物品，应当会同在场见证人和被扣押物品持有人查点清楚，当场开列清单一式二份，由调查人员、见证人和持有人签名或者盖章，一份交给持有人，另一份附卷备查。

对扣押的物品，应当妥善保管，不得挪作他用；对不宜长期保存的物品，按照有关规定处理。经查明与案件无关的，应当及时退还；经核实属于他人合法财产的，应当登记后立即退还；满六个月无人对该财产主张权利或者无法查清权利人的，应当公开拍卖或者按照国家有关规定处理，所得款项上缴国库。

第九十条　为了查明案情，需要解决案件中有争议的专门性问题的，应当指派或者聘请具有专门知识的人员进行鉴定；鉴定人鉴定后，应当写出鉴定意见，并且签名。

第二节　决定

第九十一条　治安管理处罚由县级以上人民政府公安机关决定；其中警告、五百元以下的罚款可以由公安派出所决定。

第九十二条　对决定给予行政拘留处罚的人，在处罚前已经采取强制措施限制人身自由的时间，应当折抵。限制人身自由一日，折抵行政拘留一日。

第九十三条　公安机关查处治安案件，对没有本人陈述，但其他证据能够证明案件事实的，可以作出治安管理处罚决定。但是，只有本人陈述，没有其他证据证明的，不能作出治安管理处罚决定。

第九十四条　公安机关作出治安管理处罚决定前，应当告知违反治安管理行为人作出治安管理处罚的事实、理由及依据，并告知违反治安管理行为人依法享有的权利。

违反治安管理行为人有权陈述和申辩。公安机关必须充分听取违反治安管理行为人的意见，对违反治安管理行为人提出的事实、理由和证据，应当进行复核；违反治安管理行为人提出的事实、理由或者证据成立的，公安机关应当采纳。

公安机关不得因违反治安管理行为人的陈述、申辩而加重处罚。

第九十五条　治安案件调查结束后，公安机关应当根据不同情况，分别作出以下处理：

(一) 确有依法应当给予治安管理处罚的违法行为的，根据情节轻重及具体情况，作出处罚决定；

(二) 依法不予处罚的，或者违法事实不能成立的，作出不予处罚决定；

(三) 违法行为已涉嫌犯罪的，移送主管机关依法追究刑事责任；

(四) 发现违反治安管理行为人有其他违法行为的，在对违反治安管理行为作出处罚决定的同时，通知有关行政主管部门处理。

第九十六条　公安机关作出治安管理处罚决定的，应当制作治安管理处罚决定书。决定书应当载明下列内容：

(一) 被处罚人的姓名、性别、年龄、身份证件的名称和号码、住址；

(二) 违法事实和证据；

(三) 处罚的种类和依据；

(四) 处罚的执行方式和期限；

(五) 对处罚决定不服，申请行政复议、提起行政诉讼的途径和期限；

(六) 作出处罚决定的公安机关的名称和作出决定的日期。

决定书应当由作出处罚决定的公安机关加盖印章。

第九十七条　公安机关应当向被处罚人宣告治安管理处罚决定书，并当场交付被处罚人；无法当场向被处罚人宣告的，应当在二日内送达被处罚人。决定给予行政拘留处罚的，应当及时通知被处罚人的家属。

有被侵害人的，公安机关应当将决定书副本抄送被侵害人。

第九十八条　公安机关作出吊销许可证以及处二千元以上罚款的治安管理处罚决定前，应当告知违反治安管理行为人有权要求举行听证；违反治安管理行为人要求听证的，公安机关应当及时依法举行听证。

第九十九条　公安机关办理治安案件的期限，自受理之日起不得超过三十日；案情重大、复杂的，经上一级公安机关批准，可以延长三十日。

为了查明案情进行鉴定的期间，不计入办理治安案件的期限。

第一百条　违反治安管理行为事实清楚，证据确凿，处警告或者二百元以下罚款的，可以当场作出治安管理处罚决定。

第一百零一条　当场作出治安管理处罚决定的，人民警察应当向违反治安管理行为人出示工作证件，并填写处罚决定书。处罚决定书应当当场交付被处罚人；有被侵害人的，并将决定书副本抄送被侵害人。

前款规定的处罚决定书，应当载明被处罚人的姓名、违法行为、处罚依据、罚款数额、时间、地点以及公安机关名称，并由经办的人民警察签名或者盖章。

当场作出治安管理处罚决定的，经办的人民警察应当在二十四小时内报所属公安机关备案。

第一百零二条　被处罚人对治安管理处罚决定不服的，可以依法申请行政复议或者提起行政诉讼。

第三节　执行

第一百零三条　对被决定给予行政拘留处罚的人，由作出决定的公安机关送达拘留所执行。

第一百零四条　受到罚款处罚的人应当自收到处罚决定书之日起十五日内，到指定的银行缴纳罚款。但是，有下列情形之一的，人民警察可以当场收缴罚款：

（一）被处五十元以下罚款，被处罚人对罚款无异议的；

（二）在边远、水上、交通不便地区，公安机关及其人民警察依照本法的规定作出罚款决定后，被处罚人向指定的银行缴纳罚款确有困难，经被处罚人提出的；

（三）被处罚人在当地没有固定住所，不当场收缴事后难以执行的。

第一百零五条　人民警察当场收缴的罚款，应当自收缴罚款之日起二日内，交至所属的公安机关；在水上、旅客列车上当场收缴的罚款，应当自抵岸或者到站之日起二日内，交至所属的公安机关；公安机关应当自收到罚款之日起二日内将罚款缴付指定的银行。

第一百零六条　人民警察当场收缴罚款的，应当向被处罚人出具省、自治区、直辖市人民政府财政部门统一制发的罚款收据；不出具统一制发的罚款收据的，被处罚人有权拒绝缴纳罚款。

第一百零七条　被处罚人不服行政拘留处罚决定，申请行政复议、提起行政诉讼的，可以向公安机关提出暂缓执行行政拘留的申请。公安机关认为暂缓执行行政拘留不致发生社会危险的，由被处罚人或者其近亲属提出符合本法第一百零八条规定条件的担保人，或者按每日行政拘留二百元的标准交纳保证金，行政拘留的处罚决定暂缓执行。

第一百零八条　担保人应当符合下列条件：

（一）与本案无牵连；

（二）享有政治权利，人身自由未受到限制；

（三）在当地有常住户口和固定住所；

（四）有能力履行担保义务。

第一百零九条　担保人应当保证被担保人不逃避行政拘留处罚的执行。

担保人不履行担保义务，致使被担保人逃避行政拘留处罚的执行的，由公安机关对其处三千元以下罚款。

第一百一十条　被决定给予行政拘留处罚的人交纳保证金，暂缓行政拘留后，逃避行政拘留处罚的执行的，保证金予以没收并上缴国库，已经作出的行政拘留决定仍应执行。

第一百一十一条　行政拘留的处罚决定被撤销，或者行政拘留处罚开始执行的，公安机关收取的保证金应当及时退还交纳人。

第五章　执法监督

第一百一十二条　公安机关及其人民警察应当依法、公正、严格、高效办理治安案件，文明执法，不得徇私舞弊。

第一百一十三条　公安机关及其人民警察办理治安案件，禁止对违反治安管理行为人打骂、虐待或者侮辱。

第一百一十四条　公安机关及其人民警察办理治安案件，应当自觉接受社会和公民的监督。

公安机关及其人民警察办理治安案件，不严格执法或者有违法违纪行为的，任何单位和个人都有权向公安机关或者人民检察院、行政监察机关检举、控告；收到检举、控告的机关，应当依据职责及时处理。

第一百一十五条　公安机关依法实施罚款处罚，应当依照有关法律、行政法规的规定，实行罚款决定与罚款收缴分离；收缴的罚款应当全部上缴国库。

第一百一十六条　人民警察办理治安案件，有下列行为之一的，依法给予行政处分；构成犯罪的，依法追究刑事责任：

（一）刑讯逼供、体罚、虐待、侮辱他人的；

（二）超过询问查证的时间限制人身自由的；

（三）不执行罚款决定与罚款收缴分离制度或者不按规定将罚没的财物上缴国库或者依法处理的；

（四）私分、侵占、挪用、故意损毁收缴、扣押的财物的；

（五）违反规定使用或者不及时返还被侵害人财物的；

（六）违反规定不及时退还保证金的；

（七）利用职务上的便利收受他人财物或者谋取其他利益的；

（八）当场收缴罚款不出具罚款收据或者不如实填写罚款数额的；

（九）接到要求制止违反治安管理行为的报警后，不及时出警的；

（十）在查处违反治安管理活动时，为违法犯罪行为人通风报信的；

（十一）有徇私舞弊、滥用职权，不依法履行法定职责的其他情形的。

办理治安案件的公安机关有前款所列行为的，对直接负责的主管人员和其他直接责任人员给予相应的行政处分。

第一百一十七条　公安机关及其人民警察违法行使职权，侵犯公民、法人和其他组织合法权益的，应当赔礼道歉；造成损害的，应当依法承担赔偿责任。

第六章　附则

第一百一十八条　本法所称以上、以下、以内，包括本数。

第一百一十九条　本法自 2006 年 3 月 1 日起施行。1986 年 9 月 5 日公布、1994 年 5 月 12 日修订公布的《中华人民共和国治安管理处罚条例》同时废止。

十八、高等学校学生勤工助学管理办法（教财〔2018〕12号）

第一章　总则

第一条　为规范管理高等学校学生勤工助学工作，促进勤工助学活动健康、有序开展，保障学生合法权益，帮助学生顺利完成学业，发挥勤工助学育人功能，培养学生自立自强、创新创业精神，增强学生社会实践能力，特制定本办法。

第二条　本办法所称高等学校是指根据国家有关规定批准设立、实施高等学历教育的全日制普通本科高等学校、高等职业学校和高等专科学校（以下简称学校）。

第三条　本办法所称学生是指学校招收的本专科生和研究生。

第四条　本办法所称勤工助学活动是指学生在学校的组织下利用课余时间，通过劳动取得合法报酬，用于改善学习和生活条件的实践活动。

第五条　勤工助学是学校学生资助工作的重要组成部分，是提高学生综合素质和资助家庭经济困难学生的有效途径，是实现全程育人、全方位育人的有效平台。勤工助学活动应坚持“立足校园、服务社会”的宗旨，按照学有余力、自愿申请、信息公开、扶困优先、竞争上岗、遵纪守法的原则，由学校在不影响正常教学秩序和学生正常学习的前提下有组织地开展。

第六条　勤工助学活动由学校统一组织和管理。学生私自在校外兼职的行为，不在本办法规定之列。

第二章　组织机构

第七条　学校学生资助工作领导小组全面领导勤工助学工作，负责协调学校的宣传、学工、研工、财务、人事、教务、科研、后勤、团委等部门配合学生资助管理机构开展相关工作。

第八条　学校学生资助管理机构下设专门的勤工助学管理服务组织，具体负责勤工助学的日常管理工作。

第三章　学校职责

第九条　组织开展勤工助学活动是学校学生工作的重要内容。学校要加强领导，认真组织，积极宣传，校内有关职能部门要充分发挥作用，在工作安排、人员配备、资金落实、办公场地、活动场所及助学岗位设置等方面给予大力支持，为学生勤工助学活动提供指导、服务和保障。

第十条　加强对勤工助学学生的思想教育，培养学生热爱劳动、自强不息、创新创业的奋斗精神，增强学生综合素质，充分发挥勤工助学育人功能。

第十一条　对在勤工助学活动中表现突出的学生予以表彰和奖励；对违反勤工助

学相关规定的学生，可按照规定停止其勤工助学活动。对在勤工助学活动中违反校纪校规的，按照校纪校规进行教育和处理。

第十二条　根据本办法规定，结合学校实际情况，制定完善本校学生勤工助学活动的实施办法。

第十三条　根据国家有关规定，筹措经费，设立勤工助学专项资金，并制定资金使用与管理办法。

第四章　勤工助学管理服务组织职责

第十四条　确定校内勤工助学岗位。引导和组织学生积极参加勤工助学活动，指导和监督学生的勤工助学活动。

第十五条　开发校外勤工助学资源。积极收集校外勤工助学信息，开拓校外勤工助学渠道，并纳入学校管理。

第十六条　接受学生参加勤工助学活动的申请，安排学生勤工助学岗位，为学生和用人单位提供及时有效的服务。

第十七条　在学校学生资助管理机构的领导下，配合学校财务部门共同管理和使用学校勤工助学专项资金，制定校内勤工助学岗位的报酬标准，并负责酬金的发放和管理工作。

第十八条　组织学生开展必要的勤工助学岗前培训和安全教育，维护勤工助学学生的合法权益。

第十九条　安排勤工助学岗位，应优先考虑家庭经济困难的学生。对少数民族学生从事勤工助学活动，应尊重其风俗习惯。

第二十条　不得组织学生参加有毒、有害和危险的生产作业以及超过学生身体承受能力、有碍学生身心健康的劳动。

第五章　校内勤工助学岗位设置

第二十一条　设岗原则：

（一）学校应积极开发校内资源，保证学生参与勤工助学的需要。校内勤工助学岗位设置应以校内教学助理、科研助理、行政管理助理和学校公共服务等为主。按照每个家庭经济困难学生月平均上岗工时原则上不低于 20 小时为标准，测算出学期内全校每月需要的勤工助学总工时数（20 工时 × 家庭经济困难学生总数），统筹安排、设置校内勤工助学岗位。

（二）勤工助学岗位既要满足学生需求，又要保证学生不因参加勤工助学而影响学习。学生参加勤工助学的时间原则上每周不超过 8 小时，每月不超过 40 小时。寒暑假勤工助学时间可根据学校的具体情况适当延长。

第二十二条　岗位类型：

勤工助学岗位分固定岗位和临时岗位。

（一）固定岗位是指持续一个学期以上的长期性岗位和寒暑假期间的连续性岗位；

（二）临时岗位是指不具有长期性，通过一次或几次勤工助学活动即完成任务的工作岗位。

第六章　校外勤工助学活动管理

第二十三条　学校勤工助学管理服务组织统筹管理校外勤工助学活动，并注重与学生学业的有机结合。

第二十四条　校外用人单位聘用学生勤工助学，须向学校勤工助学管理服务组织提出申请，提供法人资格证书副本和相关的证明文件。经审核同意，学校勤工助学管理服务组织推荐适合工作要求的学生参加勤工助学活动。

第七章　勤工助学酬金标准及支付

第二十五条　校内固定岗位按月计酬。以每月 40 个工时的酬金原则上不低于当地政府或有关部门制定的最低工资标准或居民最低生活保障标准为计酬基准，可适当上下浮动。

第二十六条　校内临时岗位按小时计酬。每小时酬金可参照学校当地政府或有关部门规定的最低小时工资标准合理确定，原则上不低于每小时 12 元人民币。

第二十七条　校外勤工助学酬金标准不应低于学校当地政府或有关部门规定的最低工资标准，由用人单位、学校与学生协商确定，并写入聘用协议。

第二十八条　学生参与校内非营利性单位的勤工助学活动，其劳动报酬由勤工助学管理服务组织从勤工助学专项资金中支付；学生参与校内营利性单位或有专门经费项目的勤工助学活动，其劳动报酬原则上由用人单位支付或从项目经费中开支；学生参加校外勤工助学，其劳动报酬由校外用人单位按协议支付。第八章　法律责任

第二十九条　在校内开展勤工助学活动的，学生及用人单位须遵守国家及学校勤工助学相关管理规定。学生在校外开展勤工助学活动的，勤工助学管理服务组织必须经学校授权，代表学校与用人单位和学生三方签订具有法律效力的协议书。签订协议书并办理相关聘用手续后，学生方可开展勤工助学活动。协议书必须明确学校、用人单位和学生等各方的权利和义务，开展勤工助学活动的学生如发生意外伤害事故的处理办法以及争议解决方法。

第三十条　在勤工助学活动中，若出现协议纠纷或学生意外伤害事故，协议各方应按照签订的协议协商解决。如不能达成一致意见，按照有关法律法规规定的程序办理。

第九章　附则

第三十一条　科研院所、党校、行政学院、会计学院等研究生培养单位根据本办

法规定，制定完善本单位学生勤工助学活动的实施办法。

第三十二条　本办法由教育部、财政部负责解释。

第三十三条　本办法自公布之日起施行。教育部财政部印发的《高等学校勤工助学管理办法》（教财〔2007〕7 号）同时废止。

十九、江西省关于贯彻落实《普通高等学校辅导员队伍建设规定》的实施意见

各高校：

为贯彻落实《普通高等学校辅导员队伍建设规定》（教育部令第 43 号），切实加强我省高校辅导员队伍专业化职业化建设，结合我省实际，现提出如下贯彻落实意见。

一、工作任务

（1）关于专职辅导员配备问题。各高校应在落实“按师生比不低于 1∶200 的比例设置专职辅导员岗位”要求的基础上，有关高校还应对照教民〔2014〕3 号要求，严格落实师生比 1∶50 的比例设置专职少数民族辅导员岗位的要求，并足额配备到位。

（2）关于辅导员队伍标准化建设。各高校须制定辅导员岗位配备选聘办法，建立健全辅导员的准入制度和从业标准，完善辅导员选拔程序，制定辅导员工作条例和量化考核办法，明确专、兼职辅导员工作职责，推动辅导员队伍专业化职业化建设。

（3）关于专职辅导员职称评定工作。各高校应严格执行江西省人力资源和社会保障厅、江西省教育厅《关于江西省高校思想政治工作和党务工作人员职称评定有关问题的通知》（赣人社发〔2017〕51 号）要求，成立专职辅导员专业技术职务（职称）聘任委员会，进一步细化工作举措，将通知精神要求落到实处。青年教师晋升高一级专业技术职务（职称），必须要有两年担任辅导员工作经历并考核合格。

（4）关于辅导员培训工作。省委教育工委、省教育厅设立辅导员培训专项经费，加强和完善辅导员培训和研修基地建设，承担高等学校辅导员的岗前培训、日常培训和骨干培训。各高校应加紧制定辅导员队伍培训计划，组织开展本校辅导员的系统培训，积极创造条件支持辅导员参加培训交流，确保每名专职辅导员每年参加不少于 16 个学时的校级培训，每 5 年参加 1 次国家级或省级培训。

（5）关于辅导员表彰工作。省委教育工委、省教育厅实施高校十大“最美辅导员”评选活动，并予以表彰。各高校要结合实际情况，健全辅导员单独表彰体系。

（6）各高校要制定相关办法鼓励新入职教师以多种形式参与辅导员或班主任工作。要合理安排辅导员教学任务，创造条件鼓励辅导员承担思想政治理论课等相关课程的教学与科研工作。要充分发挥辅导员队伍作用，深入推进“三联三创”主题实践活动。

二、工作要求

（1）切实履行高校党委主体责任。各高校党委要高度重视辅导员队伍建设，加强对教育部第 43 号令的宣传解读和研究工作，认真对照教育部第 43 号令和省委教育工委、省教育厅提出的贯彻落实意见，按照《江西省普通高等学校辅导员队伍建设标准》

要求，逐项细化工作举措，逐条落实工作要求，制定切实可行的实施细则，健全完善辅导员工作生活成长等方面的保障政策，确保辅导员工作有条件、干事有平台、待遇有保障、发展有空间。

（2）进一步摸清辅导员缺额情况。各高校要按照“师生比不低于 1∶200 的比例设置专职辅导员岗位”要求，核准专职辅导员岗位数，摸清现有专、兼职辅导员人数及辅导员配备情况，尚有缺额的高校，要严格按照《规定》要求，抓紧研制落实方案和计划，确保辅导员足额配备到位。

（3）加快研制相关配套制度措施。各高校要加快制定符合本校实际的实施细则，在赣人社发〔2017〕51 号文件精神基础上，抓紧出台落实专职辅导员职务职级“双线”晋升要求的专门办法和激励机制。要尽快出台辅导员管理岗位聘任办法和工作考核办法，制定并落实辅导员年度培训计划等。

三、工作保障

实施过程中，各高校应及时总结辅导员队伍建设的好经验、好做法，为切实提高我省高校辅导员队伍专业化职业化水平提供可复制可推广的经验。省委教育工委、省教育厅将适时对各高校落实情况开展重点督查，对实施中的好经验、好做法和好成果加以推广，对发现的突出问题敦促整改。

附件：江西省普通高等学校辅导员队伍建设标准

主要维度	核心内容	达标要求
职业能力	职业理解与认识	全面贯彻党的教育方针，遵守法律法规，引导学生正确认识世界和中国发展大势、正确认识中国特色和国际比较、正确认识时代责任和历史使命、正确认识远大抱负和脚踏实地，成为又红又专、德才兼备、全面发展的中国特色社会主义合格建设者和可靠接班人
		深刻认识高校思想政治工作的极端重要性，热爱大学生思想政治教育事业，恪守爱国守法、敬业爱生、育人为本、终身学习、为人师表的职业守则，甘于奉献，潜心育人，具有强烈的事业心和责任感
		围绕学生、关照学生、服务学生，树立育人为本、德育为先、能力为重的理念，把握学生成长成才规律，不断提高学生思想水平、政治觉悟、道德品质、文化素养，努力成为学生成长成才的人生导师和健康生活的知心朋友
		认同辅导员岗位的专业性和独特性，注重自身专业发展，具有团队合作精神，积极开展协作与交流

续表

主要维度	核心内容	达标要求
职业能力	职业知识	具有从事思想政治教育工作相关学科的宽口径知识储备，掌握思想政治教育工作相关学科的基本原理和基础知识，掌握思想政治教育专业基本理论、知识和方法，掌握马克思主义中国化相关理论和知识，掌握大学生思想政治教育工作实务相关知识，具备一定的心理健康教育知识，掌握有关法律法规知识
	能力水平	能够认真履行《普通高等学校辅导员队伍建设规定》中明确的工作职责，能够按照《高等学校辅导员职业能力标准》中明确的能力要求自我提升，做好教育教学、组织管理、指导服务等工作
		辅导员在岗期间每年必须参加不少于 16 个学时的在岗培训，每 5 年参加 1 次国家级或省级培训
配备选聘	岗位配备	高校应按照师生比不低于 1∶200 的比例设置专职辅导员岗位，按照专兼结合、以专为主的原则，足额配备到位
		高校可以从优秀专任教师、管理人员、研究生中选聘一定数量兼职辅导员。兼职辅导员工作量按专职辅导员工作量的三分之一核定
		高校新入职教师应以多种形式参与辅导员或班主任工作，青年教师晋升高一级专业技术职务（职称），须有至少两年担任辅导员或班主任工作经历并考核合格
	选聘标准	原则上应为中共党员，具有较高的政治素质和坚定的理想信念，坚决贯彻执行党的基本路线和各项方针政策，有较强的政治敏感性和政治辨别力
		原则上本科院校具有研究生以上学历、高职高专院校具有本科（含本科）以上学历
		符合《普通高等学校辅导员队伍建设规定》规定的辅导员基本条件，且满足实际岗位需要
	选聘办法	高等学校党委统一领导下进行，由学生工作部门、组织、人事、纪检等相关部门共同组织开展。根据辅导员基本条件要求和实际岗位需要，确定具体选拔条件，通过组织推荐和公开招聘相结合的方式，经过笔试、面试、公示等相关程序进行选拔
	上岗要求	高校新进辅导员上岗前必须参加不少于 40 个学时的入职培训，经考核合格方可上岗

续表

主要维度	核心内容	达标要求
培训发展	继续教育	每年开展不少于 2 次校级培训，确保每名专职辅导员每年参加不少于 16 个学时的校级培训，每 5 年参加 1 次国家级或省级培训
		积极选拔优秀辅导员参加省内外交流学习和研修深造，创造条件支持辅导员到地方党政机关、企业、基层等挂职锻炼
	科学研究	设立思想政治工作专项课题，支持辅导员结合大学生思想政治教育的工作实践和思想政治教育学科的发展开展研究，纳入学校人文社会科学研究项目统一管理
	教育教学	鼓励和支持专职辅导员承担思想道德修养与法律基础、形势与政策教育、心理健康教育、就业指导教育的教学工作，原则上每位辅导员应担任一门课程的教学工作
	发展载体	定期举办辅导员素质能力大赛，持续开展辅导员优秀论文评选、优秀工作案例征集等活动
管理考核	制度建设	根据辅导员工作职责，健全完善工作制度和管理制度建设，并强化工作督查
	管理部门	辅导员队伍实行学校和院（系）双重管理。学生工作部门牵头负责辅导员的培养、培训和考核等工作，同时要与院（系）党委（党总支）共同做好辅导员日常管理工作。院（系）党委（党总支）负责对辅导员进行直接领导和管理
	考核依据	根据辅导员职业能力标准，制定辅导员工作考核的具体办法，健全辅导员队伍的考核评价体系。每年组织一次考核
	考核组织	由学生工作部门牵头，组织人事部门、院（系）党委（党总支）和学生共同参与
	结果运用	考核结果与辅导员的职务聘任、奖惩、晋级等挂钩，作为辅导员评优表彰、职务职称晋升、优先推荐攻读硕（博）士研究生或参加脱产进修学习的重要依据
条件保障	制度保障	校、院（系）党组织将辅导员队伍建设摆在突出位置，列入重要议事日程，纳入整体发展规划、年度工作计划和党组织书记抓思想政治工作和党的建设述职评议考核的重要内容。学校党委每年至少专题研究一次辅导员工作，院（系）党组织每学期至少研究一次辅导员工作，确保辅导员工作有规划、有部署、有检查、有落实
		参照专任教师聘任的待遇和保障，与专职辅导员建立人事聘用关系
		积极为辅导员的工作和生活创造便利条件，确保辅导员工资及福利等方面享受校内同级同 类人员同等待遇。应根据辅导员的工作特点，在岗位津贴、办公条件、通信经费等方面制 定相关政策

续表

主要维度	核心内容	达标要求
条件保障	制度保障	建立辅导员单独表彰体系并将优秀辅导员表彰奖励，纳入表彰奖励体系
		鼓励辅导员在做好工作的基础上攻读相关专业学位，并享受专任教师培养的有关优惠条件
		制定相关政策，为辅导员承担思想政治理论课等相关课程的教学工作、提升专业水平和科研能力提供保障
		落实专职辅导员职务职级“双线”晋升办法和保障激励机制，制定辅导员管理岗位聘任办法，根据辅导员的任职年限及实际工作表现，确定相应级别的管理岗位等级。落实江西省人力资源社会保障厅、江西省教育厅《关于江西省高校思想政治工作和党务工作人员职称评定有关问题的通知》（赣人社发〔2017〕51 号）精神，实行专职辅导员职务（职称）评聘单列计划、单设标准、单独评审
		完善辅导员合理流动机制，辅导员连续工作满 4 年并经主管部门同意后可参加学校其他岗位的竞聘
	平台建设	各高校需成立辅导员之家或辅导员工作室（协会），有相对固定的活动场所和设施，建立多种形式的专职辅导员教育、实践和服务基地
		搭建辅导员工作平台或组建辅导员工作团队，建设辅导员组织文化，打造一批辅导员特色工作和精品项目
	经费保障	设立一定的辅导员工作专项经费，并纳入学校年度经费预算。
		根据辅导员数量，设立辅导员培训专项经费
		设立高校思想政治工作课题研究专项经费，支持辅导员开展科研工作

二十、新时代加快推进江西高校专职辅导员队伍专业化职业化建设的实施意见（赣教社政字【2021】6号）

为深入学习贯彻习近平新时代中国特色社会主义思想，全面贯彻落实习近平总书记关于高校思想政治工作的重要论述，加快推进新时代江西高校专职辅导员队伍专业化职业化建设，根据中共中央、国务院《关于加强和改进新形势下高校思想政治工作的意见》、教育部等八部门《关于加快构建高校思想政治工作体系的意见》以及教育部《普通高等学校辅导员队伍建设规定》（教育部令第43号）等文件规定，提出如下实施意见。

一、严格落实辅导员配备与选聘工作责任

（1）明确界定专职辅导员、兼职辅导员、班主任身份。高校应结合专职辅导员具有教师和管理人员双重身份的特点，明确专职辅导员的岗位类别，在岗位名称中明确专兼职辅导员身份。专职辅导员指在院（系）专职从事大学生日常思想政治教育工作的人员，包括院（系）党委（党总支）副书记、学工组长、团委（团总支）书记等专职工作人员。兼职辅导员是指从优秀专任教师、管理人员、研究生中选聘的兼职从事辅导员工作的人员，兼职辅导员工作量按专职辅导员工作量的三分之一核定。班主任是指具体负责所带班级事务管理的人员，应从思想素质好、业务水平高、奉献精神强的教师特别是中青年教师、管理人员中选聘，原则上应具备相关学科专业背景和相应的组织管理能力。配备班主任与否由高校结合自身实际决定。

（2）严格落实辅导员配备要求。高校应当根据全日制在校生总数，严格按照师生比不低于1∶200的比例核定专职辅导员岗位，按照专兼结合、以专为主的原则，足额配备到位，专职辅导员比例不低于80%，到2022年前实现专职辅导员比例达100%。高校应以有利于各民族师生交往交流交融为原则，按规定配齐少数民族学生专职辅导员。全日制在校生包括专科生、本科生、研究生。各高校应按规定与专职辅导员签订聘用合同，不得聘用临时人员、劳务派遣人员等担任专职辅导员，不得将辅导员工作外包社会组织运行。本科院校与高职高专院校联合培养的本科层次学生，由培养学校（高职高专院校）负责配备专职辅导员，招生学校（本科院校）要加强对培养学校的配备监督，确保配备到位。高职院校与中职学校联合培养的专科层次学生，由招生学校（高职高专院校）按规定配齐到位，至少选派1名具有3年以上专职辅导员工作经历人员，培养规模较大的，应设定学工办（组），纳入招生学校学生工作部门统一管理。招生学校与培养学校不同的联合培养、合作办学或其他类型的办学模式，由培养学校负责按规定配备专兼职辅导员，招生学校负责加强对培养学校配备监督，对口帮扶培养学校辅导员队伍建设。非全日制在籍、面向社会人员的专项计划或其他采取弹性学制的专科以上学历在籍等学生，高校可通过安排专职或兼职辅导员的形式负责思想政治工作。

（3）辅导员选聘条件。专职辅导员选聘应按教育部令第43号规定的基本条件及人力资源和社会保障部门政策规定，综合考虑学校学科专业建设发展、工作对象的思想行为及学科专业特点等实际情况，优先选聘与用人院（系）相同、相近或相关学科专业且有志长期从事专职辅导员工作的人员。高校应及时吸收新选聘的专职辅导员加入党组织。各高校应根据工作需要制定兼职辅导员选聘条件，因工作确需配备班主任的高校也应专门制定班主任选聘条件。

（4）建立专职辅导员配备常态化动态保障机制。高校应提前研判因学校招生规模扩大、专职辅导员职务晋升、工作岗位调整、离职退休等可能造成辅导员岗位空缺的情况，提前做好专兼职辅导员选聘或储备工作，如遇上述情况，高校应第一时间补齐辅导员。因专职辅导员职务晋升、工作岗位调整等原因发生的空岗情况，在辅导员未配备到位前，原从事辅导员工作的人员仍须坚持在辅导员岗位工作，严禁空编空岗运行。

（5）严格落实公办高校专职辅导员在编制内配备要求。公办高校应严格落实专职辅导员人事管理政策，在编制内配备专职辅导员，不得用劳务派遣、人事代理等方式聘用辅导员。高校应确保高层次人才引进和专职辅导员配备编制同步保障。人社部门应在政策规定范围内，积极为公办高校专职辅导员招聘工作提供便利。

二、完善辅导员队伍管理考核体制机制

（1）厘清专职辅导员、兼职辅导员、班主任和院（系）其他工作人员工作职责。各高校应认真研究专职辅导员职业特点、专兼职辅导员与班主任工作关系，按照教育部令第43号规定，聚焦专职辅导员主责主业，突出学生日常思想政治教育，重点聚焦所带班级，着眼围绕学生、贴近学生和关心学生，统筹研究制定专职辅导员、兼职辅导员、班主任工作规定，细化工作范围、工作职责和工作要求，划清专职辅导员与关联岗位行政事务的职责边界，明确职责边界的承担主体，避免学生工作出现“真空”地带，为专职辅导员直接面向班级、直接教育引导学生创造良好环境，实现辅导员有所为、有所不为。各高校制定专职辅导员工作规定时，应牢固树立“三全育人”理念，正确处理专职辅导员在日常思想政治教育与管理服务中的统筹和执行关系，妥善处理学生工作部门与其他部门单位育人主辅责关系与协同配合关系、其他部门单位履行工作职责时与专职辅导员的工作联系和协同配合关系、院（系）党委（党总支）副书记承担日常事务与带班关系，科学处理专职从事党的建设、统战、院（系）行政管理、就业、保卫、共青团、心理健康教师、班主任等工作人员与专职辅导员的工作联系和协同配合关系，避免与专职辅导员的工作联系和协同配合关系演化为领导指导管理关系、工作协同配合演化为主责主业、直接面向学生的日常管理服务演化为关联岗位行政事务，必要时可增设院（系）学工干事或其他学生工作岗位等方式，统筹负责学院行政事务、日常思想政治教育与管理服务综合事务。

（2）理顺辅导员管理体制。高校应进一步健全辅导员由学校和院（系）双重管理的管理体制，进一步完善专职辅导员、兼职辅导员和班主任管理架构。学生工作部门牵头辅导员培养、培训和考核等工作，与院（系）党委（党总支）共同做好辅导员日常管理工作，院（系）党委（党总支）负责对辅导员的直接领导和日常管理职责。

（3）完善辅导员考核机制。高校应健全专职辅导员队伍考核评价体系，研究制定专职辅导员工作考核及成果运用办法。专职辅导员考核评价应由学生工作部门牵头，组织人事部门、院（系）党委（党总支）和学生共同参与。设立兼职辅导员、班主任的高校，应按照年度考核和平时考核相结合的方式，研究制定兼职辅导员、班主任考核及退出办法，担任兼职辅导员或班主任工作范围的考核工作由学生工作部门牵头负责，院（系）党委（党总支）参与。高校党委组织、人事部门应明确担任兼职辅导员、班主任工作考核成绩在年度考核中的比重，并将考核是否合格作为兼职辅导员和班主任晋升高一级教师职称的必要参考条件。学生工作部门要会同院（系）党委（党总支）对工作不称职的兼职辅导员和班主任进行批评教育，仍无改进的应退出兼职辅导员和班主任序列。

三、健全优化专职辅导员职业发展体系

（1）加大专职辅导员培养选拔力度。高校应把专职辅导员队伍作为优秀年轻干部培养和选拔的重要来源，学校党政管理干部原则上应有辅导员或班主任工作经历。

（2）积极探索专职辅导员管理岗位职员等级制度改革。根据国家统一部署，贯彻落实公办高校专职辅导员管理岗位职员等级晋升制度。民办高校根据学校实际情况自行探索。

（3）加快推进专职辅导员专业技术岗位专业技术职务（职称）晋升。各高校应结合实际，按照本校统一的专业技术岗位结构比例设置专职辅导员的相应岗位，按照单独评审、单设标准、单列指标要求，制定专职辅导员专业技术岗位专业技术职务（职称）评审办法，做到职称评审和岗位聘用有效衔接。对承担思政课以外课程教学的专职辅导员，根据其本人意向，支持其申报任教课程所在学科或辅导员序列职称。专业技术职务（职称）评定业绩应充分考虑专职辅导员职业特点和岗位要求，从事专职辅导员的工作年限、工作量和取得的工作业绩，与在教学方面的工作年限、工作量和取得的工作业绩同等对待，思想政治工作相关的科研课题立项结项、学术论文、专著等研究成果与教育教学科研课题立项结项、学术论文、专著等研究成果同等对待，优秀网络文化成果纳入研究成果范围，晋升年限设置应与其他专任教师保持一致。

（4）优化专职辅导员教学科研环境。各高校应积极为专职辅导员承担课程教学创造条件，可以安排承担思政课相关课程教学，也可根据专职辅导员本人条件及意向，经专业系部评估后，安排承担所学专业课程，课时量参照教学科研型教师课时量标准按一定比例安排。省委教育工委、省教育厅设立辅导员研究专项、开展思想政治工作论文征集等工作，各高校应通过设立校级辅导员研究课题、开展校级思政工作优秀论文等方式，改善辅导员科研环境。

（5）着力提升辅导员素质能力。各高校应当将辅导员培训纳入高校师资队伍和干部队伍培训整体规划，确保每名专职辅导员每年参加不少于 16 个学时的校级培训、每 5 年参加 1 次国家级或省级培训。各高校应积极鼓励专职辅导员在做好工作的基础上攻读马克思主义理论类、思想政治教育类或所学专业相关学历学位，鼓励和支持一批骨干长期从事辅导员工作，向职业化、专家化方向发展。

（6）完善专职辅导员荣誉机制和展示舞台。省委教育工委、省教育厅将通过推选“最美辅导员”、举办辅导员素质能力大赛、“名师工作室”等方式，加大优秀辅导员、知名辅导员的培养力度。高校应通过举办校级辅导员素质能力大赛和辅导员沙龙、设立校级辅导员“名师工作室”、评选校级优秀辅导员等方式，为辅导员创造舞台、搭建平台。

四、强化专职辅导员队伍专业化职业化建设保障机制

（1）加强组织保障。高校党委应严格履行思想政治工作主体责任，加快研究制定专职辅导员队伍专业化职业化建设具体举措，及时研究解决专职辅导员专业化职业化发展遇到的困难问题，及时调整或废止与此政策不符的政策制度。省委教育工委、省教育厅将不定期对高校落实情况进行抽查，并在高校思想政治工作质量测评、意识形态工作考核、党委书记抓党建和思想政治工作述职评议考核等工作中，考察辅导员专业化职业化建设情况。各级组织、宣传、编制、教育、财政、人社等部门应积极为专职辅导员专业化职业化发展提供政策支持和条件保障。

（2）落实经费保障。高校应按照在校生总数每生每年不低于20元的标准设立专项经费，用于思想政治工作和党务工作队伍建设，并在其中明确专职辅导员建设经费比例。各高校应按照国家有关文件规定，在单位绩效工资总量内设立“高校思政课教师和辅导员岗位津贴”项目，发放对象及标准由学校结合实际确定。

（3）建立健全专职辅导员容错免责机制。高校应加强党对辅导员队伍建设的全面领导，建立健全专职辅导员容错免责机制，激发专职辅导员的工作活力和创新创造精神，结合工作实际研制容错免责条件清单，对符合容错免责条件的，从轻或免除相关责任，为专职辅导员干事创业营造良好氛围。

二十一、江西省学校学生人身伤害事故预防与处理条例

第一章 总则

第一条 为了预防和依法处理学生人身伤害事故，保护学生和学校的合法权益，维护正常的教育教学秩序，根据《中华人民共和国教育法》等法律、行政法规的规定，结合本省实际，制定本条例。

第二条 本省行政区域内的学生人身伤害事故预防，在学校教育教学活动或者学校组织的校外活动中，以及在学校负有管理责任的校舍、场地和其他教育教学设施、生活设施内发生的学生人身伤害事故处理，适用本条例。

前款规定以外的活动、区域和设施内发生的学生人身伤害事故处理，不适用本条例。

第三条 学生人身伤害事故预防应当坚持安全优先、多方配合、各司其职的原则。学生人身伤害事故处理应当坚持依法、公正、合理、及时的原则。

第四条 县级以上人民政府应当加强对学生人身伤害事故预防与处理工作的领导，建立教育、公安、司法行政、卫生计生、发展改革、住房和城乡建设、交通运输、国土资源、环境保护、文化、新闻出版广电、水利、工商、质量技术监督、安全生产监督、食品药品监督等有关部门参加的学校安全管理协作机制，依法做好学生人身伤害事故预防与处理工作。

县级以上人民政府教育督导机构应当加强对学校安全工作的督导，将学校安全工作列入教育督导评估的重要内容。学校所在地乡镇人民政府、街道办事处、村（居）民委员会应当与学校、有关部门共同维护学校及周边地区安全，做好学生人身伤害事故预防与处理工作。新闻媒体应当加强学生安全法律、法规和知识的宣传，对学生人身伤害事故纠纷的报道应当客观、公正。

第五条 建立学生人身伤害事故纠纷人民调解制度。

县级以上社会治安综合治理机构应当根据本地实际，指导、协调设立学生人身伤害事故纠纷人民调解委员会，并将学生人身伤害事故预防与处理工作纳入社会治安综合治理目标管理考评。

学生人身伤害事故纠纷人民调解委员会，是依法设立的调解学生人身伤害事故纠纷的群众性组织。县级以上人民政府司法行政部门应当对学生人身伤害事故纠纷人民调解委员会的调解工作进行指导。

第六条 建立健全学校风险防范和风险分担机制。

鼓励学校购买校方责任保险及附加无过失责任保险。提倡学生监护人或者抚养人自愿为学生购买学生意外伤害等商业保险。

保险监督管理机构应当加强对校方责任保险及附加无过失责任保险、学生意外伤害保险承保及其理赔工作的监督管理，依法保护被保险人和投保人的权益。

第二章 学生人身伤害事故预防

第七条 预防学生人身伤害事故，保障学生人身安全是各级人民政府及有关部门、学校举办者、学校、学生及其监护人或者抚养人的共同责任。

第八条 教育主管部门应当加强对学校安全防范工作的部署、指导和检查，会同相关部门共同做好学生人身伤害事故预防工作，履行下列职责：

（一）建立健全学生人身伤害事故预防制度和学校安全工作考核监督机制，落实学校安全防范工作责任制和事故责任追究制；

（二）指导学校开展学生安全教育，建立教师安全培训制度，组织、指导教师安全知识培训；

（三）定期组织对学校的校舍、场地和其他公共设施，以及学校提供给学生使用的学具、教育教学和生活设施设备的安全检查；

（四）制定学校突发事件应急预案，协调学生人身伤害事故纠纷的应急处置；

（五）指导和监督学校建立健全并落实预防学生人身伤害事故的制度和措施；

（六）指导和监督学校建立健全校车安全管理制度，落实校车安全管理责任；

（七）法律、法规规定的其他职责。

第九条 公安机关应当履行下列职责：

（一）指导和监督学校做好内部安全保卫工作，构建校园内部治安防控网络；

（二）加强学校及其周边地区的治安工作，在治安情况复杂的学校周边地区设置警务室或者治安岗亭，安装监控设施，及时制止和依法查处扰乱学校秩序、侵害学生人身财产安全的违法犯罪行为；

（三）指导和监督学校做好校内消防工作，定期对学校进行消防安全监督检查，督促学校规范消防安全管理，消除火灾隐患；

（四）加强学校及其周边道路的交通安全管理，依法在学校附近设立交通安全标志，并在学校门前路段设置车辆禁停、警示、限速等标志标线，施划人行横道线，上学、放学时段维护交通繁忙路段学校出入口道路的交通秩序；

（五）加强对校车运行情况的监督检查，依法查处校车道路交通安全违法行为，定期将校车交通事故信息和驾驶人的道路交通安全违法行为抄送其所属单位和教育主管部门；

（六）协助学校开展治安、消防、禁毒和交通安全知识教育。

第十条 卫生计生主管部门应当加强对学校卫生防疫和卫生保健工作的指导和检查，督促学校落实疾病预防控制措施；监督检查学校饮用水和其他教学生活环境的卫生状况；及时向学校通报传染病疫情等相关情况。

食品药品监督主管部门应当加强对学校食品安全教育的指导和有关食品安全法律、法规的宣传，定期对学校食堂及周边地区餐饮、食品安全状况进行监督、检查。

第十一条 发展改革、住房和城乡建设、城市管理、交通运输、国土资源、环境

保护、文化、水利、工商、质量技术监督、安全生产监督等部门，应当按照各自职责加强对学校及其周边地区建设、生产经营活动的监督管理，及时制止和查处下列行为：

（一）进行易燃易爆、有毒有害等危险物品项目建设或者项目的建设、生产会危及学校和学生安全的；

（二）依傍学校围墙搭建建筑物、构筑物的；

（三）在中小学周边两百米范围内设置营业性歌舞娱乐场所、互联网上网服务营业场所等不适宜未成年人活动场所的；

（四）在学校门前及其两侧五十米范围内摆摊设点、堆放杂物，设置影响学生安全或者正常通行的设施、设备的；

（五）学校及其周边道路出现不符合安全通行条件的状况或者存在交通安全隐患，不及时改善道路安全通行条件消除安全隐患的；

（六）进行有污染环境以及其他影响学校和学生安全的生产经营活动的；

（七）学校及其周边存在地质灾害、洪涝灾害等安全隐患，不采取工程治理或者搬迁避让措施的；在学校及其周边的水利工程管理范围内未设立明显警示标志的；

（八）法律、法规规定的其他危及学校和学生安全的行为。

第十二条　学校举办者应当提供符合国家和本省规定的安全、卫生标准的校舍、场地以及其他教育教学和生活设施设备。

学校不得在教育期间将操场等教学场地用于停放机动车辆；将校舍、场地以及其他教育教学和生活设施设备用于其他用途的，不得影响学校教育教学秩序和危害学生人身安全。

第十三条　学校应当将学生安全纳入日常管理和教育教学活动，根据不同年龄学生的认知能力、心理和生理特点，开展下列安全教育：

（一）开展有关法律、法规的宣传教育，增强学生安全防范和依法维权的意识；

（二）开展交通安全教育，帮助学生掌握基本的交通规则和行为规范；

（三）开展消防安全教育，帮助学生掌握基本的消防安全知识，增强防火意识和逃生自救能力；

（四）开展防溺水教育，帮助学生掌握游泳安全知识；

（五）开展心理、生理健康知识，传染病预防知识，防性侵、防拐卖知识和毒品危害知识教育，帮助学生提高心理素质，掌握卫生保健知识，提高自我保护能力；

（六）开展网络安全教育，增强学生抵制网络不良信息诱惑的能力；

（七）开展食品安全教育，普及食品安全知识，增强学生食品安全意识和自我保护能力；

（八）开展自然灾害、事故灾难等突发事件的应急演练，提高学生避险、逃生、自救和互救能力。

第十四条　学校应当建立健全下列安全管理制度：

（一）建立以校长为第一责任人的学生安全管理责任制，明确专门机构或者人员具体负责安全管理工作；

（二）建立传染病疫情报告制度和卫生管理制度，并按照国家有关规定配备具有从业资格的专职医务（保健）人员或者兼职卫生保健教师，负责学生卫生保健工作；

（三）建立食堂物资索证、登记制度以及饭菜留验制度，保证食品安全；配备专职或者兼职的食品安全管理员，负责学校食品安全管理工作；

（四）建立门卫管理、校园巡查等内部安全保卫制度，安排专人担任门卫和其他保卫工作，加强进入学校区域来访人员和车辆的登记和管理，负责校园内安全值勤，防范和制止校园欺凌、校园暴力等违法行为；

（五）落实消防安全制度和消防工作责任制，加强消防设施和器材的日常维护，设置消防安全标志，保障疏散通道、安全出口和消防车通道畅通；

（六）建立实验室安全管理制度，加强实验室易燃易爆、有毒有害等危险物品的购买、保管、使用、登记、注销等环节的管理，规范实验操作流程，定期对实验室的安全防范措施进行检查；

（七）建立学生请销假制度，对学生请销假进行登记，发现学生未到校、擅自离校、旷课的，及时告知学生监护人或者抚养人；

（八）有寄宿生的学校应当建立住校学生管理制度，做好住校学生的生活管理和安全保护工作，对违反校规擅自在校外住宿的学生，应当告知其监护人或者抚养人；

（九）建立校内安全检查与隐患排查报告制度，发现安全隐患及时进行处理。

第十五条　学校应当落实以下安全管理和学生人身伤害事故预防措施：

（一）印发标准格式的入学须知，告知学生及其监护人或者抚养人学校的安全管理制度和注意事项、学校负责管理的区域范围以及发生意外伤害事故的处理途径和程序，并要求如实填写血型、疾病史以及过敏食物、药物等情况；

（二）寒暑假前，印发安全告知单，明确寒暑假起止时间及假期安全注意事项等；

（三）组织学生参加实习、考察、劳动等社会实践活动以及军事训练、文化娱乐和其他集体活动，应当与学生生理、心理特点相适应，符合安全要求，采取必要的安全防护措施，并落实专人负责；

（四）对特异体质或者患有疾病不适宜参加特定教育教学活动的学生给予必要照顾，发现学生有身体和心理异常状况，及时救护、告知其监护人或者抚养人；

（五）在教学楼进行教学活动和晚自习时，应当合理安排学生疏散时间和楼道上下顺序，同时安排人员巡查，防止拥挤踩踏；在易发生拥挤的通道、场所，应当采取必要的防护措施，并设置明显的警示标志；

（六）教职工患有不适宜担任教育教学或者其他工作的疾病的，应当及时将其调离相应的工作岗位；

（七）学校选用产品和服务时应当建立查验记录制度，查验产品标签、说明书、质量合格证或者服务提供者的资质证书，保证产品和服务可追溯；

（八）建立安全工作台账，记录日常安全工作、安全责任落实、安全检查、安全隐

患消除等情况；

（九）制定突发事件应急预案，发生自然灾害、事故灾难、公共卫生事件、社会安全事件等突发事件时，及时启动应急预案，采取防护、抢险、救助等措施，保护学生的人身安全。

第十六条　除本条例第十三条、第十四条和第十五条规定外，中小学校还应当履行下列职责：

（一）合理安排学生上学、放学时间，保持疏散通道畅通；

（二）在学生上学、放学时段，应当组织门卫和保安人员在校门口在岗值守，组织教职工和成年志愿者在校门口维护秩序；

（三）按照校车安全管理的有关规定，建立健全校车安全管理制度；

（四）建立学生安全信息通报制度，将学校规定的学生到校和放学时间、学生提前离校情况，以及学生身体和心理的异常状况等关系学生安全的信息，及时告知其监护人或者抚养人；

（五）建立健全与家长的联系制度，建立家长委员会，为家庭教育提供指导，对涉及学生人身安全的重要事项，征求家长委员会的意见；

（六）重视学校留守儿童的安全管理工作，加强与留守儿童监护人或者抚养人、所在村（居）民委员会的沟通联系。

第十七条　除本条例第十三条、第十四条和第十五条规定外，中等职业学校还应当履行下列职责：

（一）规范实习基地建设，完善实习管理制度，配备责任心强、熟悉安全生产常识的实习指导教师，为学生参加实习提供有效的安全保障；

（二）依照有关法律、法规规定，为学生提供必要的实习条件和安全的实习环境；

（三）与实习单位或者实习基地依法签订学生安全保障协议或者安全保障条款，明确双方对学生安全保障的责任和义务。

第十八条　除本条例第十三条、第十四条和第十五条规定外，高等学校还应当履行下列职责：

（一）规范心理健康教育工作，建立健全心理健康教育和咨询的专门机构，按照规定配备专职或者兼职心理健康教育教师，完善学生心理健康预警和干预机制，对入校新生进行体检和心理健康测试；

（二）引导学生建立安全管理组织，提高学生自主进行安全防范与安全管理的能力；

（三）与合作办学者或者实习基地依法签订学生安全保障协议，明确双方对学生安全保障的责任和义务。

第十九条　学校教职工应当履行下列职责：

（一）发现学生行为具有危险性或者学生遭受侵害时，应当及时进行告诫、制止、保护，并及时报告学校或者有关部门；

（二）在教育教学活动中发现学生生理、心理有异常的，应当及时处理；

（三）在工作岗位上遇到紧急情况时，应当及时采取必要措施优先保护学生人身安全。

学校教职工在教育教学活动中应当尊重学生人格，不得对学生实施侮辱、歧视、殴打、体罚、变相体罚或者利用学生惩罚等其他人身侵害行为。

第二十条　未成年学生的监护人应当与学校共同做好学生的安全教育，落实安全保护措施，保障未成年学生上学、放学途中的人身安全，制止未成年学生携带管制刀具、易燃易爆、有毒有害等危险物品进入学校。

未成年学生的监护人因外出务工或者其他原因不能履行监护职责的，应当委托有监护能力的其他成年人代为监护，并将委托监护情况告知未成年学生所在学校、村（居）民委员会，保持与委托监护人、未成年学生及其所在学校、村（居）民委员会的经常性联系。

有特异体质、特定疾病或者身体状况、行为、情绪等有异常情况的学生，其监护人或者抚养人应当向学校提供医学诊断证明或者书面报告；涉及学生隐私的，学校应当保密。

第二十一条　学生应当遵守法律、法规、社会公共行为准则和学校规章制度，服从学校的安全教育和管理，不得进行可能危及自身或者他人安全的游戏，不得进行赌博、吸毒、酗酒、寻衅滋事、打架斗殴、擅自攀爬学校建筑物、构筑物等危及自身或者他人安全的活动。

第二十二条　为学校、学生提供教育教学、实习和生活设施设备、场地，以及其他与学生学习、生活有关的物品和服务的学校举办者以外的单位和个人，应当落实各项安全保障措施，所提供的设施设备、物品、场地和服务应当符合国家、行业的质量标准或者安全要求。

在学校内施工作业或者开展其他活动的单位和个人，应当遵守学校的安全制度，服从学校的安全管理。

第二十三条　保险人、保险代理人应当积极参与教育行业风险管理服务体系建设，定期为学校提供风险诊断、风险排查、风险化解等风险管理服务，及时提供安全风险隐患排查结果并协助学校消除安全隐患，降低学校学生人身伤害事故的发生率。

第三章　学生人身伤害事故处理

第一节　一般规定

第二十四条　学生人身伤害事故发生后，学校应当及时采取措施救护受伤害学生，保护事故现场，保全相关证据，通知受伤害学生监护人或者抚养人。出现重伤、死亡的，学校应当立即向当地公安机关报案。公安机关对学生死亡的事故，应当依法及时对死亡原因、死亡性质作出结论。

医疗机构对受伤害学生应当及时抢救和治疗，不得拒绝、推诿或者拖延；对限于设备或者技术条件不能诊治的病人，应当按照规定及时转诊。

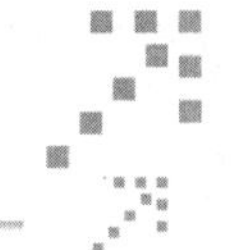

第二十五条　发生学生人身伤害事故，学校应当按照规定向教育主管部门及有关部门报告。属于重大学生伤害事故的，教育主管部门接到学校报告后，应当立即向本级人民政府和上一级教育主管部门报告。出现影响社会稳定的群体性事件的，学校应当向社会治安综合治理机构报告。

第二十六条　发生学生人身伤害事故，学校应当及时组织调查处理，并通知保险人参与；学校无法调查处理的，由县级以上人民政府教育主管部门或者有关部门组织调查处理。

发生重大学生人身伤害事故，由学校所在地县级以上人民政府组织教育、公安、卫生计生、安全生产监督、食品药品监督等有关部门组成联合调查组进行事故调查，并自事故发生之日起三十日内提出事故调查处理意见。法律、法规另有规定的，从其规定。

受伤害学生的监护人或者抚养人有权了解学生伤害事故及相关调查处理情况，学校及有关部门应当如实告知。

第二十七条　学生人身伤害事故纠纷发生后，学校应当及时成立事故纠纷处理小组或者指派专人负责事故纠纷的处理工作。负责事故纠纷处理的人员应当听取受伤害学生及其监护人或者抚养人、代理人意见，告知学生及其监护人或者抚养人、代理人事故纠纷处理的途径、方法和程序。对出现情绪失控，有过激行为的学生及其监护人、抚养人、代理人，应当及时采取心理危机干预等方式稳定其情绪，并视情况报告公安机关。

第二十八条　学生人身伤害事故纠纷发生后，当事人可以选择下列途径解决：

（一）自行协商；

（二）向学校主管部门申请行政调解；

（三）向学校所在地学生人身伤害事故纠纷人民调解委员会申请调解；

（四）向人民法院提起诉讼；

（五）法律、法规规定的其他途径。

第二十九条　处理学生人身伤害事故，应当保护当事人的个人隐私。

第二节　协商与调解

第三十条　学生人身伤害事故纠纷发生后，当事人可以自行协商解决。协商一致的，当事人可以签订书面和解协议。协商不一致的，当事人可以申请调解。

第三十一条　学生人身伤害事故纠纷发生后，当事人可以请求学校主管部门组织行政调解。

学校主管部门收到调解申请后，应当指派专人调解，并自受理申请之日起三十日内调解终结。调解应当遵循自愿、合法、公正的原则。双方当事人达成一致意见的，可以签订调解协议书；调解不成或者人民法院已经受理当事人起诉的，应当终止调解，并书面通知当事人。

第三十二条　学生人身伤害事故纠纷发生后，学校应当告知当事人可以向学校所在地的学生人身伤害事故纠纷人民调解委员会申请调解。

学生人身伤害事故纠纷人民调解委员会由三至九名具有教育、法律、保险、医疗、心理等专业技能或者调解工作经验的委员组成，设主任一人，必要时，可以设副主任若干人；根据工作需要，委员会可以聘任公道正派、热心人民调解、群众认可的社会人士、学校家长委员会代表作为人民调解员参与调解。委员的产生、人民调解员的聘任等事项，由司法行政部门和教育主管部门依法确定。

学生人身伤害事故纠纷人民调解委员会调解学生人身伤害事故纠纷不得收取任何费用，调解工作经费由本级财政予以保障。

第三十三条　学生人身伤害事故纠纷人民调解委员会收到调解申请后，应当在三个工作日内予以审查。决定受理的，及时答复当事人；不予受理的，应当书面通知当事人并说明理由。

学生人身伤害事故纠纷人民调解委员会受理调解申请后，应当告知双方当事人在调解过程中的权利和义务。

代理人从事学生人身伤害事故纠纷代理活动应当出示授权委托书，代理人属于律师或者基层法律服务工作者的，还应当出示执业证。参加学生人身伤害事故纠纷调解活动的学生监护人、抚养人或者其代理人不得超过 5 人。

法律援助机构应当依法为符合法律援助条件的学生或者其监护人、抚养人提供法律援助。

第三十四条　有下列情形之一的，学生人身伤害事故纠纷人民调解委员会不予受理；已经受理的，终止调解：

（一）一方当事人拒绝调解的；

（二）一方当事人申请行政调解，学校主管部门已经受理的；

（三）一方当事人向人民法院提起诉讼的；

（四）法律、法规规定的其他情形。

终止调解的，应当书面通知当事人并说明理由。

第三十五条　学生人身伤害事故纠纷人民调解委员会根据调解纠纷的需要，可以指定一名或者数名人民调解员进行调解，也可以由当事人选择一名或者数名人民调解员进行调解。

第三十六条　学生人身伤害事故纠纷人民调解委员会应当自受理申请之日起三十日内调解终结。调解期限不包含鉴定时间。

因特殊情况需要延长调解期限的，当事人可以约定延长期限；超过约定期限仍未达成调解协议的，视为调解不成。调解不成的，应当书面告知当事人并说明理由。

调解学生人身伤害事故纠纷需要鉴定的，鉴定费用由相关当事人按照责任比例承担。

第三十七条　经学生人身伤害事故纠纷人民调解委员会调解达成一致的，可以制

作调解协议书。调解协议书自各方当事人签名、盖章或者按指印，人民调解员签名并加盖学生人身伤害事故纠纷人民调解委员会印章之日起生效。调解协议书，具有法律约束力，当事人应当按照约定履行。

当事人认为无须制作调解协议书的，可以采取口头协议方式，人民调解员应当记录协议内容。口头调解协议自各方当事人达成协议之日起生效。

第三十八条　经学生人身伤害事故纠纷人民调解委员会调解达成调解协议后，双方当事人认为有必要的，可以自调解协议生效之日起三十日内共同向学生人身伤害事故纠纷人民调解委员会所在地的基层人民法院申请司法确认。学生人身伤害事故纠纷人民调解委员会可以协助当事人进行司法确认。经人民法院依法确认有效的调解协议，一方当事人拒绝履行或者未全部履行的，对方当事人可以向人民法院申请强制执行。

人民法院依法确认调解协议无效的，当事人可以通过人民调解方式变更原调解协议或者达成新的调解协议，也可以向人民法院提起诉讼。

第三节　应急处置

第三十九条　学校应当制定学生人身伤害事故应急预案，报所在地的教育主管部门和公安机关备案。发生学生人身伤害事故，学校应当及时启动应急预案。

发生重大学生人身伤害事故，当地人民政府应当立即采取措施组织救援，防止事态扩大。

第四十条　学生及其监护人、抚养人或者其代理人以及其他相关人员有下列行为之一，经劝阻无效的，学校应当立即向所在地公安机关报案，并保护好现场，配合公安机关做好调查取证等工作：

（一）侮辱、威胁、恐吓、故意伤害教职工、学生或者非法限制教职工、学生人身自由的；

（二）围堵学校或者进入学校拉条幅、设灵堂、焚香烧纸、摆花圈、散发传单、喧闹、张贴大字报等聚众闹事的；

（三）侵占、破坏学校房屋、设施、设备等寻衅滋事行为的；

（四）在学校等公共场所停尸或者拒不按照规定处理遗体的；

（五）携带易燃易爆危险物质和管制器具进入学校的；

（六）制造、散布谣言等其他扰乱学校教学、生活秩序行为的。

第四十一条　公安机关接到学校报案后，应当依照下列程序处理：

（一）立即组织警力赶赴现场，开展教育疏导，劝阻过激行为，经劝阻无效的，应当依法予以制止，防止事态扩大；

（二）将扰乱学校正常教育教学秩序的参与人员带离现场调查，维护学校正常教育教学秩序；

（三）依法查处违法犯罪行为。

第四十二条　社会治安综合治理机构接到影响社会稳定的学生人身伤害事故纠纷

报告后，应当协调、督促有关地方和部门做好学生人身伤害事故纠纷处理工作。

学生监护人、抚养人、代理人和其他相关人员所在单位、户籍所在地或者居住地乡镇人民政府、街道办事处、村（居）民委员会，接到社会治安综合治理机构要求其参与处理纠纷的通知后，应当立即指派有关人员赶赴纠纷现场，配合教育、公安等部门开展教育、疏导和劝返工作。

第四章　学生人身伤害事故责任承担和损害赔偿

第四十三条　发生学生人身伤害事故，当事人应当依法承担责任和给予损害赔偿。

受害人和行为人对损害的发生都没有过错的，可以根据实际情况，由双方分担损失。

第四十四条　因下列情形之一造成的学生人身伤害事故，学校应当依法承担相应责任：

（一）学校的校舍、场地和其他公共设施，以及学校提供给学生使用的学具、教育教学和生活设施设备不符合国家、行业的质量标准或者安全要求的；

（二）学校的安全保卫、消防和设施设备管理等安全管理制度有疏漏，或者管理混乱，存在明显安全隐患，未及时发现并采取措施的；

（三）学校向学生提供的食品、饮用水、药品等不符合国家、行业的相关标准和要求的；

（四）学校组织学生参加教育教学活动或者校外活动，未对学生进行相应的安全教育，未采取必要的安全措施的；

（五）学生在校期间突发疾病或者受到伤害，学校发现后未及时采取相应措施，导致不良后果的；

（六）学校教职工违反本条例第十九条规定的；

（七）学校知道或者应当知道教职工有不适宜担任教育教学活动的情况，但未采取必要措施的；

（八）学校知道或者应当知道学生患有需要隔离治疗的传染病，但未采取必要措施的；

（九）对学生擅自离校等与学生人身安全直接相关的信息，学校未发现或者已经发现但未及时告知未成年学生的监护人，导致学生发生伤害的；

（十）学校因故放假、学生提前离校，但未及时告知未成年学生监护人的；

（十一）学校未履行本条例规定的其他职责以及法律、法规规定学校应当承担责任的其他情形。

第四十五条　因下列情形之一造成的学生人身伤害事故，学校已履行了教育、管理职责，且行为并无不当的，不承担责任：

（一）地震、雷击、台风、洪水等不可抗力造成的；

（二）因学生自杀、自伤等自身故意或者身体疾病造成的；

（三）因学校以外的第三人造成的；

（四）学校组织的对抗性或者具有风险性的体育竞赛活动中发生意外伤害的；

（五）法律、法规规定学校不应当承担责任的其他情形。

第四十六条　学生监护人或者抚养人未履行法定义务，疏于或者不配合学校对未成年子女进行管理、教育和保护，或者没有及时将未成年子女的身体和心理异常情况告知学校，导致其他学生人身伤害事故发生的，应当依法承担责任。

第四十七条　有下列情形之一造成学生人身伤害事故的，学生或者其监护人应当依法承担相应责任：

（一）违反法律法规、社会公共行为准则、学校规章制度和纪律，实施危害他人或者自身行为的；

（二）行为具有危险性，学校、教师已经告诫并要求纠正，学生不听劝阻、拒不改正的；

（三）违反学校规定擅自租住房屋，学校、教师已经告诫并要求纠正，学生不听劝阻、拒不改正的；（四）法律、法规规定的其他情形。

第四十八条　因学校以外的第三人实施侵害行为造成未成年学生人身伤害的，由第三人承担责任。学校未尽到管理职责的，承担相应的补充责任。

第四十九条　学生人身伤害事故损害赔偿的范围和标准，适用有关法律和国家、本省相关的规定。

第五十条　因学校教职工在教育教学活动中造成学生人身伤害事故的，学校赔偿损失后，可以向有故意或者重大过失的教职工进行追偿。

第五十一条　教育主管部门应当鼓励、引导学校办理校方责任保险及附加无过失责任保险，校方责任保险的保险费由学校举办者承担，禁止向学生摊派。

学校可以为学生参加意外伤害等商业保险提供便利条件，但不得从中收取任何费用。

第五十二条　保险责任范围内的学生人身伤害事故发生后，学校应当及时通知保险人。保险人应当将其所参与签订的自行和解协议书、学生人身伤害事故纠纷人民调解协议书、主管部门行政调解协议书以及人民法院判决书、调解书等作为保险理赔的依据。

发生学生人身伤害事故，依法应当由学校承担赔偿责任的，由保险人根据校方责任及附加无过失责任保险合同赔偿，不足部分由学校赔偿。

第五章　法律责任

第五十三条　学校有下列情形之一的，由教育主管部门或者其他有关部门责令改正；情节严重的，对学校主要负责人和其他直接责任人员给予处分：

（一）未建立健全安全管理制度，未落实安全管理和学生人身伤害事故预防措施；

（二）拒绝或者不配合有关部门依法实施安全监督管理职责的；

（三）对学生人身伤害事故负有责任的；

（四）学生人身伤害事故发生后，未及时采取救护措施导致损害加重的；

（五）瞒报、谎报学生人身伤害事故的；

（六）伪造、隐匿、转移、销毁学生人身伤害事故证据的；

（七）其他违反本条例规定应当给予处分的情形。

第五十四条　学校教职工对学生人身伤害事故负有责任的，教育主管部门或者其他有关部门、学校应当给予批评教育或者处分；情节严重的，可以依法予以开除、解聘。

第五十五条　学生对学生人身伤害事故负有责任的，学校可以按照学籍管理的规定给予处分；情节严重的，由有关部门依法处理。

第五十六条　县级以上人民政府教育、公安、司法行政、卫生计生、发展改革、住房和城乡建设、交通运输、国土资源、环境保护、文化、新闻出版广电、水利、工商、质量技术监督、安全生产监督、食品药品监督等部门和社会治安综合治理机构及其工作人员未履行相应职责，对学生人身伤害事故发生负有责任的，或者在学生人身伤害事故预防与处理中滥用职权、玩忽职守、徇私舞弊、索贿受贿，尚不构成犯罪的，对主要负责人和其他直接责任人员依法给予处分；构成犯罪的，依法追究刑事责任。

第五十七条　学校及其教职工、学生及其监护人、抚养人及其亲属或者其代理人以及其他相关人员有违反治安管理行为的，由公安机关依照《中华人民共和国治安管理处罚法》的规定予以处罚；构成犯罪的，依法追究刑事责任。

第六章　附则

第五十八条　本条例中下列用语的含义为：

（一）学校，是指国家或者社会力量举办的全日制中小学（含特殊教育学校）、中等职业学校和高等学校；

（二）学生，是指在学校中全日制就读的受教育者；

（三）学校举办者，是指举办学校的人民政府、行业主管部门（或者群众团体）以及民办学校的出资人；

（四）学校以外的第三人，是指除学校教职工、学生以外的人员；

（五）教职工，是指学校管理人员、教师以及学校的其他职工；

（六）人身伤害，是指侵犯他人的生命健康权益造成致伤、致残、致死等后果；

（七）校车，是指依照国务院《校车安全管理条例》取得使用许可，用于接送接受义务教育的学生上下学的 7 座以上的载客汽车。

第五十九条　幼儿园的幼儿人身伤害事故预防与处理，参照本条例执行。

第六十条　本条例自 2016 年 1 月 1 日起施行。

二十二、江西省学生资助工作“十不准”（赣教助字〔2019〕3号）

（一）不准违反各类学生资助金管理办法和相关财务制度规定；

（二）不准因任何主观原因造成遗漏，导致家庭经济困难学生资助政策未落实；

（三）不准在学生资助金评定过程中搞优亲厚友、暗箱操作，将不符合资助条件的学生确定为受助对象；

（四）不准在学生资助金评定过程中搞平均主义、轮流坐庄、拉票、受贿，接受学生或家长吃请、现金、礼品、有价证券等；

（五）不准将学生资助金评定与招生业绩、驾照考试等附加条件相挂钩；

（六）不准公示和泄露受助学生的身份证件号码、家庭住址、电话号码等个人敏感和隐私信息；

（七）不准截留、挤占、挪用、骗取、套取学生资助金；

（八）不准将学生资助金冲抵班费或其他费用；

（九）不准无故延迟发放学生资助金；

（十）不准以任何理由和方式向学生索要资助金。

5.2 南昌理工学院学生管理与服务文件

一、学生日常管理规范

1. 南昌理工学院学生管理规定

第一章 总则

第一条 为完成学校的培养目标，维护学校正常的教育、教学、管理工作和生活秩序，保障学生身心健康，促进学生德、智、体、美、劳全面发展，依据《中华人民共和国教育法》《中华人民共和国高等教育法》《普通高等学校学生管理规定》（教育部令第 41 号）《南昌理工学院章程》等相关法律、法规的精神，结合我校实际情况，特制定本规定。

第二条 本规定适用于在我校接受普通高等学历教育的本科、专科（高职）学生从入学到毕业期间的在校管理，是对本校学生学习、工作、生活、行为的规范。

第三条 学校要坚持社会主义办学方向，坚持马克思主义的指导地位，全面贯彻国家教育方针；要坚持以立德树人为根本，以理想信念教育为核心，培育和践行社会主义核心价值观，弘扬中华优秀传统文化和革命文化、社会主义先进文化，培养学生的社会责任感、创新精神和实践能力；要坚持依法治校，科学管理，健全和完善管理制度，规范管理行为，将管理与育人相结合，不断提高管理和服务水平。

第四条 学生应当拥护中国共产党领导，努力学习马克思列宁主义、毛泽东思想、中国特色社会主义理论体系，深入学习习近平总书记系列重要讲话精神和治国理政新理念新思想新战略，坚定中国特色社会主义道路自信、理论自信、制度自信、文化自信，树立中国特色社会主义共同理想；应当树立爱国主义思想，具有团结统一、爱好和平、勤劳勇敢、自强不息的精神；应当增强法治观念，遵守宪法、法律、法规，遵守公民道德规范，遵守学校管理制度，具有良好的道德品质和行为习惯；应当刻苦学习，勇于探索，积极实践，努力掌握现代科学文化知识和专业技能；应当积极锻炼身体，增进身心健康，提高个人修养，培养审美情趣。

第五条 实施学生管理，应当尊重和保护学生的合法权利，教育和引导学生承担应尽的义务与责任，鼓励和支持学生实行自我管理、自我服务、自我教育、自我监督。

第二章　学生的权利与义务

第六条　学生在校期间依法享有下列权利：

（一）参加学校教育教学计划安排的各项活动，使用学校提供的教育教学资源；

（二）参加社会实践、志愿服务、勤工助学、文娱体育及科技文化创新等活动，在校内组织、参与学生团体，获得就业创业指导和服务；

（三）申请奖学金、助学金及助学贷款；

（四）在思想品德、学业成绩等方面获得公正评价，完成学校规定学业后获得相应的学历证书、学位证书；

（五）对学校给予的处分或处理有异议，向学校、教育行政部门提出申诉；对学校、教职员工侵犯其人身权、财产权等合法权益，提出申诉或者依法提起诉讼；

（六）在校内组织、参加学生团体，以适当方式参与学校管理，对学校与学生权益相关事务享有知情权、参与权、表达权和监督权；

（七）法律、法规及学校章程规定的其他权利。

第七条　学生在校期间依法履行下列义务：

（一）遵守宪法和法律、法规；

（二）遵守学校章程和规章制度；

（三）努力学习，恪守学术道德，完成规定学业；

（四）按规定缴纳学费及有关费用，履行获得奖学金及助学金的相应义务；

（五）遵守学生行为规范，尊敬师长，养成良好的思想品德和行为习惯；

（六）法律、法规规定的其他义务。

第三章　学籍管理

第一节　入学与注册

第八条　按国家招生规定录取的新生，须持我校录取通知书和学校规定的有关证件，按期到校办理入学手续。因故不能按期入学者，应以书面向学校招生办公室请假，请假时间一般不能超过两周。未请假或请假逾期者，除因不可抗力等正当事由外，视为放弃入学资格。（具体以当年新生录取通知书内入学须知为准）

第九条　学校招生办公室及二级学院在新生报到时将对新生入学资格进行初步审查，审查合格的办理入学手续，予以注册学籍。审查发现新生的录取通知、考生信息等证明材料，与本人实际情况不符，或有其他违反国家招生考试规定情形的，取消入学资格。

第十条　新生可以申请保留入学资格。保留入学资格期间不具有学籍，不享受在校生待遇。以下两种情况可以申请保留入学资格：

（一）对患有疾病的新生，经学校指定的二级甲等以上医院（下同）诊断不宜在校学习的，不予注册，学校可以为其保留入学资格一年。学生应当办理离校手续，回家治疗休养。两周内无故不办理离校手续者，学校将取消其入学资格。

学生在保留入学资格期内经过治疗康复者，经学校指定医院诊断复查，符合入学体检要求的，由学生本人在新学年开学前向学校学籍管理部门提交入学申请，学校安排其随下一级新生办理入学手续；若在保留入学资格一年内治疗仍未康复者，由学生本人提出申请，学校可以延长保留入学资格，但保留入学资格最长不得超过两年；复查不合格或逾期不办理入学手续者，学校不再保留其入学资格。

（二）对持有当年学校招生录取通知书，且参加生源地当年应征入伍，经地方人民武装部审核颁发了中国人民解放军（含中国人民警察部队）入伍通知书的新生，凭新生录取通知书、《应征入伍普通高等学校录取新生保留入学资格申请表》、入伍通知书到学校计划管理录取中心和教务处办理保留入学资格手续，待退伍、复员后两年内回学校教务处和计划管理录取中心办理入学申请，应编入申请当年新生年级学习；逾期未办理入学申请的，视为自动放弃入学资格。

第十一条　新生入学后三个月内，学校按教育部新生入学资格复查规定进行复查。复查内容主要包括以下方面：

（一）录取手续及程序等是否合乎国家招生规定；

（二）所获得的录取资格是否真实、合乎相关规定；

（三）本人及身份证明与录取通知、考生档案等是否一致；

（四）身心健康状况是否符合报考专业或者专业类别体检要求，能否保证在校正常学习、生活；

（五）艺术、体育等特殊类型录取学生的专业水平是否符合录取要求。

复查中发现学生存在弄虚作假、徇私舞弊等情形的，确定为复查不合格，取消学籍。情节严重的，学校将移交有关部门调查处理。

第十二条　学期开学初，学生应当在学校规定的时间内，到所在学院报到，并按规定缴纳学费后办理注册手续。因家庭经济困难或其他特殊原因无法按时缴费的学生，可以到学生资助管理中心视情况办理申请贷款、缓交或减免学费手续后注册。未按学校规定缴费或者其他不符合注册条件的不予注册。

第十三条　学生不能按时报到，必须事先向所在学院请假。请假三天以上的由所在学院报学校教务处备案。学生返校后，出具相关证明，方可办理报到注册手续。除因不可抗力等原因外，未办理请假手续或请假未被批准，两周内未报到者根据情节轻重给予相应的纪律处理；两周及以上未报到者按退学处理。

第二节　考核与成绩记载

第十四条　学生必须参加学校教育教学计划规定的课程和各种教育教学环节（以下统称课程）的考核，考核成绩载入记分册，并归入本人学籍档案。

第十五条　考核分为考试和考查两种。成绩的评定，采用百分制或五级制（优秀、

良好、中等、及格、不及格）记分。课程考核不及格者，学校给予补考一次，无故缺考、违纪及补考不及格者，学生应参加学校组织的重修。

第十六条　公共体育课为必修课，不及格者应参加学校的补考，补考不及格则须参加重修，体育成绩以考勤、课内教学、课外锻炼活动和体质健康进行综合评定，因身体残疾不能参加某些项目锻炼者，成绩以课程项目理论成绩为准。

第十七条　学生每学期或每学年必须完成人才培养方案规定的课程及学分，学校根据课程及学分修读情况确定学生升级、留级、降级。

第十八条　学生可以申请辅修校内其他专业或者选修其他专业课程；参加学校认可的开放式网络课程学习。学生辅修及开放式网络课程修读取得的课程成绩（学分），经学校教务处审核同意后，予以承认。

第十九条　学校鼓励、支持学生参加创新创业及社会实践等各种活动，并为学生建立创新创业档案、设置创新创业学分。学生参加创新创业、社会实践等活动以及发表论文、获得专利授权等于专业学习学业要求相关的经历、成果，可以折算为学分，计入学业成绩。

第二十条　学校规范学生学业成绩和学籍档案管理，真实、完整记载学生的学业成绩，对补考及重修成绩将在学籍档案里予以标注。学业成绩认定相关要求如下：

学生按学校要求完成课程考核取得成绩的，按实际考核分数记载成绩；

学生无故缺课累计超过某门课程教学时数的三分之一者，除按规定给予纪律处分外，不得参加本课程的考核，该课程成绩以零分记，将参加学校组织的课程重修；

学生严重违反考核纪律或者舞弊的，该课程考核成绩记为无效，并视其违纪或舞弊情况，给予相应的纪律处分，学生直接参加学校组织的课程重修；

学生因退学等情况中止学业，其在校学习期间所修课程及已获得学分予以记录学籍档案，学生重新参加入学考试、符合录取条件，再次入学的，其已获得学分，经学校认定，可以予以承认。

第二十一条　学生因病或其他个人特殊原因不能参加课程考核时，应当在考试前书面向学校办理缓考手续，教务处批准同意后，允许缓考。缓考学生应按时参加学校组织的下一次该门课程考核，否则视为旷考。学生在课程开考后交送的病假证明无效。申请未准或擅自不参加考试皆以缺考处理。

第二十二条　对学生思想品德的考核、鉴定，要以学校《学生品德分评定细则》为主要依据，采取个人小结、师生民主评议形式，写出有关实际表现的评语。对犯有思想品质和其他错误的学生，按有关处分规定处理。

第二十三条　学校为每个学生建立诚信档案，对学生学业、学术、品行等方面的诚信信息进行如实记录，并对有失信行为的学生给予相应的纪律处分，对于违背学术诚信的，学校将对其学位及学术称号、荣誉等作出限制处理。

第三节 考勤与请假

第二十四条 学生要按时参加学校教育教学计划规定和学校统一安排组织的活动。学生上课、考试、实验、实训、学习、社会调查、军训、劳动、形势政策学习等教育教学活动都要进行考勤，考勤由任课教师或活动组织者负责。学生不能按时参加教育教学计划规定的活动，应事先请假并获得批准。无故缺席者，给予批评教育，情节严重的，给予相应的纪律处分。

第二十五条 学生个人因故不能参加教学计划规定和学校统一安排的活动，必须事先请假。学生请假须填写请假单，病假应附学校医院证明。请假一天以内，由班主任批准；请假一天以上三天以内，由学院学生工作副院长批准；请假三天以上报学工处（部），由分管学生工作校领导批准。事假一般不得超过两周。学生请假条及一切有关审批手续一律送学院教务科存档备查，并告知任课教师。

学生集体不能参加教学计划规定的活动，除按个人请假规定办理手续外，请假一天以内，须经任课教师同意；请假一天以上三天以内，须由学生所在学院教学院长批准；请假三天以上五天以内，须由教务处批准；请假一周以上，须由分管教学校领导批准。

学生请假期满后应及时销假。需要续假时，其手续与请假手续相同。凡未请假、请假未准或请假逾期未续假者，均按旷课论处。对旷课学生根据旷课累计时数，视情节轻重及认错态度，给予批评教育，直至纪律处分。

第四节 转专业与转学

第二十六条 学生有下列情况之一者，可以申请转专业：

（1）因患某种疾病或生理缺陷，经学校指定的医院检查证明，不能在原专业学习者；

（2）在拟转入专业领域确有特殊才能或兴趣爱好者，并有取得相应业绩的证明材料；

（3）经学校认可，学生确有某种特殊困难，不能在原专业继续学习者；

（4）因社会经济发展对相关行业、专业人才需求量增加，就业前景较好的、国家人才急需的专业，由学生申请，经学校同意后可适当调整专业；

（5）休学创业或入伍退役后复学的学生，因自身情况需要转专业的。

第二十七条 学生转专业，须由学生本人提出书面申请，经所在学院院长签署意见，拟转入学院院长同意，并附原始材料和相关证明材料报教务处审查，分管副校长审核批准。每个学生只有一次转专业机会，学生转专业应在学习满一学期后方可申请，具体按《南昌理工学院本专科学生“转专业”暂行规定》执行。

第二十八条 学生一般应当在被录取学校完成学业。如患病或者确有特殊困难、特别需要，无法继续在本校学习者，可以申请转学。

第二十九条 有下列情况之一者，不予考虑转学：

（1）入学未满一学期的或者毕业前一年的；

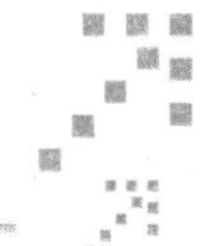

（2）高考成绩低于拟转入学习相关专业同一生源地相应年份最低录取分数线的；

（3）由招生时所在地的下一批次录取学校转入上一批次学校、由低学历层次转为高学历层次的；

（4）招生时确定为定向、委托培养的；

（5）应予退学的；

（6）正在休学、保留学籍的；

（7）其他无正当理由的。

第三十条　学生转学的手续，按下列办法办理：

（1）学生转学，由本人提出申请，并附具体充足的理由，经所在学校和拟转入学校同意，由转入学校负责审核转学条件及相关证明，符合本校培养要求且学校有培养能力的，经学校校长办公会或者专题会议研究决定，可以转入。跨省转学者由转出地省级教育行政部门协商转入地省级教育行政部门，按转学条件确认后办理转学手续。须转户口的由转入地省级教育行政部门将有关文件抄送转入校所在地公安部门。

（2）对转学情况应当及时进行公示，并在转学完成后 3 个月内，由转入学校报所在地省级教育行政部门备案。

（3）学生转学的手续，应在拟转入学期开学前办理。

第五节　休学与复学

第三十一条　学校本科专业标准学制为四年，专科专业标准学制为三年。学校实行弹性学习年限，本科生最长学习年限（含休学和保留学籍）一般为 6 年，专科生最长学习年限（含休学和保留学籍）一般为 5 年，休学创业的学生最长学习年限本科为 7 年、专科 6 年。学习年限自入学之日算起。

第三十二条　学生可以分阶段完成学业，但必须在学校规定的最长学习年限（含休学和保留学籍）完成。学生有下列情况之一者，应予休学：

（1）经学校指定的二级甲等医院诊断，因病需要停课治疗、休养占一学期总学时三分之一以上的；

（2）在一学期内请病假、事假缺课累计超过该学期总学时三分之一的；

（3）学生自主创业的，应出具工商登记证；

（4）因其他特殊原因，本人申请或学校认为必须休学的。

第三十三条　学生休学一般以一年为期，休学时间累计不得超过两年，休学创业的学生期限最长为三年。学期中办理休学者，该学期按休学计算。

第三十四条　休学学生的有关问题，按下列规定办理：

（1）休学学生必须办理休学手续离校，学校保留其学籍，户口可不迁出学校；

（2）因病休学的学生，必须离校治疗和休养，病休期间的医疗费用自理，参加了医疗保险的学生应当在当地二级甲等以上医院就诊，以便于向投保单位理赔；

（3）学生休学期间，不享受在校学习学生的待遇。

第三十五条　新生和在校学生应征参加中国人民解放军（含中国人民武装警察部队），可保留入学资格或学籍至退役后二年。

学生参加学校组织的跨校联合培养项目，在联合培养学校学习期间，学校为其保留学籍。

第三十六条　学生复学按下列规定办理：

（1）学生休学期满，应当于学期开学前持有关证明向学院申请复学，经教务处批准，方可办理复学手续；

（2）因病休学的学生，申请复学时必须由学校指定医院诊断，证明确已恢复健康、能坚持正常学习，并经教务处复查合格，方可办理复学手续。

第三十七条　学生在休学期间，不得参加课程考试。学校不对学生休学期间发生的安全事故负责。

第六节　退学

第三十八条　学生有下列情形之一者，应予退学：

（1）学业成绩未到达学校专业培养方案毕业要求或者在学习规定的学习年限内未完成学业的；

（2）除不可抗力原因外，在校学习时间（含休学、保留学籍等）超过规定学习年限的；

（3）休学期满，在学校规定期限内未提出复学申请或申请复学经复查不合格的；

（4）经学校指定医院诊断，患有疾病或者意外伤残无法继续在校学习的；

（5）无正当理由未请假离校连续两周未参加学校规定的教学活动的；

（6）超过学校规定期限未注册又未办理暂缓注册手续的；

（7）一学期累计旷课 60 学时以上的。

第三十九条　学生本人申请退学的，经学校审核同意后，办理退学手续。

学生（非本人申请）满足退学情形，由学生所在学院班级提出书面报告并附有关材料，学院召开党政联席会议，形成会议纪要书面材料送学工处（部），学工处（部）审核后提交校长办公会或者校长授权的专门会议研究决定。

第四十条　被退学的学生，退学决定书应当直接送达学生本人；学生拒绝签收的，可以以留置方式送达；已离校的，可以采取邮寄方式送达；难于联系的，可以在学校网站、新闻媒体等发布公告，自发出公告之日起，经过六十日，即视为送达。

第四十一条　学生退学后的善后问题，按下列规定办理：

（1）退学的学生，必须在退学决定书送达两周内交清在校学习期间所欠学杂费，并办理退学手续离校，档案、户口退回其家庭户籍所在地；

（2）退学的学生可以凭《退学决定书》，并依据《江西省民办高校学生退学退费办法》之规定到校财务处办理退费事宜；

（3）经确诊为精神病患者、癫痫病患者或患有其他严重疾病（包括意外伤残）者，

学校通知学生家长或法定监护人到校办理退学手续；

（4）退学的学生，逾期不办理离校手续，由学校有关部门注销其在校各种关系，不发肄业证书；

（5）退学的学生，不得申请复学。

学生对退学处理有异议的，参照学校《学生申诉处理办法》办理。

第七节　毕业、结业与肄业

第四十二条　具有学校学籍的学生，在学校规定的学习年限内修完培养方案规定的内容，取得培养方案规定的学分，德、智、体达到毕业要求的，准予毕业，由学校颁发毕业证书。

第四十三条　学生在标准学制年限内提前修完培养方案规定的内容，取得培养方案规定的学分，德、智、体达到毕业要求的可以申请提前毕业，申请提前毕业的学生按如下规定办理：

（1）在计划毕业学期的开学初向所在学院提出申请，填写《南昌理工学院本科生提前毕业申请表》，并附提前毕业的学习计划；

（2）经学生所在学院审核报教务处批准后，会同学校就业管理部门纳入当年就业计划。

第四十四条　学生在标准学制年限内未能取得培养方案规定的学分，可以申请延期毕业，每次申请的延长期限为一年，到期后如需要可再申请一次。延期毕业学生的最长学习年限（含休学）不得超过标准学制加两年。申请延期毕业的学生按如下规定办理：

在学校规定的时间学生本人到所在学院教学科提交延期毕业申请，并填写审批表，经学院审核，报教务处批准后可继续学习。延期毕业学生与标准学制年限内学生的学籍管理办法相同。

第四十五条　毕业、学位资格审核实行申请制，每学年进行一次，毕业、学位审核同时进行。

第四十六条　学生在学校规定的学习年限内，修完教育教学计划规定内容，未达到毕业要求，准予结业，发给结业证书。结业后一年内可以申请重修或者补作毕业设计（论文）、答辩等，达到毕业要求及学位授予条件的，发给毕业证书及学位证书。对合格后颁发的毕业证及学位证，时间按发证日期填写。

第四十七条　退学的学生，在校学习满一年以上，可发给肄业证书；在校学习未满一年的，学校为学生出具写实性学习证明。

第四十八条　学校严格按照招生时确定的办学类型和学习形式，以及学生招生录取时填报的个人信息，填写、颁发学历证书、学位证书及其他学业证书。学生在校期间变更姓名、出生日期等证书需填写的个人信息的，应当有合理、充分的理由，并提供有法定效力的相应证明文件。学校在学生生源地省级教育行政部门及有关部门协助核查下，对证明文件进行审查。

第四十九条　毕业证书、学位证书（含辅修学位）及结业证书的发放，每年进行一次。毕业、结业、肄业证书和学位证书遗失或者损坏不能补发，经学生本人申请，学校核实后可出具相应的证明书。证明书与原证书具有同等效力。

第五十条　对违反国家招生规定取得入学资格或者学籍的，学校取消其学籍，不予颁发学历证书、学位证书；已发的学历证书、学位证书，及以作弊、剽窃、抄袭等学术不端行为或者其他不正当手段获得学历证书、学位证书的，学校将提交省级教育行政部门依法予以撤销。

第四章　课外活动

第一节　学生团体

第五十一条　学生团体是本校学生自愿组织的群众性组织。在籍学生可以申请加入。学生成立团体，必须提出团体宗旨、章程、活动内容、形式和负责人的书面申请，报学校学工处（部）审核批准，并实行登记和年检制度。

第五十二条　学校鼓励和提倡学生团体开展学术、科技、文娱、艺术、体育等活动。学生进行课外活动应当按照学校有关规定进行，接受学校的管理；不得影响学校正常的教育教学秩序和生活秩序。

第五十三条　学生团体必须服从学校的领导和管理。学生团体在宪法、法律、法规和校纪校规范围内活动，不得从事与本团体宗旨、章程无关的活动。

第五十四条　学生团体邀请校外人员到学校进行社会政治和学术等活动，应呈报学校学工处（部）审核批准后方可开展。

第五十五条　学生团体和个人创办面向校内的刊物，应报学校学工处（部）备案，再由其报学校有关部门审核批准，并接受学校学工处（部）、审批机关的双重管理。学生建立跨学校、跨地区的团体和举办面向校外的刊物，应先报学工处（部）审核备案，再呈报当地政府主管部门批准。学校禁止非法组织活动和出版非法刊物。

第二节　文娱体育

第五十六条　学校提倡和支持学生开展有益于身心健康的文娱体育活动；学生文娱、体育活动不得影响正常的教学秩序和生活秩序。邀请校外文艺团体到校内演出，应当经学校学工处（部）审核批准。

第五十七条　学校引导学生养成高尚、健康的审美情趣，树立正确的审美观念，提高识别美丑的能力。严禁传播、复制、观看、贩卖非法书刊和音像制品。

第五十八条　学生至少参加一个体育俱乐部的体育锻炼，鼓励学生参加体育竞赛活动。

第三节　勤工俭学

第五十九条　学校提倡和支持学生开展勤工俭学活动，依法保护学生以诚实劳动和服务获得的收入。学生参加勤工俭学活动应遵守法律、法规以及学校、用人单位的管理制度，履行勤工俭学活动的有关协议。

学生勤工俭学活动的主要内容是：与专业学习相结合的科学技术和文化服务；有利于培养劳动观点和自立精神的劳务服务。依照学校规定，学生可以参加学校组织的各种勤工俭学活动。

第六十条　学生应树立劳动观念，不得从事非法传销活动。学校提倡学生积极参加公益劳动，生产劳动和假期社会实践活动。第四节　社会活动

第六十一条　学校鼓励学生对学校工作提出批评和建议，支持学生依照学校章程参加民主管理。学生对国家政务和社会事务的意见和建议，学校应负责向上级组织和有关部门反映。

第六十二条　学生对有关自身利益的问题，应通过正常渠道积极向学院和当地政府反映。

第六十三条　学生举行游行、示威活动，应按国家法律的规定进行。

学校有权依法劝阻或制止未经批准的游行、示威等活动。

第六十四条　校园内禁止张贴大、小字报。

第六十五条　任何组织和个人均不得在学校进行宗教“团契”及宗教活动和邪教、封建迷信活动。

第六十六条　学校鼓励、支持和指导学生及学生团体开展健康向上、丰富多彩的网络学习和文化活动；学生应当遵守国家和学校关于网络使用的有关规定，不得登录非法网站和传播非法文字、音频、视频资料等，不得编造或者传播虚假、有害信息；不得攻击、侵入他人计算机和移动通信网络系统。造成危害的，予以纪律处分，严重者交司法机关处理。

第五章　校园秩序

第六十七条　学生应当自觉遵守公民道德规范，自觉遵守学校管理制度，爱护校园公共设施，创造和维护文明、整洁、优美、安全的学习和生活环境，树立安全风险防范和自我保护意识，保障自身合法权益。

第六十八条　出入校门遵守学校门卫制度，主动接受门卫管理。

第六十九条　学生不得有酗酒、赌博、打架斗殴、吸毒、聚众喧哗、宗教“团契”等违法行为；不得参与非法传销和进行邪教、封建迷信活动；不得从事或者参与有损大学生形象、有悖于社会公序良俗的活动。

学校发现学生在校内有违法行为或者严重精神疾病可能对他人造成伤害的，可以依法采取或者协助有关部门采取必要措施。

第七十条　图书馆、阅览室、教室、试验室、宿舍等是学生学习、生活的场所，其设备，是国家财产，学生有责任爱惜和保护，损坏应予赔偿。

第七十一条　学生须遵守宿舍管理制度。严禁男女互窜，男女混居。未经学校同意，学生宿舍不得留宿外人，学生也不得租房住校外。

第七十二条　学生应尊敬师长，尊重教职员工的劳动，服从管理。

第六章　奖励与处分

第七十三条　对德、智、体、美、劳全面发展或在思想品德、学业成绩、科技创造、体育竞赛、文艺活动、志愿服务及社会实践等方面表现突出的学生，可分别授予“三好学生”“优秀学生干部”“优秀毕业生”称号或其他单项荣誉称号。实行精神鼓励和物质奖励相结合，以精神鼓励为主的办法。表扬和奖励的方式有：口头表扬、通报表扬、发给奖状、证书、奖品或奖学金等。

第七十四条　对犯有错误的学生，学校可视其情节轻重给予批评教育或纪律处分。学校给予学生的纪律处分，应当与学生违法、违规、违纪行为的性质和过错的严重程度相适应。处分分下列五种：警告；严重警告；记过；留校察看；开除学籍。

留校察看时间原则上为一年。受留校察看处分的学生，由所在学院负责考察。学校根据学生实际表现，留校察看期可以按期结束或提前结束，但一般不少于6个月。在基本学制的最后一年，一般不给予学生留校察看处分。

第七十五条　学生有下列情形之一，学校可以给予开除学籍处分：

（一）违反宪法，反对四项基本原则、破坏安定团结、扰乱社会秩序的；

（二）触犯国家法律，构成刑事犯罪的；

（三）违反治安管理规定受到处罚，性质恶劣的；

（四）由他人代替考试、替他人参加考试、组织作弊、使用通信设备作弊或其他器材作弊、向他人出售考试试题或答案牟取利益，以及其他严重作弊或扰乱考试秩序行为的；

（五）学位论文、公开发表的研究成果存在抄袭、篡改、伪造等学术不端行为，情节严重的，或者代写论文、买卖论文的；

（六）违反学校规定，严重影响学校教育教学秩序、生活秩序以及公共场所管理秩序，侵害其他个人、组织合法权益，造成严重后果的；

（七）屡次违反学校规定受到纪律处分，经教育不改的。

被开除学籍的学生，发给学习证明。被开除学籍的学生，应当在处分决定书送交之日起10个工作日内办理完相关手续离校；学生的档案、户口退回其家庭户籍所在地。逾期不办理离校手续者，学校有关部门注销其在校内的各种关系。逾期不离校者，学校保卫部门依照规定劝其离校。

第七十六条　学校在对学生作出处分决定之前，由学工处（部）向学生下发处分

告知书；应当听取学生或者其代理人的陈述和申诉。由于学生本人、监护人或代理人无法到场或联系不上的。可由所在学院根据违纪事实上报学校，申请处理。

第七十七条 学校对学生作出的处分决定书应当包括下列内容：

（1）学生的基本信息；（2）作出处分的事实和证据；（3）处分的种类、依据、期限；（4）申诉的途径和期限；（5）其他必要内容。

第七十八条 学校在对学生作出处分决定之前，将听取学生或者其代理人的陈述和申辩。对学生处理处分决定以及告知书等，应当直接送达学生本人，学生拒绝签收者，可以以留置方式送达；已离校的，可以采取邮寄方式送达；难于联系的，可以利用学校网站、新闻媒体等以公告方式送达。

第七十九条 对学生作出取消入学资格、取消学籍、退学、开除学籍或者其他涉及学生重大利益的处理或者处分决定的，应当提交校长办公会或者校长授权的专门会议研究决定，并应当事先进行合法性审查。

第八十条 除开除学籍处分以外，给予学生处分原则上设置 6 个月期限，到期按学校规定程序予以解除。解除处分后，学生获得表彰、奖励及其他权益，不再受原处分的影响。

第八十一条 对学生的奖励、处理、处分及解除处分材料，学校应当真实完整地归入学校文书档案和本人档案。被开除学籍的学生，由学校发给学习证明。学生按学校规定期限离校，档案由学校退回其家庭所在地，户口应当按照国家相关规定迁回原户籍地或者家庭户籍所在地。

第七章 学生申诉

第八十二条 学校成立学生申诉处理委员会，挂靠在学校教务处处。申诉处理委员会设主任一名，委员十名。主任由分管学生工作的校领导担任，委员由学工处、教务处、监察处、保卫处、团委等部门主要负责人及教师代表、学生代表组成。

第八十三条 学生对学校的处理或者处分决定有异议的，可以在接到学校处理或者处分决定告知书之日起 10 日内，向处理委员会秘书处递交书面申请和学校做出的处理决定的文件副本。申诉申请书应当载明下列内容：

（一）申诉人的姓名、班级、学号及其他基本情况；

（二）申诉的事项、理由、要求并附上相关的证据；

（三）提出申诉的日期；

（四）申诉书要求字迹工整、表达清楚，并由申诉人亲笔签名。第八十四条 学生申诉处理委员会对学生提出的申诉进行复查，并在接到书面申诉之日起 15 日内提出复议意见。

第八十五条 申诉处理委员会应当自接到申诉申请书之日起 5 个工作日内对申诉材料进行审查，根据具体情况做出如下决定并送达申诉人：

（一）申诉请求符合本条例规定，予以受理；

（二）申诉材料不齐备，要求申诉人在 3 个工作日内补正；

（三）申诉材料不齐备且在限期内未补正的，出具不予复议决定书。

第八十六条　情况复杂不能在规定限期内作出结论的，经学校负责人批准，可延长日。学生申诉处理委员会认为必要的，可以建议学校暂缓执行有关决定。

第八十七条　学生申诉处理委员会经复查，认为做出处理或者处分的事实、依据、程序等存在不当，可以作出建议撤销或变更的复查意见，要求相关职能部门予以研究，重新提交校长办公会或者专门会议作出决定。

第八十八条　学生对复查结论不服的，可以在收到学校复查结论之日起 15 个工作日内向江西省教育厅提出书面申诉，或者向法院提起行政诉讼。第八章　附则

第八十九条　本学生管理规定经校长办公会议审议通过，由校长授权学工处（部）、教务处负责解释。

第九十条　学校根据本规定相应的制定学籍管理规定、学生违纪处分管理办法、学生申诉处理办法和学生日常管理规定等其他相应或与之配套的管理制度。

第九十一条　本规定自 2017 年 9 月 1 日起施行。

2. 南昌理工学院学生日常管理规定

为进一步加强校风学风建设，严肃校纪校规，规范学生日常管理，维护正常的教学、生活秩序，促进学生全面发展，根据《普通高等学校学生管理规定》（教育部令第41号）、《南昌理工学院章程》等相关规定精神，结合我校实际，对学生日常管理作出以下规定。

一、学生考勤制度

（1）学生应当维护学校教学秩序，按照教学计划和课程安排正常上课。因故不能上课者，按照学校有关规定办理请假手续，不得无故迟到、旷课、早退，迟到三次算一次旷课。每学期旷课一至二学时，由任课教师或辅导员提出批评；旷课三至九学时，由所在学院给予预警并通报批评；旷课十学时及其以上，根据《南昌理工学院学生违纪处分管理办法》给予相应的处分。

（2）各班纪律委员要认真执行考勤制度，学生的必修课、选修课、晚自习、实践课等都应实行考勤。考勤结果要在点名册上做好记录，辅导员要定期对班级考勤情况进行经常性的检查、督促、讲评。

（3）学校不定期抽查学生上课考勤情况。考勤结果按照相关学生管理规定与评先评优挂钩。

二、学生请假销假制度

（1）学生要按时参加教学计划规定和学校统一安排组织的一切活动。因故不能参加者，必须请假，未办理请假手续的按旷课处理。

（2）学生请假时间一日以内者由辅导员批准，并由辅导员报学院学工科备案；二至三日（含）以内由各学院负责学生工作的领导签署意见，报学生处（部）备案；三日至七日以内由学工处（部）签署意见；一周以上报分管校领导签署意见，并报学工处（部）备案。

（3）学生请假须亲自书写假条，杜绝以电话、短信的形式请假，除急病或紧急事故外，不得事后补假，请假期满返校后及时办理销假手续。

（4）学生请事假，必须有家长或有关方面的证明；学生请病假，必须有医院的诊断证明。

三、教室管理制度

（1）在上课铃响之前，学生主动将手机调至静音状态，装入班级教室内配有的“手机袋”。学生应提前进入教室，做好准备，静候老师前来上课。若迟到，应在教室外向老师行礼报告，得到任课老师允许后方可进入教室。上课要专心听讲，不准睡觉。

（2）上课时应保持仪容整洁，衣着大方，夏天不得穿背心、三角裤头、拖鞋进入教室。

（3）对课堂教具、设备、墙壁、门窗等须倍加爱护，不要随便移动，不得污染或损害。在教室里要爱护多媒体和照明设备，离开教室时应随手关灯。

（4）教室内外要保持清洁，不得吸烟、随地吐痰、乱扔纸屑等杂物，不得携带食物进入教室。

四、学生宿舍管理制度

（1）自觉遵守宿舍管理各项规章制度，使用“校园一卡通”门禁系统刷卡出入宿舍，服从管理、主动配合有关人员的检查。遇到停水停电等突发事件时要保持安静和冷静，通过辅导员、宿管老师、值班人员解决问题，严禁起哄滋事，避免发生意外。

（2）严格遵守学校的作息时间，按时就寝。不得向走廊泼倒污水、乱扔杂物，不得在宿舍楼内剧烈运动，大声喧哗。

（3）不得在宿舍内吸烟酗酒；不得使用热得快、电磁炉等大功率电器；不得私接电线或使用劣质电源接线板，以免发生安全事故。

（4）勤打扫，保持宿舍干净整洁，不得在宿舍内饲养宠物、叫送外卖；不得在宿舍内散发传单；不得在宿舍留宿他人；杜绝男女互窜。

（5）提倡健康的生活方式。不得在宿舍内观看淫秽影像资料、视频；不得在宿舍内赌博、吸食毒品；不得在宿舍内举行宗教“团契”“传教”等活动。

（6）爱护公物，不得损害公共财产。出门要关水关电，节约资源。休息和外出时，要关好门窗。

（7）确有特殊原因需在外住宿的，学生本人写出申请，并说明原因，须学生家长同意，经所在学院审核后报学工处（部）批准。学生家长负责其子女在校外住宿的管理，承担一切责任。

（8）宿舍内要加强团结，互相关心，互相爱护，互相帮助，相邻宿舍的同学要互相尊重、友好交往、和睦相处。

五、用餐管理制度

（1）提倡“光盘行动”，吃多少买多少，杜绝浪费。餐后主动把餐盘放到回收台。

（2）倡导文明用餐。要自觉排队，不能插队或拥挤。使用“校园一卡通”刷卡消费，就餐时不要把脚翘在餐桌上，不准在桌凳上乱写乱画，要讲究卫生，保持食堂清洁。用餐时不要大声喧哗，影响他人用餐。

（3）提倡使用可回收的餐具用餐，严禁使用一次性餐具用餐，且学生应在食堂用餐，杜绝把食物带出食堂。

六、图书馆管理制度

（1）图书馆开放时要有秩序地进馆，夏天不准穿背心、三角裤头、拖鞋等进阅览室。

（2）借阅图书时不要乱翻乱扔，要轻拿轻放，保持原有摆放。

（3）不要替同学代占座位，也不要强占暂时离开的读者的座位。对于阅览室里的书刊，阅后应及时插入原处，不要一人同时占用几本杂志，以影响其他同学借阅。

（4）不在图书杂志上乱写乱画，更不得撕拆书刊。

（5）在自习室内应保持安静，不得大声喧哗，手机关机或调为震动。

七、文明上网的相关规定

（1）遵守宪法的基本原则和相关法律的规定，不散布、传播谣言，不浏览、发布不良信息。

（2）弘扬优秀民族文化，遵守网络道德规范，不侮辱、欺诈和诽谤他人，不侵犯他人的合法权利。

（3）倡导健康的业余文化生活，不得介绍、购买、出借、传阅内容反动和淫秽的书刊、图片、音像制品等。

（4）正确运用网络资源，善于网上学习，不沉溺于网络游戏虚拟时空，不浏览网上淫秽色情内容，保持身心健康。

（5）增强自我保护意识，不在网上公开个人资料，不随意约见网友，不参加无益身心健康的网络活动

八、学风、考风管理制度

（1）明确学习目标，端正学习态度，认真听讲，积极完成老师布置的各项作业。

（2）积极投入到科研创新中去，不抄袭和剽窃他人科研作品、论文等。

（3）严格遵守考场纪律，文明应考。不夹带，不抄袭；不与监考老师争吵；不故意缺考；不故意撕毁试卷和把试卷带出考场；不找人替考和替他人考试等。

九、校园公共场所管理规定

（1）学生平时要注意仪表整洁、举止有礼。佩戴校徽，师生见面，应主动打招呼行礼，如“老师好”“您好”。同学之间见面，也要以礼相待，相互问好，杜绝吵架打架事件发生。

（2）遵守靠右行走规则，同老师相遇，让老师先行。

（3）进办公室应先敲门或打招呼，经老师允许后方可入内。不得随便翻阅办公桌上的东西。

（4）要爱护公共财物，爱护学校的一草一木，不折花，不践踏草坪，自觉维护校园绿化、美化、香化、净化。

（5）在校园公共场所不得有过分亲昵的搂抱行为，维护个人尊严。

（6）参观比赛要遵守有关运动规则。做文明观众，观看球赛或其他比赛时，要尊重裁判和工作人员，自觉遵守并维护运动场的秩序，要为双方的精彩表演鼓掌，不要鼓倒掌、喝倒彩。

（7）不准在草地上从事吸烟酗酒、吃零食等不文明形式，不准在公共场所乱丢乱扔、乱涂乱画、边走边吃，有损大学生形象。

（8）不准在公共场所遛狗，不准在学校的道路上驾驶摩托车、电动车，提倡绿色出行。

十、凡违法以上规定者，先辅导员做其思想工作，让其认识到自身的错误，并整改；屡教不改，由学院领导找其谈话，并给予通报批评；严重的，按《南昌理工学院学生违纪处分管理办法》处理；触犯法律的，移送司法机关处理。

十一、本规定经校长办公会议审议通过，自 2017 年 9 月 1 日起施行，由校长授权学工处（部）负责解释。

3. 南昌理工学院进一步加强班级建设实施办法

班级是学校进行教育教学活动的基本组织形式，是大学生自我教育、自我管理、自我服务的主要组织载体。为坚持以习近平新时代中国特色社会主义思想为指导，落实党的基本路线和教育方针，深入贯彻落实全国全省高校思想政治工作会议精神和全国教育大会精神，围绕立德树人根本任务，遵循思想政治教育规律、教书育人规律和学生成长规律，切实加强班级建设，为学生成长成才创造良好环境，结合学校实际，制定本办法。

一、工作目标

切实加强班级的思想建设、组织建设、文化建设和学风建设，进一步增强班级凝聚力和学生归属感，把班级建设成为大学生思想政治教育的重要阵地。

二、主要任务

（一）加强班级思想建设

1. 强化理想信念教育

通过主题教育、主题班会、主题党团日、红色走读、文明实践等形式，传承红色基因，开展“四史”和党章学习活动；充分利用微信公众号平台、学习强国、江西共青团等平台开展网络思想政治教育工作。

2. 强化社会责任教育

积极教育学生投身志愿服务、社会实践等活动，引导学生“以小我融入大我”建功新时代，展现新作为，自觉践行社会主义核心价值观，增强责任意识、奉献意识，提升道德素质。

3. 强化安全纪律教育

将安全教育列入班会必备议题，增强班级成员遵纪守法意识和安全防范意识。组织学习有关国家法律法规及校规校纪，定期开展安全隐患排查，关注重点群体学生教育与管理，建立工作台账，节假日做好学生去向统计和返校学生统计。

4. 强化心理健康教育

充分发挥班级心理委员作用，宣传普及心理健康知识，关注特殊学生群体，建立学生心理健康档案，做到学生心理异常情况及时发现、及时反馈、及时干预。

（二）加强班级组织建设

1. 完善班级组织架构

根据班级学生数选聘班干部，明确班委会、团支部及其成员的工作职责，其岗位设置及职权配置和职责参照《南昌理工学院班级学生干部选拔任用与管理办法》第二章第四、五条，第五章（《走进我们的大学——南昌理工学院》）。积极探索班团一体化工作模式，形成班委会、团支部分工协作的工作格局，建立起运转高效的班级组织运行机制。

2. 加强干部队伍建设

严格班级学生干部选拔标准和程序，实行班干部聘任制（聘请一年，可续聘），加强培养教育和管理考核，建立校院两级班干部培训机制，确保班干部每学年培训不少于 20 学时，着力提升班级学生干部抓班级建设和服务同学的能力，充分发挥班级学生干部的模范带头作用。另外，每周至少召开一次班委会，每月至少召开一次支委会。

加强学生信息员队伍建设，畅通学生信息渠道，每周至少与信息员沟通交流一次，突发情况立刻汇报，及时了解掌握班级学生的动态。

班级同学需要形成班级就是家庭、班干部就是服务于同学们的“家长”的意识，做到同学们每请一节课假，每转账花销 300 元以上都要向“家长”报告。班级要成立相关服务组织，比如对违纪违规学生先由班级同学进行诫勉相帮相助。

3. 强化班级学生考勤管理

（1）落实课堂点名制，各班班干协助辅导员严格考勤，针对性落实学生去向，杜绝代课现象；请假学生要说明真实事由，班干做好跟踪，形成班级工作台账，对未到课学生实行缺课溯源制；因病、因事请假学生要与家长沟通确认，按照学生请假相关规定办理请假、销假手续，请假必须采用书面形式，具体操作参照《关于进一步规范学生考勤、请假等管理制度及实施落地的通知》（南理学工字〔2018〕15 号），并及时掌握学生请假期间的动向和具体返校时间。对于旷课严重的学生，视情况及时上报并按校纪校规给予相应处罚，参照《南昌理工学院学生管理规定》相关条款给予旷课违纪处理直至注销学籍的惩罚，杜绝“真空”地带。全校班级学生考勤以班级为单位实行日报制和周报制，日报由各二级学院自行负责并存档，学工处（部）不定期抽查；周报由各学院报学工处（部）负责，各二级学院学工科于每周五下班前将周报上交学工处（部）相关负责人督查。

（2）加强学生住宿管理，各班安全委员协助辅导员切实落实每晚考勤制度，监控各宿舍学生晚归情况，坚决杜绝学生到校内外租住。每周不定期组织师生下寝室检查，及时掌握学生动态。

（3）要加强毕业班级学生实习实践的管理，每周至少与实习实践学生沟通交流一次。建立工作台账，了解掌握学生的实习实践情况，避免失控现象的发生。

4. 健全班级工作制度

建立班会制度、党团组织生活制度，制定班级议事规则，特别是在奖助评定、评先评优、组织发展等事关学生切身利益的班级工作上，实现“有规可依、公开透明、民主监督”。

5. 制定班级工作目标

按学期制定班级工作目标和工作计划、开展工作总结，注重将班集体发展目标与班级成员个人目标相结合，营造相互激励、奋发有为的良好氛围，促进班级目标和个人目标的达成。

（三）加强班级文化建设

1. 打造班级文化标志

凝练班级文化内涵，创作班训、班徽、班歌、班旗等具有班级特色形象的标识，向班级成员传递共同理念。

2. 制定班级文明公约

经过民主讨论，建立班级成员文明行为、社会公德、个人道德、学习、纪律、卫生、团结互助等方面的约定，引导班级成员自觉遵守，使公约成为班级成员行为指南。

3. 举办班级特色活动

结合专业特点和学生成长发展需求，开展具有思想性、专业性、趣味性的班级活动，增强班级凝聚力；通过组建班级文体兴趣小组、参与文体社团等多种方式，引导学生掌握一项终身受用的文体技能，促进学生身心健康发展。

4. 倡导宿舍和谐文明

加强宿舍文化建设，大力开展“文明寝室”和“党员示范寝室”等创建活动，选树寝室典型，引导宿舍成员举止文明、和谐相处，养成健康的生活方式和生活习惯，发挥宿舍育人功能。

5. 规范班级场所标识

讲台黑板上方张贴国旗、校训，讲台对面黑板上方张贴励志标语，教室墙面可设计“五栏”（思政学习栏、安全教育栏、通知公告栏、学科专业栏、班级建设栏），墙柱上可张贴专业代表人物、知名人士及学者简介、名人名言等。

（四）加强班级学风建设

1. 明确学习发展目标

以“大学生职业生涯规划”课程为依托，指导学生在第一学期科学制定大学期间的学习发展目标与规划；充分发挥辅导员、班干部作用，帮助学生合理调整目标，督促学生努力实现目标；开展励志教育，发挥各类学习榜样的示范引领作用。

2. 营造浓厚学习氛围

规范课堂秩序，严格课堂考勤，加强对迟到、早退、旷课等不良行为的监管教育工作；各学院每学年举办一次专业知识竞赛，鼓励支持学生参加省级、国家级专业竞赛，积极组织学生参加创新创业活动，着力提升学生的创新精神、创业意识和创新创业能力。此外，大力开展学业预警教育，建立学业预警机制。

3. 帮扶学业困难学生

每学期开展一次班级学情分析，总结经验，查找不足，并针对学业困难重点人群制定应对措施；建立学习互助小组，开展结对帮扶活动，努力不让一个学生掉队；建立学业警示机制，争取不让一个学生有学业挂科的情况，组织学生对学业成绩进行预判。

4. 加强考风考纪教育

引导学生诚信考试，杜绝作弊行为，形成优良考风；建立班级诚信档案，对考试作弊、抄袭作业和论文、伪造证明等各种诚信失范行为进行记录，作为学生思想鉴定、

推优入党和评先评优的重要依据。

三、工作要求与保障

（一）加强组织领导

学校将班级建设作为当前和今后一个时期加强和改进大学生思想政治教育，培育和践行社会主义核心价值观的一项重点工作，列为各学院学生工作考核的主要内容。各学院党委（党总支）加强对班级建设工作的领导，研究制定加强班级建设的实施细则，明确责任，细化落实，确保班级建设扎实推进。辅导员要切实担负起指导班级建设的重要职责，对所带班级建设负主要责任。班级建设情况列为辅导员考核的主要内容。

（二）构建长效机制

每学年组织开展班级达标考核，考核不达标的要限期整改，考核达标的方可参加校级“先进班集体”评选。各学院要积极探索班级建设的新思路、新途径，总结班级建设的好经验、好做法，宣传班级建设中涌现出的先进集体、优秀个人，努力构建班级建设工作长效机制。

四、解释与实施

（1）本办法由学工处（部）负责解释，各学院、班级负责组织辅导员、全体学生认真学习、践行。

（2）本办法公布后如与以前学校相关规定有悖的以此办法为主，本办法公布之日起开始实行。

4. 南昌理工学院学生校园文明行为规范章程

第一章 总则

第一条 为学习贯彻落实习近平新时代中国特色社会主义思想，全面落实立德树人根本任务，培养学生良好学习生活习惯，提高学生思想道德素养，促进学生健康全面发展，推动优良校风学风建设，依据《高等学校学生行为准则》《南昌理工学院学生管理规定》等规章制度，结合本校实际，特制定本章程。

第二条 本章程是学生学习、生活及从事其他活动的基本要求和行为指南，适用于本校所有学生。

第二章 思想品德修养

第三条 尊敬师长，团结同学，待人友善，乐于助人；讲话文明，不讲粗话脏话，礼貌待人，尊重他人，与同学和睦相处，不争执、不积怨，相互关爱，不做损害同学感情的事。

第四条 诚实守信，自觉养成诚实公正的品行，不欺瞒、不造假、不做有违诚实信用的事。

第五条 自觉维护公共秩序，自觉遵守教室、图书馆、实验室、食堂、学生活动中心等公共场所的相关制度，服从管理，不滋扰、不拥挤、不起哄。

第六条 不做违法乱纪的事，自觉遵守校园秩序管理制度。不打架斗殴，不藏匿、使用管制刀具，不赌博、不偷盗、不酗酒、不吸烟、不乱扔杂物，不随地吐痰，不观看、传播反动、淫秽书刊和声像制品，不玩黄色、暴力游戏。

第七条 不能阻碍甚至拒绝国家机关公务人员或学校管理人员依法或依学校的校规校纪执行公务。不能袒护违纪人员，或为其作伪证，或串供、订立攻守同盟。不能对检举人、证人进行威胁或打击报复。

第八条 遵守学校的门岗管理制度及班级的考勤制度。认真接受校院两级安全检查，积极配合，不与检查人员争吵。

第九条 积极参加社会实践和义务劳动，不怕脏、不怕累，培养吃苦精神和劳动观念。生活俭朴。不乱花钱，不攀比，合理有效使用奖助学金，不向家庭提出超越实际的生活要求。提倡勤工助学。

第三章 服饰礼仪举止

第十条 不翻越围墙、栏杆，不爬阳台、窗门；不下江、下河、下湖游泳；不到楼顶乘凉、游玩、晒衣服。

第十一条 爱护校园环境卫生，不乱涂乱画，不乱写乱贴，不乱丢乱扔，不乱摘

花草树木，不故意踩踏花草。不能撕毁或涂改学校、各学院或处室布告、通告等。

第十二条　主动加入班级QQ群或微信群，在学习、生活中如遇问题可通过本班级群寻求同学、老师的帮助，并做到不在群内发布低迷、庸俗、不积极、不健康的言语。

第十三条　积极参加班级、学院及学校组织的集体活动。不组织不参加非法组织和活动，影响班级、学校和社会安定团结及稳定。

第十四条　公共场所不奇装异发，不穿拖鞋，不穿超短裙、透视装或低胸服。

第十五条　树立正确恋爱观，不因恋爱纠纷做出伤害自己和别人的过激行为。

第十六条　每学年开学前交清学费、住宿费、书本费。交纳学杂费时，由本人到学校收费大厅交费，或将学杂费从银行直接转入南昌理工学院公账，并索取由江西省财政厅下发的加盖公安部门备案的南昌理工学院票据专业章的江西省学校收费专用收据。不委托班主任（辅导员）老师或其他人交费，否则，由此产生的一切后果由本人承担。

第十七条　不在校园内擅自从事无照经营活动。不参与非法经商活动。

第十八条　提倡文明用餐。自觉排队购买饭菜，不浪费粮食，倡导“光盘行动”，用餐后，主动将餐盘放置回收处。

第十九条　不隐匿、毁弃或私拆他人邮件。

第二十条　珍惜学校荣誉。不做有损学校荣誉的事，毕业时，文明离校。

第四章　学习生活纪律

第二十一条　遵守学校规定，按时上课，不迟到、早退，认真听讲、做笔记，不玩手机、不交头接耳，不扰乱课堂或自习秩序，影响他人学习。不带餐饮等食品进教室，离开教室清洁自己座位、抽屉。

第二十二条　遵守学校晨读晨练和晚自习规定，不无故迟到、早退、旷课，自习期间不随意走动喧哗或玩手机，认真参加大学生千日行动计划规定的各项活动。

第二十三条　按时完成作业，课前预习，严格遵守学校的考试纪律，杜绝舞弊，遵守作品和项目成果评价，努力宣传南理文化，不诋毁学校。

第二十四条　课余时间积极参与校内外各项竞赛及活动，在校期间积极加入学生社团组织，遵守学生群众性组织规章制度。

第二十五条　考试遵守考场纪律，不舞弊、不找人替考或替人考试，不与监考老师争吵。不抄袭他人科研作品、论文等。

第二十六条　严格遵守学校网络规定，正确使用网络，拒玩网络游戏，不在互联网上发布和转发传播谣言及有悖于中国特色社会主义制度等煽动性言论。不在网上泄露国家机密，发表反对四项基本原则、反对国家统一等反动言论以及发布恐吓言论。不在网上恶意攻击他人，损坏他人声誉，造成不良影响。不在网上浏览黄色、暴力等非法网站，传播相关内容。不在网上制造、传播病毒，从事破坏他人网站或电子邮箱，窃取他人密码等黑客行为。

第二十七条　不为了学业成绩、评奖、评优等向教师、干部、工作人员行贿。不因学习成绩、毕业就业等原因对教师、工作人员进行威胁恐吓、寻衅滋事。

第五章　寝室文明规范

第二十八条　不擅自到校外租房居住，遵守学校的住宿规定。

第二十九条　不在宿舍使用800瓦及以上大功率电器和其他违规电器；手机在充电时离易燃物品30厘米之外，并做到在寝室无人的情况下手机不充电，离开宿舍时关电关水。

第三十条　不在宿舍大声喧哗、打闹，影响他人休息。不带陌生人和异性朋友进宿舍；不在宿舍饲养宠物或创业；不在宿舍烹饪食物。按时作息，不晚归。

第三十一条　不损坏公共财产，爱护水电消防设备，不违规偷电、偷水。因供电线路问题停电，本人在宿舍自备应急电源，库存生活用水，不因线路问题停电、停水后向宿舍窗户外乱扔学校公共资产。

第三十二条　不能在寝室存放危险品（酒精、汽油，电炉，酒精炉，管制刀具等）、私接电线。不在学生宿舍内私贮货物（商品）并贩卖。寝室无人要关灯、关水。

第三十三条　不能从窗户向外乱扔垃圾、倒水等。不允许叫送外卖。

第三十四条　不能在宿舍内从事宗教活动，严禁酗酒、赌博。

第六章　附则

第三十五条　学生违反本章程，视情节予以违规登记、通报批评直至纪律处分。累计两次违规登记者，给予警告处分。对有严重违法、违规、违纪的学生，参照《南昌理工学院学生违纪处分管理办法（2020年修订）》执行。

第三十六条　本章程由学工处（部）负责解释。

第三十七条　本章程自公布之日起执行，同时取消执行《南昌理工学院学生校风校纪检查制度》《南昌理工学院学生日常管理考核办法》。

5. 南昌理工学院学生综合素质测评办法

第一章　总则

第一条　为全面贯彻党的教育方针，提高教育质量，引导和激励大学生全面发展，实现我校人才培养目标，对学生综合素质进行全面、科学的评价，根据《普通高等学校学生管理规定》和《高等学校学生行为准则》等有关规定，结合我校实际，特制定本办法。

第二条　本办法适用于南昌理工学院在籍在校接受普通高等学历教育的本科、专科学生（以下简称学生）。

第三条　学生综合素质测评是对学生各方面表现的综合测定和评价。设定的测评指标既是评价学生的基本依据，又是学生发展的导向目标。

第四条　学生综合素质测评坚持公开、公平、公正的原则，采取定量测评与定性评价相结合、过程测评与结果评价相结合、记实测评与民主评议相结合的方式进行，科学合理地反映学生综合素质状况。

第五条　学生综合素质测评的内容主要包括基本素质（A）、智育素质（B）、拓展性素质（C）三部分。综合素质测评总成绩（D）的计算公式为：$D = A \times 40\% + B \times 60\% + C$。

第六条　学生综合素质测评每学期测评一次，并依据本办法以班级为单位进行测评。

第七条　学生综合素质测评结果体现学生综合素质的相对水平，将作为学生各类奖助学金评定，各类评优评先、入党推优、就业推介等的重要参考依据。

第二章　基本素质测评

第八条　基本素质是指学生在思想政治素质、道德修养、学习态度、纪律观念、身心素质等方面应当具有的符合高等教育要求和时代特征的基本品质，是学生世界观、人生观、价值观及其行为表现等方面的综合体现。

第九条　基本素质测评采取“记实”和“评议”相结合的方式进行。基本素质测评成绩（A）由“记实”分值（A1）和“评议”分值（A2）构成，满分为 100 分。基本素质测评成绩（A）的计算公式为：$A = A1 \times 80\% + A2 \times 20\%$。

（一）“记实”分值

（A1）满分为 100 分。分值由思想政治素质、道德修养、学习态度、纪律观念、身心素质等五项分值相加构成，每项基准分为 20 分，结合日常管理记录，在每项基准分基础上采取减分方式计算得出该项的最后分值，每项累计减分不超过 20 分。

1. 思想政治素质

（1）测评内容：热爱祖国，拥护中国共产党的领导，坚持四项基本原则，努力学习马克思列宁主义、毛泽东思想、邓小平理论、“三个代表”重要思想、科学发展观和习近平新时代中国特色社会主义思想，学习党的路线、方针、政策和决议，关心时事，积极参加各项政治学习和活动，自觉加强政治修养。

（2）无故不参加学校组织的思想政治教育活动者，校级减 1.5 分 / 次、院级 1 分 / 次、班级 0.5 分 / 次。

（3）有违背四项基本原则言行，煽动闹事、组织非法游行集会、张贴大小字报、参加各类邪教组织，破坏安定团结、扰乱社会秩序者，该项不得分，并取消本学期一切评优资格。

2. 道德修养

（1）测评内容：努力践行社会主义核心价值观，自觉维护社会公德，举止文雅，文明礼貌，爱校荣校，爱护公物，诚实守信，尊老爱幼，乐于助人，热爱劳动，热心公益，勤俭节约，爱护环境等。

（2）不遵守《南昌理工学院学生校园文明行为规范章程》和《南昌理工学院学生28 项诚信承诺》者，视情节减 1~5 分；不文明行为被学校通报者减 1.5 分 / 次，被学院（部）通报者减 1 分 / 次；不参加学校组织的劳动或社会公益活动者，校级减 1 分 / 次、院级 0.8 分 / 次、班级 0.5 分 / 次。

3. 学习态度

（1）测评内容：学习态度端正，目标明确，习惯良好，有课堂笔记，注重课外自学和阅读。

（2）无故旷课减 1 分 / 节课；上课迟到、早退减 0.5 分 / 次；出现违反课堂纪律等违反学习纪律情况者，减 0.3 分 / 次；考试、考查成绩不合格者减 1 分 / 门。

4. 纪律观念

（1）测评内容：严格遵守国家法律法规和学校各项规章制度，自觉维护公共秩序；有团结协作精神，关心集体，积极参与各项集体活动，自觉维护集体荣誉等。

（2）受到学校警告、严重警告、记过、留校察看等违纪处分者，分别减 4 分 / 次、5 分 / 次、6 分 / 次、10 分 / 次；受通报批评者减 1.5 分 / 次；宿舍检查中，被学校通报较差的寝室，有主要责任人的，主要责任人减 0.8 分 / 次，其他成员减 0.4 分 / 次，无或无法确认主要责任人的，每人减 0.5 分 / 次；宿舍检查中，被通报使用违规电器的寝室，属寝室全体成员且未受到处分者，每人减 0.8 分 / 次，属个人且未受到处分者减 1.5 分 / 次，受到处分者，按处分等级减分；擅自校外住宿者，减 3 分 / 次；晚归者，减 0.5 分 / 次；夜不归宿者，减 1.5 分 / 次；无故不参加晨读、晚自习等学校、学院（部）、班级组织的非思想政治教育类集体活动者，校级减 1 分 / 次、院级 0.8 分 / 次、班级 0.5 分 / 次。

（3）参与有损于祖国尊严、荣誉、利益和危害社会秩序活动；违反国家法律、法

规，受到司法及有关部门处罚并被处以行政拘留者，该项不得分，并取消评定学期一切评优资格。

5. 身心素质

（1）测评内容：体魄健康，积极参加课外体育锻炼和体育竞赛活动，体育成绩达标；有较强的适应能力和心理调节能力，达观向上，人际关系和谐。

（2）体测不达标者（因身体特殊原因，经学校有关部门批准允许不参与体测者除外），减 3 分 / 次；无故不参加学校、学院（部）、班级课外体育锻炼、晨练、心理健康教育等活动者，校级减 1 分 / 次、院级 0.8 分 / 次、班级 0.5 分 / 次。

（二）“评议”分值

（A2）满分为 100 分。评议着重体现学生的世界观、人生观和价值观，体现学生的爱国主义精神、集体主义精神、团结协作精神和诚信品质。每学期初由各班成立的综合素质测评小组开展评议工作，通过先议后评，给每位学生打出“评议”分数，小组成员的平均分即为每位学生的“评议”分值。评议结果要在班级公布，报二级学院学生综合素质测评小组批准。

第三章　智育素质测评

第十条　智育素质测评由班级测评小组进行评定，根据该学期所修课程考试成绩和相应学分，按以下公式计算得出智育素质测评成绩（B）：

$$B = \sum(\text{课程成绩} \times \text{课程学分}) \div \sum\text{课程学分}$$

第十一条　测评学期有课程补考的学生，补考合格的课程成绩一律按 60 分计算，补考不合格的课程成绩按实际成绩计算。

第四章　拓展性素质测评

第十二条　拓展性素质测评是鼓励学生全面发展的重要导向性指标。主要对学生在学术科研、社会实践与服务以及文体活动等方面所取得的成绩进行评价，主要考察学生的职业技能、科技学术创新、社会实践、文体竞赛、文学艺术和组织能力等。以学生实际参与各类活动情况及所获得的荣誉、奖励等为主要测评依据。

第十三条　拓展性素质分采取记实加分的方式进行测评，各测评项目的测评内容及计分标准如下：

（一）职业技能类（C1）

（1）测评内容：学生通过英语、普通话、计算机等相关等级考试，以及其他参加职业技能培训且获取国家认可的职业资格证书等。

（2）计分标准：计分标准依照表 1，同一项目以最高分计，不累计加分。证书等级由二级学院学生综合素质测评小组审核，按照相关规定并结合证书获取的难易程度予以认定，获取证书学期予以加分，其他学期不再重复加分（获取证书学期未加分者除外）。

表 1 职业技能类计分标准

职业技能证书	Ⅰ（初）级 / Ⅱ（中）级 / Ⅲ（高）级 0.6/0.8/1.2	非英语专业 CET-4/6（英语专业 TEM-4/8）	2/2.4
全国计算机等级考试 1/2/3/4 级	0.6/0.8/1.2（计算机相关专业减半加分）	普通话水平一甲 / 一乙 / 二甲 / 二乙	1.2/0.8/0.6/0.4

（二）科技学术创新类（C2）

（1）测评内容：学生参加各类创新创业大赛、学科竞赛（包括大学生“挑战杯”竞赛、大学生数学建模竞赛、大学生电子科技竞赛，政府部门、专业学会等组织的其他科技学术类竞赛）；在公开出版的合法学术刊物上发表专业学术论文；获国家专利（含软件著作权）；获批大学生创新创业训练计划项目立项；参加创业实践活动（含创业项目孵化和个人在校内外创业）等。

（2）计分标准：计分标准依照表 2 和表 3，不同项目获奖可累计加分，同一项目获得不同等级的奖励，只计最高分。

表 2 学科竞赛、课外科技活动、发明成果和创新创业计分标准

（以教育部、人社部等部委统一规范的为准）

等级或结果	类别	国家级	省（部）级	校级	院级
特等奖	团体负责人	4	3	2	1.6
	团体其他成员	3	2	1.6	0.8
	个人	4	3	2	1.6
一等奖（金奖）	团体负责人	3	2.4	1.6	1.2
	团体其他成员	2.4	1.6	1.2	0.8
	个人	3	2.4	1.6	1.2
二等奖（银奖）	团体负责人	2	1.6	1.2	0.8
	团体其他成员	1.6	1.2	0.8	0.4
	个人	2	1.6	1.2	0.8
三等奖（铜奖）	团体负责人	1.6	1.2	0.8	0.4
	团体其他成员	1.2	0.8	0.4	0.2
	个人	1.6	1.2	0.8	0.4

续表

等级或结果	类别	国家级	省（部）级	校级	院级
优秀奖、鼓励奖等	团体负责人	1.2	0.8	0.4	0.2
	团体其他成员	0.8	0.4	0.2	0.1
	个人	1.2	0.8	0.4	0.2
创新创业训练计划项目等立项	团体负责人	2	1.5	1	0.6
	团体其他成员	1	0.8	0.6	0.4
	个人	2	1.5	1	0.6
创新创业训练计划项目等结题	团体负责人	2	1.5	1	0.6
	团体其他成员	1	0.8	0.6	0.4
	个人	2	1.5	1	0.6
创业实践	①创业项目入驻大学科技园，在入驻孵化期内，经相关职能部门审定，项目负责人加 2 分 / 项 / 学期，其他成员加 1 分 / 项 / 学期；②个人创业，凭营业执照，经相关职能部门审定，加 2 分 / 项 / 学期				
创新成果	获国家专利（含软件著作权）：①集体，负责人加 2 分 / 项，其他成员加 1 分 / 项；②个人，加 2 分 / 项				

表 3　学术论文计分标准

期刊类别 / 作者类别	专业核心期刊	专业一般期刊	合法的内部学术刊物
独著	3	1.5	1
合著（第一作者）	2.4	1.2	0.6
合著（其他作者）	1.2	0.6	0.3

（三）社会实践类（C3）

（1）测评内容：学生担任学生干部；获得“大学生年度人物”“最美大学生”“学习标兵”“三好学生”“优秀毕业生”“优秀学生干部”“优秀共青团干部”“优秀共青团员”等荣誉；积极参加公益活动和社会实践活动；在拾金不昧、见义勇为及其他精神文明建设活动中受到表彰；在社会实践中获得优秀团队或先进个人称号等。

（2）计分标准：计分标准依照表 4、表 5 和表 6，不同项目可累计加分，同一项目只计最高分。学生干部考核等级分为优秀、良好、合格和不合格四个等级；社会实践获奖第一作者按相应项计分，其他作者按相应项减半计分。其他情况参照相应标准酌情加分。

表 4　社会工作计分标准

社会职务	考核等级			
	优秀	良好	合格	不合格
学生会主席团成员、团委副书记（学生）、大学生自律委员会主任团成员	1.8	1.2	0.8	0
各部门正副部长（各工作室正副主任）、社团负责人、学生党、团支部书记，班长	1.5	1	0.6	0
各部门（工作室）干事、学生党、团支部委员、班委成员	1.2	0.8	0.5	0
寝室长	0.8	0.5	0.3	0

表 5　获荣誉称号计分标准

荣誉名称		等级			
		国家级	省（部）级	校级	院级
集体	负责人	3	2.4	1.6	1.2
	其他成员	1.5	1.2	0.8	0.6
个人		3	2.4	1.6	1.2

表 6　社会实践活动计分标准

项目		等级			
		国家级	省（部）级	校级	院级（社团）
优秀团队	负责人	1.5	1.2	0.8	0.6
	成 员	0.8	0.6	0.4	0.3
先进个人、优秀个人		1.5	1.2	0.8	0.6
调查报告或成果获奖		1.5	1.2	0.8	0.6
参加志愿服务活动或社会公益活动		0.6/ 次	0.5/ 次	0.3/ 次	0.2/ 次

（四）文体竞赛类（C4）

（1）测评内容：学生参加各级各类文体艺术竞赛获奖，包括国家级、省级、校级等部门组织或认可的文艺展演或竞赛、各级各类体育竞技比赛、演讲辩论赛、征文比赛等综合素质型竞赛活动。

（2）计分标准：计分标准依照表 7，不同项目可累计加分，同一项目只计最高分。

表 7　文体竞赛、综合素质型竞赛计分标准

获奖名称		等级			
		国家级	省（部）级	校级	院级
集体或个人奖	特等奖（破纪录）	4	3	2	1.6
	一等奖（一、二名）	3	2.4	1.6	1.2
	二等奖（三、四名）	2	1.6	1.2	0.8
	三等奖（五名至最后获奖名次）	1.6	1.2	0.8	0.4
参与奖、鼓励奖、纪念奖等		1.2	0.8	0.4	0.2

（五）文艺作品类（C5）

（1）测评内容：学生在合法媒体上通过文字、视频、图片等形式发表文学、艺术、新闻作品等。其中，报刊应该具有 CN 刊号和国际标准号（ISSN 号），或有相关部门审批的内部准印号；网站应该是国家党政部门，专业学会，学校、学院（部）和职能部门的门户网站。

（2）计分标准：计分标准依照表 8，不同作品可累计加分，同一作品被不同媒体发表或转载的，只计最高分；集体合作作品的第一作者按相应项计满分，其他作者按相应项减半计分；集体合作作品若第一作者为教师，则排名第一的学生作者可认定为第一作者。学院（部）学生工作领导小组根据作品的质量、媒体级别和权威性，依据计分标准确定媒体发表作品的具体加分值。

表 8　发表文学、新闻等作品计分标准

等级作品项目	国家级媒体和官网	省级媒体和官网	地市级媒体和官网	学校职能部门主板媒体或官网	学院（部）媒体或官网
文艺作品类	1.5	1.2	0.8	0.6	0.4
新闻宣传类	0.8	0.6	0.4	0.3	0.2

第十四条　各类奖项级别认定参照我校大学生学科竞赛相关管理办法执行，难以认定的由二级学院学生综合素质测评小组裁定。

第十五条　拓展性素质测评由个人自评和班级测评小组共同进行评定，由学生本人提供证明材料并自评，经班级测评小组核查评分后，报二级学院审核。各分项累计所得总分即为拓展性素质测评成绩（C），其计算公式为：C = C1+C2+C3+C4+C5。

第五章　组织与实施

第十六条　学校成立学生综合素质测评工作领导小组，组长由学校分管学生工作的校领导担任，成员由学工处（部）、教务处、就业处、团委、二级学院等部门负责人组成。下设办公室，挂靠校学工处（部），办公室主任由学工处（部）分管思政工

作的领导担任。统一领导全校学生综合素质测评工作，各二级学院学生综合素质测评小组负责具体组织实施。每学期开学后一个月内完成。

第十七条　班级成立综合素质测评小组，组成人员为5~7人（成员总数为单数），辅导员（班主任）任组长，班长、团支书任副组长，成员由全班同学民主推选产生。

第十八条　学生综合素质测评程序如下：

（1）学生本人根据本办法对“拓展性素质”项进行自评，并提供加分项的原始证明材料，所有材料必须真实有效，不得提供虚假材料。凡在综合素质测评中弄虚作假者，一经查实，除视情节给予批评教育或纪律处分外，将在其综合素质测评总成绩中直接扣5分，并取消评定学期一切评优资格。

（2）各班综合素质测评小组在学生自评的基础上，对“拓展性素质”测评进行逐一评分，对相关证明材料进行审查，并对“基本素质”及“智育素质”的测评结果进行审核评定。

（3）班级初评结果公示时间不少于3天。学院（部）负责对各班级综合素质测评结果进行审核评定，并报学生工作部（处）备案。

第十九条　学生综合素质测评工作的过程和结果，事关学生的切身利益，关系学生工作整体水平的提高和学校培养目标的实现，各学院（部）要建立、健全各项考核管理制度，使学生综合素质测评工作有章可循，有据可依，做到公开、公平、公正，充分发挥学生综合素质测评的育人功能，维护广大学生的利益。

第六章　附则

第二十条　依据本办法，各二级学院可根据本学院的实际情况制定具体的实施细则，并经本学院党政联席会议通过后，报学生工作部备案。

第二十一条　本办法自发布之日起施行，原《南昌理工学院学生综合素质测评暂行办法》废止。

第二十二条　本办法由学校学工处（部）负责解释。

6. 南昌理工学院学生文明公约

一、传承航天精神，培育南理特质。以实际行动做南理人的形象代表，做现代文明的使者。

二、踏实主动学习，培养创新精神。遵循“实”字校风，端正学习目的，心无旁骛，主动学习，勇于创新，积极实践。

三、遵守社会公德，树立良好形象。公共场所保持肃静，不喧哗，不妨碍他人工作、学习；文明就餐，不吸烟，不酗酒；文明使用网络，自觉抵制不良信息，不传播淫秽视频和图片，不观看淫秽网站，文明上网；遵守公共道德，男女交往文明。

四、举止大方文明，倡导社会新风。仪表端庄、服饰整洁；待人礼貌，尊敬师长、尊重他人，乐于助人，团结友爱。

五、遵守校纪校规，规范个人习惯。遵守课堂纪律，不迟到，不早退，不旷课；树立诚信意识，恪守学术道德，不抄袭，不作弊，不剽窃；遵守宿舍管理，按时作息，不晚归，不使用违章电器，不留宿校外人员，不在校外租房住宿，不在学生宿舍叫、送外卖。

六、关心学校发展，爱护校园环境。热爱学校，维护学校利益；爱护公共设施，爱护花草树木，珍惜环境资源。

七、注重勤俭节约，积极参加活动。关心集体，热爱劳动，积极参加社会实践；生活节俭，不乱花钱，合理有效使用奖助学金，不向家庭提出超越实际的生活要求。

八、遵纪守法，争做合法公民。倡导健康的生活方式，远离“黄、赌、毒”。

九、内强自身素质，争做文明先锋。努力提高个人综合素质，保持心理健康，提高适应能力，增强安全意识，防止意外事故，全面成长成才，争做“健康、文明、积极、上进”的新一代大学生。

7. 南昌理工学院学生 28 项诚信承诺书

本人________，系南昌理工学院________学院___级______专业___班学生，电话：_________

房间号：______，身份证号码：________________________。

监护人	姓名	政治面貌	工作单位	职 务	家庭住址	联系电话
父亲						
母亲						

序号	类别	本人郑重诚信承诺：努力成为思想好，基础实，有较强学习能力、实践能力和创新精神，人格健全的高素质应用型人才。在校学习生活期间，认真学习《走进我们的大学》---南昌理工学院学生管理服务文件中的相关内容，认真阅读2023级每位新生人手一份的“大学生服务指南”中的相关政策，严格遵守南昌理工学院的各项规章制度。具体承诺如下：
1	行为规范类	遵守国家宪法和法律、法规，遵守南昌理工学院规章制度，不参与违反四项基本原则、影响国家统一和社会稳定的邪教和封建迷信等活动，不传播谣言和其他不当言论；努力宣传南理文化，维护学校声誉和形象。
2		热爱祖国，服务人民。弘扬中华传统美德。努力践行社会主义核心价值观：富强、民主、文明、和谐，自由、平等、公正、法治，爱国、敬业、诚信、友善。
3		遵守国家和学校关于网络使用的有关规定，文明使用互联网，不登录非法网站和传播非法文字、音频、视频资料等，不编造或者传播虚假、有害信息；不攻击、侵入他人计算机和移动通讯网络系统。
4		按时缴费、注册。每学年在规定时间内缴纳学费、住宿费，教材费等费用，本人亲自到学校收费大厅缴纳相关费用，或采取直接通过银行或南昌理工学院校园网统一支付平台方式转入南昌理工学院公账，教材费可通过以上方式转入指定第三方，取得国家税务局通用机打发票。不委托其他任何人交费，否则，由此产生的一切后果由本人承担。
5		遇到困难或问题，第一时间电话或以书面形式报告辅导员，若辅导员暂时无法解决，可越级报告。发现和遇到安全隐患问题，第一时间报告辅导员，并报告学校安全保卫处。
6		诚实守信，严于律己。不酗酒，不在公共场所吸烟，不打架斗殴，不赌博，不吸毒，不传播、复制、贩卖非法书刊和音像制品；不参与任何网贷、非法传销；不倒卖自己身份证注册的手机号、银行卡等实名认证的个人信息物品；不从事或者参与有损大学生形象、有悖社会公德的活动。不使用或藏匿管制刀具等法律明令的违禁物品。
7		如果本人未满十八周岁，来校报到后，第一时间联系本人监护人，每学期到校报到第一周内将该承诺书寄回家中，让其监护人签署“委托学生所在班级辅导员进行监管”意见，并提交监护人证明或由本人户口所在地公证处公证后，通过邮寄的方式寄回学校，交予相应部门存档。本人来校报到时，必须在报到地点下载“公安部反诈 APP”，同时接受辅导员检查，避免个人财产遭受损失。
8		积极参加文体活动，保持身心健康；在校内游泳池游泳，需到学校教务处培训科报名，参加统一培训后，在有专业教练员看护情况下进行。严格遵守学校关于禁止学生私自下江、河、湖、海游泳的规定。

续表

9	行为规范类	遵守学校一卡通管理制度。进出校门、宿舍自觉接受门卫、宿管检查，按照门岗管理要求做好个人信息登记。
10		遵守请假销假制度，请假经批准后方可离校。
11	文明修身类	尊老爱幼，孝敬父母，尊敬师长，关心同学，文明礼貌，团结友爱，与老师见面点头微笑，遇到佩戴南理校徽胸章的专家和教师主动问候“老师好”。
12		在公共场所讲普通话，穿戴得体，不穿拖鞋、背心进教室和实训室，不随地吐痰，不乱扔垃圾，不大声喧哗；积极做保护校园环境的卫士，及时制止校园不文明行为。
13		树立正确的恋爱观，不因感情纠纷做出伤人害己的过激行为。生活中遇到困难，树立战胜困难的信心和勇气，积极借力解决；不因遇到问题，重复去想相同的问题增加自己的压力，加大心理负担，影响自身持续发展。
14		加强自身修养。养成学习业务知识项目实践、反复钻研专业领域的好习惯。不玩黄色、暴力游戏，不浏览黄色网站，不看色情书刊、光盘、视频。
15		保持宿舍、教室等公共场所墙面、地面的卫生整洁，不乱丢乱放，不乱涂乱画，按自己的班级学号对应座位的良好秩序。
16		不攀爬阳台和窗门；乘坐电梯或上下楼梯时，按先后顺序排队。前进往右，礼让在左，礼让来校访学、考察的专家来宾。
17		有序排队，文明用餐，按规定将餐盘放置回收处，并清理餐桌。勤俭节约，不铺张浪费。不使用塑料餐盒等白色污染物。
18		乐于助人，积极参加志愿者服务活动；热爱劳动，积极参加班级活动和公益活动，积极参加科技活动。
19	学习类	学生应遵守学校学籍管理规定，在校期间（本科标准学制四年，专科标准学制 3 年），认真参加专业人才培养方案内的课程学习并取得学分，完成实践能力培养要求；按专业人才培养要求参加专业实习（实习时间按各专业培养方案执行，可参加学校统一安排的集中实习，也可申请自主实习，但自主实习岗位必须与专业相关，且学生自主实习期间安全责任由学生本人承担），按时保质完成毕业论文（设计）；积极参加课外活动和各项学科专业竞赛，积极参加学校职业技能培训中心组织的各类职业资格及职业水平能力测试证书的公益性培训；达到毕业要求和学士学位授予条件（本科），则颁发毕业证书和学士学位证书。
20		刻苦学习，认真完成学业。做好课前预习，按时完成课后作业；遵守课堂和考试纪律，尊重自己及他人的作品和项目成果。积极参与案例讨论、分析，每月至少两次以上。积极参加小组课内外讨论。遵从学术规范，恪守学术道德，不作弊，不剽窃。
21		勤勉好学，不断提高自主学习能力，充分利用好课后业余时间，利用图书馆、实训室、网络进行自学。积极参加大学生创业孵化项目和创新创业活动。

续表

22	学习类	遵守班级班会制度，按时参加辅导员召开的班会，不迟到，不早退，不缺席，服从班级管理和班干组织。
23		积极参加课外活动，参加 1 个以上的学生社团，并遵守学生社团的规章制度。
24		遵守课堂纪律，不迟到、不早退。按照考勤制度，认真登记本人上课的考勤记录；不带食品进入教室，下课清洁自己座位，确保地面没有灰尘。
25	宿舍管理类	保持良好作息习惯，营造和谐宿舍环境。实行倒查机制，每天白天查前一天晚上 11 点至第二天早上 6 点的监控，每天晚上 11 点关闭寝室，按时作息，养成良好的生活习惯，夜间不喧哗吵闹；自觉保持宿舍卫生，物品摆放整齐，宿舍窗外不悬挂物品。保存好自己的身份证、学生证等重要证件，如被人冒用，自愿承担相应的经济法律责任。
26		爱护学校资产。不损坏宿舍楼栋内公共设施，禁止向宿舍窗户外乱扔物品。及时上报宿舍维修报修单，积极创造良好的生活环境。
27		提高安全意识，杜绝安全隐患。保管好贵重物品，以防财产丢失。远离明火、易燃易爆品，规范用电，确保安全。不在宿舍使用违规用电器；给手机充电时远离易燃物品，在宿舍无人的情况下不给手机等电子产品充电。
28		爱护消防设备，杜绝偷电、偷水以及盗用网络信号等违规行为。

备注：学生签本承诺书时应仔细阅读再签名按手印，为了便于学生日常学习、生活及日常的跟踪考察，此承诺书一式四份（学工处（部），二级学院学工科，二级学院辅导员，学生本人各执一份），签完后统一上交学工处（部）备案。

时间：______年____月____日

学生本人签名：__________

8. 尊重生命　热爱生命　让生命充满意义承诺书

我们是南昌理工学院____________学院_______级_______专业_____班的学生，通过学校开展的生命教育，提高了我们对生命形成科学的认识，进一步了解了生命的意义，懂得了尊重生命、热爱生命，对生命的价值有了全新的理解。作为新时代的大学生，我们在校期间郑重承诺：

（1）要深刻体会每个人的生命体都不是凭空出现的，而是在自然的恩惠下，在社会和家庭的关系中成长起来的。能够来到这个世界是件多么幸运的事，要怀着感恩之情过好每一天。

（2）要进一步提高尊重生命、热爱生命的意识。因为生命来之不易，所以不能随意漠视、践踏和伤害，而是要尊重和热爱，享受生命带给我们的各种体验。同时，要尊重生命的独特性，以一种宽容态度来接纳自己与他人。

（3）要树立远大的理想与崇高的信念，提高人生价值的探索能力，正确认识自己，认真对待自己的生活，让生命充满意义。不断努力地完善自己，实现自我价值的超越。生命无比珍贵，有限的生命里实现自我价值的超越是每个人享有的具体权利与义务。

（4）要充分认识生命的尊严、伟大及人之为人的意义和价值，以自身内在生命力量去突破困境、超越忧患；逆境挫折是属于生命的，是人生的一部分，无法选择更无法逃避。要增强面对困难的勇气和接受客观事实的态度，提高战胜挫折克服困难的能力，从而拓宽人的生命情怀，丰富人的生命情感，净化人的心灵，提升人的精神境界。

（5）要对自己和家人负责，还要对社会、国家负责。要珍惜自己的生命，不轻易践踏，积极投身于学习、生活中，实现自己的人生价值；要孝敬父母，体会为人父母的不易，以自己的出色表现和优异成绩回报父母的养育之恩；要尊重他人，与人为善，团结互助，正确处理人与人之间、人与环境之间、人与社会的关系；要在全面建设社会主义现代化国家新征程中贡献力量，把祖国富强、繁荣昌盛作为自己奋力拼搏的动力，主动承担历史赋予的使命，将自己的学识转化为生产力，报效祖国。

（6）要遵纪守法，不发生游戏、交通、消防、溺水、饮食、坠楼等安全事故，不吸烟、不玩火、防火防盗，不爬树、不爬电线杆，不参加电信网络诈骗，不到危险的地方去。积极加强体育锻炼，严格遵守防疫规定，确保我们的生命和财产安全。

承诺人（签名手印）：__________

时间：_____年___月___日

9. 防范电信网络诈骗八个“凡是”要牢记

（1）凡是要求垫付资金做任务的兼职刷单，都是诈骗！

（2）凡是宣传“内幕消息、稳赚不赔、高额回报”的投资理财，都是诈骗！

（3）凡是宣称“无抵押、无资质要求、低利率、放款快”的网贷广告，要求提供验证码或先交“会员费”“保证金”“解冻费”。以及转账刷流水的，都是诈骗！

（4）凡是自称电商、物流平台客服，主动以退款、理赔、退换为由，要求提供银行卡和手机验证码的，都是诈骗！

（5）凡是自称公检法工作人员，以涉嫌相关违法犯罪为由，要求将资金打入“安全账户”的，都是诈骗！

（6）凡是自称“领导”主动申请添加QQ、微信等社交账号，先嘘寒问暖关心工作，后以帮助亲属朋友为由让转账汇款的，都是诈骗！

（7）凡是以各种名义发送不明链接，让你输入银行卡号、手机验证码和各种密码的，都是诈骗！

（8）凡是通过社交平台添加微信、QQ拉你入群，让你点击链接、下载APP进行投资、退费的，都是诈骗！

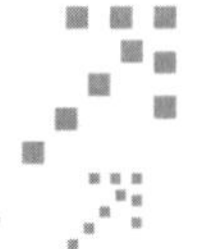

10. 南昌理工学院班级学生干部选拔任用与管理办法

第一章　总则

第一条　为进一步加强和改进班级学生干部的选拔任用与管理工作，推进其科学化、规范化和制度化，着力建设一支政治素质高、工作能力强和服务意识浓的班级学生干部队伍，特制定本办法。

第二条　班级学生干部是班级团学工作和学生自我管理、自我教育、自我服务、自我监督的骨干力量，在组织、引导、服务青年学生和维护青年学生权益中起着骨干与桥梁纽带作用。

第三条　班级学生干部是学校各项工作在班级学生中的组织者、协调者和执行者，是师生间联系的桥梁与纽带，是学生思想政治工作与管理服务工作的助手，是学生工作队伍的补充和延伸。

第二章　岗位设置及职数配备

第四条　班级学生干部岗位按照“精简机构、锻炼干部、服务学生、方便高效”的原则进行设置。

第五条　班级学生干部岗位设置：班长、团支部书记、副班长（兼安全委员）、学习委员、纪检委员、宣传委员（兼组织委员）、生活委员（兼心理委员）、文体委员、劳动委员各 1 人。班级学生干部岗位设置和职数配备最终由辅导员根据班级学生人数的多少决定。

第三章　班级学生干部的权利和义务

第六条　班级学生干部享有下列权利：

（1）代表学生参与学校、学院、班级教学、管理和服务工作，加强与学校、学院有关部门、科室的沟通；

（2）向学校、学院各级党政组织反映学生的要求、建议和意见，并获得答复；

（3）组织学生开展自我管理、自我教育、自我服务活动；

（4）参加各类班级学生干部培训；

（5）《普通高等学校学生管理规定》规定的学生依法享有的其他各项权利。

第七条　班级学生干部必须履行下列义务：

（1）自觉维护学校、学院的稳定和改革与发展大局，模范遵守法律法规和校纪校规。在思想、学习、工作、生活等各方面以身作则，发挥模范表率作用；

（2）及时传达贯彻学校、学院的决定和要求；

（3）及时向学校、学院各级党政组织反映学生的思想动态、要求、建议和意见；

（4）认真履行职务职责，高质量、高水平地开展工作；

（5）《普通高等学校学生管理规定》规定的学生依法履行的其他各项义务。

第四章　班级学生干部的选拔和任用

第八条　班级学生干部任职条件：

（1）坚持党的路线、方针、政策，政治上与党中央保持高度一致，坚决执行学校的工作部署，模范履行学生的各项义务，严格遵守学校各项规章制度，无违规违纪等处理记录。

（2）具有胜任本职位的领导、组织、协调能力、文化水平和专业知识；具有较强的事业心、责任感、服务意识和奉献精神。

（3）学习刻苦，成绩优良，近一学期内学习成绩不低于班级半数，同等情况下成绩优异者优先考虑。

（4）具有扎实的工作作风和较好的群众基础，朝气蓬勃又脚踏实地，求真务实而勇于创新，热心为班级同学服务，自觉接受广大师生的监督。

第九条　班级学生干部选拔任用应坚持下列原则：

（1）民主集中制原则；

（2）德才兼备、以德为先原则；

（3）同学公认、注重实绩原则；

（4）公开、平等、竞争、择优原则。

第十条　班级学生干部选拔程序：

（1）通过个人自荐、同学推荐或辅导员推荐产生班级学生干部预备人选；

（2）辅导员或班主任采取民意测验的方式并结合平时掌握的情况确定候选人名单；

（3）在全班范围内进行民主选举，并当场公布选举结果；

（4）由辅导员或班主任根据选举结果确定学生干部名单，报学院学工科备案，学校学工部、团委下发聘任通知并颁发证书。班级学生干部原则上每学年改选一次。

对于大学一年级新生，班级学生干部可以由辅导员或班主任根据学生档案资料、个人自荐情况及入学后的考察等临时指定。临时班级学生干部的任期原则上不超过三个月。之后，要按规定程序进行改选。

第十一条　班级学生干部有下列情形之一者，不宜再担任学生职务，应自动辞职：

（1）违反国家法令、法规和校纪校规，造成不良影响，受到通报批评以上处理和处分者；

（2）在任职期间一学年有两门以上专业主干课程或基础课不及格者；

（3）在工作中拉帮结派，闹不团结、互相拆台，使工作不能顺利开展者；

（4）以职权谋取私利，经教育不改或者产生民怨者；

（5）因个人提请原因不能再担任相关职务者；

（6）因个人能力原因不能再担任相关职务者；

（7）因个人修养和道德水准低下，在学生中造成不良影响者；

（8）从事与其班级学生干部身份不符的活动，严重损害集体利益和信誉者；

（9）学校规定的其他不能担任班级学生干部情况等。

第十二条　班级学生干部自动辞职程序如下：

（1）学生干部提出辞职报告，交辅导员或班主任；

（2）辅导员或班主任接到学生干部辞职报告后，应召开班委会讨论，对确有第十一条所列情形之一的学生干部，准其辞职，并报上级组织备案。

第十三条　根据第十一条规定，学生干部应该辞职而不辞职的，辅导员或班主任通过程序将其免职或撤职。

第十四条　有下列情形之一的，在校期间不得录用为学生干部：

（1）考试作弊被同学举报被证实的，或受到纪律处分的；

（2）其他违纪行为受到学院或者学校警告（含警告）以上处分者；

（3）未经学校批准私自在外租房或有男女同居行为者；

（4）未经批准私自离校超过 24 小时者；

（5）组织同学从事违纪行为或者怂恿同学从事违纪行为或扰乱教学秩序行为的；

（6）有其他违纪行为被证实者或者因违法行为被公安机关调查者。

第五章　班级学生干部的职责

第十五条　班长职责：班长是全班同学的领头羊，肩负着带动全班同学发展进步的重要责任，组建好优秀的班干部团队，班上形成良好的班风建设。自身必须各方面严格要求自己，起到表率作用。

（1）负责制定并落实本班工作计划，做好月度、学期、年度工作总结。组织协调各班委的工作，每 2 周召开一次班委会议；

（2）组织召开每月 1~2 次的主题班会；组织开展本班的各项评先评优工作。

（3）强化班级纪律，树立良好班风，形成班级向心力，保证教学秩序，维护集体荣誉。

（4）及时全面传达学院各项政策，保质且迅速地完成各项工作；

（5）调动同学的积极性，组织开展对同学切实有益的各项活动；

（6）及时了解班级同学的思想动态和各种突发情况，第一时间向辅导员反映、汇报。

第十六条　团支部书记职责：团支部书记是支部思想政治工作的第一负责人，及时了解同学当中的思想动态，把握方向，并配合班长管理班级的各项事务。

（1）了解掌握团员学生的思想、工作和学习情况，发现问题及时研究解决，做好经常性的思想政治工作；

（2）负责召集支部委员会和支部团员大会，结合团支部的具体情况，及时传达和组织学习党组织和上级组织的决议和指示；

（3）班长、支书配合，组织开展具有班级特色的主题团日活动；

（4）按照上级团委的要求组织开展好团员评议和“五四”表彰工作；

（5）严格执行推优流程，在支部中做好入党动员、党校报名、宣传、学习工作；

（6）按照上级团委要求，开展基层团组织建设日常工作，填写团支部工作手册，管理班级学生社团、组织策划社会实践活动。

第十七条　副班长（兼安全委员）职责：

（1）协助班长处理班委会的工作，班长不在班级时代行班长职权；

（2）积极参加学校组织的安全委员培训，自觉遵守学校安全管理的各项规章制度以及学习各类安全防范知识；

（3）带头遵守和宣传学校安全管理的各项规章制度和要求；

（4）广泛宣传防火、防盗、防电、防溺水以及交通安全、人身安全、食品安全、消防器材使用等安全常识；

（5）维护班级安全秩序，校园或班级若发生突发安全事件，应及时向辅导员报告；

（6）及时发现并报告校园或班级的门窗等设施的安全状况，协助学校做好大型活动的安全监督工作；

（7）善于发现并协助辅导员调解、处理本班同学之间的纠纷和矛盾。

第十八条　学习委员职责：

（1）要成为班级良好学风的带头人。了解并解决学生中学习上的问题，协助有关部门抓好学风建设；

（2）认真完成自己的本职工作，课后拿教学日志给任课老师签字，协助其他班干管理班级制度等各项工作；

（3）要在老师和同学之间担当信息传递的枢纽。对于同学们学习中存在的疑难问题及班级的学习动态要及时向任课老师汇报，以便老师更有针对性地进行教学，做到教学相长，提高学习效率；

（4）及时关注各种证书考试的信息，为同学们的各种考级取证做好组织、报名、复习等服务工作。如英语的四、六级考试，计算机等级考试，学习委员要定期关注这些有关消息，把信息及时准确地通知给每个同学；

（5）积极组织开展各种知识性、趣味性、科技性活动，举办各类学习知识竞赛及辩论赛等；

（6）负责全班同学课内、期末统考科目学习活动的组织、指导工作；负责考试后统计各个学科成绩，统计每一个人总成绩，统计全班各学科的平均分和总平均分。

第十九条　纪检委员职责：

（1）负责维持好课堂学习、集会等班级活动的纪律秩序；

（2）加强对同学们的纪律教育，加强班级的纪律规范建设；

（3）负责全班同学的考勤，严格执行考勤制度，敢于负责，不徇私情，做好考勤记录，并及时向班主任汇报旷课同学情况。

第二十条　宣传委员（兼组织委员）职责：

（1）积极主动地做好宣传鼓动工作，充分利用宣传手段做好思想上的引领；

（2）做好学校或学院重大活动的宣传工作，做好团支部的宣传报道工作；

（3）配合院团总支、学生会宣传部做好工作。

（4）负责本支部组织状况，按期完成团籍转接、注册等日常管理工作；

（5）协助团支书定期组织开展班团主题活动的设计、组织、考勤工作；

（6）负责团费收缴，团籍注册的办理手续；协助填写团支部工作手册；

（7）积极配合其他班委的工作。

第二十一条　生活委员（兼心理委员）职责：

（1）及时向上级有关部门反映学生对食堂、后勤生活管理的意见和本班同学生活情况；

（2）负责班费的收缴与管理工作（按每学年向学生收取 50~100 元标准收取），建立班费使用情况清单和管理办法，班费使用清单定期向全班同学公布；

（3）了解本班的贫困生工作，包括建立档案、办理助学贷款、安排勤工岗位，参与国家助学金的评选工作；

（4）认真学习心理健康知识，积极参加各种培训和交流活动，不断提高工作能力和专业水平；

（5）向本班学生宣传心理健康知识，帮助他们树立科学的健康观念，掌握心理调适的基本方法；

（6）主动关心本班同学，与他们保持良好的人际关系，耐心倾听同学们的心里话，主动帮助同学疏导解决日常的心理问题并为其保守秘密；

（7）全面深入地了解并掌握本班同学的心理健康状况，发现异常情况及时向辅导员、心理咨询中心的老师或主管领导报告；

（8）结合班级特点，有针对性地开展一些团体辅导与主题班会，提高同学们的心理素质，增强班集体的凝聚力；

（9）落实学院心理健康教育与咨询中心统一安排的各项具体工作，协助有关教师举办心理健康讲座，上好心理辅导课。

第二十二条　文体委员职责：

（1）协同班长开展班级文娱活动，每学期开展至少两次的班级文娱活动；

（2）协助校、院等相关部门开展学生文化活动，如歌唱比赛、迎新晚会等；

（3）关心和了解同学的兴趣爱好，做好登记工作，并发掘文艺特长分子，组织他们带动班上同学，丰富课余生活；

（4）积极倡导“每天锻炼一小时，健康工作五十年”阳光体育运动精神，协同班长开展班级体育活动，每学期至少两次的班级体育活动；

（5）协助校、院等相关部门开展学生体育活动，如篮球赛、足球赛等；

（6）关心和了解同学在各项体育活动中的专长，做好登记工作，并发掘体育专长分子，组织他们带动班上同学，丰富课余生活；

（7）搞好运动会的后勤工作，协助体育老师上好体育课。

第二十三条　劳动委员职责：

（1）组织全班同学参加校、院组织的卫生大扫除、公益劳动，抓好寝室卫生，搞好卫生检查评比工作，创建文明寝室；

（2）配合班、团支书对同学进行劳动观念、勤俭节约和爱护公物的教育，培养同学养成良好的生活习惯；

（3）安排好学生食堂值勤和卫生包干区的值日，督促学生保质保量完成；

（4）做好各项活动的后勤工作。

第六章　班级学生干部的培养教育

第二十四条　班级学生干部归口管理单位要结合学生干部的成长规律与实际需求，从增强政治素质、提升思想境界、优化能力结构、锤炼个人作风等方面着手，通过教育培训和实践锻炼，着力提升学生干部的信念、品格、视野和能力，努力培养和造就一支政治可靠、本领过硬、作风扎实、自律严格的班级学生干部队伍。

第二十五条　培养教育的途径：

（1）教育培训。建立校、院两级班级学生干部培训机制，建立健全学生干部培训制度，各级各类培训班每学年至少举办一次。

（2）实践锻炼。积极创造条件，为广大学生干部参与社会实践创造条件。组织学生干部参加社会帮扶、志愿服务、“三下乡”等社会实践活动，在实践中提高素质、锻炼能力。

（3）推优推荐。建立优秀班级学生干部的推优、推荐机制，积极创造条件将优秀班级学生干部推荐到校内外的交流、参访、培训等活动中。

（4）交流研讨。建立班级学生干部工作交流平台，鼓励班级学生干部结合工作实际积极进行理论探讨和工作创新，定期举办班级学生干部的工作经验交流会，搭建班级学生干部工作交流学习、分享工作经验、及时反馈信息的平台。

（5）关心班级学生干部日常的工作、学习和生活，坚持解决思想问题与解决实际问题相结合，积极为他们的成长和成才创造条件。

第七章　考核

第二十六条　班级学生干部的考核：

（1）考核原则：坚持“实事求是、客观公正、按职考核、注重实绩、师生公认”的原则。

（2）考核办法：学生干部的考核实行学期考核和学年考核相结合的办法。学年考核是对学生干部一学年内履行岗位职责和完成任期目标情况，及学年内在德、能、勤、绩等方面任期内的实际表现情况进行的考核。学期考核由辅导员或班主任根据平时工

作记录，结合实际情况自行安排，作为学年考核依据。

（3）考核结果：考核分为优秀、称职、不称职三个等级。

（4）结果运用：考核结果作为学生学年鉴定、“三好学生”（“优秀学生干部”）、“优秀团员”（“优秀团干部”）及各项先进个人（集体）评比、奖学金评比、推优入党、学生综合素质测评加分等的重要依据。

第八章　附则

第二十七条　本办法由学工处（部）、校团委负责解释。

第二十八条　本办法自公布之日起施行。

中共南昌理工学院委员会学工处（部）　共青团南昌理工学院委员会

2019 年 3 月 27 日

11. 南昌理工学院学生宿舍（公寓）管理规定

学生宿舍是学生学习、生活、交友、休闲的重要场所，是学校对学生进行思想政治教育和素质教育的重要阵地，是展示高校校园文明成果的重要窗口。为了加强学生宿舍（公寓）基础文明建设和管理、教育、服务的育人工作，为使工作的常态有序化，根据《高等学校学生行为准则》《高等学校校园秩序管理若干规定》《普通高等学校学生管理规定》（教育部第 41 号令）的精神，结合我校实际、特制定本规定。

第一章　组织机构与职责

第一条　为加强和改进大学生思想政治教育和管理工作，搞好思想政治工作进宿舍（公寓），进一步落实党团学干部、宣传文化阵地进公寓。学校学生工作委员会和学工处（部）具体落实思想政治工作进公寓（宿舍）的各项工作。

第二条　宿舍（公寓）的学生教育管理、固定资产管理、学生用品联系、与学生学习生活的日常管理服务工作由学工处（部）门负责；公寓（宿舍）的设备维修，用水、用电、门窗安全监管由后勤部门负责；宿舍（公寓）涉及的黄、赌、毒、邪教等安全稽查由保卫处负责；各学院（部）按学工部门的管理职责和要求，负责本学院（部）学生宿舍（公寓）的管理和学生的教育管理工作；辅导员、班主任在学工处（部）、学院（部）领导下，具体落实班级学生宿舍（公寓）的各项管理工作。

第三条　学生寝室是落实学生思想政治工作和素质教育的基本单位和着力点。要创新学生教育管理模式新方法，由学工部门组织开展独具特色的“学生星级寝室”评比和“学生特色寝室”评比方法，以学生寝室为单位，以寝室评比活动为载体，每学期对寝室教育管理工作中做出成绩的先进单位及“五星级寝室”和个人进行表彰宣传。

第四条　学校学生宿舍（公寓）委员会是指导学生进行自我教育、自我管理、自我服务的组织。学生宿舍（公寓）委员会指导各学生楼栋委员会工作。各栋栋委员会下设层长、寝室长、协助学院、班级抓好寝室学生教育管理工作。学生文明督查大队是学工处（部）领导下的维护校园内（以学生公寓、宿舍为主）学生纪律、秩序和安全、文明行为的学生组织。

第二章　住宿管理

第五条　学生宿舍（公寓）住房、床位由学生工作职能部门宿管中心统一计划，统一管理。学生入学住宿应按规定缴纳住宿费，并办理住宿手续。

第六条　学生办理住宿手续的程序。

（一）新生入学办理住宿手续的程序：

（1）学生工作职能部门按招生人数将住房床位分配到学院，由学院按学生班级安排学生住房床位。

（2）新生入学报到时按规定缴纳住宿费。

（3）本班辅导员查验学生住宿费收据后在学生工作职能部门楼栋管理教师处办理住宿登记、安排学生床位，发给学生寝室钥匙。

（二）非新生入学报到办理学生住宿手续程序：

（1）凭有关证明向学生工作职能部门提出住宿申请。

（2）学生工作职能部门审批签署意见后由学院安排住房床位。

第七条　学生进入宿舍（公寓）应凭校园卡或出入证，无校园卡或出入证应凭证登记，经楼栋宿管老师许可后方能进入学生宿舍（公寓）。禁止冒用无效或伪造的证卡，禁止将证卡借给他人或使用他人证卡。

第八条　学生住房和床位未经学生工作职能部门批准，任何单位及个人不准擅自调换、强占。禁止私自将床位转让他人。

第九条　遵守学校作息时间。学生宿舍（公寓）在学校规定熄灯时间后半小时关闭大门。熄灯后回宿舍（公寓）者视为晚归，晚归者须凭证如实登记，晚归记录列入学生行为考评。本宿舍的同学选出寝室长，寝室长每天晚上按作息时间熄灯后清查本宿舍的学生是否都回家就寝了，如仍有同学未归，请立即报告辅导员，辅导员应现场查找或追寻，直至该生回归（明确安全地为止）。楼栋宿管老师不得以任何理由将住在本栋宿舍（公寓）的学生拒之门外。

第十条　上课、午休时间和晚熄灯后，学生宿舍（公寓）概不会客。学生不得留宿舍寝室外人员。若要留校住宿舍者，须向学生工作职能部门申请，办理住宿手续另行安排。

第十一条　男生不准擅自进入女生宿舍（公寓），如因工作等特殊情况需要进入女生宿舍（公寓），需要有学院以上组织证明。严禁男女混宿。女生在自习、午休时间和熄灯后不准进入男生宿舍（公寓），非上述时间进入男生公寓（宿舍）也需凭证登记。

第十二条　学生原则上都应住宿在校内宿舍（公寓），不准擅自在校外住宿。如因特殊情况需在校外住宿，需学生本人申请家长签字，经辅导员和学院同意后，报学生工作职能部门批准，并填写《学生校外住宿协议》。学生宿舍（公寓）晚上对学生寝室住宿情况进行查房。晚上十一点后未归者视为晚归或夜不归宿者。

第十三条　学生中途转学、休学、退学等缘故离开学校，应经学院签署意见后到学生工作职能部门办理退宿手续。

第十四条　学生毕业时应按有关规定办理离校手续，学生应遵守各项规章制度，做到文明离校。

第三章　安全管理

第十五条　严禁违章用电。禁止在宿舍（公寓）存放、使用热得快、电热杯、电热锅、电炉、取暖器、电热毯等电器。禁止私自拆、接电源或拆修配电设施。学生自用的学习生活电器（充电器、台灯、录电机等）应使用合格产品，不准使用“三无”电器。人离开寝室或就寝时应关闭饮水机、充电器等一切用电设备。

第十六条　确保防火安全。严禁损毁消防设施，严禁在宿舍（公寓）内存放、使用灶具（含酒精炉等）；严禁将易燃易爆、有毒物品带入宿舍（公寓）；严禁在宿舍（公寓）内烧废纸和杂物；严禁在寝室内使用燃火蚊香（可用电子灭蚊器）；严禁在寝室内吸烟。

第十七条　养成离室锁门的习惯，妥善保管存折、电脑、手机、MP3等重要物品，百元以上现金不要放入寝室（存入银行）。

第十八条　不准在宿舍（公寓）、学生寝室以推销、代销、中介服务等方式从事任何商务活动，警惕各种上门诈骗活动；不准将淫秽、非法书刊、音像等物品带进寝室。禁止在宿舍（公寓）内进行黄、赌、宗教团等违法行为和活动。

第十九条　严禁翻爬围墙、寝室门窗或擅自撬锁、撬窗、不准私自卸下门窗或家具配件。因未带、遗失钥匙或门锁坏不能进入寝室时，应及时与楼栋值班老师联系。严禁人在寝室时让人将门在外面反锁。

第二十条　注意住宿生活安全。不要使用劣质接线板等电器；住上铺同学注意爬楼梯、栏杆、蚊帐架、电扇安全，防止睡眠时从上铺滚下或电扇伤人；发现使用的设施需要维护修或有安全隐患应及时报告宿管老师。注意打开水或洗浴用热水安全。在校住宿期间尽量不要到宿舍（公寓）楼外洗浴。

第二十一条　注意寝室网络安全。遵守国家和学校网络管理有关规定，严禁接收或传播非法网站和黄色网站（网页）信息。不得沉迷网络，禁止通宵上网（限晚12：00前）。

第二十二条　每月总务处牵头，由学工处（部）、保卫处三部门组成安全排查工作，对宿舍内的设施损坏情况和使用大功率电器以及有关安全隐患等情况进行一次拉网式的排查，排查出的情况由总务处进行汇总分析后，涉及是学生的责任和有关违纪违规的，由学工部门负责落实改正；涉及相关设备是自然报损的由总务部门负责落实维修。涉及有关安全隐患由保卫部门负责落实排除。

第四章　环境秩序管理

第二十三条　遵守学生宿舍（公寓）学习生活秩序，宿舍（公寓）内不准大声喧哗、打球、嬉闹，不准上课（自习）时间、午休时间和晚熄灯后在宿舍（公寓）内玩电脑游戏、下棋、打扑克、吹拉弹唱等娱乐活动。非特殊原因不准在晚十二点后在寝室打电话、聊天、说笑等，以免影响他人休息。

第二十四条　不能在走廊楼道和门厅练功、打球、溜冰、骑车、排练、表演、播放音响等。

第二十五条　学生宿舍（公寓）严禁赌博、酗酒、打架、斗殴、起哄、喊叫、闹

事、摔热水瓶、敲打脸盆、焚烧衣被物品等严重扰乱公共秩序等行为。

第二十六条　不准在学生公寓（宿舍）内停放自行车、电瓶车、摩托车等，不准在楼内堆放杂物；不得在走廊放置雨伞、鞋子、水瓶等物品。

第二十七条　不准在宿舍（公寓）公寓（宿舍）、学生寝室内外墙面、门窗、家具等设施上画、踏脚印、打球印、订钉子、拉绳子，不准在窗户上晾晒拖把、鞋子、衣被等物品。严禁打坏走廊、门厅玻璃。

第二十八条　保持良好的个人卫生习惯，勤洗手、洗浴、不混用洗漱用品和餐具，常开窗通风，保持空气流通。衣物经常晾晒杀菌，预防疾病的滋生和传播。禁止往走廊等公共场所或窗口向外吐痰、浇水、扔垃圾杂物等。禁止将一次性饭盒带入学生宿舍（公寓）；学生宿舍（公寓）实行垃圾袋装化，任何人不得将垃圾扔在楼内地面。学生寝室垃圾及时放置在垃圾袋内，学生自行将袋装垃圾带到指定收集地点。

第二十九条　不准将动物带进学生宿舍（公寓）楼，禁止在宿舍（公寓）、学生寝室饲养狗、猫、免、鸟等宠物（可养金鱼及观赏花卉等）。

第三十条　禁止在公寓（宿舍）楼、寝室内散发或张贴传单、启事、图画、标语、海报、广告光碟等宣传品。

第五章　物业管理

第三十一条　学生宿舍（公寓）设施、设备、财产均为学校资产，人人爱护公物，严禁损坏和随意拆修搬移。

第三十二条　学校在新生入学时对学生寝室家具等设施统一配置，学生应按照谁使用谁负责的原则，妥善保管使用。寝室家具等设施使用期间自然损坏的维修由学校负责；非自然损坏的丢失的实行收费维修和赔偿制度。维修收费的赔偿标准参照经学校有关部门审定的有关收费项目具体规定执行。

第三十三条　节约水电，人离关灯关水。学生宿舍（公寓）寝室用电实行定额指标管理，每人每月供电 3 度，超过定额用电费自付。住宿学生应节约用水，发现用水设备设备损坏，应及时向宿管老师报告。爱护电话设施和有线网络电视设施。学生开通网络应办理相关申请手续。学生公寓（宿舍）内的信息插座、上网线路及网络设备，不得私自更改或乱拉乱接。

第六章　文化管理

第三十四条　学生公寓（宿舍）是校园文化重要阵地，以依托楼栋党团活动室为载体，以文明、寝室文化建设的基本要求为标准、健康、积极、向上，开展丰富多彩、健康高雅、富有创意的寝室文化，对于促进思想政治工作进公寓，促进学生健康成长成才，具有十分重要的意义。学校、学院、班级、要按照要求大力组织倡导开展寝室宣传文化艺术活动。要认真落实宣传文化阵地进公寓，校园文化进公寓。学校对搞好宣传文化阵地进宿舍（公寓）、开展寝室文化活动的先进单位和个人予以表彰奖励。

第七章　校外住宿管理

第三十五条　学生校外住宿管理的方式和原则：

（一）管理方式：在校学生住宿管理委员会的领导下，在学校学生工作职能部门宿管中心的指导下，由学校审批，保卫处监管；

（二）管理原则：凡本校全日制普通本、专科在籍注册的学生，均应在学校提供的校内学生宿舍（公寓）住宿。在学校能够提供学生住宿房源充足的条件下，原则上不允许学生在校外住宿，本着以人为本的原则，对个别因身体等特殊原因不宜在校内学生公寓住宿的，经学校批准可在校外住宿。

第三十六条　学生申请校外住宿的条件：

（一）申请条件（申请校外住宿需具备下列条件之一）：

（1）已婚学生（凭结婚证）；

（2）身体原因不适宜寝室集体生活的学生（由医院出具证明并经院长签字）；

（3）其他特殊原因（凭有关材料）。

（二）校外住房条件：

（1）房屋应有合法的产权，房主无犯罪前科、无从事非法组织、宗教迷信活动和其他劣迹；

（2）房屋非危房，不位于偏僻地带；

（3）房屋有必要的防盗、消防设施，周边治安环境良好。

第三十七条　校外住宿的申报审批程序和时间：

（一）申报审批程序：

（1）个别因特殊原因需要在校外住宿的学生，由学生本人向班级专职辅导员提供书面申请；

（2）申请学生填写《南昌理工学院学生校外住宿协议与申报登记表》；

（3）班级专职辅导员审核并向学生说明在校外住宿可能产生的不良后果和个人应承担的责任；

（4）学院严格按照申请条件审批后将《南昌理工学院学生校外住宿协议与申报登记表》分别报学工处（部）和保卫处备案。

（二）申报时间：原则上为每学期开学初两周内。

第三十八条　学生校外住宿的管理：

（一）经批准到校外住宿的学生，应自觉遵守法律法规和校规校纪，提高安全意见，加强安全隐患，确保自己的人身和财产安全；

（二）学生在校外住宿期间，必须按学校要求参加各项集体活动，应经常与辅导员或班级学生保持密切联系，不能以此为由迟到早退，脱离集体；

（三）班级辅导员应不定期地到学生校外住房地点检查，了解校外住宿学生的思想、学习和生活等情况，并与当地社区或居委会联系沟通，帮助学生解决遇到的问题，以上情况要作好记录；

（四）各学院要不定期抽查校外学生的住宿情况，有针对性地对校外住宿学生进行思想教育和安全防范教育，帮助学生提高安全意识；

（五）学生宿舍管理中心督促检查各学院对校外住宿学生的教育管理工作情况，并将检查情况纳入学院学生工作考核之中；

（六）保卫处收到学院上报的学生外宿申报登记表后，及时通报各住房所在地派出所，并与当地派出所定期联系、沟通信息，共同加强外住学生的管理；

（七）学校保留校外住宿的学生的床位，原则上不予退住宿费。

第三十九条　住宿学生安全承诺：

（一）在校外住宿期间将加强对自身人身和财产安全的自我保护，对自身安全负责；

（二）遵守校规校纪和国家法规，并自愿接受相关部门的检查；

（三）保证经常与辅导员进行联系，及时报告外宿期间的生活及学习情况；

（四）外宿期间，在校外或往返学校途中发生的一切安全事故责任完全由本人和家长承担，所受的一切财产损失由本人承担，与学校无关；

（五）如需搬回学校住宿须提前一星期告知辅导员，以便学院统一管理。

12. 关于进一步加强学生宿舍建设与管理的实施意见

学生宿舍是大学生生活与学习的重要场所，也是对大学生进行思想政治教育和素质教育的重要阵地。建设安全卫生、温馨和谐、健康向上的文明宿舍，事关学生的切身利益和学校正常的教学、生活秩序。近年来，我校积极加强学生宿舍建设与管理，硬件软件设施得到明显改善，但住宿条件、管理能力、服务水平、室风室貌等仍有待提高。为进一步建设管理好大学生宿舍这一重要育人阵地，根据省教育厅有关文件要求，结合我校实际，制定本实施意见。

一、总体要求

认真贯彻落实《教育部办公厅关于进一步做好高校学生住宿管理的通知》（教思政厅〔2007〕4号）、《教育部办公厅关于贯彻执行〈普通高等学校建筑面积指标〉的通知》（教发厅函〔2018〕61号）、《关于印发〈关于加强全省高校学生宿舍建设管理的指导意见（试行）〉的通知》（赣教社政字〔2019〕17号）等文件精神，按照科学统筹规划、积极有效推进、基本条件达标、逐步优化提升、确保安全稳定、强化育人实效的原则，加强我校学生宿舍建设管理标准化、规范化建设，使学生住宿条件与经济社会发展水平相适应，满足学生生活和学习需要；宿舍阵地建设符合新时代高校学生思想政治教育工作的要求，有效实现环境育人、文化育人、管理育人、服务育人。

二、加强对学生宿舍建设管理工作的组织领导

（一）健全组织领导机构。成立学生宿舍建设管理工作领导小组，学校主要领导担任组长，分管学生工作、学生宿舍、总务后勤、保卫的副校长担任副组长，成员由组织部、宣传部、人事处、学工处（部）、总务处、保卫处、资产处等部门的主要负责人、各学院分管学生工作的书记（副书记）或（副院长）等负责人组成。主要职责：

（1）对学生宿舍条件设施建设、精神文明、以文化人等环境建设和管理的重大事项等工作进行决策；

（2）完善学生宿舍管理相关工作的运行机制；

（3）监督检查学生宿舍管理与服务等工作；

（4）协调学生宿舍管理相关工作。

办公室设在学工处（部），下设宿管科（宿管中心），并安排一名副处长专抓此项工作。主要职责：

（1）落实学生宿舍建设管理工作领导小组的决定；

（2）制订有关管理制度，编制各学生宿舍楼管理、服务岗位；

（3）负责学生住宿资源分配与调整，以及宿舍内资产的管理与保修；

（4）负责学生宿舍日常管理和对学生服务、教育工作，处理日常事务和违纪事件；

（5）负责学生宿舍文化、卫生建设；

（6）选聘、考核、培训和管理宿管老师；

（7）指导和协调各学院组建学生宿舍管理委员会组织机构。

（二）加强指导监督。校学工处（部）负责对各学院学生宿舍管理工作进行指导、督查，以及组织学院及楼栋之间的学习、经验交流。

三、加强学生宿舍设施建设与维修

（一）确保宿舍条件及基本生活设施良好。实行男女生分楼居住，因特殊原因无法实现分楼居住的，须在符合消防及应急疏散要求的前提下设隔断分段管理。学生寝室统一配备符合国家质量和安全标准的床铺、桌椅、书架、衣柜等室内家具，以及饮水、淋浴、厕所、洗衣、衣物晾晒、垃圾投放等设施，每间寝室确保一定的储物空间，开通电源、网络、热水。

（二）完善宿舍配套场所及设施建设。每栋宿舍设值班室和学生宿舍管理办公室、党团活动室，按消防要求配齐消防设施器材，定期检查、更换，消防安全和应急疏散指示标识醒目。

（三）完善宿舍设施的管理与维修。宿管科（宿管中心）要对宿舍资产进行登记造册，严格执行“谁使用，谁负责”，对故意损坏宿舍财产的行为按学校规定进行处理。切实做好宿舍生活设施的维修保养工作，设施维修严格按照学生填写维修申报单，宿管科（宿管中心）汇总统计上报，总务处维修的程序执行，一般维修三天内完成，工程量大的维修要给学生做好解释工作。

四、加强学生宿舍管理与服务

（一）强化管理服务队伍。宿舍管理职能部门、服务部门（单位）、辅导员（班主任）、学生自治组织及学生党员骨干等是宿舍管理服务的重要力量。各学院建立学生宿舍管理委员会，指定专人负责，充分发挥学生“自我教育、自我管理、自我服务”的功能。健全“楼栋长、楼层长、寝室长”三级管理体系，楼栋长原则上由老师担任。加强宿舍管理队伍建设，严格规范宿管老师的选聘、考核机制，定期开展宿舍管理队伍的学习、交流、培训，提高宿舍管理队伍的职业素养。

（二）健全管理服务制度。宿管科（宿管中心）要结合学生宿舍管理工作的实际特点、针对新情况新变化，从职能部门、服务部门及其他相关部门各层面、安全管理、后勤（物业）管理、学生管理、辅导员管理等各领域，不断完善细化各项规章制度，各级各项制度的设计应层次清晰、有效衔接、明确职责、杜绝管理盲区，以便更好地服务全校学生。

（三）严格落实按班级住宿要求。班级是学生的基本组织形式，是学生自我教育、自我管理、自我服务的主要组织载体，各学院须严格按班级安排学生住宿，有效开展学生教育和管理，严禁按学生经济状况分配宿舍，禁止学生擅自调换宿舍，杜绝学生私自倒卖宿舍，一经发现，严肃处理。

（四）严格管控学生校外租房行为。不允许学生自行在校外租房居住。各学院要加强日常排查工作；对极少数因特殊原因坚持在校外租房的学生，应向其说明可能产生的后果和个人应承担的责任，严格履行审批备案手续，完善租住详细地址和联系方式等信息，建立报告和承诺制度，加强日常信息沟通和教育管理。

（五）加强宿舍安全管理与教育。切实落实学生宿舍综治维稳责任，建立责任分解机制，层层分解，责任到人。强化安全隐患排查，定期对消防设施器材进行全面检测，加强宿舍基础设施和宿舍内部安全巡查，严禁学生违章用火用电等，对违规学生及时处理，绝不姑息。充分利用主题班会、安全知识讲座、消防演练、校园媒体宣传等对学生及管理服务人员加强安全防范意识教育和安全知识技能培训。学生进校须认真学习《南昌理工学院学生宿舍（公寓）管理规定》，了解什么可为，什么不为。

（六）强化住宿管理与后勤服务保障。学生宿舍实行 24 小时值班制度，宿管老师要做好值班、学生会客及晚归等记录，并及时将晚归学生信息反馈给各学院，各学院要加强对晚归学生的教育，并加强学生晚归、夜不归宿及校外人员留宿寝室的督查管理，并于每晚 11 时前向学工处（部）汇报学生就寝情况。每栋宿舍楼一楼大厅公示本栋楼楼栋长、楼层长、寝室长、宿管老师、入驻辅导员、保卫、总务后勤等人员信息，公布服务监督电话，拓宽学生反映意见和建议的渠道，及时解决学生的实际困难，维护学生合法权益。

（七）推进宿舍管理信息化智能化建设。充分发挥现代科技、信息、网络手段对学生住宿的监督、管理、服务作用，推进学生宿舍楼电子门禁、视频监控、消防报警、智能限电等设施及学生住宿信息管理系统建设，提升学生宿舍信息化、智能化管理服务水平。

五、加强学生宿舍精神文明建设

（一）营造宿舍良好文化氛围。宿舍楼栋门厅由校宿管科（宿管中心）统一布置，楼道、走廊由居住学生所在学院根据自身专业特色、学生特点进行个性化布置，通过设置信息公告栏、文化宣传栏、橱窗，贴挂格言警句、文明标语、校规校训和有关学生行为规范、管理制度等，体现校园文化内涵和育人功能。

（二）建设积极健康宿舍文化。加强寝室内务管理，建立寝室内务规范基本标准，健全寝室长负责制、宿舍轮值和卫生检查制度，强化学生劳动、卫生、环保、节能、安全、审美意识教育，做到宿舍干净整洁，室内布置健康、温馨、高雅。培养学生积极健康作息行为习惯，加强集体观念、纪律观念和时间管理，远离沉迷玩手机、打游戏和晚睡、晚起等不良习惯。严禁学生在宿舍内进行黄、赌、毒、传教等违法行为。积极开展寝室文化节和示范楼栋、示范楼层、文明寝室、学风优秀寝室、最美寝室、特色寝室等创建评比活动，营造宿舍积极进取、健康向上氛围。加强考核测评，结合实际情况将宿舍集体和个人表现与相关评优资格挂钩，并将个人表现纳入学生综合测评、品德鉴定、奖学金评定等工作，促进以优良室风带动学风建设。

（三）开展校园文化和志愿服务活动。积极引导、组织学生发挥专业技能和兴趣特长，在宿舍区开展有关校园文化活动、便民志愿服务活动，丰富宿舍文化生活，培养学生公益意识，促进实践育人。

六、延伸、拓宽学生思政战线，推进思政工作进宿舍

（一）推进党建进宿舍。充分发挥党支部的战斗堡垒作用和党员的先锋模范作用，

激励学生党员积极参与宿舍管理服务工作。要求各学院要在各自学生住宿的楼栋中挑选出一间设立“学生宿舍管理办公室”“学生宿舍党团活动室”，实行“两块牌子、一套人马”的学生自理管理机构。通过建立党员先锋岗、党员示范岗、党员志愿服务岗等制度，引导学生党员亮明身份，树立标杆，做校纪校规的模范遵守者、文明行为习惯的示范者、先进文化的弘扬者。建立学生党员联系服务宿舍和学生制度，使学生党员成为党组织联系群众的桥梁和纽带，帮助学生解决学习生活实际困难，加强学生教育引导。

（二）推进思想政治工作进宿舍。辅导员须定期到学生宿舍走访学生，切实履行管理职责。推动辅导员值班制度，严格要求辅导员下寝室，与学生同吃同住同学习同锻炼，及时了解掌握学生思想动态，关心学生学习生活，以学生宿舍为重要阵地开展经常性的思想政治工作。

南昌理工学院

2019 年 10 月 11 日

13. 南昌理工学院学生城镇居民基本医疗保险管理暂行办法

为保障大学生基本医疗需求，根据《江西省人民政府办公厅转发国务院办公厅关于将大学生纳入城镇居民基本医疗保险试点范围指导意见的通知》（赣府厅发【2009】13 号）、《南昌市人民政府关于印发南昌市城乡居民基本医疗保险实施办法的通知》（洪府发【2022】38 号）精神，结合我校实际情况，制定本办法。

一、基本医疗保险适用对象、缴费标准及待遇享受

（一）适用对象

按规定参加了南昌市城镇居民基本医疗保险的在校全日制统招本、专科学生。

（二）缴费标准

1. 基本医疗保险：大学生参加南昌市城镇居民基本医疗保险，筹资标准为每人每年由国家财政核定划拨至本省社保局，个人无需缴费。

2. 大病补充保险：大病保险基金从城乡居民医保基金中划拨，参保人员不再另行缴费。

（三）待遇享受

参加城镇居民医疗保险的大学生，其基本医疗保险待遇享受按照自然年度计算参保缴费及待遇享受周期。原则上每年 9 月 1 日至 12 月 31 日为集中缴纳下一年度城乡居民医保保费的时间，在集中征缴期内参保缴费的，自参保缴费对应年度 1 月 1 日零时至 12 月 31 日 24 时享受医保待遇。

（1）门诊补助待遇：由南昌市医疗保险经办机构依照学校当年实际参保大学生人数，按筹集额的 15%，拨付给学校财务作为学生门诊包干费用。

（2）基本医保住院统筹待遇：一级医疗机构报销 90% 起付标准：100 元；二级医院住院报销比例为 80%，起付标准：400 元；三级医院住院报销比例为 60%，起付标准：600 元。住院统筹基金年度内累计报销最高限额为 10 万元。

（3）大病补充保险待遇：大病保险起付线为南昌市上上年度城乡居民人均可支配收入的 50%。起付线以上（不含本数）至 6.7 万元以下（含本数）部分大病保险按 60% 支付；6.7 万元以上（不含本数）部分大病保险按 90% 支付。大病保险年度最高支付额度为 40 万元。

二、门诊医疗费用报销

（一）根据南昌市医疗保障局、南昌市财政局《南昌市大学生基本医疗保险医疗费用结算办法的通知》（洪医保发【2021】57 号）文件精神，大学生在首诊医疗机构发生的符合规定的普通门诊费用按 65% 比例报销，不设起付线和年度最高支付限额。

（二）参保大学生普通门诊实行定点管理

（1）南昌理工学院校医院是我校大学生普通门诊的定点门诊医疗机构。我校在南昌理工学院医院设立了定点医院。

（2）经校医院同意转诊的（急症情况除外），可就近转入南昌市医保定点门诊医

疗机构，发生的医疗费用先自行垫付，治愈后凭学生证、原始发票、转诊单、病历、药品清单、该生所在学院开出的统招学籍证明到学工处（部）按规定审核报销。

（3）符合南昌市居民医保特殊病种范围的可申请特殊病种门诊补助待遇。门诊特殊病种的认定由市医保处经办机构负责办理，学工处（部）协助申报。

（4）实行个人门诊就医卡，学生凭卡可直接在校医室刷卡就医。

（三）普通门诊不予报销的费用

（1）参保学生未经校医院转诊擅自在不符合本办法规定的诊所、医院就诊的，或经校医院批准同意在校外医院就诊无病历或正式发票的，或自行到医药公司、药店等非医疗机构购药的费用。

（2）属于南昌市基本医疗保险不予支付费用的诊疗项目及服务设施范围的，如：挂号费、工本费、出诊费、会诊费、救护车、营养费、中药代煎费等特需服务费用；各种整容、矫形、健美的手术治疗、药品、器具等费用；各种预防保健诊疗项目、各种健康体检、各种医疗咨询、健康预测诊疗项目等。

（3）因违法犯罪、斗殴、酗酒、自残、自杀、交通事故、医疗事故，计划生育，赴境外港、澳、台及国外期间等发生的医疗费用。

三、住院医疗费用报销

（一）参保大学生《社会保障卡》发放前

参保大学生在南昌市医保定点医院就医，所发生的医疗费用先由个人现金支付，医疗终结后向学工处（部）提供转诊单、原始发票、费用清单（需加盖医院结算印章）、出院小结、学生证和身份证的复印件等材料，由学工处（部）相关材料到南昌市医疗保险经办机构按规定审核报销，待医疗费用报销后直接到学工处（部）领取。

（二）参保大学生《社会保障卡》发放后

（1）参保大学生可持《社会保障卡》在全市定点医疗机构看病住院，在医院即可完成费用报销。

（2）非本人原因造成的未刷卡或《社会保障卡》遗失及在非定点医疗机构治疗发生的零星手工住院报销，按《社会保障卡》发放前的报销程序办理审核报销手续。

四、异地就医医疗费用报销

参加城镇居民基本医疗保险的大学生，在符合学校管理规定的学生实习、寒暑假、因病休学以及法定节假日等不在校期间，需在异地就医的，可就近在当地公立医院就医。

（1）门诊医疗费用：参保大学生所发生的门诊医疗费用先由个人现金支付，医疗终结后持学生证、原始发票、病历、费用清单、该生所在学院开出的统招学籍证明到学工处（部）按规定审核报销。

（2）住院医疗费用：参保大学生所发生的住院医疗费用先由个人现金支付，医疗终结后向学工处（部）提供《社会保障卡》、原始发票、费用清单（需加盖医院结算印章）、出院小结、身份证和学生证复印件等材料，由学工处（部）工作人员携带相关材料到南昌市医疗保险经办机构按规定审核报销，待医疗费用报销后通知大学生领取。大学生因病需异地转院治疗应按南昌市城镇居民基本医疗保险相关规定办理转院手续，并享受相关待遇。

五、外省转诊、转院医疗费用报销

在校期间因急诊或病情需要确需转往省外公立医院住院治疗的，应当由定点医疗机构提出转诊、转院意见，参保大学生本人或委托他人到校医保办办理相关手续，校医保办负责到南昌市医疗保险经办机构办理相关手续。

六、本实施办法在 2019 年 9 月 1 日实施文件的基础上进行了修订，自 2023 年 9 月 1 日起执行。

七、本实施办法由学工处（部）负责解释。

二、教学与学业管理规范

1. 南昌理工学院学籍管理规定

为全面贯彻党的教育方针，维护学校正常的教育教学和生活秩序，树立勤奋、严谨、求实、创新的学风，不断提高教育和教学质量，保障学生合法权益，促进学生全面发展，依据《普通高等学校学生管理规定》（教育部令第41号）、《南昌理工学院章程》等相关规定精神，结合我校实际，特制定本管理规定。

第一节　入学与注册

第一条　按国家招生规定录取的新生，须持我校录取通知书和学校规定的有关证件，按期到校办理入学手续。因故不能按期入学者，应以书面向学校招生办公室请假，请假时间一般不能超过两周。未请假或请假逾期者，除因不可抗力等正当事由外，视为放弃入学资格。（具体以当年新生录取通知书内入学须知为准）

第二条　学校招生办公室及二级学院在新生报到时将对新生入学资格进行初步审查，审查合格的办理入学手续，予以注册学籍。审查发现新生的录取通知、考生信息等证明材料，与本人实际情况不符，或有其他违反国家招生考试规定情形的，取消入学资格。

第三条　新生可以申请保留入学资格。保留入学资格期间不具有学籍，不享受在校生待遇。以下两种情况可以申请保留入学资格：

（一）对患有疾病的新生，经学校指定的二级甲等以上医院（下同）诊断不宜在校学习的，不予注册，学校可以为其保留入学资格一年。学生应当办理离校手续，回家治疗休养。两周内无故不办理离校手续者，学校将取消其入学资格。

学生在保留入学资格期内经过治疗康复者，经学校指定医院诊断复查，符合入学体检要求的，由学生本人在新学年开学前向学校学籍管理部门提交入学申请，学校安排其随下一级新生办理入学手续；若在保留入学资格一年内治疗仍未康复者，由学生本人提出申请，学校可以延长保留入学资格，但保留入学资格最长不得超过两年；复查不合格或逾期不办理入学手续者，学校不再保留其入学资格。

（二）对持有当年学校招生录取通知书，且参加生源地当年应征入伍，经地方人民武装部审核颁发了中国人民解放军（含中国人民警察部队）入伍通知书的新生，凭新生录取通知书、《应征入伍普通高等学校录取新生保留入学资格申请表》、入伍通知书到学校计划管理录取中心和教务处办理保留入学资格手续，待退伍、复员后两年内回学校教务处和计划管理录取中心办理入学申请，应编入申请当年新生年级学习；逾期未办理入学申请的，视为自动放弃入学资格。

第四条　新生入学后三个月内，学校按教育部新生入学资格复查规定进行复查。复查内容主要包括以下方面：

（一）录取手续及程序等是否合乎国家招生规定；

（二）所获得的录取资格是否真实、合乎相关规定；

（三）本人及身份证明与录取通知、考生档案等是否一致；

（四）身心健康状况是否符合报考专业或者专业类别体检要求，能否保证在校正常学习、生活；（五）艺术、体育等特殊类型录取学生的专业水平是否符合录取要求。复查中发现学生存在弄虚作假、徇私舞弊等情形的，确定为复查不合格，取消学籍；情节严重的，学校将移交有关部门调查处理。

第五条　学期开学初，学生应当在学校规定的时间内，到所在学院报到，并按规定缴纳学费后办理注册手续。因家庭经济困难或其他特殊原因无法按时缴费的学生，可以到学生资助管理中心视情况办理申请贷款、缓交或减免学费手续后注册。未按学校规定缴费或者其他不符合注册条件的不予注册。

第六条　学生不能按时报到，必须事先向所在学院请假。请假三天以上的由所在学院报学校教务处备案。学生返校后，出具相关证明，方可办理报到注册手续。除因不可抗力等原因外，未办理请假手续或请假未被批准，两周内未报到者根据情节轻重给予相应的纪律处理；两周及以上未报到者按退学处理。

第二节　课程设置与学分计算

第七条　学分是学生学习量的计算单位。学校原则上按 16 学时 1 学分，体育按 32 学时 1 学分，集中实践性教学环节 1 周为 1 学分。学校设置的各类课程、各教学环节的学分数均以教学计划为依据。

第八条　各专业学生修读的课程分为必修课、选修课与素质拓展课三类。必修课是指按照教学计划规定学生应当修读的课程，包括公共基础课、学科基础课、专业主要必修课。教学计划规定的实践性教学环节为必修课。选修课是指按照教学计划，学生须从若干组课程或若干门课程中选修一定数量的课程组或课程，包括公共人文素养选修课、专业限选课、专业职业方向选修课。素质拓展课按《南昌理工学院素质拓展学分管理与认定办法》执行，本科生须修满 6 个、专科修满 4 个素质拓展学分方可毕业。

第九条　为提高学生的综合素质，学校开设全校性人文素养选修课。本科学生在四年内应当按照教学计划选修不低于 10 个学分的人文素养选修课，专升本学生每学年应当按照教学计划选修不低于 4 个学分的人文素养选修课。

第十条　为考核学生学习质量，学校采用学分绩点制，学分绩点按学生考试或考查成绩进行折算，绩点具体折算方法如下：

分数	91～100	90	81～89	80	71～79	70	61～69	60	<60
等级	优秀		良好		中等		及格		不及格
绩点	4.1～5.0	4.0	3.1～3.9	3.0	2.1～2.9	2.0	1.1～1.9	1.0	0

学分绩点的计算：

（1）一门课程的学分绩点 = 该课程的学分数 × 绩点数；

（2）平均绩点 = 所修课程学分绩点之和 / 所修课程学分之和。

课程学分、绩点、成绩记入学生学业成绩表。

第三节　选修、免修、重修与辅修

第十一条　为保证学生在规定的时间内完成学业，合理安排学习进程，每学期学生应修课程一般控制在 18~30 学分（毕业当年除外）。学生应该在学校规定时间内完成选课。

第十二条　学习成绩优良的学生，可提出课程的免修，经教务处审核批准后生效。

学生对自己自学掌握的某门必修课或选修课，可以申请免修。免修申请应当在该课程开课一周内向所在学院提出，并提交学习笔记和作业等足以证明业已自学的材料，经学校主管教学领导和教务处长批准后，由有关教研室于第二周内组织免修考试（试题与评分标准应与期末考试同等要求）。考试成绩在 80 分以上者，准予免修。

免修有实验环节的课程，学生应当随班做实验，取得平时成绩。免修课程的成绩为免修考试成绩与实验成绩的综合成绩。获准免修的课程成绩和学分记入学生成绩档案。

每个学生每学期申请免修课程门数不得超过两门。思想政治课、体育课、实验课及实践性教学环节不得免修。

第十三条　每学期考核成绩不及格的必修课（含各类实践性教学环节）应当参加学校在下学期开学初组织的补考。无故缺考、考试违纪、补考仍不合格者，须参加学校组织的重修。

第十四条　学生重修课程，由本人在学校规定的时间内到教务处办理重修手续，过期一律不予办理。重修一般采取插班方式；重修人数在 30 人以上的课程，独立开班授课；若在该学期既不能插班，又不能开班的课程，可延缓到下一学期重修。

为使毕业班学生按时毕业（结业）离校，重修学生人数未达到一定规模或因特殊原因该学期没有相应班级开设该课程，经教务处批准，由学院指定辅导教师对学生辅导重修。教师辅导学生重修时必须提出明确要求，并采取有效的措施保证重修质量。在课程考核前一周，由开课学院检查学生自学情况（包括布置作业完成情况，查阅自学笔记等），审查考试资格。

重修的课程不得免修。如有课程冲突，参加重修的学生可向任课教师提出间断听课申请或自修，经任课教师同意后可间断听课或自修，但学生必须按照课程要求完成规定的学习任务并参加课程考核。

第十五条　艺术类专业课程、广告学和服装工程等专业的艺术类课程的重修，实践性环节课程的重修（如课程设计、金工实习、教学实习、大作业、专业课实验、上机、学年论文、毕业实习、毕业论文等），专任指导教师应当按教学计划要求进行教学和指导，并根据学生的学习表现和完成的课程任务质量综合评定成绩。考核成绩合格的，给予学分，并记载成绩。

第十六条　学生在校学习时间满一年，已修学分总数不低于40学分，主修专业人才培养方案规定课程全部及格且平均学分绩点不低于2.0的，学有余力的学生，可申请在校辅修另一专业。具体按《南昌理工学院本科辅修专业教育管理暂行办法》执行。

第十七条　学生可以申请跨校修读课程，须由学生本人提出申请，经双方学校教务处批准同意后方可修读；学生也可以参加学校认可的开放式网络课程学习。学生跨校修读及开放式网络课程修读取得的课程成绩（学分），经学校教务处审核同意后，予以承认。

第四节　考核与成绩记载

第十八条　学生应当参加学校教育教学计划规定的课程和各种教学环节的考核。考试成绩及格，获得规定的学分；成绩不及格，不能获得学分。凡考核成绩均载入《学生学籍表》，并归入本人学籍档案。

第十九条　考核分为考试和考查两种。考核方式可分为闭卷、开卷、笔试、口试、上机操作等多种形式。考试科目严格按照教学计划执行，考试日程严格按照教务处的安排进行。开班重修、跟班重修以及辅导重修的课程都需参加课程考核。其中开班重修由教务处统一组织。跟班课程考核与所跟班级同堂、同卷。辅导重修则由学院组织，报教务处备案。

第二十条　一周及以上的金工实习、教学实习、生产实习、毕业实习、毕业设计（论文）、课程设计（大作业）以及单独开设的实验课应单独考核，单独评定成绩。两周及以上的生产实习、毕业实习、毕业设计（论文），除成绩外，还应有评语记载。未单独开设的实验课的考核应与理论课的考核合并计算总成绩。

第二十一条　考试课程的成绩根据期末考试成绩与平时成绩综合评定，采用百分制或五级制（优秀、良好、中等、及格、不及格）记分。平时成绩包括课程实验、课外作业、课堂出勤、课堂讨论、课堂提问及平时测验等，平时成绩占该门课程总评成绩的比例为30%~40%，期末考试成绩占70%~60%，具体比例由学院确定。

考查课的成绩以平时测验为主，结合其他平时成绩和期末考核成绩综合评定。课程考核不合格者，学校给予补考一次，无故缺考、违纪及补考不及格者，按重修相关规定执行。

第二十二条　公共体育课为必修课，不及格者应参加学校的补考，补考不及格则须参加重修，体育成绩以考勤、课内教学、课外锻炼活动和体质健康进行综合评定，因身体残疾不能参加某些项目锻炼者，成绩以课程项目理论成绩为准。

第二十三条　学校鼓励、支持学生参加创新创业及社会实践等各种活动，并为学生建立创新创业档案、设置创新创业学分。学生参加创新创业、社会实践等活动以及发表论文、获得专利授权等于专业学习学业要求相关的经历、成果，可以折算为学分，

计入学业成绩。

第二十四条　学校规范学生学业成绩和学籍档案管理，真实、完整记载学生的学业成绩，对补考及重修成绩将在学籍档案里予以标注。学业成绩认定相关要求如下：

学生按学校要求完成课程考核取得成绩的，按实际考核分数记载成绩；

学生无故缺课累计超过某门课程教学时数的三分之一者，除按规定给予纪律处分外，不得参加本课程的考核，该课程成绩以零分计，将参加学校组织的课程重修；学生严重违反考核纪律或者舞弊的，该课程考核成绩记为无效，并视其违纪或舞弊情况，给予相应的纪律处分，学生直接参加学校组织的课程重修；

学生因退学等情况中止学业，其在校学习期间所修课程及已获得学分予以记录学籍档案，学生重新参加入学考试、符合录取条件，再次入学的，其已获得学分，经学校认定，可以予以承认。

第二十五条　学生因病或其他个人特殊原因不能参加课程考核时，应当在考试前书面向学校办理缓考手续，教务处批准同意后，允许缓考。缓考学生应按时参加学校组织的下一次该门课程考核，否则视为旷考。学生在课程开考后交送的病假证明无效。申请未准或擅自不参加考试皆以缺考处理。

第二十六条　对学生思想品德的考核、鉴定，要以学校《学生品德分评定细则》为主要依据，采取个人小结、师生民主评议形式，写出有关实际表现的评语。对犯有思想品质和其他错误的学生，按有关处分规定处理。

第二十七条　学校为每个学生建立诚信档案，对学生学业、学术、品行等方面的诚信信息进行如实记录，并对有失信行为的学生给予相应的纪律处分，对于违背学术诚信的，学校将对其学位及学术称号、荣誉等作出限制处理。

第五节　升级、跳级、留级、降级

第二十八条　学生学完本学年教学计划规定的课程，经考核成绩合格者，准予升级。虽经考核某门课程成绩不合格，但尚不够留降级条件者，准予升级。

第二十九条　学业成绩特别优秀的学生，本人申请跳级，经所在学院审核推荐，教务处按照跳跃年级教学计划规定的课程考核后，其主要课程成绩达到 80 分以上，其他课程成绩及格者，经学校批准，可以跳级。

第三十条　普通本专科生必修课（不包含体育课，下同）补考重修学分达到 20 学分者，由所在学院下达警示通知。累计必修课补考重修学分达 30 学分及以上者，必须留级，随下一年级学习。

第三十一条　留级学生的管理按照下列规定执行：

（1）学生的考核成绩达到留降级规定时，应由所在学院及时报教务处审批备案。

（2）留降级学生应在接到通知一周内持学生证到教务处和学工处办理有关手续，填写《学籍变更表》，并载入本人档案。

（3）留降级学生原则上编入本专业下一年级学习，如没有连续招生的专业，可编入相近专业学习。交费按照新编入年级、专业标准执行。

（4）留降级学生原来考核成绩达到及格以上的课程，允许免修。如遇某学期所开课程已全部及格时，经学生及家长申请，教务处批准，可允许停学半年。停学期间，免交学杂费，也不享受在校学生待遇。

第六节　考勤与请假

第三十二条　学生要按时参加学校教育教学计划规定和学校统一安排组织的活动。学生上课、考试、实验、实训、学习、社会调查、军训、劳动、形势政策学习等教育教学活动都要进行考勤，考勤由任课教师或活动组织者负责。学生不能按时参加教育教学计划规定的活动，应事先请假并获得批准。无故缺席者，给予批评教育，情节严重的，给予相应的纪律处分。

第三十三条　学生个人因故不能参加教学计划规定和学校统一安排的活动，必须事先请假。学生请假须填写请假单，病假应附学校医院证明。请假一天以内，由班主任批准；请假一天以上三天以内，由学院学生工作副院长批准；请假三天以上报学工处（部），由分管学生工作校领导批准。事假一般不得超过两周。学生请假条及一切有关审批手续一律送学院教务科存档备查，并告知任课教师。

学生集体不能参加教学计划规定的活动，除按个人请假规定办理手续外，请假一天以内，须经任课教师同意；请假一天以上三天以内，须由学生所在学院教学院长批准；请假三天以上五天以内，须由教务处批准；请假一周以上，须由分管教学校领导批准。

学生请假期满后应及时销假。需要续假时，其手续与请假手续相同。凡未请假、请假未准或请假逾期未续假者，均按旷课论处。对旷课学生根据旷课累计时数，视情节轻重及认错态度，给予批评教育，直至纪律处分。

第七节　转专业与转学

第三十四条　学生有下列情况之一者，可以申请转专业：

（1）因患某种疾病或生理缺陷，经学校指定的医院检查证明，不能在原专业学习者；

（2）在拟转入专业领域确有特殊才能或兴趣爱好者，并有取得相应业绩的证明材料；

（3）经学校认可，学生确有某种特殊困难，不能在原专业继续学习者；

（4）因社会经济发展对相关行业、专业人才需求量增加，就业前景较好的、国家人才急需的专业，由学生申请，经学校同意后可适当调整专业；

（5）休学创业或入伍退役后复学的学生，因自身情况需要转专业的。

第三十五条　学生转专业，须由学生本人提出书面申请，经所在学院院长签署意见，拟转入学院院长同意，并附原始材料和相关证明材料报教务处审查，分管副校长审核批准。每个学生只有一次转专业机会，学生转专业应在学习满一学期后方可申请，具体按《南昌理工学院本专科学生“转专业”暂行规定》执行。

第三十六条　学生一般应当在被录取学校完成学业。如患病或者确有特殊困难、特别需要，无法继续在本校学习者，可以申请转学。

第三十七条　有下列情况之一者，不予考虑转学：

（1）入学未满一学期的或者毕业前一年的；

（2）高考成绩低于拟转入学习相关专业同一生源地相应年份最低录取分数线的；

（3）由招生时所在地的下一批次录取学校转入上一批次学校、由低学历层次转为高学历层次的；

（4）招生时确定为定向、委托培养的；

（5）应予退学的；

（6）正在休学、保留学籍的；

（7）其他无正当理由的。

第三十八条　学生转学的手续，按下列办法办理：

（1）学生转学，由本人提出申请，并附具体充足的理由，经所在学校和拟转入学校同意，由转入学校负责审核转学条件及相关证明，符合本校培养要求且学校有培养能力的，经学校校长办公会或者专题会议研究决定，可以转入。跨省转学者由转出地省级教育行政部门协商转入地省级教育行政部门，按转学条件确认后办理转学手续。须转户口的由转入地省级教育行政部门将有关文件抄送转入校所在地公安部门。

（2）对转学情况应当及时进行公示，并在转学完成后 3 个月内，由转入学校报所在地省级教育行政部门备案。

（3）学生转学的手续，应在拟转入学期开学前办理。

第八节　休学与复学

第三十九条　学校本科专业标准学制为四年，专科专业标准学制为三年。学校实行弹性学习年限，本科生最长学习年限（含休学和保留学籍）一般为 6 年，专科生最长学习年限（含休学和保留学籍）一般为 5 年，休学创业的学生最长学习年限本科为 7 年、专科 6 年。学习年限自入学之日算起。

第四十条　学生可以分阶段完成学业，但必须在学校规定的最长学习年限（含休学和保留学籍）完成。学生有下列情况之一者，应予休学：

（1）经学校指定的二级甲等医院诊断，因病需要停课治疗、休养占一学期总学时三分之一以上的；

（2）在一学期内请病假、事假缺课累计超过该学期总学时三分之一的；

（3）学生自主创业的，应出具工商登记证；

（4）因其他特殊原因，本人申请或学校认为必须休学的。

第四十一条　学生休学一般以一年为期，休学时间累计不得超过两年，休学创业的学生期限最长为三年。学期中办理休学者，该学期按休学计算。

第四十二条　休学学生的有关问题，按下列规定办理：

（1）休学学生必须办理休学手续离校，学校保留其学籍，户口可不迁出学校；

（2）因病休学的学生，必须离校治疗和休养，病休期间的医疗费用自理，参加了医疗保险的学生应当在当地二级甲等以上医院就诊，以便于向投保单位理赔；

（3）学生休学期间，不享受在校学习学生的待遇。

第四十三条　新生和在校学生应征参加中国人民解放军（含中国人民武装警察部队），可保留入学资格或学籍至退役后二年。

学生参加学校组织的跨校联合培养项目，在联合培养学校学习期间，学校为其保留学籍。

第四十四条　学生复学按下列规定办理：

（1）学生休学期满，应当于学期开学前持有关证明向学院申请复学，经教务处批准，方可办理复学手续。

（2）因病休学的学生，申请复学时必须由学校指定医院诊断，证明确已恢复健康、能坚持正常学习，并经教务处复查合格，方可办理复学手续。

第四十五条　学生在休学期间，不得参加课程考试。学校不对学生休学期间发生的安全事故负责。

第九节　退学

第四十六条　学生有下列情形之一者，应予退学：

（1）学业成绩未到达学校专业培养方案毕业要求或者在学习规定的学习年限内未完成学业的：

（2）除不可抗力原因外，在校学习时间（含休学、保留学籍等）超过规定学习年限的；

（3）休学期满，在学校规定期限内未提出复学申请或申请复学经复查不合格的；

（4）经学校指定医院诊断，患有疾病或者意外伤残无法继续在校学习的；

（5）无正当理由未请假离校连续两周未参加学校规定的教学活动的；

（6）超过学校规定期限未注册又未办理暂缓注册手续的；

（7）一学期累计旷课６０学时以上的。

第四十七条　学生本人申请退学的，经学校审核同意后，办理退学手续。

学生（非本人申请）满足退学情形，由学生所在学院班级提出书面报告并附有关材料，学院召开党政联席会议，形成会议纪要书面材料送学工处（部），学工处（部）审核后提交校长办公会或者校长授权的专门会议研究决定。

第四十八条　被退学的学生，退学决定书应当直接送达学生本人；学生拒绝签收的，可以以留置方式送达；已离校的，可以采取邮寄方式送达；难于联系的，可以在学校网站、新闻媒体等发布公告，自发出公告之日起，经过六十日，即视为送达。

第四十九条　学生退学后的善后问题，按下列规定办理：

（1）退学的学生，必须在退学决定书送达两周内交清在校学习期间所欠学杂费，

并办理退学手续离校，档案、户口退回其家庭户籍所在地；

（2）退学的学生可以凭《退学决定书》，并依据《江西省民办高校学生退学退费办法》之规定到校财务处办理退费事宜；

（3）经确诊为精神病患者、癫痫病患者或患有其他严重疾病（包括意外伤残）者，学校通知学生家长或法定监护人到校办理退学手续；

（4）退学的学生，逾期不办理离校手续，由学校有关部门注销其在校各种关系，不发肄业证书；

（5）退学的学生，不得申请复学。

学生对退学处理有异议的，参照学校《学生申诉处理办法》办理。

第十节　毕业、结业与肄业

第五十条　具有学校学籍的学生，在学校规定的学习年限内修完培养方案规定的内容，取得培养方案规定的学分，德、智、体、美、劳达到毕业要求的，准予毕业，由学校颁发毕业证书。

第五十一条　学生在标准学制年限内提前修完培养方案规定的内容，取得培养方案规定的学分，德、智、体、美、劳达到毕业要求的可以申请提前毕业，申请提前毕业的学生按如下规定办理：

（1）在计划毕业学期的开学初向所在学院提出申请，填写《南昌理工学院本科生提前毕业申请表》，并附提前毕业的学习计划；

（2）经学生所在学院审核报教务处批准后，会同学校就业管理部门纳入当年就业计划。

第五十二条　学生在标准学制年限内未能取得培养方案规定的学分，可以申请延期毕业，每次申请的延长期限为一年，到期后如需要可再申请一次。延期毕业学生的最长学习年限（含休学）不得超过标准学制加两年。申请延期毕业的学生按如下规定办理：

在学校规定的时间学生本人到所在学院教学科提交延期毕业申请，并填写审批表，经学院审核，报教务处批准后可继续学习。延期毕业学生与标准学制年限内学生的学籍管理办法相同。

第五十三条　毕业、学位资格审核实行申请制，每学年进行一次，毕业、学位审核同时进行。

第五十四条　学生在学校规定的学习年限内，修完教育教学计划规定内容，未达到毕业要求，准予结业，发给结业证书。结业后一年内可以申请重修或者补作毕业设计（论文）、答辩等，达到毕业要求及学位授予条件的，发给毕业证书及学位证书。对合格后颁发的毕业证及学位证，时间按发证日期填写。

第五十五条　退学的学生，在校学习满一年以上，可发给肄业证书；在校学习未满一年的，学校为学生出具写实性学习证明。

第五十六条　学校严格按照招生时确定的办学类型和学习形式，以及学生招生录取时填报的个人信息，填写、颁发学历证书、学位证书及其他学业证书。学生在校期间变更姓名、出生日期等证书需填写的个人信息的，应当有合理、充分的理由，并提供有法定效力的相应证明文件。学校在学生生源地省级教育行政部门及有关部门协助核查下，对证明文件进行审查。

第五十七条　毕业证书、学位证书（含辅修学位）及结业证书的发放，每年进行一次。毕业、结业、肄业证书和学位证书遗失或者损坏不能补发，经学生本人申请，学校核实后可出具相应的证明书。证明书与原证书具有同等效力。

第五十八条　对违反国家招生规定取得入学资格或者学籍的，学校取消其学籍，不予颁发学历证书、学位证书；已发的学历证书、学位证书，及以作弊、剽窃、抄袭等学术不端行为或者其他不正当手段获得学历证书、学位证书的，学校将提交省级教育行政部门依法予以撤销。

第十一节　附则

第五十九条　本学籍管理规定经校长办公会议审议通过，由校长授权教务处负责解释，并自 2017 年 9 月 1 日起施行。

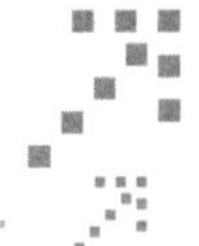

2. 南昌理工学院本科学分制管理办法

为深化教育教学改革，全面推进素质教育，促进学生自主发展，培养具有创新精神、创业竞争力和发展潜力强的高素质应用创新型人才，在我院本科专业试行学年学分制的基础上，根据教育部、省教育厅的有关文件精神，结合我院实际情况，制定本办法。

一、学习年限

本科基本学制为四年，弹性修业年限最长不超过六年；休学等均计入弹性修业年限内，且在校实际学习时间不得超过六年。

每学年分为两个学期。每学期一般为 20 周（含考试），安排理论课、实验课、集中实践教学环节和毕业设计（论文）等环节。

二、毕业要求

（一）毕业总学分：文管类各专业不低于 160 学分，理工类各专业不低于 170 学分。学生在规定学习年限内，修满培养方案规定的学分（其中必须含公共选修课 10 学分以上），德育、智育、体育合格，即可获得毕业资格，准予毕业。

（二）达到规定的基准学习年限四年到限定的学习年限六年期间，未修满毕业所规定的学分，其差值累计小于 12 学分者，可发给结业证书。一年内提出申请经所在院系签署意见，教务处批准后，安排补修重考，待补修满毕业所规定的各类学分后，再以结业证书换取毕业证书，毕业时间按发证日期填写。

（三）超过规定的基准学习年限四年，未达到结业所要求的学分，可由本人提出在院就读或单课程重修申请，经所在院系签署意见，教务处批准，并按规定缴纳费用后，方可安排参加相应班级课程学习和考试。

（四）达到限定的学习年限六年，仍未达到结业所要求的学分，按退学处理。

三、课程分类

（一）必修课。专业培养方案规定学生必须修读的课程，主要包括公共基础课程、学科基础课程、专业主干课程和集中实践教学环节中的必修部分。

（二）选修课。专业培养方案规定学生可以选择修读的课程，包括职业方向选修课程、集中实践教学环节中的选修部分及全校性通修课（公共选修课）。选修课学分修读要求以专业培养方案为准。

四、学分计算

（一）在专业培养方案中，对各门课程（含单独设置的实践性教学环节）均规定了相应的学分，学分计算以此为准。

（二）为考核学生学习质量，采用学分绩点制，学分绩点按学生考试或考查成绩进行折算，绩点具体折算方法如下：

分数	90 ~ 100	80 ~ 89	70 ~ 79	60 ~ 69	60 以下
等级	优秀	良好	中等	及格	不及格
绩点	4.0 ~ 5.0	3.0 ~ 3.9	2.0 ~ 2.9	1.0 ~ 1.9	0

学分绩点的计算：

（1）一门课程的学分绩点 = 该课程的学分数 × 绩点数；

（2）平均绩点 = 所修课程学分绩点之和 / 所修课程学分之和。平均绩点可作为学生评优评奖以及免听、免修、免考的依据。课程学分、绩点、成绩记入学生学业成绩表。

（三）学生在校学习期间，必须参加所修课程或实践等教学环节（以下统称课程）的考核。考核分为考查与考试。考查记为"优秀""良好""中等""及格""不及格"。考试以百分制给出成绩，其对应绩点等级见上表。

（四）课程考核可采取闭卷、开卷、口试、论文、报告等多种方式。必修课程考核以考试为主，结合平时学习情况，综合评定。教师根据课程的性质及教学环节，原则上考试成绩一般不得低于 70%，平时成绩不超过 30%，各教学院系亦可根据专业实际情况适当调整比例。凡一门课程分学期讲授的，每学期均按一门课程考核；单独开设的实践教学环节单独考核。旷课或请病、事假缺课累计超过课程学时 1/3 者，不得参加该课程考核。

五、选修、重考、重修

（一）培养方案中所列的公共基础课、专业基础课、专业主干课均为必修课；公共选修课和职业方向课为选修课，学生可根据有关规定，自主选定每学期的选修课程。

（二）一学期同时开设的课程，应先修专业课程，后修非专业课程；先修专业必修课，后选职业方向课，再选公共选修课。学生对人才培养方案中有严格先行后继关系的课程，应先选前修课，再选后继课。

（三）凡未经办理选课手续者，不得参加课程学习和考核。选课后原则上不再变动。无故不参加课程学习和考核者，按旷考处，不计学分。学生因故不能参加所学课程的考核需申请缓考者，应按有关规定办理缓考手续。

（四）凡必修课学期考核成绩不及格者，允许参加在下一学期开学时学校组织的重考。凡专业选修课、公共选修课考核成绩不合格者，不计其学分并不登记考核成绩。

（五）凡必修课重考仍不及格者，应随下一年级重修，并参加重修考核，考核成绩仍不及格者继续重修，重修课程成绩按及格登入。

（六）允许学生对考核及格、但成绩偏低的课程申请重修，其成绩可按两次考核中高分认定。凡考核合格的单独设置的实践性教学，一般不得申请重修。

（七）学生在本校期间取得全国大学英语四级证书，或 TOFEL 成绩在 550，或 GRE 成绩在 1 200+4，或 IELTS 成绩在 5.5 以上者，可申请综合英语课程（一）、（二）、（三）、（四）免修，其成绩以四级成绩或 TOFEL、GRE、IELTS 折算后的成绩记载。

（八）学生在校学习达到规定的基准年限四年，对其未取得学分的课程可参加由学

院组织的一次统一积欠考试。

六、免修免听

（一）已修课程平均学分绩点达 4.0，学生对专业培养方案规定的必修课通过自学等途径，认为确已掌握者，可申请免修，但每学期限免修 1 门。学生应在课程开课前一学期的第 16~17 周，提交免修申请，学院审核批准后，方可参加免修考试。获准免修的学生应参加课程负责人的命题考试或提前参加该课程的期末考试，免修考试一般安排在开学后二周内进行。

（二）因转学、转专业或其他原因，原已取得的学分（含学分绩点）课程与现学专业的课程教学要求上大体相同，可申请免修。如有不同，原修课程学分可折抵专业任选课或公共选修课学分。凡新专业未修课程应予重修。

（三）凡有下列情况之一者，可提出申请免听：

（1）对成绩优秀（已修课程平均学分绩点 4.0 以上）的学生，经所在院系考核其确实已经掌握本门课程知识，可申请免听；

（2）为提高已学课程的成绩而重修的课程可申请免听；

（3）凡重修课程开设与其他已选课程安排冲突，可申请免听重修课程。

（四）凡办理了课程免听者，该课程必须参加考核。由于上述原因（1）免听者，其课程考试成绩必须达到中等以上（不含中等），否则成绩不予认定。

（五）申请免修免听者必须提出申请，经所在院系审核，教务处批准后方能生效。凡办理了课程免听者，院系统一登录并报教务处备案，该课程必须参加考核。

（六）凡思想政治理论课、军事理论课、体育课、实验课、实习及其他技能操作课不得申请免修或免听。

七、转专业与转学

（一）学生一般应在被录取的学校和专业完成学业。学生有下列情况之一者，可以申请转专业：

（1）因患某种疾病或生理缺陷，经学校指定的医院检查证明，不能在原专业学习者；

（2）在拟转入专业领域确有特殊才能或兴趣爱好，并有省级或市级材料证明已取得相应业绩者；

（3）经学校认可，学生确有某种特殊困难，不转专业则无法继续学习者；

（4）学校根据社会对人才需求情况的发展变化，经学生同意，必要时可适当调整学生所学专业。

学生转专业，须由学生本人提出书面申请，经所在院系领导签署意见，拟转入院系领导审核同意后，并附考核的原始材料和其他有关的证明材料报学校教务处审核，分管副校长批准。学生转专业应在新生入学后一个月内办理，每个学生只能有一次转专业机会。

（二）学生一般应当在被录取学校完成学业。如患病或者确有特殊困难，无法继续在本校学习的，可以申请转学。

（三）有下列情况之一者，不予考虑转学：

（1）入学未满一学期的；

（2）由招生时所在地的下一批次录取学校转入上一批次学校、由低学历层次转为高学历层次的；

（3）招生时确定为定向、委托培养的；

（4）应予退学的；

（5）正在休学、保留学籍的；

（6）其他无正当理由的。

（四）学生转学的手续，按下列办法办理：

（1）学生转学，经两校同意，由转出学校报所在地省级教育行政部门确认转学理由正当，可以办理转学手续；跨省转学者由转出地省级教育行政部门商转入地省级教育行政部门，按转学条件确认后办理转学手续。须转户口的由转入地省级教育行政部门将有关文件抄送转入校所在地公安部门。

（2）学生转学的手续，应在拟转入学期开学前（即 1 月份、7 月份）办理。

八、双学位

（一）为全面推进素质教育，适应国家经济建设和社会发展对复合型、应用创新型人才的需求，拓宽学生就业口径，充分利用教学资源，发挥民办院校办学的优势和特色，我校决定在全日制本科学生中试行双学位制度。

（二）双学位制是指某专业本科学生在主修某学科学士学位的同时，选择修读另一学科学士学位的培养制度。修读双学位的学生，经考核合格，可获得双学位学士学位证书。

（三）双学位由学生自愿选修，实行学分制管理。根据培养要求，我校双学位专业的培养方案一般设在 60~70 学分（总学分）。其具体学分结构为：该专业的主干课程为（含专业基础课和专业课）50~60 学分，实践环节和双学位专业的毕业论文（设计）10 学分左右。

（四）申请双学位专业学习的条件：

（1）全日制在校本科二年级学生，已修完第一学年两个学期的主修课程，成绩合格，学有余力的学生均可报名；

（2）在校未受过行政记过（含记过）以上处分，身体健康者；

（3）申请辅修英语专业的学生，其英语成绩平均应在 80 分以上；

（4）学生在校期间，只允许申请辅修一个双学位专业。

（五）开设双学位的专业必须是我校已有的并且已经取得学士学位授予权的本科专业。各学院可根据本学院现有专业情况和办学条件，制定并提交培养方案、招生人数及相关要求，经教务处审核，提请主管校长批准，由教务处备案并向全校公布。

（六）双学位专业的学生，在完成主修专业和辅修专业学习后，按照两个专业的要求均获得了学位规定的课程学分，完成实践环节训练，并分别通过学位论文（设计）

答辩，符合学校学士学位授予条例，在取得主修专业学士学位的同时，取得辅修专业的学士学位。

九、休学与复学

（一）允许学生分阶段完成学业。学生有下列情况之一者，应予休学：

（1）经学校指定医院诊断，因病需要停课治疗、休养占一学期总学时三分之一以上的；

（2）在一学期内请病假、事假缺课累计超过该学期总学时三分之一的；

（3）因其他特殊原因，本人申请或学校认为必须休学的。

（二）学生休学一般以一年为期。休学时间累计不得超过两年。学期中办理休学者，该学期按休学计算。

（三）休学学生的有关问题，按下列规定办理：

（1）休学学生必须办理休学手续离校，往返路费自理，学校保留其学籍，户口可不迁出学校；

（2）因病休学的学生，必须离校治疗和休养，病休期间的医疗费用自理，参加了医疗保险的学生应当在当地二级甲等以上医院就诊，以便于向投保单位理赔；

（3）学生休学期间，不享受在校学习学生的待遇。

（四）学生应征参加中国人民解放军（含中国人民武装警察部队），可保留学籍至退役后一年。

（五）学生复学按下列规定办理：

（1）学生休学期满，应当于学期开学前持有关证明向院系申请复学，经教务处批准，方可办理复学手续。

（2）因病休学的学生，申请复学时必须由学校指定医院诊断，证明确已恢复健康、能坚持正常学习，并经教务处复查合格，方可办理复学手续。

（六）学生在休学期间，不得参加课程考试。学校不对学生休学期间发生的事故负责。

十、创新成果奖励学分

学院设立创新成果奖励学分。凡获得以下项目的奖励学分者，可充抵公选课学分（但奖励学分不能兼得，同一项目奖励学分只能一次，充抵完公选课规定学分后不再充抵）。

（一）凡研究成果或发明创新成果通过省级（含）以上政府部门鉴定，有证据表明成果得到实际应用，取得经济和社会效益，经分管院长批准，可奖励 4~6 学分。

（二）凡在省级（含）以上教育、科技行政部门组织的竞赛中获奖（不含鼓励奖），经分管院长批准，可奖励 1~3 学分。

（三）艺术、体育专业学生，凡在省级（含）以上专业竞赛中获奖（前三名），经分管院长批准，可奖励 1~2 学分。

（四）凡在国内核心期刊上发表独著论文的学生，经分管院长批准，每篇（3000 字以上）可奖励 1 学分。

十一、其他规定

（一）学生学习各门课程，经考核后获总评成绩及格（或合格）及其以上者，即得到该门课的学分，考核不及格者不计学分。

（二）允许学生从第二学年起休学，保留学籍，每次休学时间为一年。

（三）凡休学后复学的学生均编入复学后的下一学年学习。

（四）凡超过基准学习年限，需在校继续就读者，必须办理有关继续就读申报和审批手续，并按国家有关规定缴纳有关费用。

（五）学生修学学分超过毕业规定应修学分 10 学分后（即文管类各专业超过 170 学分，理工类超过 180 学分），所超过的学分需按规定交纳相关费用，具体标准另定。

（六）学生可根据校际协议跨校修读课程。在他校修读的课程成绩（学分），由本院教务处审核后予以承认。

十二、本办法自规定之日起生效，由教务处负责解释。

3. 关于调整南昌理工学院学位评定委员会委员的通知

各处（室、办）、院（部）:

根据《中华人民共和国学位条例》、《中华人民共和国学位条例暂行实施办法》和《南昌理工学院学位评定委员会章程》的相关规定，经校长办公会议审定，现将调整后的南昌理工学院学位评定委员会名单公布如下：

主　席：范彦斌　教　授　校长

副主席：陈志龙　教　授　副校长

黄学光　副教授　副校长

委　员：苑鸿骥　教　授　副校长兼航天航空学院院长

赵　波　副教授　副校长兼国际交流学院院长

孙正凯　副教授　副校长兼发规办处长

姚卫国　教　授　教务处处长、学位办主任

邱尚仁　教　授　传媒学院院长

李　柯　副教授　机电工程学院副院长

叶俊华　研究员　医学院院长

沈克永　教　授　计算机信息工程学院院长

刘雪梅　教　授　财经学院院长

王国昌　一级导演　美术与设计学院院长

邓荣春　高级工程师　电子与信息学院院长

喻桃义　教　授　人文教育学院院长

胡　蓓　教　授　工商管理学院院长

龚玲芬　教　授　外国语学院院长

姚怀生　教　授　法学院院长

刘志宏　教　授　建筑工程学院执行院长

李新庭　教　授　音乐学院院长

刘　琦　副教授　体育学院副院长

校学位评定委员会挂靠学位办，姚卫国兼办公室主任。

南昌理工学院

2023 年 5 月 26 日

4. 南昌理工学院学位评定委员会章程

第一章 总则

第一条 为了做好学位授予工作，确保学位授予质量，根据《中华人民共和国学位条例》《中华人民共和国学位条例暂行实施办法》，结合我校实际，制定本章程。

第二条 学位评定委员会是在校学位评定委员会主席领导下，履行与授予学位相关的职责和权限、统筹协调我校学位管理工作的专门机构。

第二章 学位评定委员会的组成与机构设置

第三条 学位评定委员会由15~25人组成，任期三年。学位评定委员会设主席1人，由校长担任，副主席2~6人，由主管教学和科学研究的副校长担任，其他副主席由主席提名担任。委员主要从具有教授、副教授或相当职称的专家中遴选。学位评定委员会中至少应当有半数以上的教授或相当职称的专家。

第四条 根据工作需要，校学位评定委员会在各学院设置学位评定分委员会，委员由3至10人组成，任期三年。分委员会主席一般应由校学位评定委员会委员担任。分委员会主席和委员应由各学院推荐，报校学位评定委员会审议通过，并经校长批准。学位评定分委员会成员主要由教授、副教授或相当职称的专家组成。

第五条 校学位评定委员会的办事机构为学位评定委员会办公室，挂靠学科学位建设办公室，负责处理日常工作。办公室主任由学科学位建设办公室主任兼任。

第三章 学位评定委员会职责

第六条 校学位评定委员会履行以下职责：

（一）审核通过接受申请学士学位人员名单；

（二）作出授予学士学位的决定；

（三）作出撤销因违反规定授予或错授学位的决定；

（四）审定学位评定分委员会委员名单，作出设立或撤销分委员会的决定；

（五）审定学校与学位授予相关的规章制度和管理办法；

（六）审定学校与学位工作相关的其他重大事项，研究和处理学位授予工作中有争议的问题。

第七条 学位评定分委员会履行以下职责：

（一）审查学士学位申请者资格；

（二）组织学士学位论文评阅和答辩；

（三）提出建议授予学士学位的人员名单，并报校学位评定委员会审批；

（四）作出撤销因违反规定授予或错授学位的决定或建议，报校学位评定委员会审批；

（五）履行与学位工作相关的其他职责。

第四章　学位评定委员会工作程序与规则

第八条　校学位评定委员会的各种会议由主席或由主席委托副主席主持召开。学位评定委员会一般在每年 6 月、12 月召开全体会议，讨论学位授予等事宜。如遇特殊情况或有特殊需要，可由主席决定临时召集会议。各学位评定分委员会可根据需要定期或不定期召开会议。

第九条　校学位评定委员会和分委员会须以召开全体会议的方式作出有关决定或决议。会议的决定或决议须以不记名投票或举手方式表决，经到会的 2/3 以上的委员通过方为有效（校学位评定委员会和分委员会到会委员应达全体成员的 2/3 以上）。

第十条　校学位评定委员会及分委员会任期届满须进行调整，凡工作调动、健康状况难以适应工作的学位评定委员会及分委员会委员，都应及时进行调整和补充。

第五章　附则

第十一条　修改本章程，须经校学位评定委员会 2/3 以上的委员同意。

第十二条　本章程解释权归校学位评定委员会办公室。

5. 南昌理工学院学士学位授予工作细则

为了保证本科毕业生学士学位授予质量，推进学位授予工作规范化，根据《中华人民共和国学位条例》和《中华人民共和国学位条例暂行实施办法》，结合我校实际情况，特制订本工作细则。

第一条　学士学位授予条件：

本科毕业生，热爱社会主义祖国，拥护中国共产党的领导，遵守我国宪法和法律，遵守校纪和各项规章制度，品德端正，较好地完成了培养目标，学业和学术水平达到下述要求者，可授予学士学位。

（1）完成教学计划规定的全部学业，经考核成绩合格，取得规定学分并准予毕业者；

（2）其课程学习和毕业论文（毕业设计或其他毕业实践环节）成绩表明，确已较好地掌握了本学科的基础理论、专业知识和基本技能，具有从事科学研究和担负专门技术工作的初步能力。

（3）经学校学位外语考试成绩合格者。

第二条　下列情形之一者，不授予学士学位：

（1）在校学习期间违反校纪校规受到记过及以上处分者；

（2）在规定修读年限内因课程考核不合格，累计重修课程门数超过 4 门或 2 0 学分以上是经重修（含补考）获得者；

（3）外语成绩不合格者。

第三条　学位授予工作领导机构及职责。学校成立学士学位评定委员会，下设学位办公室，系（院）成立学士学位评定分委员会。学士学位授予工作实行两级管理。

（一）校学士学位评定委员会主要职责是：

（1）制订、颁布、修改学士学位工作细则；

（2）审批各系（院）学位评定分委员会成员名单；

（3）研究和处理授予学士学位的有关事项；

（4）审查通过学士学位获得者名单；

（5）审核新增学士学位授予专业。

下设学位办公室，主要职责是：

（1）起草学校的学士学位实施工作细则；

（2）复审学工处（部）、系（院）学位评定分委员会报送的有关材料，并报告校学位评定委员会；

（3）对审查通过的学士学位获得者，组织颁发学士学位证书；

（4）开展学士学位工作研究，及时总结经验，不断改进工作。

（二）系（院）学士学位评定分委员会主要职责是：

（1）根据授予条件，把握相关专业的教育质量；

（2）认真审核申请者的课程成绩和实践性环节、毕业论文（设计）的情况；

（3）对申请者逐一进行初审，提出推荐名单。

第四条　学士学位报批程序：

（1）系（院）学位评定分委员会对本学院应届（当年）本科毕业生的学习成绩和毕业鉴定等材料进行审核，将初审后获得学士学位授予资格的普通本科学生名单于每年六月中旬、自考本科（成人）学生名单于每年三月和九月分别提交校学位办复审。

（2）校学位评定委员会召开会议，对校学位办复审后的拟授学位学生情况进行审议。

（3）学校学位评定委员会审查同意，对符合学位授予条件者授予学位并报送上级主管部门备案。

（4）校学位办根据校学位评定委员会授予学位的决定，于每年六月下旬至七月上旬集中办理学士学位证书颁发。

（5）审议通过授予学位的学生名单，须经学校学位评定委员会召开全体会议审查。获得通过者，同意数必须超过出席数的2/3，出席会议的评委必须超过评委总数的2/3。

（6）凡因政治上、学业上或其他原因不予授学位者，其材料应报校学位办审核，经院长批准确认。

（7）本科毕业生授予学士学位后，若发现有错授或舞弊作伪等严重违反学位条例规定的情况，各分委员会应予复议，并报校学位办复核后报校学位评定委员会审批，作出改授或撤销其学位的决定。

第五条　其他：

（1）校学位评定委员会确认学位错授或有舞弊、作假等严重违反学位条例规定的，撤销原授予的学士学位。

（2）学士学位证书遗失、毁坏后一律不予补发，只开具有效的证明。

（3）对于无学士学位授予权单位推荐的应届（当年）本科毕业生，达到相应的学业和学术水平的，我校学位评定委员会也可接受申请授予学士学位。

第六条　本细则经校学位评定委员会讨论通过，校长批准后执行。

第七条　本细则由学校学位评定委员会授权学校学科学位建设办公室解释。

2009年3月20日

6. 南昌理工学院本科毕业论文（设计）工作暂行条例

一、目的与要求

本科毕业论文（设计）教学过程是实现本科培养目标要求的重要阶段，是基础理论学习深化与升华的重要环节，是全面检验学生综合素质与实践能力培养效果的主要手段，是学生毕业及学位资格认证的重要依据，是衡量高等学校教育质量和办学效益的重要评价内容。做好毕业论文（设计）工作，对提高本科毕业生全面素质具有重要意义。

毕业论文（设计）的基本教学目的是培养学生综合运用所学知识和技能，提高分析与解决实际问题的能力，在实践中培养学生勇于探索的创新精神，严肃认真的科学态度和严谨求实的工作作风。

在毕业论文（设计）阶段中，仍需要进一步培养学生具有从事科学研究工作和专门技术工作的初步能力，初步掌握科学研究的基本方法。具体可归纳为：

（1）对资料、信息的获取及独立分析的能力，本专业外文的阅读和翻译能力；

（2）综合运用所学知识和技能，解决实际问题的能力；

（3）较好地掌握本门学科的基础理论、专门知识和基本技能，方案论证的能力；

（4）培养学生的创新意识和创新精神，继承和发现探索与创造的能力；

（5）使用计算机（包括索取信息、计算机绘图、数据处理、多媒体软件应用等）的能力；

（6）撰写论文（设计）或设计说明书的能力，开题报告、论文（设计）答辩时的口头表达能力。

各专业务必精心组织，加强指导，不断提高本科生的毕业论文（设计）质量，鼓励学生优秀论文的发表和成果的转化，为培养基础理论扎实、专业知识面宽、综合素质高的高级公共管理方面人才作出贡献。

二、进程安排

整个毕业论文（设计）环节分：选题、开题报告、撰写、答辩等四个阶段。

（1）做好毕业论文（设计）选题工作。各专业应在第七学期做好学生毕业论文的选题工作。

（2）在第七学期结束前，学生在教师的指导下完成开题报告准备。开题报告阶段应包括资料收集、外文文献翻译、文献综述写作和开题报告等系列过程。

（3）开题报告由各院系组织，在论文指导小组内进行交流、答辩、评审。

（4）毕业论文（设计）写作中期，各院系配合教务处对毕业论文工作进行中期检查，加强对毕业论文（设计）的全过程检查和监督。

（5）5月20日前，各院系应及时组织好毕业论文的评审、答辩工作。论文答辩完成后由各院系教务科及时将毕业论文成绩和有关毕业论文材料交学校教务处。

（6）毕业论文环节结束后，教务处组织有关专家、教师对各专业毕业论文包括评语、成绩进行抽样复评，并公布复评结果。

三、选题

1. 选题的重要意义

选题就是选定论题，即在写论文之前，确定所要研究论证的学术问题。

毕业论文（设计）选题的作用主要有：

（1）确定研究方向；

（2）确定基本观点；

（3）找到合适的切入点；

（4）促进论文（设计）的构思。

2. 选题的一般原则

（1）选题要体现学科、专业特点和教学计划中对能力知识结构的基本要求，达到毕业论文（设计）综合训练的目的。

（2）选题应符合本学科的理论发展，解决学科建设、学科发展的理论或方法问题，应有一定的学术价值和现实意义，符合我国经济建设和社会发展的需要，解决应用性研究中的某个理论或方法问题。

（3）题目贴切，有较强的科学性、前瞻性、可行性，题目规模适当，并做到理论联系实际和能够完成的课题。

（4）选题应力求有益于学生综合运用所学的理论知识与技能，有利于培养学生的独立工作能力，鼓励学生跨学科交叉选择课题和学生自己拟定题目，但要经过院（系）审查同意，方可执行。

（5）课题的工作量和难易程度要适当，有适当的阶段性成果，使学生在指导教师的指导下经过努力能够完成。

（6）由多个学生共同参加的项目，必须明确每个学生独立完成的工作内容和要求，以保证每人都受到较全面的训练，具有各自的特点。

（7）毕业论文（设计）需与各类学科竞赛、大学生创业计划、科学研究课题、校内外“产学研”实践教学基地相结合，实践应用型毕业论文（设计）不得少于50%。

（8）学生在外单位进行毕业论文（设计），可由外单位拟定课题，但审题工作需按下列程序进行：由指导教师提出书面申请报告（学生也可以），说明意义、目的、要求、主要内容、工作难点及进行课题具备的条件，报院系审定批准。

（9）选题、审题的工作程序及规范化要求。

毕业论文（设计）选题主要采用系提供课题由学生选择与由导师和学生商定两种方式确定。鼓励学生自主提出课题，学生提出选题后根据选题内容确定导师。明确课题的意义、目的、要求、主要内容、工作难点及进行课题的条件。个别情况由院系调配解决。

指导教师应认真填写毕业论文（设计）任务书，任务书须提供必要的资料，提出明确的工作内容要求（包括文献综述、开题报告、外文翻译、外文摘要及字数等），并按毕业环节拟定各个阶段工作进度（一般以周为单位），列出部分推荐参考文献。

3. 毕业论文选题不得有以下情况

（1）与专业不对口的；

（2）范围过于狭窄，内容过于单一的；

（3）题目过大，学生难以胜任的；

（4）学生在毕业论文期间无法完成或不能取得阶段性成果的题目。

4. 各专业毕业论文（设计）题目确定后，由院系教务科汇总，以电子稿的形式交学校教务处实践教学管理科。

5. 经选题确定题目后，原则上不再变更。若确需改变题目者，必须由指导教师提出书面报告说明变更原因，经院系领导批准，报实践教学管理科备案。

四、对指导教师的要求

毕业论文（设计）教学环节实行导师负责制。每个指导教师应对整个毕业论文（设计）阶段的教学活动全面负责。

（一）指导教师的条件

（1）指导教师应由具有实际教学、研究工作经验，治学严谨、工作踏实并有讲师或相当中级职称以上的人员担任。初级职称的人员原则上不单独指导毕业论文（设计），但可以协助指导教师工作。指导教师由各院系安排，教务处审查备案。

（2）在校外做毕业论文（设计），可采用合作指导的形式聘请合作单位中级职称以上的科研人员、工程技术人员担任指导教师，但应有本专业讲师以上的教师负责掌握进度、要求，并协调有关问题。

（二）指导教师的职责

（1）指导教师应为人师表、教书育人，对学生严格要求。

（2）指导教师要重视对学生独立工作能力、分析问题、解决问题能力、创新能力的培养及设计思想和基本科学研究方法的指导。应注重启发引导，注重调动学生的主动性、创造性和积极性

（三）指导教师的具体任务

（1）认真学习《南昌理工学院本科生毕业论文（设计）工作条例》，认真履行指导教师的职责。

（2）与学生一起做好选题工作，并在学生进入课题前认真规范地填写任务书和进度表。

（3）选定题目后，指导教师向学生介绍论文题目的意义和要求，帮助学生了解研究现状和必读的参考资料。

（4）指导学生进行调查研究、收集与阅读有关文献资料，撰写文献综述和开题报告等。审定学生拟定的方案，批改译文及中外文摘要。

（5）定期检查学生的工作进度和质量，与学生进行交流讨论，答疑和指导。

（6）认真填写下达给学生的毕业论文（设计）任务书，审定学生拟定的论文方案。

（7）在开题报告前，认真负责地做好指导教师评语的写作，并根据开题报告答辩

组的意见督促学生进行修改。

（8）强化过程管理。按条例规定，严格要求学生，定期检查学生正在执行毕业论文（设计）工作进度计划表，每周至少二次指导学生毕业论文，并进行交流、讨论、答疑，结束后签名。

（9）把好毕业论文（设计）审核关。毕业论文（设计）进入最后答辩前，指导教师要认真审查学生提交毕业论文（设计）的全部资料，对学生是否参加毕业论文答辩资格进行预审，并客观公正如实地填写评阅意见。

（10）写好毕业论文（设计）评语。参加学生毕业论文（设计）答辩，并根据学生投入时间、工作态度、实际工作能力、论文质量水平以及存在问题等写出书面评语。禁止和杜绝学生自己撰写评语，由指导教师签名的不良现象。

（四）指导学生人数与指导时间

为确保毕业论文（设计）的质量，每位指导教师所指导的学生人数应适当，原则上应控制在 3~5 人为宜，对学生的指导时间每周不少于 4 小时。

五、对学生的要求

毕业论文（设计）具有实践性、综合性、探索性等特点，同时也为启发学生智能、培养学生的能力提供了综合训练和实践的机会。因此，为了达到毕业论文（设计）的教学目的，对学生提出以下要求：

（1）组织学习有关文件。毕业生应认真学习《南昌理工学院本科生毕业论文（设计）工作条例》，理解其精神实质，特别对于条例中所规定的量化（数量）指标和所要提交的相关材料要做到心中有数，认真准备和撰写，并按时上交。

（2）努力学习、刻苦钻研、勇于创新、勤于实践、保质保量完成任务书规定的任务。

（3）发挥学生主观能动性。尊敬师长、团结互助，虚心接受指导教师及有关人员的指导和检查。在选定题目后，应积极主动地与指导教师联系，定期向指导老师汇报毕业论文（设计）工作进度、设想，不要被动地等待指导教师召集。

（4）及时提交毕业论文（设计）所规定的材料。学生应在导师的指导下，独立完成文献综述、开题报告、外文翻译、调查总结、试验研究和毕业论文撰写等过程，并及时提交毕业论文（设计）和相关材料。

（5）学生撰写论文要充分发挥主观能动性和创造性，实事求是，杜绝弄虚作假和抄袭，如有剽窃抄袭或伪造数据行为，经调查核实，以零分计，并按《南昌理工学院学生违纪处分条例（试行）》处理。

（6）严格遵守和执行条例规定，在导师指定地点做毕业论文（设计）。如因事、因病离校，应事先向指导老师请假，同意后及时到学院本科教学管理办公室办理有关手续备案，否则将按旷课处理。凡随机抽查三次不到者，评分降低一级。旷课时间累计达到全过程 1/3 者，取消答辩资格。

（7）节约材料，爱护仪器设备，严格遵守操作规程及实验室有关规章制度。确保安全，离开工作现场时关闭电源、水源。

（8）毕业论文（设计）形式及撰写要求，请参照教育部高教司编写的高等学校毕业论文（设计）指导手册，对达不到要求的毕业生，要重新修改，否则不能参加毕业论文（设计）答辩。

（9）倡结合毕业论文（设计）发表论文。学生对毕业论文（设计）内容中涉及的有关技术数据和资料应负有保密责任，未经许可不能擅自对外交流或转让。学校鼓励学生毕业论文（设计）按相关刊物投稿要求整理后正式发表，以扩大和提升教学成果，发表论文后学院给予一定的奖励。

（10）毕业论文（设计）必须统一装订成册。

学生应将毕业论文的中英文摘要和全文、文献综述、开题报告、外文翻译等相关材料装订成一册，需要上交一册。装订须在经各系审核认可以后进行。装订的顺序为：

①封面。

②大目录：标示毕业论文、文献综述、开题报告、外文翻译和原稿 4 部分的相对位置。

③毕业论文：中文摘要、英文摘要、目录、论文全文。

④文献综述。

⑤开题报告。

⑥外文翻译稿和原稿。

（11）答辩结束后在上交装订本的时候，须同时上交完整的毕业论文（设计）电子版。

六、校外毕业环节的教学管理

随着产学研合作的开展，学生做毕业论文（设计）也不断向校外扩展。为确保毕业论文（设计）质量，学生在外单位进行毕业论文（设计）的主要指导教师由学院安排校内教师担任，对方单位同时安排一名中级职称以上人员协助。外单位的指导教师是我校的客座教授或兼职教师，可否独立指导学生做毕业论文（设计）由各系自定。具体要求是：

（1）由学生本人提出申请，学院审批。

（2）论文课题可由学生所在的单位拟定。

（3）在过程管理上，以校内指导教师为主，外单位指导教师为辅的管理方式。在保证质量的前提下，对学生的具体指导事宜可由学院和对方单位协商解决。

（4）学生毕业论文（设计）的开题报告和最后的论文答辩均回学校进行，评分标准、成绩评定和比例均按学校规定执行。

（5）学校要对在外单位进行毕业论文（设计）的学生加强组织领导，严格要求和监督检查，不能放任自流。

（6）有关毕业论文（设计）安全和保密问题，由学校、学生和对方单位签订协议。

（7）学生到外单位做毕业论文（设计）期间的交通、食宿、指导经费等方面问题，参照毕业论文（设计）的经费标准，由学院与对方单位协商解决。

七、院系管理人员的职责和要求

要进一步加强对毕业论文（设计）的过程管理。学校要分阶段严格把关，确保毕业论文（设计）的规范和质量的提高。院系管理人员的职责和要求：

（1）对毕业论文（设计）的全过程进行检查、监督。

（2）及时下发学校有关毕业论文管理文件和考核表，组织和动员指导教师、毕业班学生认真学习有关毕业论文有规定。

（3）确定指导教师，协调指导教师与学生的比例。

（4）组织做好毕业论文（设计）的选题、审题工作。

（5）组织答辩委员会，确定答辩程序，组织答辩工作，组织审核毕业论文（设计）规定中所要上交的文字材料和考核表。

（6）毕业论文（设计）答辩结束后，院系教学管理人员应及时核实和检查答辩小组负责人对该生的答辩评语书写是否适当和规范、各项成绩比例换算和总评成绩是否记录，并有否签名等。如没有按照和完成学校所提出的各项指标的要求，院系教学管理人员有责任和权力拒收学生提交的毕业论文相关材料，并退回重做。

（7）收集毕业论文（设计）及有关材料存档，对毕业论文（设计）各个阶段的工作及时总结。

（8）对校外毕业论文环节的教学管理。

八、毕业论文（设计）的形式要求

（一）文献综述

要求查阅文献 5 篇以上，译文和文献综述（包括国内外现状、研究方向、进展情况、主要观点、存在问题、参考依据）要求字数各 2 500 字以上，文献综述必须切题。

（二）开题报告

要求字数 3 000 字以上，和文献综述一起装订。

参考格式：选题目的与意义、国内外研究现状、论文框架结构、重点与难点、实施计划，附参与文献。

（三）毕业论文要求

1）标题：题目简要、明确，一般不宜过长。

2）中外文摘要及关键词：简要概括论文的主要内容和观点。中文摘要 300 字以内，配相应的英文摘要。

3）前言：主要包括选题的依据，对本课题研究现状的简述，本文的立意和研究的角度。

4）正文：要求论点明确、结构合理、条理清楚、内容完整、资料翔实并与论点相结合，同时要做到文字通顺，引文规范。理工设计类学生必须独立完成一份设计计算说明书（论文），其中设计绘图量不少于 6 张 1 # 图纸（电气信息类不少于 4 张 1 # 图纸），设计计算说明书（论文）中设计参考文献不少于 8 篇。软件类学生必须独立完成一个系统或较大系统中的一个模块，要有足够的工作量，完成一份软件说明书（论文），论文中所涉及的参考文献不少于 8 篇，如涉及电工电路方面的内容，应完成调试工作并提供测试结果；如涉及软件开发的内容，要进行程序演示，并给出相应的源代码和结果。非理类学生的毕业论文字数一般要求在 1 万字以上，论文中所涉及的参考文献不少于 8 篇。艺术设计类学生必须独立完成 A0 展板尺寸的毕业设计，其中不少于 6 张手绘设计效果图（或平面设计图），8 000 字左右的设计分析、说明（论文），其中所涉及的参考文献不少于 8 篇。

（1）绪论。绪论是毕业论文的开头部分，应包括以下内容：

①说明论文写作的目的、意义，对所研究问题的认识；

②提出问题。

（2）本论。本论是论文的主体，是论文中最重要的部分。整个论证过程在此展开。本论内容一般包括：

①根据中心论点的需要，确定分论点并安排好文章层次、段落；

②提出分论点，并展开论述。

（3）结论。

①提出或强调得出的结论；

②对论题研究未来发展趋势的展望；

③有关问题的简要说明。

（四）行文要求

（1）用 A4 纸打印，封面严格按照学校提供的格式和要求填写，封面采用白色。

（2）字体：一级标题用三号字粗黑体，二级标题用小三号字粗黑体，三级标题用四号字粗黑体。正文用宋体小四号字体。

（3）段落：段落间不设段前、段后间距。行间距采用固定值 20 磅。

（4）序号：

第一层次：一、二、三、……

第二层次：（一）、（二）、（三）、……

第三层次：1 、2 、3 、……

第四层次：（1）、（2）、（3）、……

第五层次：①、②、③、……

（5）页眉与页脚。

页眉：分别标示“本科生毕业论文”“文献综述”“开题报告”“外文翻译与原稿”等。

页脚：页码，居右。四个部分单独编页号。

（6）注释。注释采用页下注，也称脚注。

（7）参考文献格式。

著作：作者，书名，出版社，出版时间，页码。

论文：作者，论文篇名，刊号，年，卷（期），页码。

九、开题与答辩

（一）开题

各院系（专业）及指导教师对学生的开题报告、文献综述、外文翻译进行审核，确认开题与否。

（二）论文答辩

毕业论文（设计）答辩与成绩评定是对毕业论文工作进行全面检查的一个重要环节。毕业论文写作完成时，学生应将毕业论文任务书（含考核表）、毕业论文、图纸、计算资料、调查报告、外文文献原稿及译稿、文献综述和开题报告等全部交给指导教师评阅，然后按答辩小组规定的时间进行毕业论文答辩。学生在毕业论文（设计）完成后必须进行答辩。答辩前由院系对学生进行答辩资格审查，主要就学生成绩和毕业论文的完成情况进行审查。

1）毕业论文答辩前，各专业成立答辩委员会，下设答辩小组，每小组设记录人1名。答辩小组人数以3~5名为宜，成员应由中级以上职称并有较强的业务能力和工作能力的人员担任，也可聘请外单位副高以上职称人员参加我校的毕业论文（设计）答辩工作，学生导师采取回避制。各院系（专业）应根据毕业论文的题目类型，组成若干答辩小组，负责毕业论文的答辩和成绩评定工作，并及时向学生正式公布答辩小组教师名单和学生参加答辩的日程及地点。

2）答辩工作开始前，答辩小组应组织对学生完成的毕业论文（设计）、图纸及软、硬件成果进行验收和对毕业论文（设计）的评阅工作。毕业论文（设计）的评阅由指导教师与评阅教师分别进行。指导教师应对学生整个毕业论文（设计）中的工作态度、工作能力、研究水平进行全面评价；评阅教师着重评阅毕业论文（设计）的质量与水平。评阅结束后指导教师应写出书面评阅意见，并对教务处发下的有关毕业论文（设计）表格均应认真、公正填写完毕。由学生将写有导师意见的毕业论文（设计）、开题报告、文献综述、外文翻译等材料一式一份交院系进行审查，审查通过后方可参加答辩。

3）每位参加毕业论文答辩的学生，应向答辩小组汇报毕业论文写作情况及主要内容，回答答辩小组成员的提问。

答辩时间：学生介绍15分钟左右，提问和回答问题15分钟左右。

毕业论文设计（单独评定成绩），主要考核以下几点：

①学生的业务水平（包括基础理论，专业知识，外文水平，实践能力等）；

②毕业论文的总体质量（包括选题、总体思路、文字表达、观点创新、文本图纸质量及字数等）；

③答辩中自述和回答问题的情况；

④在整个毕业论文环节中的工作态度。

各系可根据各专业的实际情况定出具体的评分标准，以便科学评分。

4. 答辩结束后，答辩小组应对学生的毕业论文（设计）及答辩情况进行书面评价、给出成绩并由答辩组长签字。

十、成绩评定

毕业论文（设计）的成绩由文献综述、开题报告、外文翻译、论文（设计）答辩等四部分组成，并单独评定成绩。

1）毕业论文（设计）的成绩应以学生完成工作任务的情况、研究水平、独立工作能力和创新精神、学术研究的态度以及答辩情况为依据，不应以学生以往的成绩或教师的水平来决定。

2）毕业论文（设计）的成绩一般采用百分制记分评定，原则上要求优秀（90~100 分）比例控制在 25%以内；良好（80~89 分）比例控制在 55%以内；其余为中等（70~79 分）、及格（60~69 分）和不及格。凡工作态度差或未完成规定任务的学生，应从严评分，不得降低要求。

3）毕业论文（设计）总成绩评定比例分配：文献综述 20%，开题报告 15%，外文翻译 5%，论文（设计）及答辩 60%。

4）评分标准。

优秀：按期圆满完成任务书规定的任务。毕业论文（设计）有较强的现实意义，立论明确，观点新颖。结构合理，内容完整，条理清晰，重点突出，资料翔实，论证有力，语言流畅，引文规范，表明作者有较强的研究能力和创新意识。答辩时概念清楚，回答问题正确。

良好：能较圆满完成任务书规定的任务，毕业论文（设计）能联系实际，立论明确，结构合理，内容完整，资料翔实，语言通顺，条理清楚，引文规范，答辩时概念较清楚，回答问题基本正确。

中等：完成任务书规定的任务，毕业论文（设计）内容基本完整，条理清楚，文字通畅。引文较规范，答辩时能回答所提出的主要问题，且基本正确。及格：基本完成任务书规定的任务。毕业论文（设计）质量一般，在结构、内容、引文等方面有个别错误。答辩时少数问题不够清楚，有若干错误。不及格：未完成任务书规定的任务，工作态度不认真。毕业论文（设计）在结构、内容上有较大缺陷和错误。答辩时概念不清楚。回答问题不正确。

十一、毕业论文（设计）的规范化、制度化管理

1）各专业在毕业论文（设计）开始前应对学生进入毕业论文（设计）的资格进行审查，由本科生管理办公室实施。

2）毕业论文（设计）动员。各院系、各专业进行毕业论文（设计）动员，组织指导教师和学生认真学习“毕业论文（设计）工作条例”，明确职责及要求。

3）毕业论文（设计）的检查。

（1）前期：各专业着重检查指导教师到岗情况，课题安排、任务书填写、开题工作的落实和进展情况。

（2）中期：各院系着重检查学生的学习态度、工作进度、教师指导情况及毕业论

文（设计）工作中存在的问题，并采取有效措施解决存在的问题。学校将组织教学督导组对毕业论文（设计）进行抽查。

教师指导可通过期中检查对学生进行阶段考核，并将此阶段的考核表现情况报答辩组作为优秀成绩评定的参考。

（3）后期：答辩前各专业应对学生进行成果验收及答辩资格审查。根据任务书及“条例”的要求，检查学生课题完成情况。

毕业论文（设计）答辩结束后，各院系教学管理人员应及时核实和检查答辩小组负责人对该生的答辩评语书写是否适当和规范、各项成绩比例换算和总评成绩是否记录，并有否签名等。如没有按照和完成学校所提出的各项指标的要求，院系教学管理人员有责任和权力拒收学生提交的毕业论文相关材料，并退回重做。

4）毕业论文（设计）的成绩。

应在毕业论文（设计）答辩全部结束后，认真审查各专业成绩评定情况，经答辩委员会审定、学院教学院长批准后，填写本科毕业生论文（设计）成绩审核汇总表，在规定的日期内送到教务处。

个别成绩评定超出控制比例的应说明原因，并经教务处认可。对毕业论文（设计）成绩不及格的学生，应及时上报教务处备案。

学校从各专业每届优秀毕业论文（设计）中评选出3％入选校优秀毕业论文（设计）集。

5）毕业论文（设计）总结。

毕业论文（设计）结束后，各院系应认真进行总结。总结的内容包括：毕业论文（设计）基本情况（包括任务书完成情况、成果、成绩评定、突出的指导教师及学生情况，主要工作经验等），本单位执行“毕业论文（设计）工作条例”情况及存在的主要问题，本单位提高毕业论文（设计）质量有显著效果的做法，对毕业论文（设计）工作的意见和建议等。毕业论文（设计）总结于每年11月份前交教务处实践教学管理科。

6）毕业论文（设计）的资料保存。

每届学生的毕业论文（设计）材料在答辩后，由学院统一保存，保存期五年。材料包括：开题报告、文献综述、外文翻译、毕业论文，及相应的电子版。被评为优秀毕业论文的，需提交1 000字左右的论文摘要电子版。

7. 南昌理工学院毕业生实习管理暂行办法

实习教学是人才培养过程中一个重要的实践性教学环节，其作用是使学生了解社会、接触生产实际，增强劳动观点，培养学生独立工作能力，获得本学科或本专业初步的生产技术和管理知识。为了进一步加强和完善实习教学管理，提高实习教学质量，结合我校实际情况，特制定本办法。

第一章　总则

第一条　本管理规定所指学生实习，是指严格按照专业培养方案规定，由学校统一组织安排或经学校批准自行到企（事）业等单位进行实践能力培养的教育教学活动。

第二章　实习教学的组织与管理

第二条　实习教学实行学校、二级学院两级管理。教务处负责全校学生实习教学工作的宏观管理，二级学院负责本单位学生实习教学工作的具体组织和实施（就业处协助二级学院遴选实习基地），学工处负责学生安全监控管理。具体职责如下：

（一）教务处职责

（1）建立健全学校实习教学管理制度；

（2）根据培养方案要求，审定各二级学院制定的《实习教学大纲》；

（3）审核全校年度《实习教学计划》；

（4）检查各二级学院实习教学工作准备情况、《实习教学计划》执行情况；

（5）做好实习工作的检查、考核，组织开展实习教学改革与研究，对全校实习教学工作做出总结；

（6）做好实习经费（课时费、差旅费等）的预算、统计及审核发放工作；

（7）协调解决全校实习教学工作中的重大问题。

（二）二级学院职责

（1）严格按专业培养目标要求编写《实习教学大纲》。内容包括：实习性质与目的、实习要求（教学要求、纪律及安全要求）、实习内容与时间安排、学生实习报告要求、实习考核方式与成绩评定、参考书目及相关资料等。经二级学院审核批准后，报教务处备案；

（2）根据《实习教学大纲》制定《实习教学计划》。内容包括：实习专业和年级、学生人数、实习单位、实习地点、实习起止日期、实习指导教师、实习日程安排等。经二级学院审核批准后，报教务处备案；

（3）负责实习基地的建设与管理。根据专业性质和学生数量，与就业处共同联系遴选实习基地。在遴选实习基地时，必须进行实地考察评估，确定满足实习条件后，与实习基地签订建设合作协议，明确双方的权利、义务以及管理责任。加强与实习基

地的联系与交流，可根据实习内容适当聘请实习基地的中高级技术人员，作为实习兼职指导教师。

（4）实习组织及实施。各类实习原则上由二级学院统一组织，实习教学可选择由各二级学院组织的集中实习形式，也可根据专业特点，由毕业生自行选择单位进行分散实习。对分散实习的学生，要严格实习基地条件和实习内容的审核，加强实习过程指导和管理，确保实习质量。参加分散实习的学生，需由学生本人提出书面申请，由校外实习单位开具接收证明，必要时应征求学生家长意见，经二级学院审核批准后方可进行。实习结束后，实习单位应签署实习鉴定意见并做出成绩评定，经实习单位盖章后交校内实习指导老师。严禁弄虚作假，一经发现按有关规定严肃处理。

（5）选派实习指导教师。选派教学经验丰富、对实习工作各环节比较熟悉、有一定责任心和组织能力、具有中级及以上职称的教师带队指导。实习指导教师的专业方向应与实习专业相对应，根据各专业学生人数情况，原则上每班配备 1 ～ 2 名实习指导教师，每名教师指导学生数控制在 30 人以内。对于参加分散实习的学生，必须安排校内实习指导教师跟踪指导。

（6）做好实习动员工作。实习出发前，应召开实习师生动员大会，宣布实习计划和实习纪律，对学生进行必要的安全教育，并指定专人负责安全工作，确保师生实习时的人身安全以及其他方面的安全。

（7）做好实习师生权益保障。实习出发前，做好实习师生人数统计及健康检测，做好实习师生购买人身意外伤害险汇总表报学工处。

（8）不定期检查实习教学的进展情况，会同实习基地落实管理责任，做好安全及其它突发事件的风险处置。

（9）做好实习经费（课时费、差旅费）的预算、审核、报送等工作。

（10）实习结束后，及时填报学生的实习成绩，组织开展实习教学经验交流，并于每年年底总结该年度实习教学工作，形成书面总结报告提交教务处。

（三）学工处职责

（1）学工处（部）负责对全校学生实习安全管理工作的监控，负责建立健全学校学生实习安全管理制度并监督执行；

（2）学生在实习期间有违纪违规行为的除按所在企业规定处理外同时按学校的学生违纪违规条例处理；

（3）负责学生实习过程中的校内学工管理、安全管理工作和协调处理学生实习实践中出现的突发事件；

（4）负责办理师生集中实习期间的人身保险。

（四）就业处职责

（1）就业指导处协助各二级学院联系实习实践单位，推荐学生到实习单位参加实习实践，对于实习实践期留岗就业的学生，签订就业协议书，做好毕业生跟踪等服务工作；

（2）负责实习实践单位资质等条件的审核备案，审核资料归档留底。

（3）支持各二级学院和毕业班班主任做好已签订校企合作协议的企业和实习实践基地的管理和维护工作。

（五）实习基地职责

（1）提供与学生所学专业对口或相近的实习岗位。

（2）合理安排学生的实习活动，并安排经验丰富的技术与管理人员进行指导。

（3）保证实习学生的安全，安排好实习学生的食宿。

（4）按学生工作实际付给相应劳动报酬。

第三章　实习基地的建设与管理

第三条　在满足《实习教学大纲》要求、保证实习质量和效果的前提下，按照就地就近、相对稳定、节省经费的原则，选择专业对口、设施完备、技术先进、管理规范、符合安全生产等法律法规要求的实习基地安排学生实习。实习岗位应符合专业培养目标要求，与学生所学专业对口或相近。

第四条　加强实习基地质量建设，充分发挥省级及以上工程实践教育中心等高水平实习基地的示范引领作用，以国家级、省级一流专业建设带动一流实习基地建设。

第五条　每个专业必须建立稳定的校外实习基地，二级学院每年都应根据培养方案要求新增适当数量的实习基地，并能保证本专业学生到基地实习，原则上每个专业实习基地不少于 6 个，以省内企事业单位为主。调整及新建立的校外实习基地需报教务处备案。

第六条　二级学院在选择实习基地时，必须满足以下条件：

（一）具有独立法人资格；

（二）符合《劳动保护法》有关规定，严格执行安全生产标准，健全安全生产规章制度和操作规程，制定安全生产事故应急救援预案，配备必要的安全保障器材和劳动保护用品；

（三）具有能指导学生实习的中高级技术人员担任实习兼职指导教师；

（四）在实习基地或周边有能够妥善安排实习师生的食宿、交通条件；

（五）在满足上述条件基础上，对实习学生的有关收费能给予减免或优惠的单位优先考虑。

第七条　实习基地共建双方有合作意向，在符合建立实习基地条件的基础上，经协商可由院部代表学校与基地共建单位签订实习基地建设合作协议（一式五份）。协议应包括双方合作目的、承担义务、合作年限等内容，合作年限可由双方协商确定，一般为 3 至 5 年。

第八条　签订实习基地建设合作协议后，在协议有效期内，实习基地可挂“南昌理工学院教学实习基地”标志。

第九条　就业处会同二级学院不定期到校外实习基地检查、考核。对协议到期的实习基地，可根据双方合作意向与成效，办理续签手续。就业处对基地建设管理成绩突出的院部予以表彰，对建设成效不大、不能保证实践教学质量的基地，提出限时整改要求，如整改后仍无明显成效，予以撤销。

第四章　实习指导教师职责

第十条　指导教师在实习前要提前深入实习基地了解和熟悉情况，根据《实习教学大纲》的要求，结合实习基地与学生具体情况制定《实习教学计划》，做好实习准备工作。

第十一条　指导教师在实习期间要积极主动地与实习基地相互沟通，建立融洽的协作关系。实习出发前，实习指导教师应对实习期间的学习、生活提前做好安排。

第十二条　指导教师在指导实习期间不得擅自离开岗位从事其它工作，不得私自找人顶替，否则按教学事故处理。如遇特殊情况必须请假，应经二级学院领导批准，并报教务处备案。

第十三条　指导教师应做到教书、育人并重，全面关心学生的思想、学习、生活与安全，加强对学生进行纪律、保密、安全等方面的教育。对违反纪律的学生，要及时给予严肃批评教育，情节严重者，要及时报告二级学院。实习期间如发生突发事故，指导教师应及时向实习基地和学校报告。

第十四条　指导教师应充分发挥主导作用，严格按照《实习教学大纲》要求，深入现场认真指导学生实习，采取各种有效措施，认真完成实习任务。

第十五条　指导学生完成实习报告并对实习报告进行评阅，根据学生实习表现、实习报告等，认真组织实习考核和成绩评定工作。

第十六条　实习结束后，指导教师应将已评阅的学生实习报告、学生实习成绩单等一并报送学生所在二级学院存档。

第五章　实习学生职责

第十七条　学生应自觉服从指导教师的安排，及时向指导教师汇报思想、业务情况。

第十八条　学生应自觉遵守学校和实习基地的相关规章制度，特别是实习现场纪律和安全条例，虚心向实习基地员工学习，自觉遵守实习教学秩序，维护学校形象和名誉。

第十九条　学生实习中原则上不准请假，更不得无故不参加实习，擅自离岗者，按旷课处理。学生因病或其他特殊原因不能参加实习，必须办理请假手续。

第二十条　学生实习期间，要增强安全意识，认真进行安全技术培训，严格执行操作规程。未经允许，不得擅自触碰现场设备、仪器等。

第二十一条　学生应注意饮食卫生及交通安全，妥善保管好个人财物。

第二十二条　学生应按《实习教学大纲》相关要求，严肃认真地完成实习任务，记好实习笔记，完成实习日志，并结合自己的体会完成实习报告。

第六章　实习成绩的考核与评定

第二十三条　学生应按照《实习教学大纲》的要求，认真完成实习的全部任务，并提交实习报告，方能参加考核。

第二十四条　实习成绩是对学生实习期间的表现、实习报告和考核成绩的综合评判，指导教师（可会同实习基地兼职指导教师）负责评定学生实习成绩。实习成绩按优秀、良好、中等、及格、不及格五级记分评定。

第二十五条　分散实习学生未进入实习单位实习，提交虚假实习证明、虚假实习报告的，一经发现参照考试违纪处理。

第二十六条　学生实习期间请假、缺席的时间在 1/3 以上者，或者严重违反实习纪律者，可认定实习课程成绩不及格。

第二十七　实习考核结果记入学生成绩档案。

第七章　实习教学经费的使用

第二十八条　实习教学经费使用范围，包括以下内容：

（一）实习指导教师差旅费；

（二）实习租车及相关服务费；

（三）实习指导教师与学生保险费；

（四）实习指导教师课时费；

（五）实习基地经费

第二十九条　实习教学经费具体使用要求：

（一）实习指导教师差旅费：实习指导教师可以报销实习期间往返实习地点的差旅费，差旅补助标准按学校有关规定执行。

（二）实习租车及相关服务费：实习租车及相关服务，按学校采购招标相关管理规定，签订合同；

（三）实习指导教师与学生保险费：实习出发前，各二级学院必须为实习指导教师与学生购买实习期间人身意外伤害险；

（四）实习指导教师讲课、指导酬金按《南昌理工学院实践教学环节课时费发放办法》执行。

第三十条　各二级学院实习经费的报销，需先至教务处实践教学科进行审核备案，审核通过后，方可至学校财务部门办理报销手续。

第三十一条　每年年底各二级学院按专业年级做好本年度实习经费使用情况统计

以及下一年度实习经费的预算申报。

第八章　实习教学档案

第三十二条　二级学院应组织做好实习教学资料的归档工作。归档内容应包括但不限于：实习教学大纲、实习教学计划、学生平时学习情况记录本、南昌理工学院毕业实习鉴定表、学生实习报告、南昌理工学院学生外出实习安全责任书、实习日记、学生实习成绩单、实习工作总结、基地建设合作协议等资料。实习教学档案相关资料建议转为电子版，由二级学院保存，保存期限不低于 5 年。

第九章　附则

第三十三条　本管理规定自发布之日起实施，由教务处负责解释。

8. 南昌理工学院毕业生离校手续办理及毕业证发放规定

一、离校手续办理

（1）学生因毕业等各种原因离校，必须在离校前规定期限内还清所借用的学校钱财、方能办理离校手续。

（2）毕业生应在学校规定的时间内，办理离校手续。退学者和开除学籍者，应在决定宣布二日内办理离校手续。

（3）凡离校者都应到教务处领取离校手续单，并按离校手续单上所开列的单位，逐一办理，各单位要签字、加盖公章，最后交回教务处，方可认定离校手续已办理完毕。

（4）学生自离校之日起，不再享受本学校学生的一切待遇。

二、毕业证发放

（一）发放条件

（1）学生毕业时应对该生作全面鉴定，认真填写学籍表、毕业生登记表各一式两份，鉴定合格者辅导员（班主任）、各学院院长写出评语并签字。

（2）学生离校前应办理离校手续，交清规定费用。

（二）学业条件

统招生全部课程及实践环节成绩合格者，毕业论文（设计）合格，颁发国家承认的统招毕业证书。

（三）发证时间

统招生毕业证发证时间为 7 月上旬。

9. 图书馆服务指南（简）

一、图书馆概况

南昌理工学院图书馆创办于 1999 年。投资 8 千万元建设的图文信息中心于 2012 年 11 月 26 日正式投入使用。目前图书馆总建筑面积 5.3 万平方米，阅览座位数 5757 位；馆藏纸质中外文图书 321.6 万余册，电子图书 159.22 万余册；中文期刊 730 余种，电子期刊 35.6 万册；中国知网、超星、万方、中科 VIPExam 考试学习资源数据库、Emerald、读者入馆教育和信息素养等各类中外文数据库 16 个。我们将为读者提供更为便捷、智能、自助且全部为免费的服务。

- 图书馆内设有 24 小时阅览室、红色书屋、数字资源阅览区等特色阅读空间；
- 图书采用自助化管理方式，实行全开架自助借还（借阅册数：学生一次可借 15 本；教职工一次可借 20 本；借阅时间：学生借书期限为 14 天，可以续借一次，续借期限不超过 7 天。教职工借书期限为 60 天，可以续借一次，续借期限不超过 7 天）。所有图书需带出图书馆的必须办理借阅手续；
- 全馆无线网络全覆盖；
- 有空调的阅览室实行座位预约管理，直接在网上进行预约使用；
- 存包柜进行登记可以连续使用半年；
- 全年 365 天开放，每天开放时间为：7∶30-22∶00（寒暑假 8∶00-21∶00）。

二、图书馆使用指南

1. 图书馆门禁注册方法

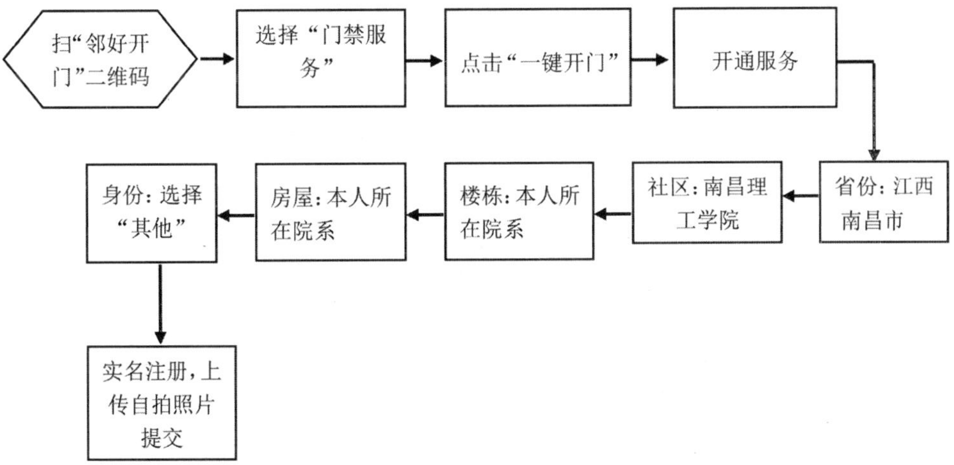

2. 电子借阅证申领及使用方法

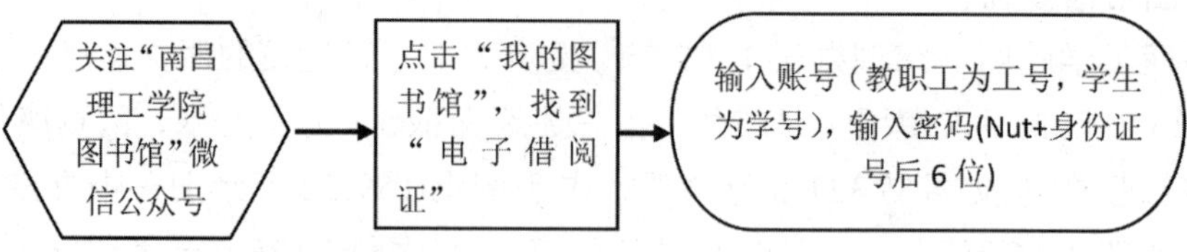

3. 座位预约系统使用指南

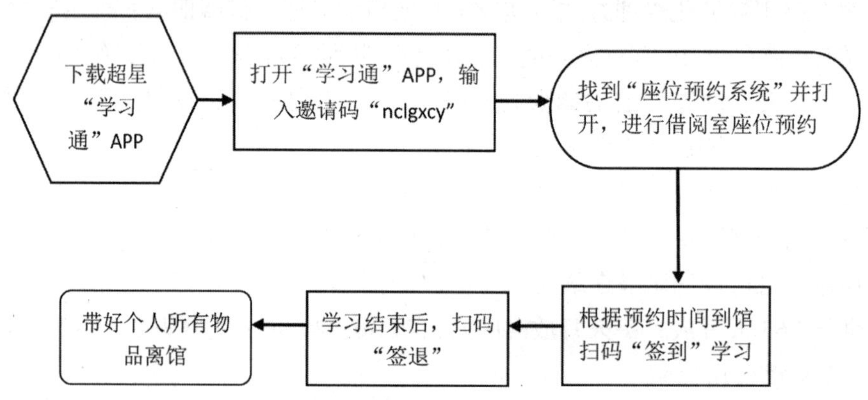

4. 图书借阅流程

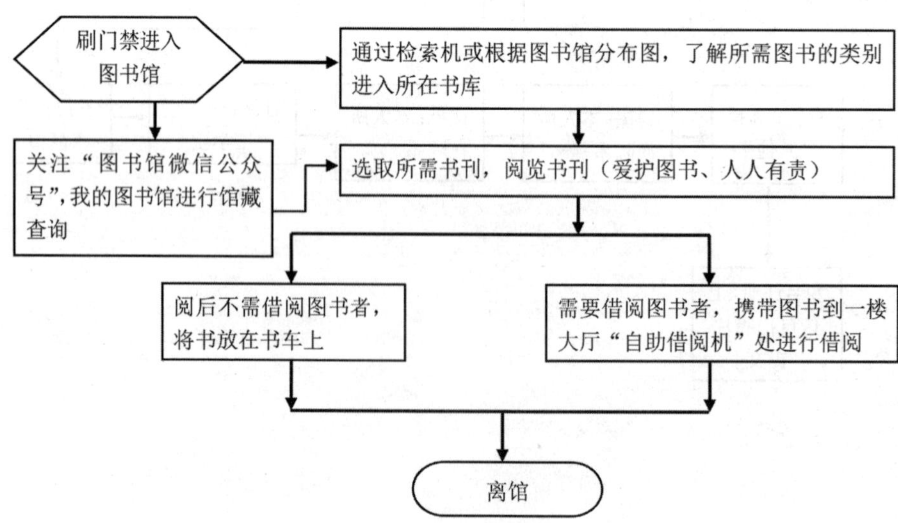

5. 自助借还机操作方法

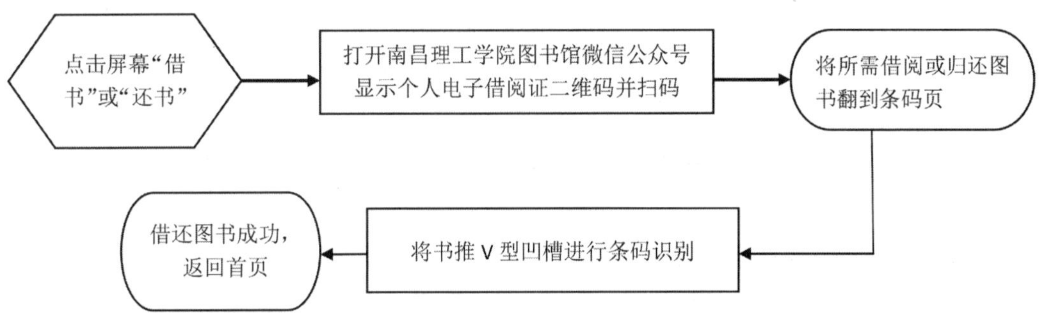

6. 存包柜申请和使用须知

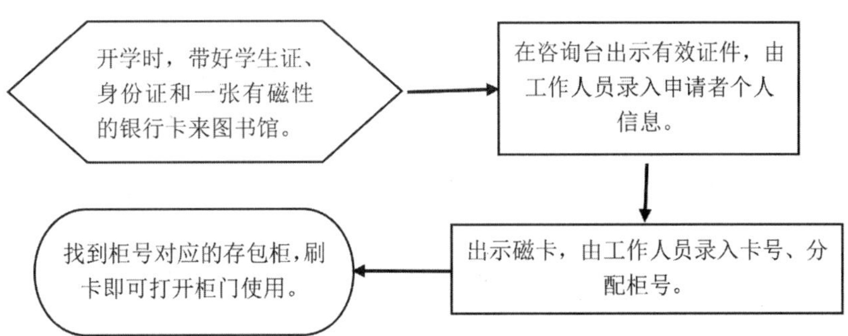

三、多媒体平台服务

1. 图书馆微信公众号服务

进入微信搜索“南昌理工学院图书馆”官方公众号并点击关注。图书馆微信公众号为读者创新更多服务方式、提供更全服务功能、拓展更大服务范围。

主要内容有：图书馆活动宣传、新书通报、资源访问和图书荐购等多个栏目。

2. 数字资源操作指南

图书馆内已实现无线网络全覆盖。多处数字资源阅览区为读者提供个性化阅读需求，各类数字资源十分丰富。

1）数字资源阅览区

一楼大厅设有“超星 · 瀑布流电子借阅系统”（提供我校专家著作、热门图书、经典学术视频等资源）、电子报刊借阅机（提供各大报纸期刊资源）、歌德借阅机（提供各类电子图书资源）等，可通过触摸屏点击需要的图书、报刊进行在线阅读，或用手机扫描书面所附二维码免费下载至手机阅读。

一楼甘露茶艺设有电子书阅读本阅览区域，读者可获取更舒适美好的阅读体验。

2）读者在校内使用数字资源方法

（1）首先，通过搜索引擎输入检索词“南昌理工学院官网”，找到并打开南昌理工学院官方门户网站主页，在学校官网主页右下角找到“图书馆”链接，单击打开，进入图书馆主页。

（2）或者在地址栏中输入网址 http://book.nut.edu.cn/ 进行检索。

（3）在图书馆主页上找到“资源导航”栏，单击打开后，可看到各大数据库列表，单击数据库名称，即可进入该数据库主页。

（4）在数据库主页的检索栏中输入关键词进行检索，可在检索结果页面找到所需资源，并可进行“阅览”“下载”等操作。

3）读者在校外使用数字资源方法

（1）首先，通过搜索引擎输入检索词“南昌理工学院官网”，或者在地址栏中输入网址 http://www.nut.edu.cn/ 进行检索，找到并打开南昌理工学院官方门户网站主页。

（2）在南昌理工学院官方门户网站主页下方找到“智慧校园（统一认证平台）”，点击打开。输入账号、密码，进入平台首页。

（3）在统一认证平台首页上方，点击“应用系统直通车”，在打开的页面点击右下方的“webvpn”，即可显示可访问资源。

3. 图书馆网站

登录南昌理工学院图书馆官网，就可进入图书馆网站。

1）资源访问。

纸质文献：通过“文献检索——馆藏检索”可查询我馆馆藏纸质文献信息，包括题名、索书号、责任者、出版信息、内容与摘要附注及在架数量等。

数字资源：通过“资源导航——数字资源”查找图书馆已订购数字资源，选择数据库进行检索、查询，可获取数字资源题名、作者、来源、发表时间、资源类型、摘要及全文。

2）图书馆资讯。

通过“新闻资讯”及“通知通告”栏目可查看最新消息通知：查询图书馆新闻通知、资源动态、讲座动态、培训通知等。

通过“本馆概况”查看：图书馆基本信息介绍、图文信息中心宣传片等。

通过“读者服务”查看：入馆须知、开放时间、馆藏分布、借阅制度等。

通过“新书通报”查看：图书馆新到资源或优秀资源。

移动服务可查询：图书微信、移动图书馆、全球学术快报等平台二维码等。

3. 馆长信箱

互动交流：接受读者监督和信息反馈的绿色通道。

4. 读者下载中心

可下载“文献传递申请表”，以获取图书馆未收藏的图书、论文、报告等。还可下载超星阅读器和知网 CAJViewer 浏览器，用于阅读相对应格式文献。

四、其他

更多的管理规则及相关细节请到图书馆主页或微信公众号查阅！

三、学生资助服务管理规范

1. 关于调整南昌理工学院学生奖助学金评审工作领导小组、评审委员会成员的通知

各处(室)、院(部):

根据上级文件要求,我校于 2007 年成立了学生奖助学金评审领导小组和评审委员会,评审领导小组由学校主要领导担任,评审委员会由相关部门领导担任,十几年来学校领导和评审委员会成员认真履职,为学校奖助学金评选工作的开展付出了艰辛的汗水,成效显著。现根据实际工作需要,因部分成员工作变动,为了便于有序工作,现对学校学生奖助学金评审领导小组和评审委员会成员作调整。调整后的领导小组和委员会成员名单如下:

主任委员:邱小林

执行主任: 范彦斌

督导主任: 李贤瑜

副主任:黄学光 、张友文

委　员:姚卫国、张 进 、杨婷婷、王淳萍、周全意、陈磊、陈之贵、闵志强、刘姝、姚艳

学生代表:于文、王婉妮

委员会下设办公室,挂靠在学工处(部)学生资助管理中心,陈之贵同志兼任办公室主任,由姚艳同志负责对接日常事务。

南昌理工学院

2022 年10月18日

2. 南昌理工学院国家奖学金实施细则

第一条　为切实做好我校资助工作，贯彻落实好《江西省普通本科高校、高等职业学校国家奖学金管理实施细则》文件精神，激励我校学生勤奋学习、努力进取、在德、智、体、美、劳全面发展，结合我校实际情况，制定本细则。

第二条　国家奖学金由中央政府出资设立。

第三条　国家奖学金用于奖励高校全日制本、专科（含高职、第二学士学位）在校特别优秀的学生。

第二章　奖励标准与申请条件

第一条　国家奖学金的奖励标准为每人每学年 8 000 元。

第二条　国家奖学金申请条件。

（一）基本条件

（1）热爱社会主义祖国，拥护中国共产党的领导；

（2）遵守宪法和法律，遵守学校规章制度，无违纪违法行为；

（3）诚实守信，道德品质优良，无诚信等方面的不良表现。

（二）学习年限要求

（1）本专科二年级（含二年级）以上学生具备申请资格；

（2）专升本学生进入本科阶段第二年起才具备申请资格；

（三）学习成绩要求

（1）上一学年学习成绩排名和综合考评成绩排名均位于前 10%，可申请国家奖学金；

（2）上一学年学习成绩排名和综合考评成绩排名超出前 10%，但均位于前 30%，必须在道德风尚、学术研究、学科竞赛、创新发明、社会实践、社会工作、体育竞赛、文艺比赛等某一方面表现特别优秀，方可申请国家奖学金。

第三章　申请与评审

第一条　国家奖学金实行等额评审，坚持公开、公平、公正的原则。

第二条　每年校学生资助管理中心在收到省教育厅下达的指标后，按评选范围学生数比例和学科水平较高专业倾斜的原则分配到各学院。

第三条　国家奖学金按学年申请和评审。在同一学年内，申请并获得国家奖学金的家庭经济困难学生，可同时申请国家助学金，但不能同时获得国家励志奖学金。

第四条　每年 9 月 20 日前，学生根据国家奖金的申请条件和有关规定，向学校提出书面申请，并递交《普通本科高校、高等职业学校国家奖学金申请审批表》。

第五条　各学院学工科具体负责组织本学院的评审工作，于每年 9 月 30 日前提出享受国家奖学金学生初审名单，报校学生资助管理中心。

第六条　校学生资助管理中心审核、汇总个学院预推国家奖学金的学生名单，报学校学生资助评审委员会研究通过后向全校师生公示，公示时间不少于5个工作日。公示无异议后，于每年10月15日前，将学生申请国家奖学金的相关材料报省学生资助管理中心。

第四章　奖学金发放、管理与监督

第一条　学校在收到省教育厅拨付的款项后由校资助中心联系银行给获奖学生办理资助卡并将奖金一次性发给学生。颁发国家统一印制的奖励证书，并记入学生学籍档案。

第二条　学校各级学生资助管理机构应切实加强管理与监督，认真做好国家奖学金的评审工作，确保国家奖学金用于奖励特别优秀的学生。

第五章　附则

第一条　本实施细则由学工处（部）负责解释。

第二条　本实施细则自发布之日起施行。

南昌理工学院

2017年9月1日

3. 南昌理工学院国家励志奖学金实施细则

第一章　总则

第一条　为贯彻落实《江西省普通本科高校、高等职业学校国家励志奖学金管理实施细则》文件精神，激励我校学习成绩优秀且家庭经济困难学生勤奋学习、努力进取、在德、智、体、美、劳全面发展，结合我校实际情况，制定本细则。

第二条　国家励志奖学金用于资助高校全日制本、专科（含高职、第二学士学位）学生（以下简称学生）中品学兼优的家庭经济困难学生。奖励资助名额由省财政厅、省教育厅根据财政部、教育部确定的人数按比例分配。

第二章　奖励标准与申请条件

第一条　国家励志奖学金的奖励标准为每人每年 5 000 元。

第二条　国家励志奖学金的申请条件：

（一）基本条件

（1）热爱社会主义祖国，拥护中国共产党的领导；

（2）遵守宪法和法律，遵守学校规章制度，无违纪违法行为；

（3）诚实守信，道德品质优良，无诚信等方面的不良表现；

（4）家庭经济困难，生活俭朴，无奢侈消费及生活铺张浪费行为。

（二）学习年限要求

（1）本专科二年级（含二年级）以上学生具备申请资格；

（2）专升本学生进入本科阶段第二年起才具备申请资格；

（三）学习成绩要求

上一学年学习成绩综合排名在前 30%的可申请国家励志奖学金，超出 30%的不予认定。

第三章　申请与评审

第一条　国家励志奖学金的评定工作，坚持公开、公平、公正的原则。

第二条　每年校学生资助管理中心将省教育厅下达的指标数按比例分配到各学院。

第三条　申请国家励志奖学金的学生为我校贫困学生数据库中二年级以上（含二年级）的学生。

第四条　国家励志奖学金按学年申请和评审。在同一学年内，申请并获得国家励志奖学金的学生，可同时申请国家助学金，但不能同时获得国家奖学金。

第五条　每年 9 月 30 日前，学生根据国家励志奖学金的申请条件和有关规定，向学校提出书面申请（字数不少于 500 字），符合申请条件、材料齐全（个人申请、家

庭经济困难调查表、学习成绩报告单需教务处认可）方可填写申请表审批表。

第六条　各学院国家奖助学金评审小组认真负责组织本学院的评审工作，于每年10月15日前提出获国家励志奖学金学生初步名单，并报校学生资助管理中心。

第七条　校学生资助管理中心审核、汇总各学院预推国家励志奖学金的学生名单，报学校学生资助评审委员会研究通过后向全校师生公示，公示时间不少于5个工作日，公示无异议后，由校资助管理中心于每年10月31日前，将励志奖学金学生申请的相关材料报省学生资助管理中心审批。

第四章　励志奖学金发放、管理与监督

第一条　学校在收到省教育厅拨付的款项后由校资助中心联系银行给获奖学生办理资助卡并将奖金一次性发给学生。颁发教育厅统一印制的奖励证书，并记入学生学籍档案。

第二条　学校各级学生资助管理机构应切实加强管理与监督，认真做好国家励志奖学金的评审工作，确保国家励志奖学金用于成绩优秀且家庭经济困难的学生。

第五章　附则

第一条　本实施细则由学工处（部）负责解释。

第二条　本实施细则自发布之日起施行

南昌理工学院

2017年9月1日

4. 南昌理工学院国家助学金实施细则

第一章 总 则

第一条 为贯彻落实好江西省教育厅等七部门关于印发《江西省家庭经济困难学生认定暂行办法》的通知（赣教发〔2019〕6 号）精神，切实做好我校贫困家庭学生的资助工作，帮助家庭经济困难的学生顺利完成学业，激励他们勤奋学习、努力进取、全面发展，结合我校实际情况，制定本细则。

第二条 国家助学金由中央和省政府共同出资设立。

第三条 国家助学金用于资助高校全日制本、专科（含高职、第二学士学位）在校生中的家庭经济困难学生。

第二章 资助标准与申请条件

第四条 国家助学金主要资助家庭经济困难学生的生活费用开支。国家助学金资助 面平均约占在校学生总数的 20%。平均资助标准为每生每年 3300 元，分为三个档次，分别为每生每学年 4400 元、3300 元和 2200 元，

第五条 国家助学金的申请条件：

（一）基本条件

（1）具有中华人民共和国国籍；

（2）热爱社会主义祖国，拥护中国共产党的领导；

（3）遵守宪法和法律，遵守学校规章制度，无违纪违法行为；

（4）诚实守信，道德品质优良，无诚信等方面的不良表现；

（5）勤奋学习，积极向上；

（6）家庭经济困难，生活俭朴。

（二）学生申请和认定原则

1）具备以下条件之一的学生，可提出申请并获一档助学金：

（1）经扶贫部门确认的脱贫家庭学生；

（2）经民政部门确认的脱贫不稳定家庭学生；

（3）经民政部门确认的边缘易致贫家庭学生；

（4）经民政部门确认的特困救助供养学生；

（5）经民政部门确认的孤儿学生；

（6）经退役军人事务部门确认的烈士子女、一至四级残疾军人子女；

（7）经残联确认的家庭经济困难残疾学生；

（8）经残联确认的残疾子女；

（9）经民政部门确认的事实无人抚养儿童；

（10）经民政部门确认的因患罕见病加重困难家庭负担的学生；

（11）因病因灾因意外事故等刚性支出较大或收入大幅缩减导致基本生活出现严重困难家庭学生。

2）具备以下条件之一的学生可提出申请并获二档助学金（可根据具体情况调整困难等级）：

（1）经民政部门确认的最低生活保障家庭学生；

（2）经民政部门确认的城镇贫困群众家庭学生（含城镇特困人员、城镇最低生活保障对象、支出型贫困低收入家庭）；

（3）经民政部门确认的低保边缘人口。

具备以下条件之一的学生可提出申请，经班级、学院和学校三级民主评议后确定助学金档次：

（1）因家庭突发变故造成人身及财产重大损失的学生；

（2）因家庭成员遭受重大疾病或意外伤害导致家庭经济困难的学生；

（3）家庭遭遇不可抗拒或重大自然灾害的学生；

（4）享受抚恤补助待遇家庭经济困难学生；

（5）其他情况导致家庭经济困难的学生。

第三章　申请与评审

第六条　国家助学金的评定工作，坚持公开、公平、公正的原则。

第七条　国家助学金按学年申请和评审，申请国家助学金的学生为我校贫困学生数据库中的学生。在同一学年内，申请并获得国家助学金的学生，可同时申请国家奖学金或国家励志奖学金。

第八条　每年9月30日前，学生根据国家助学金的申请条件和有关规定，向学校提出书面申请，字数不少于500字。

第九条　各学院经济困难学生认定工作小组认真负责组织本学院的评审工作，提出享受国家助学金学生初步名单及资助档次。

第十条　校学生资助管理中心审核、汇总全校享受国家助学金的学生名单，报学校学生资助评审委员会研究通过后向全校师生公示，公示时间不少于5个工作日。公示无异议后，于每年10月30日前，将《普通高等学校国家助学金受助学生汇总表》报省学生资助管理中心审批。

第四章　助学金发放、管理与监督

第十一条　学校在收到省教育厅拨付的款项后由校资助中心联系银行为受助学生办理学生资助卡，分春、秋两季将资助金发给学生。

第十二条　学校各级学生资助管理机构应切实加强管理与监督，认真做好国家助学金的评审和发放工作，确保国家助学金用于资助家庭经济困难的学生。

第十三条 申请助学金的学生所提供的本人资料及家庭信息必须真实，如发现弄虚作假，则取消该生的资助资格，已发放的资助金限期归还。

第十四条 受助学生在受助期间如发现有奢侈消费及生活铺张浪费行为者终止其助学金的发放。

第十五条 受助学生在受助期间必须严格遵守国家法律法规和学校的各项规章制度，如发现违纪行为，终止其助学金的发放。

第五章 附 则

第十六条 本实施细则由学工处（部）负责解释。

第十七条 本实施细则自发布之日起施行。

南昌理工学院

2023 年 6 月

5. 南昌理工学院奖学金评选办法

第一章　总则

第一条　在习近平新时代中国特色社会主义思想指引下，为了进一步贯彻党的教育方针，坚持立德树人根本任务，充分调动学生奋发向上，努力学习的积极性，激励学生在德、智、体、美、劳全面发展，创建优良的校风、学风，培养和造就具有时代精神和创新能力的优秀“南理人”。根据《高等学校学生管理规定》等文件精神，结合南昌理工学院实际，设立“南昌理工学院奖学金”，特制定本办法。

第二章　奖励人数、方式与标准

第一条　“南昌理工学院奖学金”由南昌理工学院出资设立，用于奖励学校全日制在校就读的优秀学生，奖励比例为在校学生人数的 5%。

第二条　奖励标准分三个等级：一等奖 1 000 元，二等奖 800 元，三等奖 600 元（分别占总人数的 0.5%、1.5%、3.5%）。

第三条　奖励方式实行以精神褒奖为主，结合物质奖励；获得“南昌理工学院奖学金”同学，颁发“南昌理工学院奖学金”荣誉证书及进行事迹报告宣讲活动。

第三章　申请条件

“南昌理工学院奖学金”评定坚持公平、公正、公开的原则和德、智、体、美、劳全面发展的标准，对学生的思想道德、学业及学术科研成绩、课外活动等进行综合考评。

（1）获得奖学金的同学必须符合以下基本条件：

①爱国爱党爱校，道德品质优良，遵守大学生行为准则和南昌理工学院各项规章制度。

②热爱所学专业、态度端正、刻苦学习，成绩优秀，有较强的进取意识和创新精神。

③学生有较强的自主学习意识，能利用课余时间、节假日主动进图书馆，借阅图书，查阅资料进行主动学习。

④积极参加学校维护校园环境的义务劳动及学校各项集体活动，善协作，乐于奉献，团结同学。

符合以上条件的家庭经济困难学生优先，对学校有突出贡献学生优先，有学术、科研成果的学生优先，为学校争得荣誉学生优先。

为激励更多优秀的同学，扩大奖励面，原则上，同一学年，获“国家奖学金”或“国家励志奖学金”的同学不得再申请“南昌理工学院奖学金”。每位同学在校期间仅能获得一次“南昌理工学院奖学金”。

（2）有以下情况之一者，不得参加“南昌理工学院奖学金”评定：

①违反校规校纪和受到纪律处分者（如打架斗殴、使用大功率电器、未经批准租住在校外等行为）。

②无故拖欠学费或住宿费者。

③必修课考试不及格或缓考、缺考者。

第四章　申请与评选

第一条　“南昌理工学院奖学金”的评选坚持公开、公平、公正原则。

第二条　“南昌理工学院奖学金”评选工作于每年春季学期进行。学生个人提出申请由班级择优推荐，学院初评后将拟获奖学生名单公示，公示 5 个工作日无异议报南昌理工学院学生奖助学金评审委员会办公室。

第三条　南昌理工学院学生奖助学金评审委员会召开评审会议，评审后的获奖名单在学校官网进行公示 3 个工作日，无异议后报校长办公会议审批。

第五章　发放管理与监督

第一条　“南昌理工学院奖学金”通过银行卡转账发放。由学校财务一次性将奖金转给获奖学生，并颁发荣誉证书，记入学生档案。

第二条　学校各级学生资助管理机构应切实加强管理与监督，杜绝优亲厚友，索、拿、卡、要等违规违纪现象发生，促进学校校风、学风健康发展。

第六章　附则

第一条　本办法由学工处（部）负责解释。

第二条　本办法自发布之日起实施。

南昌理工学院

2020 年 8 月 10 日

6. 南昌理工学院校内资助管理实施办法

第一章　总则

第一条　根据江西省教育厅下发《关于进一步规范学校资助经费提取使用工作的通知》（赣教财字〔2020〕21 号）的通知要求，学校每年应从学费收入中提取不少于 5% 的资金用于资助学生。为完善学校资助工作体系，从奖、助、减、免、补等资助工作程序，结合学校实际情况，制定本办法。

本办法中学生是指学校全日制在校、在籍的本专科学生。

第二章　奖学金

第一条　南昌理工学院奖学金由南昌理工学院出资设立用于奖励在校全日制在校就读的优秀学生，奖励比例为在校学生人数的 5%。

第二条　奖励标准分为三个等级：一等奖 1000 元，二等奖 800 元，三等奖 600 元（分别占总人数的 0.5%、1.5%、3.5%）。

第三条　南昌理工学院“航天人”奖学金由学校出资设立，用于奖励学习成绩特别优秀，在科研和国际、全国、全省各项比赛中取得优异成绩，为学校争得荣誉和为学校发展作出重大贡献的学生。奖励标准：1000—6000 元。

第三章　助学金

第一条　校内助学金由南昌理工学院出资设立，用于资助全日制在校学生中家庭经济困难学生。

第二条　校内助学金资助比例占在校生人数的 5%，平均资助标准为每生每年 600 元，分三个档次，分别为每生每年 800 元、600 元、400 元。

第三条　申请条件

（1）热爱社会主义祖国，拥护中国共产党的领导，爱校；

（2）遵守宪法和法律，遵守学校规章制度，无违纪违法行为；

（3）诚实守信，道德品质优良；

（4）勤奋学习，积极参加学校和班级组织的活动；

（5）家庭经济困难，生活俭朴；

（6）不迟到，无故旷课，遵守学校各项规章制度。

申请学校助学金的同学必须是学校认定为家庭经济困难学生；建档立卡户、孤儿、农村特困供养学生中积极向上，思想品德优良，表现先进的学生全部纳入资助范围。

第四条　学校助学金评选坚持公开、公平、公正的原则，每年 3 月底前学生提出书面申请，由班级推荐，学院初审，学院根据学校下达的助学金名额认定拟获学校助学金学生名单报校资助管理中心。

第四章　学费减免

第一条　申请减免学费的条件

（1）已取得本校学籍的全日制本、专科学生；

（2）家庭经济特别困难的孤残学生、少数民族学生、烈士子女、优抚家庭子女，或因其他特殊原因（如家庭所在地遭受特大自然灾害等）造成家庭经济特别困难的表现良好的学生。

第二条　减免等级、额度

一等　　减免应缴学费的 100%

二等　　减免应缴学费的 70%

三等　　减免应缴学费的 50%

第三条　有下列情况之一者，不得申请学费减免：

（1）弄虚作假、谎报家庭经济情况者；

（2）因违反校规校纪受到处分的学生；

（3）有吸烟、酗酒等不良嗜好或在生活上不节俭的学生。

第四条　减免学费评定时间、程序和要求

1）减免学费工作每学年评定一次，一般在每年 5 月份进行，6 月 20 日前审定。新生入学第一学期不减免学费。

2）审批程序和要求：

（1）本人提出书面申请，填写《减免学费申请表》，出具由乡（镇）政府或城市居委会或父母所在单位提供的有关家庭经济情况证明材料；

（2）学院分管领导审核，签章后汇总报学工处学生资助管理中心；

（3）学生资助管理中心同财务处审查同意后公示拟减免学费学生名单和减免金额，以接受广大师生监督；

（4）对经公示无异议者，报校长办公会审批；

（5）财务处根据学校审批结果直接冲销其相应金额的学费。

3）各学院、各班级要遵循公平、公正、公开的原则，严格掌握标准，认真审核把关，对于弄虚作假，谎报家庭经济情况者，一经查实，应追回其所减免的款项。

第五章　临时困难补助

第一条　资助对象和条件

（1）本校在籍在册（已注册）的全日制本、专科学生；

（2）因临时性、突发性灾害造成意外困难，

（3）享受资助的学生应品德良好，学习勤奋，生活俭朴，热爱劳动。

第二条　资助等级和额度

（1）学校从事业收入中提取经费，由学校集中统一掌握使用。

（2）设立三个资助等级：一等 800 元 / 次；二等 600 元 / 次；三等 400 元 / 次。

第三条　资助程序

因这类学生具有不可预见性致贫原因，所以此项困难补助采取不定期发放办法，以随时解决这类学生的特殊困难。具体工作程序为：由本人提出书面申请，填写《学生临时困难补助申请表》，所在学院审核并签章后报学工处学生资助中心审批，由财务处发放。

第六章　附则

第一条　本办法自发布之日起执行，同时废除 2018 年印发的南昌理工学院校内资助管理办法。

第二条　本办法由学工处学生资助管理中心负责解释。

附件：

南昌理工学院助学金申请表

南昌理工学院学生学费减免申请表

南昌理工学院学生临时困难补助申请表

南昌理工学院
2020 年 9 月 10 日

7. 南昌理工学院家庭经济困难学生认定办法

为深入贯彻党的十九大精神，不断健全学生资助制度，进一步提高学生资助精准度，按照《教育部等六部门关于做好家庭经济困难学生认定工作的指导意见的通知》（教财〔2018〕16号）、《教育部办公厅关于进一步加强和规范高校家庭经济困难学生认定工作的通知》（教财厅〔2016〕6号）、《财政部教育部人民银行银监会关于进一步落实高等教育学生资助政策的通知》（财科教〔2017〕21号）和江西省教育厅等七部门印发的《江西省家庭经济困难学生认定暂行办法》等文件精神，根据学校实际，制定了《南昌理工学院家庭经济困难学生认定办法》。现印发给你们，请遵照执行。

第一章　总则

第一条　为进一步落实家庭经济困难学生资助政策，实现精准识别、精准资助，确保不让一个学生因家庭经济困难而失学，根据国家和省教育厅有关规定，制定本办法。

第二条　做好家庭经济困难学生认定工作，是贯彻落实党中央、国务院决策部署，全面推进精准资助，确保资助政策有效落实的迫切需要。

第三条　家庭经济困难学生认定要将民政、扶贫、退役军人事务、残联等部门认定的家庭经济困难人口信息与教育部门、人社部门学生信息实行定期、动态比对，建立部门联动、信息共享机制。

第四条　家庭经济困难学生认定要坚持阳光操作，以相关部门核定的信息和学生家庭真实经济状况为基础，确保家庭经济困难学生认定各个环节和认定结果公开、公平、公正。

第二章　认定对象

第五条　本办法之学生是指被我校正式录取的普通全日制本、专科在校学生。认定对象是指具有我校正式学籍且完成注册，本人及其家庭所能筹集到的资金难以支付其在校学习期间的学习和基本生活支出的学生。

第六条　家庭经济困难认定对象包括以下8类：

（1）经扶贫部门确认的建档立卡贫困家庭学生；

（2）经民政部门确认的最低生活保障家庭学生；

（3）经民政部门确认的特困救助供养学生；

（4）经民政部门确认的孤儿学生；

（5）经退役军人事务部门确认的烈士子女、一至四级残疾军人子女；

（6）经残联确认的家庭经济困难残疾学生及残疾人子女；

（7）经民政部门确认的城镇贫困群众家庭学生（含城镇特困人员、城镇最低生活

保障对象、支出型贫困低收入家庭）；

（8）其他家庭经济困难学生。主要包括享受抚恤补助待遇的优抚对象的经济困难家庭、因家庭遭受重大自然灾害造成重大损失、因家庭成员遭受重大疾病或意外伤害、因家庭发生重大变故等情况影响其子女入学就读及其他需要资助的家庭经济困难学生。

第三章　认定原则

第七条　坚持实事求是、客观公平。认定家庭经济困难学生要从客观实际出发，以学生家庭经济状况为主要认定依据，确保公平公正。

第八条　坚持公开透明与保护隐私相结合。既要做到认定内容、程序、方法等透明，确保认定公正，也要尊重和保护学生隐私，严禁让学生当众诉苦、互相比困。

第九条　坚持积极引导与自愿申请相结合。既要引导学生如实反映家庭经济困难情况，主动利用国家资助完成学业，也要充分尊重学生个人意愿，遵循自愿申请的原则。

第四章　认定依据

第十条　家庭经济因素。主要包括家庭收入、财产、债务等情况。

第十一条　特殊群体因素。主要指是否属于建档立卡贫困家庭学生、最低生活保障家庭学生、特困供养学生、孤儿学生、烈士子女、一至四级残疾军人子女、家庭经济困难残疾学生及残疾人子女等情况。

第十二条　突发状况因素。主要指遭受重大自然灾害、重大突发意外事件等情况。

第十三条　学生消费因素。主要指学生在校消费情况。

第五章　认定办法和程序

第十四条　家庭经济困难学生每学年秋季学期认定一次。每学期按照家庭经济困难学生实际情况进行动态调整。

第十五条　具备以下条件之一的学生必须认定为家庭经济特别困难：

（1）经扶贫部门确认的建档立卡贫困家庭学生；

（2）经民政部门确认的特困救助供养学生；

（3）经民政部门确认的孤儿学生；

（4）经退役军人事务部门确认的烈士子女、一至四级残疾军人子女；

（5）经残联确认的家庭经济困难残疾学生及残疾人子女。

第十六条　具备以下条件之一的学生可优先认定为家庭经济困难（根据实际情况可调整困难等级）：

（1）经民政部门确认的最低生活保障家庭学生；

（2）经民政部门确认的城镇贫困群众家庭学生（含城镇特困人员、城镇最低生活保障对象、支出型贫困低收入家庭）。

符合以上条件的学生个人提出申请，填写《江西省家庭经济困难学生认定申请表（样表）》并向所在学院或班级提交户籍所在地扶贫、民政、退役军人事务、残联等部门出具的建档立卡贫困户登记证、特困人员救助供养证、城乡低保证、烈士证、残疾证（残疾人子女还需提供户口证明）等有效证件的原件之一逐一进行核验。

第十七条　其他家庭经济困难学生认定，由所在学院或班级组织学生填写《江西省家庭经济困难学生认定申请表（样表）》，并提供家庭所在地的乡镇（街道）民政部门、村（居）委会、原就读高中任何一单位出具的家庭经济困难相关佐证材料。各学院根据学生提供的材料进行评审，评审认定比例控制在学院学生人数的20%之内。

第十八条　认定审核。对经扶贫、民政、退役军人事务、残联等职能部门确认或提供了相关部门出具的有效证件的学生，直接认定为家庭经济困难学生。其他家庭经济困难学生的认定由学院根据学生或监护人提交的申请材料，综合考虑学生日常消费情况以及影响家庭经济状况的有关因素开展认定工作，按规定对家庭经济困难学生划分资助档次。学院可采取家访、个别访谈、信函索证、民主评议等方式提高家庭经济困难学生认定精准度。

第十九条　在校学生因其家庭遭遇突发事件造成家庭经济困难的，学生可向学院提出认定申请，待核实后纳入学校家庭经济困难学生数据库。

第二十条　结果公示。各学院和班级要将家庭经济困难学生认定的名单及档次，在适当范围内、以适当方式予以公示，公示时间不得少于5个工作日，公示时严禁涉及学生个人敏感信息及隐私。

第二十一条　建档备案。经公示无异议后，学院汇总家庭经济困难学生名单，连同学生的申请材料统一建档，并按要求将《南昌理工学院家庭经济困难学生建档情况表》报校资助管理中心。

第六章　认定机构及职责

第二十二条　健全认定工作机制，学校学生资助工作领导小组负责领导、监督家庭经济困难学生认定工作；校学生资助管理中心具体负责组织、管理全校家庭经济困难学生认定工作；各学院成立以分管学生资助工作的领导为组长，辅导员（班主任）、学生代表为成员的认定工作组，负责认定的具体组织和审核工作；各班级成立认定评议小组，辅导员（班主任）为小组组长，学生代表要具有代表性，原则上每寝室推荐一名同学，代表人数不少于班级人数的10%，负责具体开展民主评议工作。

第二十三条　各学院要加强学生的诚信教育，要求学生或监护人如实提供家庭经济情况，并及时告知家庭经济变化情况。如发现有恶意提供虚假信息的情况，一经核实，学校要及时取消学生的认定资格和已获得的相关资助，并追回资助资金。

第七章　附则

第二十四条　本办法从2019年秋季学期开始施行。

8. 南昌理工学院学生生源地信用助学贷款须知

为全面落实省财政、省教育厅、江西银监局关于印发《江西省生源地信用助学贷款实施方案》（赣财教〔2009〕17号）文件精神和全省资助工作会议提出的要求，学校将进一步完善高校生源地信用助学贷款系统使用，具体实施办法通知如下。

一、申请条件

（1）具有中华人民共和国国籍；

（2）诚实守信，遵纪守法；

(3) 已被根据国家有关规定批准设立、实施高等学历教育的全日制普通本科高校、高等职业学校和高等专科学校（含民办高校和独立学院）正式录取，取得真实、合法、有效的录取通知书的新生或在读学生；

(4) 符合以下特征之一，家庭经济困难，所能获得的收入不足以支付学生在校期间完成学业所需的基本费用：

①农村特困户和城镇低保户；

②孤儿及残疾人家庭；

③遭受天灾人祸，造成重大损失，无力负担学生费用；

④家庭成员患有重大疾病；

⑤家庭主要收入创造者因故丧失劳动能力；

⑥无稳定收入的单亲家庭；

⑦老、少、边、穷及偏远农村的贫困家庭；

⑧父母双方或一方失业的家庭；

⑨家庭年现金总收入低于 8 000 元人民币；

⑩其他贫困家庭。

（5）已经获得生源地信用助学贷款的学生，同一学年内不得再申请普通高校国家助学贷款和商业助学贷款；已经获得普通高校国家助学贷款或商业助学贷款的学生，同一学年内不得再申请生源地信用助学贷款。

二、主要规定

（1）贷款学生的条件为在校就读的统招本专科家庭经济困难的学生。

（2）贷款承办银行为国家开发银行江西分行和江西省农村信用社联合社。

（3）每生贷款额为每年不超过 12 000 元，不低于 1 000 元，贷款期限不超过 22 年。

（4）学生在校期间贷款利息由财政负担，毕业后其利息由学生本人负担。

（5）学生本人和家长为共同借款人，共同承担还款责任。

三、还款须知

（1）正常还款。每年 12 月 21 日为固定还款日，包括利息和分期偿还的本金（最后一笔本金和利息于合同到期日偿还）。学生应自毕业当年 9 月 1 日起开始按年度偿还利息。学生在校及毕业后 2 年期间为宽限期，宽限期后按等额本金方式分期偿还贷款本金。

（2）提前还款。学生可以提前还款。借款人于提前还款日前 30 天向县资助中心提出申请，提交《生源地信用助学贷款提前还款申请书》(附后)。

每年 1 月 15 日、7 月 15 日为固定提前还款日。提前偿还的贷款本金须是 500 元的整数倍或者一次性还清。提前偿还部分按合同约定利率和实际使用期限计算利息，不加收除应付利息之外的其他费用。

（3）逾期还款。每月 20 日为逾期贷款还款日。当借款人出现逾期时，借款人在下一个 20 日前将应还本息存入个人账户。应还本息包括逾期本息和截止到下一个 20 日的罚息。

县资助中心对有明显违反借款合同行为的学生，应及时向银行申请采取停止发放贷款、取消其继续申请贷款的资格和提前回收贷款等措施。银行对不讲诚信、不按时还贷或恶意拖欠贷款等明显违约行为有权采取惩戒措施，具体包括：

①在新闻媒体和网络等信息渠道上公布学生姓名、身份证号码、毕业学校、生源地（县、区）及违约行为等信息；

②将违约学生信息报全国学生资助管理中心等相关机构；

③向违约学生就业单位通报违约情况；

④载入人民银行个人征信系统；

⑤载入全国生源地毕业生学历查询系统等。

四、系统使用主要程序

（1）江西省高校生源地信用助学贷款将全面启动网上预申请，国家开发银行江西分行和江西省农村信用社联合社将通过系统网上承办申请、审核和贷款拨付等工作。

国家开发银行江西分行贷款程序为：学生申请获得通过后，由所在县（市、区）学生资助管理中心审核后呈高校网上进行确认，承办行将贷款金额由邮政储蓄直接拨付到学校账户。

江西省农村信用社联合社贷款程序为：学生申请获得通过后，由所在县（市、区）学生资助管理中心审核后呈高校网上进行确认后，承办社将贷款金额拨付到学生账户，最后学生将贷款金额交付学校。

（2）江西省内拟定 5 月 1 日开始启动网上预申请工作，7 月 1 日至 10 月 30 日办理申请。为此各校区、分院领导要高度重视指定专人负责此项工作并进行广泛宣传，使在校需要办理助学贷款的学生知道运用网上申请办法。学生生源地信用助学贷款申请网址：http：//zizhu.jxedu.gov.cn/syddk/。

（3）外省高校就读学生仍需携带纸质回执至就读学校学生资助管理中心确认，并在规定时间内将回执邮寄承办县（市、区）学生资助管理中心，否则贷款不能发放。本须知由学校学工处（部）负责解释。

9. 南昌理工学院学生勤工助学管理实施办法

第一章　总则

第一条　为规范管理学校学生勤工助学工作，促进勤工助学活动健康、有序开展，保障学生合法权益，帮助学生顺利完成学业，发挥勤工助学育人功能，培养学生自立自强、创新创业精神，增强学生社会实践能力，特制定本办法。

第二条　本办法所称学生是指学校统一招收的本专科学生。

第三条　本办法所称勤工助学活动是指学生在学校的组织下利用课余时间，通过劳动取得合法报酬，用于改善学习和生活条件的实践活动。

第四条　勤工助学活动是学校学生资助工作的重要组成部分，是提高学生综合素质和资助家庭经济困难学生的有效途径，是实现全程育人、全方位育人的有效平台。勤工助学活动应坚持“立足校园、服务社会”的宗旨，按照学有余力、自愿申请、信息公开、扶困优先、竞争上岗、遵纪守法的原则，由学校在不影响正常教学秩序和学生正常学习的前提下有组织地开展。

第五条　勤工助学活动由学校统一组织和管理。学生私自在校外兼职的行为，不在本办法规定之列。

第二章　组织机构

第六条　校学生资助管理中心全面领导勤工助学工作，学校的宣传、学工、财务、教务、后勤、团委等部门配合校学生资助管理中心开展相关工作。

第七条　校学生资助管理中心下设专门的勤工助学管理服务办公室，具体负责勤工助学的日常管理工作。

第三章　学校职责

第八条　组织开展勤工助学活动是学校学生资助工作的重要内容。要加强领导，认真组织，积极宣传。校内有关职能部门要充分发挥作用，在工作安排、人员配备、资金落实、办公场地、活动场所及助学岗位设置等方面给予大力支持，为学生勤工助学活动提供指导、服务和保障。

第九条　加强对勤工助学学生的思想教育，培养学生热爱劳动、自强不息、创新创业的奋斗精神，增强学生综合素质，充分发挥勤工助学育人功能。

第十条　对在勤工助学活动中表现突出的学生予以表彰和奖励；对违反勤工助学相关规定的学生，可按照规定停止其勤工助学活动。对在勤工助学活动中违反校纪校规的，按照校纪校规进行教育和处理。

第十一条　根据国家有关规定，筹措经费，设立勤工助学专项资金，并制定资金使用与管理办法。

第四章　勤工助学管理服务组织职责

第十二条　确定校内勤工助学岗位。引导和组织学生积极参加勤工助学活动，指导和监督学生的勤工助学活动。

第十三条　开发校外勤工助学资源。积极收集校外勤工助学信息，开拓校外勤工助学渠道，并纳入学校管理。

第十四条　接受学生参加勤工助学活动的申请，安排学生勤工助学岗位，为学生和用人单位提供及时有效的服务。

第十五条　在校学生资助管理中心的领导下，配合财务部门共同管理和使用学校勤工助学专项资金，制定校内勤工助学岗位的报酬标准，并负责酬金的发放和管理工作。

第十六条　组织学生开展必要的勤工助学岗前培训和安全教育，维护勤工助学学生的合法权益。

第十七条　安排勤工助学岗位，应优先考虑家庭经济困难的学生。对少数民族学生从事勤工助学活动，应尊重其风俗习惯。

第十八条　不得组织学生参加有毒、有害和危险的生产作业以及超过学生身体承受能力、有碍学生身心健康的劳动。

第五章　校内勤工助学岗位设置

第十九条　设岗原则：

（一）积极开发校内资源，保证学生参与勤工助学活动的需要。各机关处室、各二级学院所设的勤工助学岗位必须在校学生资助管理中心备案，填写《南昌理工学院勤工助学备案表》，提供所需岗位数和勤工助学资金预算（按照每个家庭经济困难学生月平均上岗工时原则上不低于 20 小时为标准，测算出学期内各岗位每月需要的勤工助学活动总工时数），统筹安排、设置校内勤工助学岗位。

（二）勤工助学岗位既要满足学生需求，又要保证学生不因参加勤工助学活动而影响学习。学生参加勤工助学活动的时间原则上每周不超过 8 小时，每月不超过 40 小时。寒暑假勤工助学活动的时间可根据岗位的具体情况适当延长。

第二十条　岗位类型：勤工助学岗位分固定岗位和临时岗位。

（一）固定岗位是指持续一个学期以上的长期性岗位和寒暑假期间的连续性岗位；

（二）临时岗位是指不具有长期性，通过一次或几次勤工助学活动即完成任务的工作岗位。

第六章　校外勤工助学活动管理

第二十一条　学校勤工助学管理办公室组织统筹管理校外勤工助学活动，并注重

与学生学业的有机结合。

第二十二条　校外用人单位聘用学生勤工助学，须向学校勤工助学管理办公室提出申请，提供法人资格证书副本和相关的证明文件。经审核同意，学校勤工助学管理办公室组织推荐适合工作要求的学生参加勤工助学活动。

第七章　勤工助学酬金标准及支付

第二十三条　校内固定岗位按月计酬。以每月 40 个工时的酬金原则上不低于每小时 15~20 元人民币范围的标准核定。

第二十四条　校内临时岗位按小时计酬。每小时酬金原则上不低于每小时 12 元人民币，可适当上下浮动。

第二十五条　校外勤工助学酬金标准不应低于学校当地政府或有关部门规定的最低工资标准，由用人单位、学校与学生协商确定，并写入聘用协议。

第二十六条　学生参与校内非营利性单位的勤工助学活动，其劳动报酬由勤工助学管理办公室从勤工助学专项资金中支付；学生参与校内营利性单位或有专门经费项目的勤工助学活动，其劳动报酬原则上由用人单位支付或从项目经费中开支；学生参加校外勤工助学，其劳动报酬由校外用人单位按协议支付。

第八章　法律责任

第二十七条　在校内开展勤工助学活动的，学生及用人单位须遵守国家及学校勤工助学相关管理规定。学生在校外开展勤工助学活动的，勤工助学管理服务组织必须经学校授权，代表学校与用人单位和学生三方签订具有法律效力的协议书。签订协议书并办理相关聘用手续后，学生方可开展勤工助学活动。协议书必须明确学校、用人单位和学生等各方的权利和义务，开展勤工助学活动的学生如发生意外伤害事故的处理办法以及争议解决方法。要求用人单位必须为勤工助学的学生每人购买一份 50~100 元的意外伤害保险。

第二十八条　在勤工助学活动中，若出现协议纠纷或学生意外伤害事故，协议各方应按照签订的协议协商解决。如不能达成一致意见，按照有关法律法规规定的程序办理。

第九章　附则

第二十九条　本办法由校学生资助管理中心负责解释。

第三十条　本办法自公布之日起施行。

10. 南昌理工学院关于落实"服兵役高等学校学生国家教育资助"的通知

为推进国防和军队现代化建设，鼓励高等学校学生积极应征入伍服兵役，提高兵员征集质量，支持退役士兵接受系统的高等教育，提高退役士兵就业能力，国家对应征入伍服兵役高等学校学生实行国家教育资助。根据《财政部 教育部 人力资源和社会保障部 退役军人部 中央军委国防动员部关于印发〈学生资助资金管理办法〉的通知》（财教〔2021〕310 号）文件精神，对应征入伍服兵役高等学校学生实行国家教育资助。

一、补偿或代偿的标准、年限及方式

（1）国家对每名高校毕业生每学年补偿学费或代偿国家助学贷款本息的金额，最高不超过 12000 元。

高校毕业生在校期间每学年实际缴纳的学费或获得的国家助学贷款本息高于 12000 元的，按照每年 12000 元的金额实行补偿或代偿。

高校毕业生在校学习期间每学年实际缴纳的学费或获得的国家助学贷款本息低于 12000 元的，按照学费和国家助学贷款本息两者就高的原则，实行补偿或代偿。

（2）国家对本科、专科（高职）、研究生和第二学士学位毕业生补偿学费或代偿国家助学贷款本息的年限，分别按照国家规定的相应学制计算。

高校毕业生在校学习时间低于相应学制规定年限的，按照实际学习时间计算。高校毕业生在校学习时间高于相应学制规定年限的，按照学制规定年限计算。

专升本、本硕连读、中职高职连读、第二学士学位毕业生补偿学费或代偿国家助学贷款本息的年限，分别按照完成本科、硕士、高职和第二学士学位阶段学习任务的实际时间计算。

（3）国家对获得补偿学费和代偿国家助学贷款本息资格的应征入伍服义务兵役的高校毕业生，按照上述原则和金额，在高校毕业生入伍时，实行一次性补偿或代偿。

二、申请与审核

（1）本校应届毕业生入伍预征网上申请、确认为预征对象的学生的同时，在资助平台上审核（学工处（部）学生资助科）、确认其学费和助学贷款信息，并打印《应届毕业生预征对象登记表》和《应征入伍服兵役高等学校学生国家教育资助申请表Ⅰ》。

（2）为提高工作效率，加强工作过程管理，全面实施网上预征，所有参加预征的高校毕业生必须上网登记报名。兵役机关不再向高校统一印制《应届毕业生预征对象登记表》和《应征入伍服兵役高等学校学生国家教育资助申请表Ⅰ》，学校依托《大学生网上预征报名系统》辅助做好预征工作。学校会按照规定要求统一部署，及时组织应届毕业生上网报名，认真审核确认相关信息，统筹推进网上网下各项工作环节。

（3）应征入伍服义务兵役的高校毕业生，按以下程序申请学费补偿和国家助学贷款本息代偿：

①被确定为预征对象的高校毕业生按规定填写《应届毕业生预征对象登记表》，

并向就读高校递交《应征入伍服兵役高等学校学生国家教育资助申请表Ⅰ》。在校学习期间获得国家助学贷款的高校毕业生，还需提供与国家助学贷款经办银行签订的毕业后还款计划书复印件，其中应注明：已申请国家助学贷款代偿。

②高校对被确定为预征对象的毕业生补偿学费和代偿国家助学贷款本息的条件资格、具体金额及相关信息资料进行初审，确认无误后，在《应征入伍服兵役高等学校学生国家教育资助申请表Ⅰ》上加盖公章，连同《应届毕业生预征对象登记表》一起交给学生本人。

③高校毕业生到入学前户籍所在地报名应征时将《应届毕业生预征对象登记表》及《应征入伍服兵役高等学校学生国家教育资助申请表Ⅰ》交县（市、区）人民政府征兵办公室。

④每年 12 月 31 日前，县（市、区）人民政府征兵办公室批准高校毕业生应征入伍后，向其发放《应征入伍通知书》，并会同同级教育行政部门对应征入伍的高校毕业生申请补偿学费和代偿国家助学贷款本息等情况进行复核。确认无误后，分别在《应征入伍服兵役高等学校学生国家教育资助申请表Ⅰ》上加盖公章。

⑤县（市、区）教育行政部门将户籍为本县（市、区）的应征入伍高校毕业生的《应征入伍通知书》复印件及《应征入伍服兵役高等学校学生国家教育资助申请表Ⅰ》原件，寄送至应征入伍毕业生原就读高校学生资助管理机构。

入学前在户籍所在的县（市、区）办理了生源地信用助学贷款的应征入伍毕业生，在收到代偿资金后 1 个月内，根据与银行签订的还款协议，由学生本人或家长（或其他法定监护人）一次性向银行偿还生源地信用助学贷款本息。

如应征入伍毕业生补偿的学费不足以偿还高校国家助学贷款或生源地信用助学贷款的，应征入伍毕业生应继续按照还款协议，将剩余部分国家助学贷款偿还经办银行。

三、管理与监督

因本人思想原因、故意隐瞒病史或违法犯罪等行为造成被部队退回的高校毕业生，取消补偿学费和代偿国家助学贷款资格。

被部队退回的高校毕业生，其已补偿的学费或代偿的国家助学贷款本息资金由毕业生户籍所在地县（市、区）教育行政部门会同同级人民政府征兵办公室收回。

附：

本通知由学校学工处（部）负责解释。

南昌理工学院

2022 年 6 月 20 日

11. 南昌理工学院社会人士（校友）奖助学金管理办法

第一章　总则

第一条　随着我校教育教学水平的提升、社会声誉逐步扩大，近年来越来越多的校友及成功人士在我校设立了各种奖学金或助学金，并逐年增加。为加强统一管理，充分利用各种奖助学金，鼓励学生勤奋学习，促进德智体全面发展。结合我校实际情况，特制定本办法。

第二条　本办法适用于我校正式注册的在籍本、专科学生。

第三条　社会人士（校友）奖助学金是指社会成功人士或友好人士、优秀校友自愿出资在我校设立的奖助学金，用于表彰学习优异的学生和资助家庭经济困难的学生完成学业。

第四条　社会人士（校友）奖助学金评选坚持全面衡量，统筹兼顾，保证质量，宁缺毋滥的原则。

第五条　社会人士（校友）奖助学金可根据设奖本人要求进行命名。

第二章　奖助学金的资金来源和管理

第六条　奖助学金资金来源于社会成功人士或友好人士，及优秀校友的自愿捐赠。

第七条　奖助学金由校学工处（部）负责管理、评定和发放，资金由校学工处（部）在校财务处设立专用账号，专款专用，不得挤占挪用。

第八条　奖助学金的人数和金额由校学工处（部）与捐赠人士共同协商决定，原则上奖学金每人不超过 5 000 元，助学金每人不超过 2 000 元。

第三章　评选条件

第九条　奖学金评选条件：

（1）遵守国家法令及校规校纪，品行端正，诚实守信；

（2）学习成绩优异，无挂科；学生综合素质测评优良，符合优秀学生奖学金评比的条件；

（3）热心社会公益事业，努力承担社会工作，积极参加社会公益活动，乐于服务社会，勇于奉献；

（4）为人正直，作风严谨，热爱劳动，生活俭朴，身心健康；

（5）具有爱校精神，集体荣誉感强；

（6）在重大活动中为学校赢得荣誉或作出突出贡献者，以及在省级以上比赛中获得一、二、三等奖的优先考虑；

（7）捐赠人提出的其他条件。

第十条　助学金评选条件：

（1）道德品质优良，模范执行校纪校规，无违法乱纪行为；

（2）热爱所学专业，勤奋学习，成绩良好，受资助年度考试无挂科；

（3）热心社会公益事业，努力承担社会工作，积极参加社会公益活动，乐于服务社会，勇于奉献；

（4）家庭经济困难，不能支付学生在校期间的部分或全部生活费用；

（5）学生本人艰苦朴素，勤俭节约；

（6）具有爱校精神，集体荣誉感强；

（7）资助人要求的其他条件。

第四章　评选程序

第十一条　奖助学金评选程序：

（1）校学工处（部）根据设立人的设立意愿确定奖助学金的类别、金额、人数、评选条件等，制定评选实施方案，并予以公布；

（2）符合条件的学生向班级提出申请，填写《南昌理工学院 ××× 奖助学金申请表》，并附成绩单、三级证明、获奖情况、在校表现等证明材料；

（3）辅导员将收集的材料上交学院学工科，学院根据学生的总体情况进行筛选，并按 1：2 的比例上交推荐名单至校学工处（部）；

（4）校学工处（部）成立评审小组，对上报学生进行信息核查，讨论确定奖助学金初步名单，并上报校社会人士（校友）奖助学金评审委员会审批；

（5）校社会人士（校友）奖学金评审委员会召开委员会讨论通过奖助学金名单，名单确定后公示 3 天。第五章　奖助学金的评选

第十二条　学校成立社会人士（校友）奖助学金评审委员会，负责奖助学金的评审。评审委员会主任由分管学生工作的校领导担任，委员由学工处、教务处、资助中心等部门领导担任。评审委员会下设办公室，办公室设在校学工处（部）。主任由校资助中心主任担任。

第十三条　奖助学金评审要坚持“公平、公开、公正”的原则进行，杜绝徇私舞弊、暗箱操作。

第十四条　对奖助学金评审结果有异议者，可向校学工处（部）提出书面异议，校学工处（部）在接受异议后 3 个工做日内作出答复。如对校学工处（部）答复仍有异议，可在校学工处（部）答复后 5 个工做日内向校评审委员会提出申诉，校评审委员会接受申诉后 5 个工作日内进行调查，并对有关材料进行审核后提出处理意见，评审委员会对申诉的处理意见为最终处理意见。

第六章 奖助学金的发放

第十五条 学校为奖学金获得者颁发奖学金和获奖证书，为助学金获得者颁发助学金。

第十六条 学校以现金或银行卡的形式发放奖助学金，学生在领取现金或银行卡时要签名，不准代领。

第十七条 奖助学金获得者要定期向奖助学金设立者汇报在校学习生活情况，表达感恩之情。

第七章 附则

第十八条 未尽事宜由校学工处（部）与奖助学金设立方协商解决。

第十九条 本办法自公布之日起开始执行，由学工处（部）负责解释。

四、学生奖惩管理规范

1. 南昌理工学院“三好学生”和“优秀学生干部”评选办法

为了全面贯彻党的教育方针，推进素质教育，培养热爱中国共产党、热爱社会主义祖国，引领广大青年学生有理想、有道德、有文化、有纪律；培养广大青年学生艰苦奋斗、开拓创新精神，具有德、智、体、美全面发展的人才，发挥先进典型的激励作用，鼓励和引导广大青年学生提升素质，全面发展，结合我校实际、特制定本办法。

第一条　评选类别

优秀学生评选类别分为“三好学生”“优秀学生干部”。

第二条　评选基本条件

（1）认真学习中国特色社会主义理论体系，自觉践行社会主义核心价值观，在思想和行动上与党中央保持一致；

（2）遵守国家法律、法规和学校各项规章制度，在校期间未受过纪律处分；

（3）尊敬师长，团结同学，热心为师生服务，积极参加社会实践活动和公益活动，身心健康，有良好的思想品德修养；

（4）学习认真刻苦，理论基础扎实，成绩突出，各学年综合素质考评总平均成绩列本班级（年级）前茅（三好学生前 10%，优秀学生干部前 20%），无补考、重修、不及格现象；

（5）“三好学生”资格认定可不担任团、学干部，重点在以上四条的基础上，侧重于学习成绩、思想品格、身心健康等方面的优秀者。

第三条　评选办法

（1）在广泛听取学生意见的基础上，由辅导员推荐，经学院讨论决定，送学工处（部）审核，报学校批准；

（2）评选名额为班级人数各占 4% ~5% ；

（3）各学院可根据实际制定评选细则，并报学工处（部）备案。

第四条　评选时间

各学院应在每年 6 月份在非毕业班级中开展备评工作，待成绩确定后审定，学校于 9 月进行表彰。

第五条　表彰奖励办法

“三好学生”“优秀学生干部”由学校表彰，颁发荣誉证书；表现突出者，颁发“南昌理工奖学金”。“三好学生”“优秀学生干部”“南昌理工奖学金”获得者，评优材料归入其本人档案。必要时，可向学生家长寄发“喜报”。

第六条　有关要求

被评为“三好学生”“优秀学生干部”后，在毕业离校前如因违反校纪校规受到处分，取消其荣誉称号。

第七条　本办法适用于南昌理工学院全日制普通本、专科学生，由学工处（部）负责解释。

2. 南昌理工学院优秀毕业生评选办法

第一条 为了全面贯彻党和国家的教育方针，培养德、智、体、美、劳全面发展的人才，发挥先进典型的激励作用，鼓励和引导广大学生提升素质，全面发展，适应校院两级管理改革的需要，发挥学院在学生培养、教育、管理中的主导作用和主体地位，结合我校实际、特制定本办法。

第二条 评选基本条件

（1）认真学习中国特色社会主义理论体系，自觉践行社会主义核心价值观，在思想和行动上与党中央保持一致；

（2）遵守国家法律、法规和学校各项规章制度，在校期间未受过纪律处分；

（3）尊敬师长，团结同学，热心为师生服务，积极参加社会实践活动和公益活动，身心健康，有良好的思想品德修养；

（4）学习认真刻苦，理论基础扎实，成绩突出，各学年综合素质考评总平均成绩列本班级（年级）前10%，无补考、重修、不及格现象，毕业设计，毕业论文成绩在良以上；

（5）在校期间至少被评为校级以上“三好学生标兵”“优秀学生干部标兵”“三好学生”“优秀学生干部”；

（6）积极主动就业、创业或带动其他同学就业、创业，毕业前已确定就业、创业去向；

（7）在校期间考取硕士研究生者；参加国际性的学术、学科与技能等竞赛获得三等奖以上者；参加全国（省、部）级性的学术、学科、技能等竞赛获得一等奖者等；这三种类型学生可在同等条件下优先评选。

第三条 直接评选条件

符合本办法第三条规定又具备下列条件之一者，可不受名额限制直接推荐为优秀毕业生。

（一）在校期间曾被评为全国、全省三好学生标兵、优秀学生干部、大学生年度人物等荣誉称号；

（二）在校期间曾被评为“十大学生魅力人物”“十佳学生党员标兵”“十佳学生干部”。

第四条 评选办法

（1）在广泛听取学生意见的基础上，由辅导员和有关专业教研室推荐，经学院党政联席会议讨论决定，送学工处（部）审核，报学校批准；

（2）评选名额为各学院毕业生总人数的1%~1.5%，以学院为单位核算指标；

（3）各学院可根据本单位实际制定评选细则，并报学工处（部）备案。

第五条 评选时间各学院应在每年5月开展被评工作，待毕业生设计、毕业论文成绩确定后审定，学校于6月中旬结束并进行表彰。

第六条　奖励办法

对评为优秀毕业生者，由学校统一颁发荣誉证书，并给予奖励，评优材料归入其本人档案。

第七条　有关要求

被评为优秀毕业生后，在毕业离校前如因违反校纪校规受到处分，取消其荣誉称号。

第八条　本办法的“以上”“以下”均含本级。

第九条　本办法适用于南昌理工学院全日制普通本专科学生，自 2017 届毕业学生起施行，由学工处（部）负责解释。

3. 南昌理工学院先进学院、优秀班级和文明寝室评选办法

为了加强班风、学风建设，促进各学院各班级争创文明良好局面的形成，培养学生集体荣誉感，增强集体的凝聚力，激发班集体的竞争意识，全面提高学院和班级的管理水平，创造一个井然有序、稳定和谐的教育教学环境。发挥学院在学生培养、教育、管理中的主导作用和主体地位，结合我校实际、特制定本办法。

第一条　评选类别先进学院及班级评选类别分为优秀思政学工先进学院、国旗班、优秀班级。

第二条　评选基本条件

一、先进学院条件

（1）政治思想工作有力。坚持正确的政治方向，坚持中国共产党的领导，勇于改革开放创新。学院党（总）支部组织健全，能发挥战斗堡垒作用，党员组织生活正常党课教育、组织发展、思想政治工作、有安排，有措施，有检查，常抓不懈，卓有成效。全学院政治空气浓。团结和谐，积极向上，无政治事故。

（2）领导班子、师生骨干强。学院领导班子团结协作，主动工作，严格要求，以身作则，有威信，有凝聚力。团总支、学生分会组织健全，主动积极开展工作。党员模范带头，发挥作用。老师骨干无严重违纪，无责任事故。

（3）教学教改业绩显著。全院教学秩序稳定有序，教学质量监控检查抓得紧。学生考试成绩不断提高，作弊现象明显减少。专业建设、学科建设、师资队伍建设抓得好，有创新。教学改革，学术科研，出成果，出人才。学校布置的各项工作任务圆满完成。

（4）学生管理工作到位。经常开展各项活动，抓紧学生文明纪律教育，妥善处理各种问题，基本做到“六无”：无打架斗殴，无聚众闹事，无小偷小摸，无旷课离校，无破坏公物，无安全事故，全院教室、寝室、环境卫生责任区清洁卫生好。

二、优秀班级条件

（1）班级有严明的纪律和团结的班干部；有较强的集体荣誉感和凝聚力，班风和谐，班级学生有进取意识。注重班集体建设，形成了催人奋进的团队战斗力。干部独立工作，成为集体的核心和表率。学生自觉遵守校规校纪，讲文明有礼貌。同学之间团结友爱。

（2）班主任、辅导员爱岗敬业，以身作则，能有针对性地对学生进行思想、心理、学习、文明行为养成等方面教育，善于处理学生间、任课教师与学生间关系。定期召开主题鲜明而有教育意义、有针对性和实效性的班会，教育效果好。

（3）班风学风正。全班绝大多数同学学习态度端正，勤奋学习。学生到课率高，课堂纪律好，晨读、晨练、晚自习秩序好，作业按时交，考试无作弊，全班学习成绩居本学院同年级行列。

（4）班级能积极、主动参加各项校内外活动。积极配合学校工作参加各项活动

（如：文艺表演、运动会、各种小型比赛等）表现出色。

（5）班级实现“六无”：无打架斗殴，无聚众闹事，无小偷小摸，无旷课离校，无破坏公物，无安全事故。

（6）学生养成了良好的行为习惯。室内（教室、寝室）环境清洁、优美，本班负责的卫生包干区环境保持得好。班级教室各种宣传栏齐全，有良好的班级文化教育氛围。不损坏公物，不乱扔废物，有环保意识，杜绝“白色污染”。

三、文明寝室条件

（1）寝风建设：寝室内有积极向上、朝气蓬勃的良好氛围；寝室成员间和谐相处、友爱互助；寝室成员尊敬师长、礼貌待人、举止文明、爱护公物、勤俭节约。

（2）学风建设：寝室内有良好的学习氛围；无睡懒觉、熬夜、旷寝等影响学习的不良情况；寝室成员注重科学文化素质的培养和提高，学习目的明确，寝室成员学习成绩优良。

（3）内务卫生：床铺整洁，个人物品摆放整齐有序，室内无垃圾堆积、无床帏及乱贴乱画现象，空气清新；卫生间干净，整洁；寝室平时卫生及成员个人卫生状况保持良好；寝室卫生平均成绩在评比中达到优秀水平。

（4）安全秩序：寝室成员牢固树立“安全第一”的观念，对本寝室存在的不安全因素能够及时消除，并积极防范安全事故隐患，无使用违规物品行为。

（5）遵章守纪：寝室成员能够自觉遵守学校各项规章制度，按时作息，自觉维护公共秩序，遵守《南昌理工学院学生宿舍（公寓）管理规定》，无违规违纪行为。

（6）文化建设：寝室成员能够共同努力营造积极、健康、向上的寝室文化氛围；室内高雅文明；积极参加学校和学院组织的各项寝室文化建设活动。

第三条　评选办法及时间

每月评选一次先进学院、国旗班、优秀班级。评选方法：

（1）申报阶段。各学院根据评比细则上交申报材料。每月学工月评会前，各学院向学工处（部）呈交本月工作小结，可按创新工作亮点附加材料。

（2）考核评选阶段。①先进学院的评选：学工处（部）参照先进学院材料，会同各部门对申报材料进行审核，根据评选细则对各学院进行认真细致的评比并进行综合评定。评比以量化形式进行，各个学院基准分为100分，采取事实为依据，以公平为原则，加分扣分并举的方式。学工处（部）将根据各学院量化考评得分情况在每月的学工月评会上按照学院总数的1/3的比例进行研究决定先进学院；②优秀班级的评选：各学院参照评选优秀班级的条件，并呈报优秀班级名单。（按10%上报，不足10个班的学院报1个班）；③国旗班的评选：国旗班按照优秀班级个数1/10的比例在选出文明院部后剩余的院部中排名靠前的依次选出。

（3）学校领导审核公布。

第四条　表彰和奖励

对每月评选出的先进学院、国旗班、优秀班级颁发流动红旗；先进学院每月每院次奖励 260 元、优秀班级每月每班次奖励 200 元、国旗班每月每院次奖励 220 元。

第五条　有关要求

在学生日常教育管理中出现了下列两条之一的，实行一票否决，取消当月该班、该学院的评优评先资格。

（1）班级或学生中出现重大安全事故。

（2）学生有严重违规违纪现象，在学校、社会造成不良影响的（学生造成了伤害、家长到校进行诉求等案例）。

第六条　本办法由校务委员会制定和修改，学工处（部）负责解释。

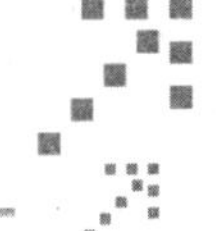

4. 关于调整南昌理工学院学生违纪处分审查委员会组成人员及工作职责的通知

各处（室、办）、院（部）：

根据工作需要，因人员变动，调整后的学校学生违纪处分审查委员会组成人员如下：

主任委员：黄学光

常务副主任委员：张友文

副主任委员：张进、刘姝

委　员：杨兴玉、李飞磊、王盼盼、郑勇军、方婷、闵志强、王永辉、童勇

学生代表委员：

刘雨萌（财经学院 2022 级财务管理本科 1 班）；程金鑫（计算机信息工程学院 2022 级计算机科学与技术本科 5 班）

委员会下设办公室，挂靠在学工处（部），由刘姝同志具体负责日常事务。

工作职责：

（1）宣传、学习、教育学生遵守宪法、国家法律、法规、《高等学校学生管理行为准则》、《普通高等学校学生管理规定》和学校校规校纪。

（2）参照《南昌理工学院学生违纪处分管理办法》，对学工处（部）收集整理各学院按规定上报的相关学生违纪材料进行审议，评审。

（3）对学生违纪给予：警告、严重警告、记过、留校察看等处分的实施审批权。

（4）对学生违纪开除学籍的处分进行审议后报校长办公会议审批。

（5）负责对违纪处分审批意见通知相关学生，并下发告知书，通知学生本人或监护人在收到告知书后，如有异议，可在 10 个工作日内对审查意见提出申诉。在规定期间内未接到申诉，负责将相关审批决定呈报校领导签批，并下发处理决定。

南昌理工学院

2023 年 3 月 22 日

5. 南昌理工学院关于调整学生违纪申诉委员会的通知

各处（室）、院（部）：

根据上级文件规定和我校人员变动情况，经研究决定，对南昌理工学院学生申诉处理委员会成员调整如下：

主 任 委员：陈志龙

委　　员：杨婷婷、姚卫国、吴小华、王盼盼、刘姝、李飞磊、彭跃红（教师代表）、吴思蓉（学生代表）、杨时进（学生代表）

委员会下设办公室挂靠在教务处，由姚卫国同志具体负责日常事务。此文件自印发之日起执行。

南昌理工学院

2023 年 2 月 16 日

6. 南昌理工学院学生违纪处分管理办法（2023 年修订版）

第一章 总则

第一条 为维护正常的教学和生活秩序，加强校风建设，严肃校纪，培养有理想、有道德、有文化、有纪律，德、智、体、美、劳全面发展的人才，根据《普通高等学校学生管理规定》（教育部令第 41 号）、《南昌理工学院章程》以及其他有关法律、法规，并结合我校实际情况制定本办法。

第二条 本办法适用于在我校接受普通高等学历教育并取得学籍的本科、专科（高职）学生。

第三条 对有违法，违规，违纪的学生，学校必须给予批评教育或者纪律处分。学校给予学生的纪律处分，做到与学生违纪行为的性质和过错程度相适应。

第四条 学校对学生的处分，程序正当，证据充分，依据明确，定性准确，处分适当。

第五条 学校对违纪学生实施纪律处分时，保护学生合法权益，为学生的权利提供有效的帮扶途径。

第二章 处分的种类及适用

第六条 纪律处分的种类：

①警告；②严重警告；③记过；④留校察看；⑤开除学籍。

第七条 学生有违反校规校纪的行为，但情节轻微不足以给予纪律处分的，由学生所在学院给予通报批评，督促其改正错误。

第八条 受到学校违纪处分的学生，期限时间原则上为 6 个月；在期限内，对受到违纪处分的学生进行察看，到期按规定程序予以解除。解除程序是由学生所在学院负责考察，在察看期间有悔改和进步表现的，察看期满可以解除察看；有突出贡献和立功表现者，可以提前解除察看；经教育仍不悔改的，可以延长察看期直至给予开除学籍处分；毕业班学生最后一学年一般不给予留校察看处分。

解除违纪处分的程序与方法：学生受到违纪处分后，自学校下发违纪处分通告即日起，受违纪处分学生所在学院负责考察，所在班级负责考核，由辅导员、班主任单独为其建立考察时间的考核台账；考核办法参照《南昌理工学院学生日常行为考核办法》，由班级 3—5 位同学成立的考核小组对其实行量化百分制计算。

在规定的考察期间内，考核小组每周都要把考核分值与接受考核情况向本人通报并公示，接受全班同学的监督。

每月进行小结取考核次数的平均值，由考核小组成员签字并写上日期；如果连续 3 个月考核分值都在 90 分及以上的，可在规定的 6 个月考察期限内提出提前解除的申请。

在规定的考察期间内，考核平均总分值必须在 85 分及以上，没有达到的顺延考察期1—2个月，直至达到为止。

办理解除违纪处分的必须履行解除察看手续，其相关手续由所在班级的考核小组提交原始的考核台账和申请报学院召开党政联席会议讨论，学院提出意见报学工处（部）；学工处（部）派出工作组成员下到学院、班级进行实地调研后再提出审定意见报学生违纪处分审查委员会认定。

第九条　违纪学生有下列情形之一者，可视情节从轻、减轻或者免除处分：

（一）平时一贯表现好，且又属初犯者；

（二）主动揭发他人尚未被学校掌握的违法行为并经查证属实的；

（三）受他人威胁或诱骗者；

（四）见义勇为者；

（五）主动向学校有关部门报告自己的违纪行为，或在违纪行为调查过程中主动交代学校没有掌握的违纪行为的；

（六）违纪行为尚在准备阶段或者虽然进入实施阶段但主动放弃、未造成危害结果的，但法律法规、规章、校纪校规另有规定的除外；

（七）违纪时因精神疾病不能完全辨认、控制自己行为的；

（八）情节轻微者；

（九）主动承担民事责任，得到受害人谅解的；

（十）其他可减轻或免除处分的情形；

（十一）对免予处分的学生，由所在学院给予批评教育，并在一定范围内通报。

第十条　违纪学生有下列情形之一者，应从重处分：

（一）违法、违规、违纪行为产生严重后果、造成恶劣影响或破坏学校声誉者；

（二）违纪后认错态度差、不交代事实或者作伪证者；

（三）违纪处分后，再次违纪的；

（四）在共同违纪中起主要作用的；

（五）对调查人、检举人、证人、鉴定人、参与作出处分决定者或者其他相关人员进行诬陷、诱惑、威胁、打击报复或者以其他不正当手段施加影响的；

（六）拒不承担民事责任的；

（七）伙同校外人员，违反法律法规、校规校纪的；

（八）法律、法规、规章和本规定其他条款规定的应当从重处罚或者处分的情形。

第十一条　因违法、违规、违纪行为造成损失，当事人应依法赔偿损失，有其他规定的按照相关规定办理。

第十二条　学生处分决定书、解除处分的决定书等材料存入学生本人档案，处分、解除处分的其他相关材料归入学校文书管理。

第三章　违纪行为及相应处分

第十三条　学生必须遵守宪法、坚持四项基本原则，严禁煽动、组织闹事、张贴

大小字报，严禁扰乱社会秩序和正常的教学秩序、破坏安定团结的言行，严禁校园内组织宗教“团契”活动。违者并造成影响的，给予下列处分：

（一）为首者，给予记过以上直至开除学籍的处分；

（二）参与者，视情节轻重，给予警告以上处分。

第十四条　依法受公安、司法部门惩处的，给予下列处分：

（一）被处以治安警告的，给予警告或严重警告处分；

（二）被处以治安罚款的，给予严重警告或记过处分；

（三）被处以治安行政拘留的，给予留校察看处分；

（四）触犯法律被法院判决的、触犯《中国人民共和国治安管理处罚法》屡教不改的，给予开除学籍处分。

第十五条　对赌博、传播淫秽物品、刷单、裸聊、涉嫌帮信罪者的处分：

（一）初次参与赌博、变相赌博赌资数额较小，或仅为赌博提供条件者给予警告处分；多次参与赌博或赌资数额较大者给予留校察看直至开除学籍处分；因赌博受过处分又再次参与者给予开除学籍处分；

（二）收看、传阅、传播淫秽书刊、音像、网站、网页或其他淫秽物品者，给予严重警告以上处分；

（三）制作、复制、出租、出售淫秽书刊、音像或其他淫秽物品，给予留校察看处分；情节恶劣者，给予开除学籍直至移送公安机关处理。

（四）以营利为目的，组织或参与网络刷单的，给予警告以上处分；

（五）参与网络裸聊者，视情节轻重，给予警告以上处分；胁迫他人裸聊，或者组织裸聊的，给予开除学籍处分；

（六）非法持有他人手机卡、电话卡、物联网卡、银行卡、对公账户、结算卡、非银行支付机构账户的，或出售、出租上述卡或账户的，给予严重警告以上处分。

第十六条　对品行不端者的处分：

（一）品行不端者或向他人发送、传播淫秽短信、视频者，视情节轻重给予严重警告以上处分；给当事人或家人造成严重身心伤害者，给予留校察看以上处分；

（二）有流氓行为，尚未构成犯罪的，视情节轻重给予严重警告以上处分；

（三）在网上进行网络直播，直播内容含有低俗、庸俗、媚俗以及妨碍社会公共秩序和公序良俗、违反社会良好风尚的，给予警告以上处分。

第十七条　以偷窃、勒索、诈骗、冒领、盗用、毁损等各种手段侵犯他人或组织财产的（物品价值按当时市场价计），按下列情形给予纪律处分：

（一）所涉及价值在 500 元以下的，给予警告处分；所涉及价值在 500 元以上 1000 元以下的，给予严重警告处分；所涉及价值在 1000 元以上 1500 元以下的，给予记过处分；所涉及价值在 2000 元以上的，给予留校察看处分；情节特别严重的，给予开除学籍处分；

（二）破解、仿冒、伪造他人的校园卡、校园通行证、校园牌照、门禁卡以及其他校内凭证的，视情节轻重给予记过以上处分；

（三）将他人遗忘物或丢失物占为己有者，视情节轻重，给予警告至留校察看处分；

（四）多次作案或小偷小摸屡教不改者，给予留校察看或开除学籍处分；

（五）偷窃或参与非法买卖、拆装自行车。给予记过或留校察看处分；情节严重者给予开除学籍处分；

（六）偷窃公章、保密文件、档案等盗用、伪造、涂改他人证件、冒领钱物或进行其他违法活动者，视其情节，给予记过或留校察看或开除学籍处分；

（七）经保卫或公安部门确认作案未遂，视其情节，给予警告或严重警告处；

（八）为偷窃提供情况以及工具或进行包庇、窝赃、销赃者，视其情节轻重，给予严重警告或记过处分；

（九）知情不报者给予警告或严重警告处分；

（十）诈骗、抢夺、敲诈勒索公私财物者，参照偷窃行为从重处分；

（十一）私自将寝室、教室资产搬出校外使用或私自卖掉、转让学校资产的，按盗窃论处，给予记过以上处分。

第十八条　打架斗殴者，依下列情形处理：

（一）策划者：

（1）策划他人打架并造成打架事实者，致他人轻微伤的，给予记过以上处分；致他人轻伤以上的，给予留校察看以上处分；

（2）教唆、雇用他人参与打架，未造成后果者，给予记过处分；致他人轻微伤者，给予记过以上处分；致他人轻伤者，给予留校察看以上处分；

（3）在上课期间，公然在教室里打架闹事，扰乱教学秩序并造成严重后果者，给予留校察看以上处分；

（二）肇事者：

（1）虽未动手打人，但造成打架后果者给予严重警告处分；

（2）首先动手打人者，给予记过以上处分；

（3）致他人轻微伤者，给予留校察看处分；

（4）致他人轻伤以上者，给予留校察看以上处分；

（三）参与者：

（1）动手打人未致轻微伤者，给予严重警告处分；

（2）致他人轻微伤者，应给予记过以上处分；

（3）致他人轻伤以上者，给予留校察看以上处分；

（四）偏袒一方者：

以“劝架”为名，偏袒一方，促使打架事态发展，并造成后果者，视情节轻重，给予严重警告以上处分；

（五）提供凶器者：

（1）未造成后果者，除上交凶器外，给予记过以上处分；

（2）造成后果者，视情节轻重，给予留校察看以上处分；

（六）持械打人者：致人轻微伤的，给予留校察看处分，致他人轻伤以上的，给予留校察看以上处分；

（七）打架双方已平息，当事者一方或第三方再度挑起事端者，给予留校察看以上处分。

第十九条　对故意损坏公共财物者，视情节分别给予下列处分：

（一）踢坏门窗、打破玻璃或损坏桌椅、破坏水电设施、破坏消防设施和通讯设施者，视情节给予严重警告以上处分；

（二）破坏校园花草树木等绿化、美化、亮化设施者，视情节给予警告以上处分；

（三）故意损坏图书资料、仪器设备等公物者，视情节轻重，分别给予警告以上处分。

第二十条　对违章用电或使用明火者，视情节给予以下处分：

（一）凡私自拆、拉电源，拆修配电设施及违章使用电器者，除按学校用电管理规定处理外，视情节轻重给予严重警告以上处分；

（二）凡因违章用电及违章使用电饭煲、电炉、热得快、吹风机、卷发棒等违规电器，给予严重警告处分；引起火灾、供电设施严重损坏或造成人员财产严重损失者，给予记过以上处分，直至开除学籍．对已构成犯罪的，移送司法机关依法追究刑事责任；

（三）在寝室或楼道内焚烧物品或者往楼下投掷物品、火种者，给予严重警告处分；由此造成严重后果者给予留校察看以上处分。

第二十一条　学生因故不能出勤（上课、自习、出操或其他集体活动），必须按规定办理有关请假手续，否则按旷课论处。每旷课 1 学时，扣品德分 1 分；擅自离校者，离校一天按旷课 6 学时计。

一学期内累计旷课学时达到：

（一）10-19 学时，给予警告处分；

（二）20-29 学时，给予严重警告处分；

（三）30-39 学时，给予记过处分；

（四）40-59 学时，给予留校察看处分；

（五）60 学时以上，给予开除学籍处分。

第二十二条　对考试（含补考）、考查、测验作弊者，视情节给予以下处分（此条决定直接由教务处或考试委员会根据情况报送材料，呈报校长签批，下发学校行政文）：

（一）偷看、夹带、传递试卷答案、考试答案违反考场纪律者，视情节轻重，该科成绩无效，给予严重警告以上处分；

（二）由他人代替考试，替他人参加考试，组织作弊，使用通讯设备作弊及其他作弊行为严重的，给予开除学籍处分；

（三）威胁他人、监考教师或组织集体舞弊者，给予开除学籍处分；

（四）对盗窃试卷、胁迫教师更改评分者，给予开除学籍处分。

参加国家、地方政府及其授权机构组织的全国性或者区域性考试，违反考试纪律或者作弊的，除按照适用于该考试的规定予以处理外，同时适用本条规定予以处分。

第二十三条　违反校纪校规，影响学校正常管理秩序和生活秩序的给予以下处分：

（一）凡住校学生，未经请假，晚归（23 点前未归寝）一次（含夜不归宿），给予警告处分；晚归（23 点前未归寝）两次以上（含夜不归宿），视情节轻重，给予严重警告或记过处分；

（二）未经学校批准擅自在校外租房居住的，给予警告或严重警告处分；在校外租房居住，违反有关规定，造成不良影响的，给予记过或留校察看处分；

（三）留宿异性宿舍或在宿舍留宿异性的、男女互串寝室造成不良影响的，视情节给予警告至留校察看处分；情节严重的，给予开除学籍处分；

（四）擅自调换、占用、出租、出借学生寝室、床位，经批评教育不改者，给予警告或者严重警告处分。有违反学生集体宿舍管理规定的其他行为，经批评教育无效的，给予警告以上处分；

（五）在校园内乱扔、乱摔、焚烧物品，未造成严重后果但有较坏影响的，给予警告或严重警告处分；造成严重后果的，除赔偿损失外，给予记过以上处分；

（六）在宿舍、教室、学校门口、餐厅、会场、影院或其他公共场所起哄、闹事、扰乱公共秩序者，视情节轻重给予严重警告以上处分；

（七）撕毁、破坏学校榜文、布告及各种标志者，给予警告或严重警告处分；

（八）恶意造谣、陷害他人者，视情节轻重给予严重警告以上处分；

（九）在寝室饲养宠物或将宠物带入教室，办公室，实验室等场所严重影响教学及他人学习、生活，且不听劝阻者，给予严重警告以上处分；

（十）违反校园交通管理规定、寻衅滋事、酒后闹事，以及其他不遵守校园管理规定扰乱管理秩序和生活秩序的，视情节轻重给予警告至留校察看处分；批评教育不改者，造成严重后果的，给予开除学籍处分；

（十一）违反校园管理有关规定，未经审批擅自在校内设摊、组织各类营利性活动或张贴、散发商业性广告传单的，造成不良影响或后果者，给予警告或严重警告处分；

（十二）组织成立未经批准的学生团体并开展活动，或者有违反学生团体管理相关规定的其他行为，经教育劝阻不改者，给予警告或者严重警告处分；造成严重后果者，给予记过及以上处分。

第二十四条　对自我约束能力差，缺乏自律和良好的生活、学习习惯的学生，经教育、劝阻不改者，给予相应的处罚：

（一）赤膊或只穿背心、裤衩、穿拖鞋或吸烟进入教室、阅览室、实验室等公共场所，不听劝阻者，给予警告以上处分；

（二）在校园内打麻将赌博者，给予严重警告处分；屡教不改者，给予记过以上处分；

（三）因不文明现象，严重妨碍他人学习，休息，引起公愤者，给予警告处分。

第二十五条　有下列行为之一者，视情节和后果，给予相应处分：

（一）因学习成绩、毕业就业等原因对教师或领导威胁恐吓，寻衅滋事者，给予严重警告以上处分；

（二）隐匿、毁弃或私拆他人邮件者，给予记过处分；

（三）为了学业成绩、评奖、评优等向教师、干部、工作人员行贿者，给予记过以上处分；

（四）袒护违纪人员，或为其作伪证，或串供、订立攻守同盟者，给予记过以上处分；

（五）对检举人、证人进行威胁或打击报复者，给予留校察看以上处分；

（六）阻碍甚至拒绝学校管理人员依法或依学校的校规校纪执行公务者，给予记过处分。

第二十六条　对下列行为者，视情节轻重给予处分：

（一）组织或诱导同学参与非法传销或贷款等非法经营活动的，给予记过以上处分；

（二）主动参与传销活动者，给予记过以上处分。主动参与传销活动，且不听劝阻执迷不悟者，给予开除学籍处分；

（三）因受骗陷入传销者，给予警告处分；

（四）因受骗陷入传销，且不听劝导者，给予留校察看以上处分；

（五）因传销被处以公安拘留，管制，拘役或徒刑者，给予记过以上处分，情节严重的开除学籍。

第二十七条　对下列行为者，视情节给予处分：

（一）在校园内擅自从事无照经营活动，给予警告处分；

（二）在学生宿舍内私贮货物（商品）并贩卖，给予严重警告或记过处分；

（三）参与非法经商活动并造成严重后果的，除接受有关部门的经济处罚和赔偿经济损失外，给予记过或留校察看处分。

第二十八条　使用计算机网络，违反国家或者学校关于网络管理规定的，按下列情形给予纪律处分：

（一）利用互联网发表、传播影响国家安全和社会稳定、有损党和国家形象、危害公共利益的言论、图片等信息，视情节轻重给予留校察看以上处分，情节严重的，给予开除学籍处分；

（二）利用网络技术或以网络为媒介发表、传播虚假信息或者有损他人正当权益、侵犯他人名誉的，视情节轻重给予严重警告以上处分；

（三）在网络中故意或者因重大过失传播含有淫秽、教唆违法犯罪、传授违法犯罪方法或者考试作弊方法内容等不当信息的，视情节轻重给予严重警告以上处分；故意浏览、制作、发布、传播其他含有法律法规禁止信息的，视情节轻重给予严重警告以上处分；

（四）公开、传播属于国家机密的各种文件、资料、档案，或窃取、泄露保密资料或事项的，视情节和后果轻重，给予记过直至开除学籍处分；

（五）入侵计算机信息系统，对系统功能、应用程序或者系统中存储、处理、传输的数据进行窃取或者篡改的，或者造成这些数据、应用程序丢失或者损毁的，视情节轻重给予严重警告以上处分；

（六）故意或者因重大过失传播计算机病毒，对计算机系统、网络造成损害的，视情节轻重给予严重警告以上处分；

（七）盗用、泄露他人 QQ、微信、支付宝等个人信息，损害他人上网权益的，视情节轻重给予警告以上处分；

（八）擅自拆装学校网络设备的，视情节轻重，给予严重警告或记过处分。破坏校园网网络设备、线路的，视情节轻重，给予记过以上处分；

（九）违规下载电子资源，导致学校利益受损的，视情节轻重给予警告以上处分；

（十）违反国家有关互联网管理的法律法规或者学校关于校园网管理的其他规定的，视情节轻重给予相应处分。

第二十九条　组织或参加邪教、封建迷信活动的；散布反动言论，混淆视听，制造混乱的；视情节轻重，给予记过至开除学籍处分。

第三十条　有赌博行为（含网络赌博）的，视情节轻重，给予以下处分：

（一）组织赌博的，给予留校察看或开除学籍处分；

（二）参与赌博，或者为赌博提供条件的，视情节轻重，给予严重警告至留校察看处分；

（三）围观赌博的，给予警告处分。

第三十一条　根据国家《宗教事务条例》等有关法律法规的规定，任何组织和个人不得在学校进行宗教活动，对违反相关民族、宗教政策的，按下列情形给予纪律处分：

（一）在校就读期间，不听劝阻或书面告诫坚持穿戴宗教服饰、佩戴宗教标志，视情节轻重，给予严重警告以上处分；

（二）在校园内组织或参加宗教活动、宣传或传播宗教思想、开展教会教友联络活动的，给予记过处分，情节严重的，给予开除学籍处分；

（三）策划、组织或者积极参加非法宗教活动，给予记过以上处分，造成恶劣影响的给予开除学籍处分；对其他参加人员，视情节轻重给予严重警告至记过处分；不明真相或被裹挟参加者，经批评教育后确有悔改表现的，可以免予处分；

（四）挑拨民族关系制造事端或者参加民族分裂活动的，对策划、组织或者积极参与者给予开除学籍处分；对其他参加人员视情节轻重给予记过以上处分；不明真相或被裹挟参加者，经批评教育后确有悔改表现的，可以免予处分；

（五）其他违反国家相关民族、宗教法律规定政策的行为，参照有关法律法规，视情节轻重给予相应处分处理。

第三十二条　违反学业诚信的，按下列情形给予纪律处分：

（一）公开发表的研究成果或者用于申请学位的学术论文违背学术道德的，视情节轻重给予留校察看以上处分。其中有下列情形的，给予开除学籍处分：

1. 购买或者出售学位论文的；

2. 由他人代写或者为他人代写学位论文的；

3. 组织学位论文买卖、代写的；

4. 学位论文、公开发表的研究成果存在抄袭、篡改、伪造等学术不端行为，情节严重的；

（二）有篡改学业成绩或者以不正当手段获取成绩等违背学术道德的行为的，视情节轻重给予记过以上处分；

（三）对其他违背学业诚信的行为，情节严重的，经相关部门认定，给予警告以上处分。

第三十三条　在评奖、评优、评助、求职等过程中，有弄虚作假、伪造证件（材料）、隐瞒欺骗等行为，尚未构成犯罪和治安管理处罚的，视情节轻重，给予严重警告或记过处分。

第三十四条　违背事实，故意向媒体、上级领导部门或他人等单位或个人提供不实信息，造成不良影响的，视情节轻重，给予严重警告至留校察看处分。

第三十五条　有其他扰乱学校、社会管理秩序的，按下列情形给予纪律处分：

（一）妨碍国家机关工作人员或学校有关人员执行公务的，给予警告以上、留校察看以下处分；

（二）有参与或组织走私、贩卖、运输、吸食毒品，性骚扰等有损大学生形象、有悖社会公序良俗行为的，给予留校察看以上处分；

（三）参与或组织卖淫、嫖娼等行为的，给予开除学籍处分。

第三十六条　学生一学期内受到两次通报批评，给予警告处分；一学年内因违纪受过处分，再次违纪者，加重处分。

第四章　违纪处分的有关程序

第三十七条　学生违纪行为的调查。

发现学生的违纪行为，有关学院或保卫处应及时进行调查取证，查清事实，收集并保留有关证据。涉及几个学院的学生违纪，有关学院应积极协助有关部门进行调查，做到实事求是，不偏袒，不护短。

第三十八条　学生违纪处分材料的报送。

各学院应当在发现学生违纪行为后的 15 个工作日（复杂案件一个月）内核清违纪事实，提出处理意见，并将有关材料上报学工处（部）。

学生违纪行为由保卫处查处的，保卫处应在结案后三个工作日内将调查材料送至有关学院，有关学院提出意见后报学工处（部）。

学院报学工处（部）的学生违纪处分材料包括：

（1）学生本人的书面检查：检查内容必须有学生姓名、学号、身份证号、班级、违纪事实（时间、地点、过程、后果）和对违纪事实的思想认识。

（2）学院或保卫部门事实调查报告：报告内容包括调查时间、地点、违纪事实、情节认定和拟处分意见。调查报告上必须有调查人和被调查人签字。如被调查人拒绝在调查报告签字的，由调查人员注明。

（3）违纪证据：经查证属实，与学生违纪有关的物证（书证）、证人证言、受害人陈述、违纪人供述（辩解）、鉴定结论和视听资料等可以作为确定处分的根据。

（4）学院召开党政联席会或学生工作小组会对违纪学生作出的处理意见形成会议纪要和学院行政文书报告并加盖行政章。

第三十九条　学生违纪处分的审查与决定。

（一）学工处（部）收到各学院报告后，在10个工作日核实完毕，经处（部）长办公会讨论，将意见上报学校学生违纪处分审查委员会。学校学生违纪处分审查委员会每三个月召开一次研究会审定。给予开除学籍处分的，报学校学生违纪处分审查委员会审核后，由校长办公会审定。

（二）学工处（部）收到有关学院的报告后提出意见报学校学生违纪处分审查委员会开会审查之前，应委托有关学院指派专门人员与拟受处分学生谈话，听取学生的供述和申辩，专门人员应做好笔录，笔录原件交学工处（部），学工处（部）根据学生的陈述和申辩作如下处理：

（1）属认识偏差或正当理由的，责成学生所在学院做好工作；

（2）与事实和定性确有偏差的，应予复查和补证或重新取证；

（3）学生的申辩材料应列入学生处分材料，作为学生处分报告的附件。

（三）对于应处理而未处理的违纪学生，学工处（部）可以直接处理，并追究有关单位和个人的责任。

（四）对受到纪律处分的学生，学院要加强教育、定期考察。考察期满时，学院学工科根据学生本人思想认识情况、收集学生本人要求解除违纪处分的申请和班委会及辅导员、班主任签名的学生察看期间表现证明，呈报所在学院党政联席会讨论形成决议，学工科将形成决议的决定书行文加盖学院行政章报学工处（部）；学工处（部）统一汇总提交学校学生违纪处分审查委员会审定，审定结果学校均以行政名义发文。

（五）对考试违纪、作弊行为的处理由教务处负责核实后的决定书并报校长签发行政文。具体操作程序参照本条（一）至（四）款执行。

第四十条　学生违纪处分的告知和校内申诉程序。

（一）学校对学生作出的处分决定，均以校行政名义发文。发文之前由学校违纪处分审查委员会出具处分决定书。处分决定书包括给予处分的种类和处分事实，理由及依据，并告知学生可以提出申诉及申诉的期限。处分决定书由学工处（部）备案，并由学院直接送交受处分学生本人。直接送交有困难的采取留置送交、邮寄送交和公告送交等方式。开除学籍的处分决定书必须报省教育厅备案。

（二）如学生对所受处分不服，可保留意见，在接到处分决定的10日内可向学校申诉处理委员会提出书面申诉。接到申诉后，学校在十五个工作日内给予复议，并将

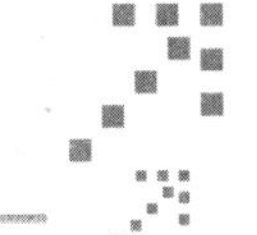

复议情况及时转告有关部门和申诉人。需要改变原处分决定的，由学生申诉处理委员会根据决定权作出决定或提交学校重新研究决定。

（三）学生对复查决定有异议的，在接到学校复查决定书之日起15个工作日内，可以向江西省教育厅提出书面申诉。申诉程序按省教育厅有关规定执行。

（四）从处分决定或者复查决定送交之日起，学生在申诉期内未提出申诉，学校或省教育厅不再受理其提出的申诉。申诉或复议期间，不得以任何理由停止处分的执行。

学生校内申诉程序的实施依照《南昌理工学院申诉处理办法》执行。

第五章　附则

第四十一条　学生违纪处分决定书一份交学籍科，一份存入学生本人档案，处分的其他相关材料归入学校文书管理文档。

第四十二条　除隐私或特殊情况外，记过以上处分应公布全校周知，记过以下处分应在相关学院范围内公布。

第四十三条　受到开除学籍处分的学生，学校发给学习证明，档案，户口退回其家庭所在地。

第四十四条　受到开除学籍处分的学生，接到通知后，应在规定的期限内（一般不超过十五日）办理离校手续．逾期不离校者，由校保卫部门强制执行。

第四十五条　本办法文字中的“以上”均包括本数（本级）在内，“以下”不包括本数（本级）。

第四十六条　全体学生须认真学习本规定并积极参与监督，对违纪学生未查处或不执行本规定的工作人员可以举报。

第四十七条　（一）学生违纪处分审查委员会组成人员

（1）主任委员：分管学生工作的副校长

（2）副主任委员：学工处（部）处（部）长

（3）委员：组织部副部长一名、教务处副处长一名、保卫处副处长一名、学工处（部）副处（部）长二名、二级学院分管学生工作的书记或副院长三名、政法学院老师（有律师执业证）一名以及学生代表二名。

（4）委员会下设办公室，挂靠在学工处（部）。由学工处（部）分管学生思政工作的副处（部）长具体负责日常事务。

（二）工作职责：

（1）宣传、学习、教育学生遵守宪法、国家法律、法规、《高等学校学生管理行为准则》、《普通高等学校学生管理规定》和学校校规校纪。

（2）参照《南昌理工学院学生违纪处分管理办法》，对学工处（部）收集整理各学院按规定上报的相关学生违纪材料进行审议，评审。

（3）对学生违纪给予：警告、严重警告、记过、留校察看等处分的实施审批权。

（4）对学生违纪开除学籍的处分进行审议后报校长办公会议审批。

（5）负责对违纪处分审批意见通知相关学生，并下发告知书，通知学生本人或监护人在收到告知书后，如有异议，可在10日内对审查意见提出申诉。在规定期间内未接到申诉，负责将相关审批决定呈报校领导签批下发处理决定。

第四十八条　本办法经校长办公会议审议通过，自公布之日起执行，由校长授权学工处（部）负责解释。

7. 南昌理工学院学生申诉处理办法

第一章　总则

第一条　为了保证学校对违纪学生处分行为的客观、公正，保障学生的合法权益，根据《普通高等学校学生管理规定》（教育部令第 41 号）、《南昌理工学院章程》以及其他有关法律、法规，结合我校实际情况制定本办法。

第二条　本办法所称的申诉，是指学生对学校做出的涉及本人权益的处理决定不服，向学生申诉处理委员会提出对该决定进行复查的意见和要求。

第三条　本规定适用于我校在读在册的全日制本、专科生或五年高职生、中专生。

第四条　学校应坚持公正、公开、公平的原则，实事求是地处理学生的申诉。

第五条　学生提出申诉必须事实清楚，依据准确，严肃认真。

第二章　申诉机构及职责

第六条　学校成立学生申诉处理委员会，负责处理学生提出的申诉。委员会设办公室，挂靠教务处，负责日常工作。

第七条　申诉处理委员会设主任一名，委员十名。主任由分管学生工作的校领导担任。委员分为常任委员和临时委员。常任委员由校领导、学工处、教务处、监察处、保卫处、团委等部门主要负责人担任。常任委员部门负责人更换时，由新任负责人接替原负责人担任常任委员。临时委员由两名教师代表和两名学生代表担任。两名教师临时委员由申诉处理委员会办公室推举。两名学生临时委员由校学生会推举。

第八条　工作职责：

（1）接受学生提出的申诉请求；

（2）向有关组织和人员调查取证、查阅文件和相关资料；

（3）审查对学生的处理是否合法与适当，提出复查结论，下达复查决定书并送达申诉人；

（4）其他有关事项。

第三章　申诉的受理

第九条　学生对学校作出的下列处理、处分决定不服的，必须在收到决定之日起 10 日内向学生申诉处理委员会提出书面申诉申请，逾期不受理。

第十条　申诉处理委员会受理学生对学校下列处理决定不服提出的申诉：

（1）对学校取消其入学资格不服的；

（2）对学校的退学处理决定不服的；

（3）对学校作出的违规、违纪处分不服的。

第十一条　学生提出申诉时，应当向申诉处理委员会办公室递交申诉书和学校做出的处理决定的文件副本。申诉书应当载明下列内容：

（1）申诉人的姓名、班级、学号及其他基本情况；

（2）申诉的事项、理由、要求并附上相关的证据；

（3）提出申诉的日期；

（4）申诉书要求字迹工整、表达清楚，并由申诉人亲笔签名。

第十二条　学生申诉处理委员会对学生提出的申诉进行复查，并在接到书面申诉之日起15日内提出复议意见。

第十三条　申诉处理委员会应当自接到申诉申请书之日起5个工作日内，应当从以下几方面对申诉材料进行审查，并决定是否受理：

（1）申请人是否具有申诉资格；

（2）申诉事项是否属于学生申诉范围；

（3）申诉时间是否符合申诉期限规定。

申诉处理委员会办公室经过审查，根据不同情况，应当在3个工作日内作出如下处理：

（1）对于符合申诉条件的，决定受理，签发受理通知书，通知申诉人；

（2）对于不符合规定条件和超过规定期限的，不予受理，签发不予受理决定书，说明不予受理的理由，通知申诉人；

（3）对于被申诉人不明确、申诉请求不明或者所提供的申诉材料不符合要求的，应当告知申诉人需补正的内容和有关材料，并要求申诉人在3个工作日内补正。并根据情况提出告知意见：

①对符合申诉处理条件的，转交委员会讨论研究处理；

②对不符合申诉受理的，经相关学院院长同意后告知申诉人；

③申诉材料不齐的，告知限期补齐。

第四章　申诉的处理程序

第十四条　在受理学生申诉后，学生申诉处理办公室应当在接到申诉后五个工作日内，告知委员会主任，启动处理程序，在十个工作日内完成调查、取证、审理结案，提出处理决定。

第十五条　申诉处理委员会在处理事实清楚、证据充分、争议不大的简单申诉时，可以采取书面复查方式。申诉处理委员会认为有必要通过会议方式进行复查的，可以召开听证会对申诉进行复查。

第十六条　采取书面复查方式的，申诉处理委员会也应对相关当事人进行询问，开展必要的查证。书面复查意见应获得申诉处理委员会全体委员三分之二以上同意，方为有效。

第十七条　采取会议方式进行复查的，申诉处理委员会主任应当在收到双方书面材料后召集申诉处理会议。审议会议应有三分之二委员出席方为有效，申诉处理结果采取无记名投票表决的方式决定，票数超过与会人员的半数方为有效。

第十八条　采取听证会的方式：

（1）听证会的主持人由委员会主任委员或委托的副主任委员担任，全部或部分委员会成员参加。

（2）参加听证会的其他人员：

申诉方成员：学生本人、证人、父母。

其他有关人员：所在学院负责人、辅导员（班主任）、班级学生代表。

（3）确定听证会的具体时间、地点。

（4）宣布听证会的纪律及最终裁决权。

（5）如需要继续取证，则作出听证会延期的决定。

（6）接受并审查有关证据。

（7）听证会应采取回避制度。

第十九条　听证会的程序：

（1）主持人宣布听证会开始并宣布案由。

（2）申诉人就有关事实进行陈述。

（3）申述人依据理由、证据进行申辩，并出示相关证人、证词和材料。

（4）参加听证会的成员可以经过主持人的允许，就有关证据进行质问，也可以向证人发问。

（5）相关学院、辅导员（班主任）、班级学生代表提出陈述意见。

（6）当事人做最后的陈述。

（7）听证会主持人宣布听证会结束。

第二十条　听证会记录员应当将听证会的全部活动进行笔录，并由听证会主持人和听证会记录员签字。听证会笔录由当事人当场审阅后签名或盖章。

第二十一条　依据听证会的笔录，由主持人提出书面报告，在两天内提交学生申诉处理委员会作出最后决定。

第二十二条　申诉处理委员会委员有下列情形之一的，应当自行回避，申诉人和申诉处理委员会也有权要求其回避：

（1）是申诉人的近亲属的；

（2）与本项申诉有利害关系的；

（3）与申诉人、被申诉机关的负责人有其他关系，可能影响申诉公正处理的；

（4）当事人提出其他正当回避理由的。

回避决定应当在提出回避申请之日起 3 日内由申诉处理委员会作出，并及时通知提出回避的申请人。

第二十三条　申诉处理委员会应当依据法律、法规、规章和政策对原处理决定即复查所认定的事实、适用的依据和处理的程序等进行审查，按下列规定提出复查结论：

（一）原处理决定证据确凿、使用依据正确、程序合法的，决定维持。

（二）原处理决定有下列情况之一，应予撤销或者变更原处理决定的，由申诉处理委员会提交学校重新研究决定：

（1）违规事实认定不清、证据不足的；

（2）适用依据错误的；

（3）违反规定程序的。

如要减轻或撤销原处理决定的，以学校的名义下文发布为学校的最终决定。

第二十四条　申诉复查结论做出后由申诉处理委员会办公室送达申诉人和原决定做出机构。

第二十五条　复查结论做出前，申请人要求撤回申诉的，经说明理由，可以撤回。申诉人撤回申诉的，申诉处理程序终止。

第二十六条　申诉期间，原处理决定不停止执行。申诉复查结论作出后，申诉人又以同一事实和理由提出申诉的，申诉处理委员会不再受理。

第二十七条　情况复杂不能在规定限期内作出结论的，经学校负责人批准，可延长 15 日。学生申诉处理委员会认为必要的，可以建议学校暂缓执行有关决定。

第二十八条　学生申诉处理委员会经复查，认为做出处理或者处分的事实、依据、程序等存在不当，可以作出建议撤销或变更的复查意见，要求相关职能部门予以研究，重新提交校长办公会或者专门会议作出决定。

第二十九条　学生对复查结论不服的，可以在收到学校复查结论之日起 15 个工作日内向江西省教育厅提出书面申诉，或者向法院提起行政诉讼。第五章　附则第三十条　本办法经校长办公会议审议通过，自 2017 年 9 月 1 日起施行，由校长授权教务处负责解释。

五、辅导员队伍建设

1. 南昌理工学院辅导员、班主任队伍建设实施办法

第一章　总则

第一条　为深入贯彻落实《中共中央国务院关于加强和改进新形势下高校思想政治工作的意见》（2017 年 2 月印发）《中共中央国务院关于全面深化新时代教师队伍建设改革的意见》（2018 年 1 月 20 日新华社）文件精神，切实加强我校辅导员、班主任队伍建设，根据《普通高等学校辅导员队伍建设规定》（教育部第 43 号令）《关于贯彻落实〈普通高等学校辅导员队伍建设规定〉的实施意见》（赣教社政字〔2018〕18 号）等文件精神，推动我校辅导员、班主任队伍的职业化、专业化建设，特制定本实施办法。

第二条　辅导员是指在高等学校中从事学生日常思想政治教育和管理的专职工作人员，具有教师和管理人员双重身份。辅导员是开展大学生思想政治教育的骨干力量，是高等学校学生日常思想政治教育和管理工作的组织者、实施者和指导者。

第三条　加强辅导员、班主任队伍建设，应围绕立德树人根本任务，坚持育人为本、德育为先，促进学校改革、发展与稳定，促进培养德、智、体、美、劳全面发展的社会主义事业建设者和接班人，按照政治强、业务精、纪律严、作风正的要求，通过精心选拔、积极培养、科学考核、优先发展，着力构建辅导员、班主任队伍建设的长效机制。

第二章　配备与选聘

第四条　学生辅导员的配备坚持专职为主，专兼结合的原则。学校本、专科学生辅导员总体上按照不低于 1∶200 的比例配备，有全日制本科学生的学院都必须配备专职辅导员。且配备时要有针对性的充分考虑学生年级、专业和人数的不同，注意学员、性别结构的合理搭配，原则上一名辅导员负责的年级不超过两个。并严格落实师生比 1∶50 的比例设置专职少数民族辅导员岗位的要求，并足额配备到位。

第五条　辅导员选聘应当坚持如下标准：

（一）具有坚定正确的政治方向，具有一定的政治理论水平，必须是中共党员或预备党员，在重大政治问题上立场坚定，能与党中央保持一致，坚决维护党和国家的利益和学校的稳定；

（二）具有思想政治教育工作相关学科的宽口径知识储备，具备较强的组织管理能力和语言、文字表达能力及教育引导能力，有一定的分析问题和解决问题的能力，能运用相关知识解决学生工作的实际问题；

（三）道德品质优良，作风正派，乐于奉献，潜心教书育人，有较强的事业心和责任感，热爱大学生思想政治教育事业；

（四）身心健康，具备工作岗位所必需的身体素质和心理素质；

具备本科以上学历，大学期间曾担任院系级以上主要学生干部或相关社会兼职。

第六条　选聘原则：

（一）坚持德才兼备和全面发展的原则；

（二）坚持公平、公正、公开的原则；

（三）坚持竞争与择优选聘的原则；

（四）坚持优化队伍结构的原则。

第七条　辅导员的选聘在学校理事会、党委、行政的统一领导下进行，由学工处（部）牵头，会同组织、人事及相关部门人员组织完成，按照辅导员选聘标准，采取组织推荐和公开招聘相结合的方式进行，通过笔试、面试、心理测试和考核等形式进行选聘。

第八条　专职辅导员的选聘程序：

（一）用人学院提出选聘计划，学工处（部）汇总调剂，报人事处核定选聘人数；

（二）发布招聘信息；

（三）学工处（部）组织报名；

（四）学工处（部）牵头，会同组织部、人事处、纪检、用人学院、心理咨询中心等部门领导对拟聘人员进行资格审查、面试、笔试、心理测试和考核，并将考核结果公示一周；

（五）学工处（部）提出选聘意见，并报学校理事会审批；

（六）签订劳动合同。

第九条　新聘任的辅导员要接受一定的岗前培训，经考核合格后，方能成为正式的辅导员。正式辅导员就职前要进行宣誓，辅导员誓词：我志愿成为一名高校辅导员，拥护党的领导，献身教育事业；恪守职业规范，提升专业素养；情系学生成长，做好良师益友；为国家培养有理想、有本领、有担当，适应新时代发展需求的青年大学生而努力奋斗。

第十条　辅导员选聘实行试用期制度，试用期为一年，试用期满经考核称职者，予以录用任职；不称职，不予以录用。辅导员试用期满正式录用，试用期计算为辅导员岗位连续工作年限。

第十一条　辅导员的转入与转出须报学生处（部）审批备案，各部门、学院不得随意调动辅导员岗位。专职辅导员必须在辅导员岗位工作满三年后，方可转岗。

第十二条　新聘任的青年专业教师，应该从事一年以上时间的辅导员工作，方能参与专业教师的职务（职称）评聘。

第三章　要求与职责

第十三条　辅导员工作的要求是：

（一）恪守爱国守法、敬业爱生、育人为本、终身学习、为人师表的职业守则；

（二）围绕学生、关照学生、服务学生，把握学生成长规律，不断提高学生思想水平、政治觉悟、道德品质、文化素养；

（三）引导学生正确认识世界和中国发展大势、正确认识中国特色和国际比较、正确认识时代责任和历史使命、正确认识远大抱负和脚踏实地，成为又红又专、德才兼备、全面发展的中国特色社会主义合格建设者和可靠接班人。

（四）定期开展工作调研。深入学生班级和宿舍，全面了解和准确分析学生思想、学习和生活情况，及时调整工作思路和方法；

（五）注重运用各种新工作载体，特别是网络等现代科学技术和手段，努力拓展工作途径，增强教育的吸引力和感染力。

第十四条　辅导员的主要工作职责是：

（一）思想理论教育和价值引领。以习近平新时代中国特色社会主义思想为指导，引导学生深入学习习近平总书记系列重要讲话精神和治国理政新理念新思想新战略，深入开展中国特色社会主义、中国梦宣传教育和社会主义核心价值观教育，帮助学生不断坚定中国特色社会主义道路自信、理论自信、制度自信、文化自信，牢固树立正确的世界观、人生观、价值观。掌握学生思想行为特点及思想政治状况，有针对性地帮助学生处理好思想认识、价值取向、学习生活、择业交友等方面的具体问题。

（二）党团和班级建设。开展学生骨干的遴选、培养、激励工作，开展学生入党积极分子培养教育工作，开展学生党员发展和教育管理服务工作，指导学生党支部和班团组织建设。

（三）学风建设。熟悉了解学生所学专业的基本情况，激发学生学习兴趣，引导学生养成良好的学习习惯，掌握正确的学习方法。指导学生开展课外科技学术实践活动，营造浓厚学习氛围。

（四）学生日常事务管理。开展入学教育、文明行为和习惯养成教育、毕业择业观教育及相关管理和服务工作。组织开展学生军事训练。组织评选各类奖学金、助学金。指导学生办理助学贷款。组织学生开展勤工俭学活动，做好学生困难帮扶。为学生提供生活指导，促进学生和谐相处、互帮互助。

（五）心理健康教育与咨询工作。协助学校心理健康教育机构开展心理健康教育，对学生心理问题进行初步排查和疏导，组织开展心理健康知识普及宣传活动，培育学生理性平和、乐观向上的健康心态。

（六）网络思想政治教育。运用新媒体新技术，推动思想政治工作传统优势与信息技术高度融合。构建网络思想政治教育重要阵地，积极传播先进文化。加强学生网络素养教育，积极培养校园好网民，引导学生创作网络文化作品，弘扬主旋律，传播正能量。创新工作路径，加强与学生的网上互动交流，运用网络新媒体对学生开展思想引领、学习指导、生活辅导、心理咨询等。

（七）校园危机事件应对。组织开展基本安全教育。参与学校、学院危机事件工作预案制定和执行。对校园危机事件进行初步处理，稳定局面控制事态发展，及时掌握危机事件信息并按程序上报。参与危机事件后期应对及总结研究分析。

（八）职业规划与就业创业指导。为学生提供科学的职业生涯规划和就业指导以及相关服务，帮助学生树立正确的就业观念，引导学生到基层、到西部、到祖国最需要的地方建功立业。

（九）理论和实践研究。努力学习思想政治教育的基本理论和相关学科知识，参加相关学科领域学术交流活动，参与校内外思想政治教育课题或项目研究。

第四章　培训与培养

第十五条　建立辅导员岗前培训、日常培训和骨干培训制度。新聘任辅导员必须先培训后上岗，学校有计划、有组织地安排辅导员参加各种岗位培训，专职辅导员培训纳入学校师资培训计划。组织辅导员每年参加一次校内学术交流活动，定期举办辅导员论坛和辅导员工作沙龙，不断丰富辅导员学习培训的内容和形式，拓展辅导员学习交流的空间。

第十六条　建立辅导员学习考察制度。定期选拔优秀辅导员参加业务进修，到其他高校学习交流，使其开阔眼界，丰富阅历，提升能力。辅导员外出参加学术活动、学习考察等，纳入学校师资培训计划。

第十七条　学校支持辅导员在做好大学生思想政治教育工作的基础上攻读相关专业更高层次的学位，支持辅导员开展大学生思想政治教育工作课题和项目研究，鼓励和支持专职辅导员成为思想政治教育工作方面的专门人才。

第十八条　辅导员考核优秀且在任职期间获得与辅导员工作相关的省级以上荣誉者，在职务晋升上予以优先考虑，并给予一定的物质奖励。

第十九条　辅导员队伍是学校后备干部培养和选拔的重要来源。学校要加强辅导员队伍建设，对优秀的辅导员给予重点培养，在选拔中层干部时重视选拔有辅导员工作经历的干部，在保证学生工作队伍相对稳定、专业化水平不断提高的基础上，有计划地向校内管理岗位选派优秀辅导员。

第五章　管理与考核

第二十条　辅导员实行学校和学院双重管理。学工处（部）是学校管理辅导员队伍的职能部门，与学院共同做好辅导员管理工作。学院对辅导员进行直接领导和管理。

第二十一条　辅导员日常管理实行坐班制和五天住校制，各学院负责检查辅导员坐班和住校情况，学工处（部）负责抽查。各学院每周至少召开一次辅导员工作会议，

布置工作任务，听取班级工作汇报，交流工作经验，及时解决、反馈班级学生中出现和遇到的各种问题与困难。

第二十二条　各学院要加强辅导员工作作风建设和师德师风建设，严守“六严禁”底线。“六严禁”内容：

（一）严禁在评奖评助、推优入党、评优评先中向学生“索、拿、卡、要”；

（二）严禁私自带学生出去或介绍推荐他人参加应酬或出入娱乐场所；

（三）严禁与学生发生纠纷，尤其发生肢体冲突；

（四）严禁与学生发生经济往来，并通过各种形式利用学生赚取财物；（如：非法推荐学生参加校外的各种培训：技能考证、专升本、英语等级、本升硕等）

（五）严禁代收学生学费、杂费、公寓费；

（六）严禁与非毕业生谈恋爱，不允许辅导员在办公场所外的私人场所找异性聊天。

凡一经发现辅导员有以上行为之一者，取消带班资格；情节严重者按照校纪校规处理；构成犯罪的，一律移送司法机关处理。

第二十三条　辅导员的考核工作由学工处（部）负责。具体工作按照《南昌理工学院辅导员、班主任考核办法》执行。坚持日常业务考核与年终学生测评、学院主管领导测评、学工处（部）测评相结合的全方位考核原则，健全考核体系，规范考核程序，加大量化考核力度，使考核结果与辅导员评奖评优、绩效奖励及晋升挂钩。建立十大“最美辅导员”表彰体系，每学年举行一次“最美辅导员”表彰活动。

第二十四条　考核不合格的辅导员 2 年内不得提拔重用，并予以诫勉，诫勉期为半年，诫勉期满有明显改进的可以留用，继续从事辅导员工作；如果仍表现不好的，按照规定调离辅导员岗位。学校人事部门、学生工作部门根据（赣人社发〔2017〕51 号）、（赣教社政字〔2018〕18 号）要求，共同制定青年教师晋升高级专业技术职务（职称），必须要有两年担任辅导员工作经历并考核合格的实施细则。

第二十五条　辅导员有下列情形之一，不得继续从事辅导员工作，且调离辅导员队伍：

（一）在事关政治原则、政治立场和政治方向问题上不能与党中央保持一致；

（二）学生评价差，在学生中威信低；

（三）因个人工作失职而直接造成重大事故，产生严重不良后果；

（四）不能履行辅导员工作职责；

（五）其他不得从事辅导员工作的情形。

第六章　辅导员晋升与待遇

第二十六条　学校对认真履行工作职责，工作成绩突出，年度考核为优秀的辅导员，授予“优秀辅导员”荣誉称号，予以表彰，颁发荣誉证书，并给予一定的物质奖励。

第二十七条　专职辅导员的定级与考核结果为依据，由院部报学工部（处）、人事处审定，报校务委员会审定。担任专职辅导员三年以上，符合条件，经考核评议优秀者，可聘为四级辅导员，享受副科级工资待遇；担任四级辅导员三年以上，符合条件，经考核评议优秀者，可聘为三级辅导员，享受正科级工资待遇；担任三级辅导员三年以上，符合条件，经考核评议优秀者，可聘定为二级辅导员，享受副处级工资待遇；担任二级辅导员四年以上，符合条件，经考核评议优秀者，可聘定为一级辅导员，享受正处级工资待遇。已具有级别的党政干部从事辅导员工作，可根据实际情况，聘定相应级别辅导员。

第二十八条　学校将培养一支素质好，业务能力强，有发展潜力的中青年辅导员作为学校的后备干部，具备条件的，可优先考虑提拔到各级领导岗位。

第二十九条　对在聘期考核不合格的辅导员，根据情况予以解聘。

第七章　附则

第三十条　在专职辅导员没有配备到位的情况下，兼职辅导员、班主任的选聘、录用、考核等工作参照本办法执行。

第三十一条　本实施细则自公布之日起执行，解释权归学工处（部）。

2. 南昌理工学院专职辅导员行政职级晋升及聘任办法

为贯彻落实全国高校思政工作会议和全国教育大会精神，进一步落实《中共中央国务院关于加强和改进新形势下高校思想政治工作的意见》（中发〔2016〕31号）、《普通高等学校辅导员队伍建设规定》（教育部令第43号）精神，不断加强我校辅导员队伍建设，建立和完善有效激励机制，推动辅导员队伍专业化建设和职业化发展，进一步提升我校大学生思想政治工作教育水平，根据《高等学校辅导员职业能力标准（暂行）》要求，结合学校实际，在《南昌理工学院辅导员、班主任队伍建设实施办法》的基础上，对专职辅导员行政职级晋升及聘任办法调整如下：

一、指导思想

坚持以习近平新时代中国特色社会主义思想为指导，全面贯彻党的十九大精神和全国、全省高校思想政治工作会议精神及全国教育大会精神，把辅导员队伍建设纳入学校干部队伍建设的总体规划，推动辅导员队伍专业化、职业化建设，为加强和改进新形势下大学生思想政治教育、全面推进素质教育，落实学校立德树人根本任务提供有力保障，力争在“十四五”规划期间实现我校专职辅导员硕士化。

二、岗位设置

专职辅导员岗位设科员级（五级）、副科级（四级）、正科级（三级）、副处级（二级）、正处级（一级）辅导员岗位。其中，正处级、副处级辅导员岗位职数原则上不高于专职辅导员总数的10%（不包含分管学生工作的副书记或副院长），科级辅导员岗位职数不作限制。专职辅导员行政职级待遇比照学校同职级执行。

三、基本原则

（1）强化对辅导员的政治、业务素质及其工作实绩的要求。

（2）参照辅导员从事学生工作的基本年限。

（3）稳定辅导员队伍、优化队伍结构，让从事辅导员工作的同志安心相关工作，严格职级晋升要求。

四、基本要求

（一）政治强

具有较高的政治素质和坚定的理想信念，坚决执行党的基本路线和各项方针政策，有较强的政治敏感性和政治辨别力，时刻与党中央保持高度一致，做到“两个维护”、增强“四个意识”、坚定“四个自信”。

（二）业务精

具有扎实深厚的业务素养，掌握大学生思想政治教育规律，有较强的组织管理能力、口头和语言文字表达能力、教育引导能力、调查研究能力，善于运用各种新的工作载体，努力拓展工作途径，不断适应新的形势、胜任新的任务。

（三）纪律严

严格遵纪守法，依法依规办事，为人正直，做事公正，坚持原则，廉洁自律，具有较强的组织纪律观念，自觉维护全局利益。

（四）作风正

热爱大学生思想政治教育事业，坚持和发扬党的优良传统和作风，爱岗敬业，甘于奉献，潜心育人，具有强烈的事业心和责任感，能够处处体现为人师表的品德风范。

五、晋升条件

（一）科员级辅导员任职条件

本科及以上学历，中共党员或中共预备党员，专业对口，道德品质优良，作风正派，身心健康，有较强的组织管理能力、语言文字表达能力及教育引导能力，热爱大学生思想政治教育事业。

（二）副科级辅导员任职条件

晋升副科级辅导员，本科学历者须在辅导员岗位工作满 3 年，研究生学历者须在辅导员岗位工作满 1 年。且满足下列全部条件：

（1）能够认真履行《南昌理工学院辅导员、班主任队伍建设实施办法》规定的各项职责，所带班级就业率达标，所负责的学生稳定，无《南昌理工学院辅导员工作事故认定及处理办法》（南理校发〔2020〕69 号）和《南昌理工学院学生工作责任事故认定及处理办法》（南理校发〔2020〕81 号）文件之规定责任事故；

（2）本科学历者在任现职期间年度考核良好以上，并至少获得一项校级以上荣誉，所带班级一学年内荣获先进班级至少 3 次，所带班级学生英语四、六级考试通过率达标（附件 2），本科学生考研率达 6%；硕士研究生学历者在任现职期间年度考核为良好以上，所带班级英语四、六级考试通过率达标（注 1），本科学生考研率达 9%；

（3）在公开发行的刊物（正刊）上至少发表 1 篇（第一作者）与大学生思想政治教育相关的论文。

（三）正科级辅导员任职条件

晋升正科级辅导员，学历必须为硕士研究生，须任副科级辅导员满 3 年。且在任现职级期间，满足下列全部条件：

（1）能够认真履行《南昌理工学院辅导员、班主任队伍建设实施办法》规定的各项职责，所带班级就业率达标，所负责的学生稳定，无《南昌理工学院辅导员工作事故认定及处理办法》（南理校发〔2020〕69 号）和《南昌理工学院学生工作责任事故认定及处理办法》（南理校发〔2020〕81 号）文件之规定责任事故；

（2）本科及硕士研究生学历者在任现职期间年度考核良好以上，并至少获得 2 项校级以上荣誉，所带班级一学年内荣获先进班级至少 5 次；

（3）所带班级学风优良，班级学生英语四、六级考试通过率达标；本科班级学生考研率达 16%；学生个人或团体累计获得校级及以上表彰不少于 8 人次，或班级学生在公开发行的刊物（正刊）上发表学术论文 1 篇；

（4）在公开发行的刊物（正刊）上至少发表 1 篇（第一作者）与大学生思想政治教育相关的论文。

（四）副处级辅导员任职条件

晋升副处级辅导员，须任正科级辅导员满 3 年，在辅导员岗位工作满 9 年，且在

任现职级期间，满足下列全部条件：

（1）能够认真履行《南昌理工学院辅导员、班主任队伍建设实施办法》规定的各项职责，所带班级就业率良好以上，所负责的学生稳定，无《南昌理工学院辅导员工作事故认定及处理办法》（南理校发〔2020〕69 号）和《南昌理工学院学生工作责任事故认定及处理办法》（南理校发〔2020〕81 号）文件之规定责任事故；

（2）在任现职期间年度考核优秀，并至少荣获 3 项校级及以上荣誉，所带班级一学年内荣获先进班级至少 6 次；

（3）所带班级学风优良，班级学生英语四、六级考试通过率达标；本科班级学生考研率达 21%；学生个人或团体累计获得校级及以上荣誉 15 人次，或班级学生在公开发行的刊物（正刊）上发表学术论文 5 篇；

（4）在公开发行的刊物（正刊）上至少发表 2 篇（第一作者）与大学生思想政治教育相关的论文；

（5）至少主持或参与（排名前三位）一项校级及以上有关大学生思想政治教育方面的研究课题、项目。

（五）正处级辅导员任职条件

晋升正处级辅导员，须任副处级辅导员满 4 年，且在辅导员岗位工作满 13 年。且在任现职级期间，满足下列全部条件：

（1）能够认真履行《南昌理工学院辅导员、班主任队伍建设实施办法》规定的各项职责，所带毕业班毕业率良好以上，所负责学生稳定，无《南昌理工学院辅导员工作事故认定及处理办法》（南理校发〔2020〕69 号）和《南昌理工学院学生工作责任事故认定及处理办法》（南理校发〔2020〕81 号）文件之规定责任事故；

（2）在任现职期间年度考核优秀，并至少获得 4 项校级及以上荣誉，且所负责班级一学年内荣获先进班级至少 7 次。

（3）所带班级学风优良，班级学生英语四、六级考试通过率达标；本科班级学生考研率达 26%；学生个人或团体累计获得校级及以上荣誉 20 人次，或班级学生在公开发行的刊物（正刊）上发表学术论文 8 篇；

（4）在公开发行的刊物（正刊）上至少发表 3 篇（第一作者）与大学生思想政治教育相关的论文；

（5）至少主持或参与（排名前三位）一项校级及以上有关大学生思想政治教育方面的研究课题、项目。

（六）有下列情况之一，不能申请晋升上一级行政职级：

（1）受到党纪、行政纪律处分；

（2）近三年因工作不负责任或工作失误造成较大负面影响的；

（3）不能履行五天住校制，以及其他不适宜职级晋升情形的。

六、破格晋升条件

专职辅导员在任职期间满足下列条件之一的，不受任职年限，主持或参与有关大学生思想政治教育方面的研究课题、项目的条件限制，可申请破格晋升上一级行政职级。

（1）所带学生报考硕士研究生的上线录取率在 30% 及以上。

（2）个人获“全国辅导员年度人物”“全国辅导员年度人物提名奖”等荣誉称号。

（3）个人获全国辅导员素质能力大赛三等奖及以上，或全省辅导员素质能力大赛一等奖及以上。

（4）个人获教育部主持的全国高校辅导员优秀工作论文、工作案例三等奖及以上，或全省高校辅导员优秀工作论文、工作案例一等奖及以上。

（5）个人主持的辅导员工作室荣批全省辅导员名师工作室，或受到省教育厅书面表彰。

七、转入晋升条件

转入专职辅导员应符合学校专职辅导员的聘任条件（必须为硕士研究生），并经人事处、党委学工部和所在学院及分管校领导同意后，方可申请专职辅导员行政职级待遇。

（一）其他岗位的一般干部转入从事专职辅导员工作者，原工作年限在三年以上的，需在辅导员岗位工作满一年，方有资格晋升为副科级辅导员；不足三年的，需在辅导员岗位工作满两年，方有资格晋升为副科级辅导员。

（二）其他岗位的副科级及以上干部转入从事专职辅导员工作者，可申请同职级辅导员。晋升上一职级时需在同职级辅导员所需工作年限的基础上增加一年，方有资格申请。

（三）兼职辅导员转为专职辅导员时，兼职工作时间记入专职工作时间。

八、聘任程序及办法

（一）专职辅导员的行政职级晋升，原则上按照个人申报、组织推荐、资格审查、述职答辩、组织考察、会议研究、任职公示等程序进行。

（二）个人申报和组织推荐。符合任职条件的专职辅导员，须提交《南昌理工学院辅导员晋升行政职级申报表》和个人任职期间工作总结，经所在学院党组织签署推荐意见后，报送党委学工部。

（三）资格审查。学工部对各单位推荐的申报对象进行资格审查。

（四）述职答辩。学校分管学生工作的副校长，党委组织部、党委学工部、人事处等部门负责人，各学院分管学生工作的书记组成述职答辩小组，采取个人述职答辩、考核评议、投票表决等方式，确定初步人选。

（五）组织考察。党委组织部、人事处、学工部对初步人选进行组织考察，广泛听取考察对象所在单位科级以上干部、教工代表、学生代表的意见，并形成书面考察材料。

（六）会议研究。对经过既定程序产生的科级辅导员人选，需经校党委办公会议研究决定。对经过既定程序产生的处级辅导员人选，需经校党委会和校理事会研究决定。

（七）任职公示。对会议研究确定的行政职级人选，将进行为期不少于五个工作日的公示，广泛接受师生员工的监督，提高工作的透明度和群众的认可度。

（八）此项工作原则上每年 8 月份进行一次，聘任时间自学校下发任职文件之日算起。凡未通过的人员均可在下一年继续申报。

九、组织管理

（一）专职辅导员行政职级的聘任和管理工作在学校党委的统一领导下，参照南昌

理工学院领导干部选拔任用及管理办法执行，由党委学工部具体组织实施。

（二）辅导员转入其他行政岗位，可套用行政岗的相应级别和待遇。

（三）享受行政职级专职辅导员有下列情形之一的，降一级使用：

（1）在学校辅导员工作满意度测评中，基本满意率和不满意率之和在 50% 以上，且不满意率超过 30% 的；

（2）在学校辅导员年度考核中，连续两年被评为基本合格；

（3）违反工作纪律，上班、值班无故脱岗，或被学校有关部门通报批评 2 次的；

（4）因工作失职或管理不力导致所带班级学生发生重大或影响较大的违法违纪行为及责任事故；

（5）学校认为其他需要降级的。

（四）专职辅导员在年度考核中为不称职或有下列情形之一的，取消其行政职级：

（1）受到党纪、行政处分的；严重违背师德规范，学生反映强烈的；

（2）因疏于教育管理，造成学生发生非正常群体性事件或非正常死亡责任事故的；

（3）在学生干部选配、评优评先、贫困生认定和奖助学金评定中，违反工作纪律，经学校有关部门调查核实的；

（4）因其他原因，学校认为应取消行政职级的。

（五）降级使用的，一年内不得申请行政职级晋升；取消行政职级的，两年内不得申请行政职级晋升。影响期满，对德才表现和工作实绩突出，且经考察符合任职条件的，可以重新晋升及聘任。

（六）享受行政职级的辅导员如因特殊情况不能继续工作，要求辞聘（申请免职）的，应提出书面申请，经所在学院党组织和党委学工部签署意见，报党委组织部，并经相关会议研究同意后，办理解聘（免职）手续。解聘（免职）后，其行政职级和待遇按学校有关规定执行。

十、本办法适用于我校专职辅导员，包括在一线专职从事大学生日常思想政治教育工作的辅导员。

十一、本办法于 2021 年 7 月 5 日学校党政联席会议通过；由党委学工部负责解释，自印发之日起施行。

附：1. 南昌理工学院专职辅导员晋升行政职级申报表；

2. 班级学生英语四、六级通过率达标说明。

南昌理工学院

2021 年 7 月 6 日

附件 1：

南昌理工学院专职辅导员晋升行政职级申报表

<table>
<tr><td>姓名</td><td></td><td>性别</td><td></td><td>出生年月</td><td></td><td rowspan="4"></td></tr>
<tr><td>民族</td><td></td><td>籍贯</td><td></td><td>出生地</td><td></td></tr>
<tr><td>入党时间</td><td></td><td>参加工作
时间</td><td></td><td>担任专职辅导员
时间</td><td></td></tr>
<tr><td>专业技术职务及
评定时间</td><td colspan="2"></td><td>现任行政职级及
评定时间</td><td colspan="2"></td></tr>
<tr><td rowspan="2">学位、学历</td><td>全日制
教育</td><td colspan="2"></td><td>毕业院校系
及专业</td><td colspan="2"></td></tr>
<tr><td>在职
教育</td><td colspan="2"></td><td>毕业院校系
及专业</td><td colspan="2"></td></tr>
<tr><td>主要事迹</td><td colspan="6"></td></tr>
</table>

续表

<table>
<tr><td>本人及所带学生的获奖情况</td><td colspan="5"></td></tr>
<tr><td>发表论文情况</td><td colspan="5"></td></tr>
<tr><td>主持或参与的课题、项目</td><td colspan="5"></td></tr>
<tr><td>年度考核结果</td><td colspan="5"></td></tr>
<tr><td rowspan="6">家庭主要成员及重要社会关系</td><td>称谓</td><td>姓名</td><td>年龄</td><td>政治面貌</td><td>工作单位及职责</td></tr>
<tr><td></td><td></td><td></td><td></td><td></td></tr>
<tr><td></td><td></td><td></td><td></td><td></td></tr>
<tr><td></td><td></td><td></td><td></td><td></td></tr>
<tr><td></td><td></td><td></td><td></td><td></td></tr>
<tr><td></td><td></td><td></td><td></td><td></td></tr>
<tr><td>所在学院意见</td><td colspan="5">年 月 日</td></tr>
<tr><td>校党委学工部意见</td><td colspan="3">年 月 日</td><td>人事处意见</td><td>年 月 日</td></tr>
<tr><td>校党委意见</td><td colspan="3">年 月 日</td><td>校理事会意见</td><td>年 月 日</td></tr>
</table>

南昌理工学院学工部制

附件 2

班级学生英语四、六级通过率达标说明

一、非英语专业学生

1. 英语四级：

本科学生：60%　　专科学生：30%

2. 英语六级：

本科学生：20%

二、英语专业学生

1. 英语四级：

本科学生：100%　　专科学生：90%

2. 英语六级：

本科学生：90%　　专科学生：70%

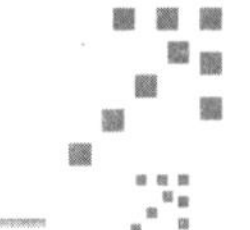

3. 南昌理工学院辅导员、班主任工作考核实施办法

第一章　总则

第一条　辅导员、班主任是学校思政工作队伍和管理队伍的重要组成部分，是学生日常教育管理工作的组织者和实施者。为了全面客观、公正、准确地评价辅导员、班主任工作，建立健全科学合理的辅导员、班主任考核指标体系，逐步实现辅导员、班主任考核工作的制度化、规范化和科学化，激励和促进辅导员不断提高政治素质和业务水平，根据《普通高等学校辅导员队伍建设规定》（教育部令第 43 号）、《高等学校辅导员职业能力标准（暂行）》、《南昌理工学院辅导员、班主任队伍建设实施办法》等相关规定的要求，特制定本考核办法。

第二条　辅导员、班主任考核坚持定量考核和定性考核相结合、日常考核与集中考核相结合，自我评价、学生评议与组织评议相结合的原则，力求公开、公正、公平，实事求是，注重实效。

第三条　本办法使用于全校专、兼职辅导员、班主任。

第二章　考核组织

第四条　学校成立辅导员、班主任考核工作领导小组，由分管学生工作的校领导任组长，学工处（部）负责人任副组长，相关职能部门负责人及二级学院分管学生工作的负责人为组员，全面负责全校辅导员、班主任考核的组织协调、结果审定与申诉处理。领导小组办公室设学工处（部）。

第五条　学院成立由院长任组长，分管学生工作的书记或副院长任副组长，学工科成员、辅导员、班主任代表为组员的学院辅导员、班主任考核工作小组，由组长和副组长具体负责本院系辅导员、班主任考核工作的实施。

第三章　考核内容与标准

第六条　辅导员、班主任考核以《南昌理工学院辅导员、班主任队伍建设实施办法》中规定的基本条件、工作要求和工作职责等为主要内容，从“德、廉、能、勤、绩”五方面进行考核，总分 100 分。主要包括职业道德、思想引领、班风学风建设、学生行为养成教育、学生宿舍管理、维护校园安全稳定等内容，重点是“绩”的考核。考核项目中“绩”项所占比例为 50%，“德、廉、能、勤”占 50%。具体考核内容见《南昌理工学院辅导员、班主任工作考核评分细则表》（附表 1）。

第七条　考核结果分为优、合格、基本合格、不合格四个等级。

（一）优秀辅导员测评标准：

（1）学生满意度测评平均值在 28 分以上（含 28 分）；

（2）测评综合分值在 90 分以上。

（二）合格辅导员测评标准：

（1）学生满意度测评平均值为 25~28 分之间；

（2）测评综合分值在 75~90 分之间（含 75 分）。

（三）基本合格辅导员测评标准：

（1）学生满意度测评平均值为 20~24 分之间；

（2）测评综合分值在 60~74 分之间。

（四）有下列情况之一者视为不合格辅导员：

（1）学生满意度测评平均值低于 20 分；

（2）考测评综合分值在 60 分以下；

（3）在事关政治原则、政治立场等方面不能与党中央保持一致者；

（4）因个人工作不力造成班级学生发生重大事故，且造成严重后果者；

（5）在重大事件中不能及时上报且不及时到场处理者；

（6）因个人不能很好履行岗位职责导致班级管理混乱甚至失控者；

（7）违反南昌理工学院辅导员、班主任“六严禁”规定；

（8）其他严重违反工作制度者。

第四章　考核方式与程序

第八条　辅导员、班主任的考核由月考核和年终考核相结合进行。其中月考核按照《南昌理工学院辅导员、班主任月考核细则（试行）》实行，由辅导员、班主任所在学院负责考核；年终考核一般在每年年终进行，采取个人自评、学生评议、学院考评、学工处（部）考评的量化考核方式。学院辅导员、班主任考核工作小组根据本学院院每位辅导员、班主任个人总结、学生评议情况，对照《南昌理工学院辅导员、班主任工作考核评分细则表》中的项目，对本学院所有辅导员、班主任的工作情况进行评定打分，并将考核结果报学校辅导员、班主任考核工作领导小组办公室，学校辅导员、班主任考核工作领导小组对各学院辅导员、班主任的考核结果进行审核和评定。

个人自评：对照《南昌理工学院学院辅导员、班主任队伍建设实施办法》的有关要求，辅导员、班主任对本人一年的工作做出全面的总结和梳理，填写《南昌理工学院辅导员、班主任工作考核登记表》，交学院辅导员、班主任考核工作小组，由考核工作小组统一上交校辅导员、班主任考核工作领导小组。

学生评价：各学院辅导员、班主任考核工作小组通过召开学生座谈会、学生评价打分（随机抽取学生填写《南昌理工学院辅导员、班主任工作考核学生评价表》）等方式在学生中开展民主评议，掌握学生对辅导员、班主任的评价情况。参与评价的学生要有一定的代表性和广泛性，不少于本班学生的 30%。最后由各学院辅导员、班主任考核工作小组安排专人将学生评价情况进行汇总并计算平均分。

学院考评：各学院根据辅导员、班主任平时的实际表现和工作实绩，参照学生的评议情况，组织辅导员、班主任考核工作小组人员对辅导员、班主任的工作情况进行评定，并按《南昌理工学院辅导员、班主任工作考核评分细则表》中的项目进行打分。

学工处（部）考核：学工（处）部组织开展辅导员、班主任工作检查，检查辅导员、班主任工作职责履行、辅导员、班主任工作台账建立、班级学习风气、参与学校组织活动等方面情况，并结合学校评奖评优、资助、特殊群体帮扶、安全教育等工作落实情况进行打分。

学工处（部）核算辅导员、班主任考核的最终得分，并对辅导员、班主任的考核结果进行汇总、上报；经学校辅导员、班主任考核领导小组审核、公示无异议后，确定最终结果。同时在辅导员、班主任工作档案中备案。

第五章　考核结果及作用

第九条　辅导员考核结果将作为职务聘任、职称评定、培训学习和各类奖惩的重要依据。

（一）辅导员工作考核每年进行一次，专、兼职辅导员工作考核分开进行。

（二）学校辅导员、班主任考核工作领导小组对全体辅导员、班主任考核成绩进行排序，辅导员、班主任工作满 1 年、考核结果为“优秀”且综合成绩排在前 10% 者，直接授予“南昌理工学院优秀辅导员”荣誉称号。

（三）考核结果为基本合格者，学校辅导员、班主任考核工作领导小组将对其进行诫勉谈话，并根据下一年考核情况决定该同志的发展去向问题。考核结果为不合格者，对于当年新进辅导员、班主任将按照学校相关规定解除聘用合同，其他人员将视情况调离辅导员、班主任队伍，对因玩忽职守、失职渎职造成严重后果的，按学校人事制度解除聘任合同，并追究相关责任。

第六章　附则

第十条　在考核年度内，有下列情况之一者，不可评为优秀：

（1）所带毕业班学生初次就业率本科班低于 80%、专科班低于 75% 的；

（2）一学年请事假超过 15 天或旷工超过 5 天；

（3）所带班级发生重大人身及财产事故的，或发生群体性斗殴事件的；

（4）所带班级学生到课率本科班低于 98%、专科班低于 96% 的。

第十一条　在考核年度内，具备下列情况之一者，在同等情况下可以优先确定为优秀等级：

（1）辅导员在省级或以上比赛或竞赛中获得优异名次的；

（2）辅导员所带的班级集体（或团体）获省级以上表彰的；

（3）辅导员所带的学生个人获国家级以上奖励（国家奖学金除外）或表彰的，如大学生年度人物、大学生自强之星等；

（4）在维护校园稳定等方面贡献突出，受到学校表彰的。

第十二条　在考核年度内，具备下列情况之一者，直接确定为不称职等级：

（1）在师生中散布违反国家法律法规、影响校园和社会稳定的言论，造成恶劣影响的；

（2）不服从工作安排或屡次不能按时完成单位交给的工作任务，造成不良影响的；

（3）所带毕业班学生初次就业率本科班低于70%、专科班低于60%的；

（4）故意虚报学生就业情况信息的；

（5）疏于教育管理，学生发生严重违纪现象，造成恶劣影响的；

（6）发生突发事件，未能及时到达现场并妥善处置的；

（7）学生发生重大人身伤亡事故，造成恶劣影响的；

（8）受到党纪、行政纪律处分及治安或刑事处罚的；

（9）违反南昌理工学院辅导员、班主任“六严禁”规定的；

（10）对学生中的违纪行为隐瞒不报、故意包庇或纵容学生违纪，造成恶劣影响的。

第十三条　本办法自颁布之日起执行。

第十四条　本办法由学工处（部）负责解释。

附件1：南昌理工学院学院辅导员、班主任工作考核登记表；

附件2：南昌理工学院辅导员、班主任工作考核评分细则表；

附件3：南昌理工学院辅导员、班主任工作考核学生评价表；

附件4：南昌理工学院辅导员、班主任学工处（部）年度考核表；

附件5：南昌理工学院辅导员、班主任年度工作考核汇总表；

附件6：南昌理工学院优秀辅导员、班主任推荐审批表。

附件1：

南昌理工学院学院辅导员、班主任工作考核登记表

（　　年度）

<table>
<tr><td>姓　名</td><td></td><td>性别</td><td></td><td>出生年月</td><td></td><td>政治面貌</td><td></td></tr>
<tr><td>职　务</td><td></td><td>职称</td><td></td><td>联系电话</td><td></td><td>学　历</td><td></td></tr>
<tr><td>毕业院校、专业</td><td colspan="3"></td><td>参加工作时间</td><td colspan="3"></td></tr>
<tr><td colspan="4">担任辅导员时间及年限</td><td colspan="4"></td></tr>
<tr><td>所在学院</td><td></td><td>所带班级</td><td colspan="2"></td><td>总人数</td><td colspan="2"></td></tr>
<tr><td>本人年度总结</td><td colspan="7">（详细总结附后）
自评分：
本人签名：
年　月　日</td></tr>
<tr><td>本年度本人奖惩</td><td colspan="7"></td></tr>
<tr><td>本年度所带班级奖惩</td><td colspan="7"></td></tr>
<tr><td>考核得分</td><td colspan="7">自评分：　学生测评分：　学院测评分：　学生处（部）测评分：
考核总分：
系党组织书记签字（盖章）：　年　月　日</td></tr>
<tr><td>学生处（部）意见</td><td colspan="7">考核资格等次：
负责人签字（盖章）：　年　月　日</td></tr>
<tr><td>考核领导小组意见</td><td colspan="7">考核结论：
负责人签字（盖章）：　年　月　日</td></tr>
</table>

注：1. 各项测评分以各分项应占百分比总和算定。

2. 考核结论为“优秀”“称职”“基本称职”“不称职”。该表存入个人工作业务考核档案。

附件 2

南昌理工学院辅导员、班主任工作考核评分细则表

学院：　　　　　　　姓名：　　　　　　所带班级：

一级指标	指标要素	评价内容	各项得分	各项得分小计
德 7 分	政治素质 思想品德 社会公德 职业道德	具有高度政治敏锐性和政治责任感，保持清醒的全局观和大局意识，组织性、纪律性强 （1 分）		
		了解学生教育、管理的一般规律和有关规定，引导学生进步 （2 分）		
		品德修养好，工作中以身作则，遵纪守法，为人师表 （1 分）		
		高度重视学校布置的各项工作和任务，组织观念强，自觉服从工作需要 （1 分）		
		爱岗敬业，具有强烈的服务意识，尊重学生，关心学生 （2 分）		
廉 8 分	廉洁从政 廉洁从教 廉洁从业	处理问题公正、客观 （2 分）		
		廉洁自律，严格遵守《南昌理工学院辅导员、班主任“六严禁”》（6 分）		
能 15 分	基本能力 专业技能 创新能力 协调能力	具备较强的语言表达能力和文字写作能力，善于与学生沟通 （3 分）		
		协调管理能力强，能处理好各种学生事务 （3 分）		
		观察能力强，能及时发现和处理学生中存在的问题，快速妥当处理、解决突发事件 （3 分）		
		学习能力强，能不断加强自身学习 （3 分）		
		探索学生工作中的新思路、新方法；能积极组织班级学生开展有特色、有影响的活动 （3 分）		
勤 20 分	出勤率 组织纪律 责任心 积极性	坚持深入班级、宿舍，关心学生学习生活，重点关注夜不归宿的学生，每周住校五天（即周一、二、三、四、日），特殊情况下需每天住校，未报批的视为缺勤；（6 分）与学生谈心，及时了解学生的思想状况；（2 分）大力开展思想引领，经常组织开展政治理论学习和各种主题教育活动等，传播正能量 （4 分）		
		经常与学生家长联系，并有文字记载 （2 分）		
		按时参加学校、院系召开的各种会议、活动和培训 （2 分）		
		不迟到、不早退、不旷工、不无故请假 （2 分）		
		按要求及时完成学校和院（系）部署的各项任务，无延误现象 （2 分）		

续表

一级指标	指标要素		评价内容	各项得分	各项得分小计
奖分	道德风尚 竞赛奖励 荣誉称号		创造性地开展教育、管理和服务工作，有值得推广的经验（受官方媒体报道或获得政府、官方奖励，国家级加 10 分，省级加 8 分，市级加 5 分，学校加 3 分。）		
			辅导员、班主任或辅导员、班主任所带班集体或学生在全国、省、市参加重大活动和比赛中，受到表彰和嘉奖 （荣获国家级一、二、三等奖的分别加 10 分、8 分、6 分；荣获省级一、二、三等奖的分别加 6 分、5 分、4 分；荣获市级一、二、三等奖的分别加 5 分、4 分、3 分；荣获校级一、二、三等奖的分别加 3 分、2 分、1 分。）		
			学生工作理论探讨与研究，成果显著，论文或案例参加全国、省、市、校比赛获奖的 （按国家级、省级、市级分别每篇加 10 分、8 分、6 分、4 分。）		
			在维护校园稳定等方面做出重大贡献，受到学校重大表彰的（5 分）		
绩 50 分	工作数量 工作质量 工作效益	学生日常事务管理效果（10 分）	1. 完整地统计和及时更新所带班级学生个人及家庭情况基本信息，学生档案资料齐全，可随时调阅 （2 分）		
			2. 建立和及时更新贫困生档案信息，关心、帮扶家庭经济困难学生，奖、贷、助等工作实施到位 （2 分）		
			3. 学生综合素质测评成绩有理有据、评优评先、典型学生培养等事迹材料齐全 （2 分）		
			4. 责任教室、责任区、所带班级学生寝室卫生状况良好，及时更新教室文化窗、黑板报等 （2 分）		
			5. 有规范健全的班级规章管理制度（班规） （1 分）		
			6. 班级组织机构健全，职责分明，能很好地选拔和培养班干部 （1 分）		
		考风学风建设（10 分）	1. 对学生进行法制法规、民族政策和校纪校规教育得力，所带班级学生举止文明、行为规范 （2 分）		
			2. 及纠正和查处学生违纪行为，对受处分学生的再教育工作及时到位 （2 分）		
			3. 经常召开学习经验交流会和学习竞赛，以赛促学，并积极采取措施推动学风建设（4 分）		
			4. 考前做好宣传教育工作，严肃考风考纪 （2 分）		

续表

一级指标	指标要素		评价内容	各项得分	各项得分小计
绩 50 分	工作数量 工作质量 工作效益	组织学生开展思想教育的效果（10分）	1. 组织政治学习、主题班会及团日活动，有记录，效果明显（6 分）		
			2. 积极引导和指导学生参与有益身心健康的体育、文艺、科技等比赛竞赛和各种社会实践活动等 （4 分）		
		心理健康教育（6 分）	1. 关心班级学生成长，经常开展班级心理健康教育活动，效果良好 （2 分）		
			2. 有完整的寝室信息员、班级心理委员工作网络，信息工作渠道畅通 （2 分）		
			3. 关心、帮助、教育在学习、心理、生活等方面存在问题的学生，及时反映和处理班级学生的不良心理问题 （2 分）		
绩 50 分	工作数量 工作质量 工作效益	就业创业教育（6 分）	1. 教育学生做好职业生涯规划，对学生的就业、创业进行指导和帮扶，及时在班级学生中发布就业、创业信息 （2 分）		
			2. 完整准确地统计毕业生就业情况并及时上报；做好毕业生就业情况核查工作（包括待就业毕业生信息、家庭经济困难、残疾和就业困难毕业生信息等），收集好毕业生就业证明相关材料 （2 分）		
			3. 引导、鼓励学生积极参与“西部计划”“三支一扶”“应征入伍”等国家基层就业项目以及研究生和公务员考试 （2 分）		
		缴费率（2 分）	辅导员、班主任所带班级存在欠缴学费情况 注1		
		到课率（3 分）	辅导员、班主任所带班级存在缺课情况 注2		
		巩固率（3 分）	辅导员、班主任所带班级存在学生流失情况 注3		
综合得分					

注 1：已缴学费比例大于等于 98%，小于 99.5% 的，扣 1 分；大于等于 95%，小于 98% 的，扣 2 分；小于 95% 的，扣 3 分。

注 2：到课率大于等于 96%，小于 98% 的，扣 1 分；大于等于 90%，小于 96% 的，扣 2 分；小于 90% 的，扣 3 分。

注 3：巩固率大于 99%，小于 99.5% 的，扣 1 分；大于 98%，小于 99%，扣 2 分；小于 98% 的，扣 3 分。

考核人签名：

考核日期：

附件 3：

南昌理工学院辅导员、班主任工作考核学生评价表

辅导员姓名：　　　　　　　　　　　　　所属学院（盖章）：

评价项目	评价内容	学生评分
德 （20 分）	1. 政治素质高，引导学生进步（4 分）	
	2. 品德修养好，为人师表（4 分）	
	3. 考虑问题能从全局出发，正确处理各方面的关系（4 分）	
	4. 处理问题能把握公平、公正原则，廉洁自律，无违反“六严禁”行为（4 分）	
	5. 具有强烈的责任感和奉献精神（4 分）	
能 （20 分）	1. 语言表达能力强，善于与学生交流沟通（4 分）	
	2. 组织能力强，能对学生进行有效管理，处理好学生事务（4 分）	
	3. 洞察力强，能及时发现学生中存在的问题（4 分）	
	4. 能全面分析问题并使问题得到圆满解决（4 分）	
	5. 创造力强，能生动活泼地开展学生工作（4 分）	
勤 （30 分）	1. 工作积极主动，经常深入学生寝室，关心学生的学习和生活（6 分）	
	2. 工作到位，能及时掌握学生思想状况，解决学生学习和生活中的实际困难（6 分）	
	3. 坚持岗位，在学生需求时能得见其人（6 分）	
	4. 能按时完成上级的各项工作部署（6 分）	
	5. 主动思考学生工作中遇到的问题，在理论学习和实践工作中探索（6 分）	
绩 （30 分）	1. 学风建设有成效，学生中养成良好的学习风气和科研氛围，有优良考风和成绩表现（6 分）	
	2. 培养出一支优秀的学生干部队伍，党团组织出色，在校各项评比活动中成绩优良（6 分）	
	3. 校园文化建设有成效，形成良好的文化氛围（6 分）	
	4. 学生工作有创新，能够形成新思路，新经验（6 分）	
	5. 积极参与学生工作研究，并形成科研成果（6 分）	
合　计		

南昌理工学院学生工作部 制

附件 4:

南昌理工学院辅导员、班主任学工处（部）年度考核表

序号	学院	姓名	所带班级	思想引领（30分）					服务学生成长成才（25分）				学生行为养成（10分）	安全教育（15分）	工作作风（10分）	工作论文或案例（10分）	总分	备注
				主题教育（5分）	树典型，鞭策后进（5分）	正能量宣传（5分）	诚信感恩教育（5分）	精准帮扶（10分）	学风建设（10分）	学生奖助（5分）	宿舍管理（5分）	第二课堂（5分）						

注：1. 辅导员、班主任考核以辅导员、班主任年终工作总结的内容为主，对照打分，并结合学工处（部）平时的考核综合评定；
2. 学生行为养成：学工处（部）每通报 1 人次扣 0.5 分；
3. 安全教育：班级每发生一起安全隐患，扣 1 分；
4. 班级有安全事故和辅导员、班主任工作作风有问题实行一票否决制，不能参与评优；
5. 每个辅导员、班主任必须上交一篇辅导员工作论文或工作案例（论文必须与思政工作相关），未上交，作零分处理；抄袭、雷同，同样处理。

学工处（部）制

附件 5：

南昌理工学院辅导员、班主任年度工作考核汇总表

序号	学院	姓名	所带班级	任职时长	个人自评（10 分）	学生评价（20 分）	学院考评（30 分）	学工处（部）考评 40 分	总分	评定等级	备注

附件6：

南昌理工学院优秀辅导员、班主任推荐审批表

学院：__________　　　　　　　　　　　　　　　　填表日期：____年____月____日

<table>
<tr><td colspan="2">姓　名</td><td></td><td>性　别</td><td></td><td>出生年月</td><td></td></tr>
<tr><td colspan="2">政治面貌</td><td></td><td>文化程度</td><td></td><td>所带班级</td><td></td></tr>
<tr><td colspan="3">所带学生人数</td><td>人</td><td colspan="2">学生年平均到课率</td><td>%</td></tr>
<tr><td colspan="3">所带班级学生违纪受处分人数</td><td>人</td><td colspan="2">所带班级学生欠费率</td><td>%</td></tr>
<tr><td rowspan="3">辅导员、班主任个人获奖、科研等情况</td><td>辅导员、班主任个人获奖情况</td><td colspan="5"></td></tr>
<tr><td>科研成果（与学生工作有关）</td><td colspan="5"></td></tr>
<tr><td>业务学习情况（校外会议、培训、进修）</td><td colspan="5"></td></tr>
<tr><td rowspan="2">辅导员、班主任所带班级学生获奖情况</td><td>集体获奖（校级及以上）</td><td colspan="5"></td></tr>
<tr><td>学生个人获奖（省级及以上）</td><td colspan="5"></td></tr>
<tr><td colspan="2">学生评价得分</td><td colspan="2"></td><td colspan="2">院系考评得分</td><td></td></tr>
</table>

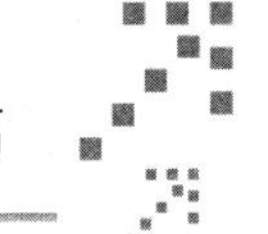

续表

<table>
<tr><td>姓　名</td><td></td><td>性　别</td><td></td><td>出生年月</td><td></td></tr>
<tr><td>政治面貌</td><td></td><td>文化程度</td><td></td><td>所带班级</td><td></td></tr>
<tr><td colspan="2">所带学生人数</td><td>人</td><td colspan="2">学生年平均到课率</td><td>%</td></tr>
<tr><td colspan="2">所带班级学生违纪受处分人数</td><td>人</td><td colspan="2">所带班级学生欠费率</td><td>%</td></tr>
<tr><td>主要事迹简介</td><td colspan="5"></td></tr>
<tr><td>学院考核意见</td><td colspan="5">签名（盖章）：
年　月　日</td></tr>
<tr><td>学校意见</td><td colspan="5">签名（盖章）：
年　月　日</td></tr>
</table>

学工处（部）制

4. 南昌理工学院辅导员（班主任）工作事故认定及处理办法

第一章 总则

第一条 为保障辅导员（班主任）工作的科学性、规范性，严肃辅导员（班主任）工作纪律，维护学校正常的学生工作秩序，进一步提高管理育人、服务育人的质量，特制定本办法。

第二条 本办法所称辅导员（班主任）工作事故是指由于辅导员（班主任）直接或间接责任，导致正常的学生工作秩序受到影响，造成不良后果和影响的行为或事件。

第三条 根据事故发生的情节和造成的后果，辅导员（班主任）工作事故可分别被认定为以下三个等级：

（一）辅导员（班主任）重大工作事故（Ⅰ）：由于事故责任人的原因造成恶劣影响的行为或事件；

（二）辅导员（班主任）严重工作事故（Ⅱ）：由于事故责任人的原因造成严重后果的行为或事件；

（三）辅导员（班主任）一般工作事故（Ⅲ）：由于事故责任人的原因造成不良后果的行为或事件。

第二章 辅导员（班主任）工作事故的认定

第四条 辅导员（班主任）工作事故可根据其性质分为职业道德操守、业务素质和突发事件应对三种类别。根据辅导员（班主任）工作事故的类别和等级，可按照下表进行认定。如出现未列的类别和事项可参照已列的进行认定。

	事项	等级
1	散布或出现违反党的基本路线、方针、政策和国家法律，违背辅导员（班主任）职业道德规范等方面的言论和行为，造成恶劣影响	Ⅰ
2	私自接收由本班在教务处注册学籍以外的学生插班上课（教务处批准的旁听生除外）	Ⅰ
3	滥用职权侵犯学生的合法权益，不公正地对待学生	Ⅱ
4	徇私舞弊、弄虚作假，利用职务之便为自己或别人谋取私利	Ⅱ
5	不能廉洁自律，发生学生有效投诉，经查属实的	Ⅱ
6	违反南昌理工学院辅导员（班主任）“六严禁”、江西省学生资助工作“十不准”	Ⅱ
7	所负责学生出现突发事件未到现场或未及时处理，造成不良后果的	Ⅱ
8	重大维稳工作中擅离工作岗位，造成严重后果的	Ⅱ

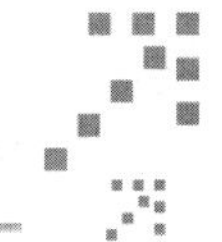

续表

	事项	等级
9	出现学生群体性事件、政治事件、重大治安或刑事案件，不能及时妥善处理或造成矛盾激化的	Ⅱ
10	未按要求保持通信畅通导致不能及时联系的，并且事后无有效理由交代的	Ⅲ
11	要求全员参加的工作会议（如学生工作会议、专题培训等），每学期无故缺席累计2次及以上的	Ⅲ
12	所负责材料的填写不符合相关规定或出现迟交、错漏、虚假等把关不严现象，导致学生利益和学校利益受损的	Ⅲ

第三章　辅导员（班主任）工作事故的处理

第五条　一般辅导员（班主任）工作事故（Ⅲ），在院系内通报批评，事故责任人在院系学工例会上进行自我检查并上交纸质材料。从事故认定的下个月起，停发事故责任人半个月辅导员（班主任）岗位津贴，取消一次校级评优资格。

第六条　严重辅导员（班主任）工作事故（Ⅱ），在院系内通报批评，事故责任人在院系教职工大会上进行自我检查并上交纸质材料。从事故认定的下个月起，停发事故责任人 1 个半月辅导员（班主任）岗位津贴，取消一次校级评优资格。

第七条　重大辅导员（班主任）工作事故（Ⅰ），在全校范围内通报批评，事故责任人上交纸质检查材料。从事故认定的下个月起，停发事故责任人 3 个月辅导员（班主任）岗位津贴，取消两次校级评优资格。情节特别严重者，学校给予相应的党纪政纪处分或解聘。

第八条　辅导员（班主任）工作事故由个人原因造成，追究责任人个人责任；如因所在院系工作失误造成，除追究直接责任人的责任，同时追究院系主管学生工作领导的责任。

第九条　辅导员（班主任）工作事故触及党纪政纪处分规定或违反法律的，由相关部门给予党纪政纪处分或追究法律责任。凡因辅导员（班主任）工作事故造成公共财产或他人财产损失的，由事故责任人承担相应的经济责任。

第四章　辅导员（班主任）工作事故的处理程序

第十条　辅导员（班主任）工作事故由事故责任人所在院系负责调查取证，给出建议，学工处（部）协同保卫处、法务部等相关部门进行认定、处理并填写《辅导员（班主任）工作事故认定和处理意见书》，由学工处（部）报请校长办公会议审批后送交人事处备案。

第十一条　辅导员（班主任）工作事故处理结果由所在院系主管学生工作领导负

责通知事故责任人。若事故责任人对事故的认定与处理有不同意见，在接到通知后10日内可向法务部提出申诉。申诉复核期间，不影响对原处理决定的执行。

第十二条　如出现未列的类别和事项，则参照《南昌理工学院辅导员、班主任工作考核实施办法》进行评定。

第五章　附　则

第十三条　本办法由全体学工领导，专、兼职辅导员（班主任）讨论通过，即日起开始执行。

第十四条　本办法由学工处（部）负责解释。

学工处（部）

2020 年 8 月 21 日

5. 南昌理工学院学生工作责任事故认定及处理办法

第一章　总则

第一条　为促进我校学生工作的制度化、规范化，强化学工领导人员的岗位意识和责任意识，预防各种学生工作责任事故，全面提高学生管理质量，根据我校的实际情况，特制定本办法。

第二条　本办法适用于二级学院学工科长，以及分管学生工作的副院长、党总支书记；学校相关学生管理部门的处（部）长、科长。

第二章　学生工作责任事故的定义与等级

第三条　学生工作责任事故是指在学生工作中，学工管理人员徇私舞弊、管理不到位、责任压实不够、不作为而发生的各类事故。涵盖学生思想政治工作、日常管理、服务和安全等方面。学生工作责任事故按情节轻重，分为Ⅰ级学生工作责任事故（重大）、Ⅱ级学生工作责任事故（较大）、Ⅲ级学生工作责任事故（一般）三个等级。

第三章　学生工作责任事故的认定

第四条　学生工作责任事故根据其性质可分为政治思想教育、工作作风、学生安全及突发事件处理、日常管理等类别，根据学生工作责任事故的类别及等级，可依据下表进行认定，如出现未规定事故，可参照相近等级处理。

序号	内容	等级
1	学生违反宪法、反对四项基本原则、破坏安定团结、扰乱社会秩序，造成恶劣影响，没有及时发现或发现后未及时上报或隐瞒不报的	Ⅰ
2	学生成立非法组织或未经有关部门批准擅自策划、组织大型集会、游行、示威等活动，阻止不力、未及时上报或隐瞒不报的	Ⅰ
3	出现重大消防事故（财产损失5万元以上或人员伤亡等）、重大刑事案件（人员死亡或人员重伤2人以上）的	Ⅰ
4	私自安插非本校学籍学生进班听课或私自安插专科生到本科班级上课（教务处批准的旁听生除外）的	Ⅰ
5	私自安排校内女生接待、陪侍他人，造成恶劣影响的	Ⅰ
6	私自组织所属学生到校外参加实习实践、自学考试、汽车驾驶执照考试或代人考试等，造成恶劣影响的	Ⅰ
7	学生急病、重病、食物中毒或发生群体性流行疾病，未及时上报和组织救治或隐瞒不报的	Ⅰ

续表

序号	内容	等级
8	在党员发展、专升本、评奖评助，各种评优评先、勤工助学等涉及学生切身利益的各项活动中索贿的	Ⅰ
9	学生在校园内发生自杀、自残、自虐事件，未尽到责任及知情不及时报告者	Ⅰ
10	在党员发展、专升本、评奖评助，各种评优评先、勤工助学等涉及学生切身利益的各项活动中，受贿的	Ⅱ
11	因工作管理疏忽（未开展安全教育和安全排查），导致学生宿舍发生重大失窃、火情等事故的	Ⅱ
12	学生发生打架、群殴等治安或刑事案件，未能及时化解或造成矛盾激化的	Ⅱ
13	学生离校出走或失踪，未及时发现或知情不报，造成严重后果的	Ⅱ
14	学生发生伤害、交通意外或其他严重事件，应及时处理而未及时处理，造成严重后果的	Ⅱ
15	学生在校内出现的迷信、邪教、赌博、吸毒等违法、违规、违纪行为，隐瞒不报或处理不及时，造成不良影响的或严重后果的	Ⅱ
16	学生擅自在校外住宿，没有及时采取措施，造成不良影响或严重后果的	Ⅱ
17	因对学生工作不重视、马虎大意，对上级和有关部门交办的工作推诿、拖延扯皮，执行力不强，造成应对、落实不及时后果的	Ⅱ
18	在学生管理和服务中，态度冷漠、蛮横、拒绝办理应予办理的事情，造成不良影响和后果的	Ⅱ
19	重大节假日或放寒、暑假前，未按要求召开学生安全工作会议，督促辅导员召开相应主题班会和统计学生去向，发生事故，造成不良影响或严重后果的	Ⅱ
20	学生有严重心理疾病或其他异常情况，未梳理排查到位、未及时做工作且未及时上报或隐瞒不报，造成不良影响或严重后果的	Ⅱ
21	学生各项材料因保管不善丢失，造成严重后果的	Ⅱ
22	辅导员未经批准私自组织学生外出活动，造成严重后果的	Ⅱ
23	在评奖评助、党员发展、专升本、各种评优评先、勤工助学等涉及学生切身利益的各项活动中，有失公开、公平、公正原则，造成不良影响的	Ⅲ
24	学生因违法、违规、违纪受到纪律处分或处理，其处分或处理情况未及时通知学生本人及家长，而造成不良影响的	Ⅲ
25	辅导员未经批准私自组织学生外出活动，造成不良影响的	Ⅲ
26	因工作管理不到位，学生在宿舍出现酗酒、混居等违规行为，造成不良影响和严重后果的	Ⅲ
27	不按有关规定和程序处理学生管理相关问题，对各种学生数据的统计出现较大失误或拖延上报，造成不良后果的	Ⅲ

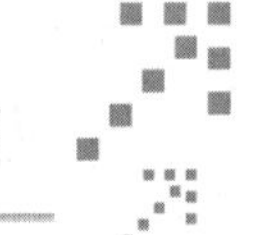

续表

序号	内容	等级
28	因曲解相关政策、对政策掌握不够全面或未及时作出工作安排，造成不良后果的	Ⅲ
29	强行向学生推销书籍、物品等，造成不良影响的	Ⅲ
30	因管理不力，学生发生打架斗殴等治安事件，造成不良影响的	Ⅲ

第四章　学生工作责任事故处理机构

第五条　学校设立“学生工作责任事故处理工作领导小组”，负责认定处理学生工作责任事故，“学生工作责任事故处理工作领导小组”办公室设在学工处（部），张时方兼任办公室主任。“学生工作责任事故处理工作领导小组”由学校主管领导、组织部、学工处（部）、人事处、保卫处、法务部等相关职能部门负责人组成，组成人数为单数。

第五章　学生工作责任事故处理办法

第六条　学生工作责任事故处理根据学工领导的直接责任和间接责任区别对待，如一年内发生两次或两次以上Ⅰ、Ⅱ级责任事故，负直接责任，予以开除；负间接责任，予以调岗。

序号	事故等级	直接或间接责任人					
		学工科长（科长）		学工副院长（副处长）		党总支书记（处长）	
		直接责任	间接责任	直接责任	间接责任	直接责任	间接责任
1	Ⅰ级	全校通报批评，党内记过处分，取消全年评先评优资格，停发3个月的岗位津贴。情况特别严重，调岗或开除	在学院内通报批评，检讨，取消全年评优评先资格。情况特别严重，党内警告处分，停发2个月的岗位津贴	全校通报批评，分管副校长诫勉谈话，党内记过处分，取消全年评先评优资格，停发3个月的岗位津贴。情况特别严重，调岗或开除	在学院内通报批评，检讨，取消全年评优评先资格。情况特别严重，分管副校长诫勉谈话，党内警告处分，停发2个月的岗位津贴	全校通报批评，党委书记或副书记诫勉谈话，党内记过处分，取消全年评先评优资格，停发3个月的岗位津贴。情况特别严重，调岗或开除	在学院内通报批评，检讨，取消全年评优评先资格。情况特别严重，党委书记或副书记诫勉谈话，党内警告处分，停发2个月的岗位津贴

续表

序号	事故等级	直接或间接责任人					
		学工科长（科长）		学工副院长（副处长）		党总支书记（处长）	
		直接责任	间接责任	直接责任	间接责任	直接责任	间接责任
2	Ⅱ级	全校通报批评，党内警告处分，取消全年评先评优资格，停发 2 个月的岗位津贴。情况特别严重，调岗	在学院内通报批评，取消半年评优评先资格。情况特别严重，党内警告处分，停发 1 个月的岗位津贴	全校通报批评，分管副校长诫勉谈话，党内警告处分，取消全年评先评优资格，停发 2 个月的岗位津贴。情况特别严重，调岗	在学院内通报批评，取消半年评优评先资格。情况特别严重，分管副校长诫勉谈话，党内警告处分，停发 1 个月的岗位津贴	全校通报批评，党委书记或副书记诫勉谈话，党内警告处分，取消全年评先评优资格，停发 2 个月的岗位津贴。情况特别严重，调岗	在学院内通报批评，取消半年评优评先资格。情况特别严重，党委书记或副书记诫勉谈话，党内警告处分，停发 1 个月的岗位津贴
3	Ⅲ级	全校通报批评，取消半年评先评优资格，停发 1 个月的岗位津贴。情况特别严重，党内警告处分，停发 2 个月的岗位津贴	在学院内通报批评。情况特别严重，取消半年评先评优资格，扣发岗位津贴 100 元	全校通报批评，分管副校长诫勉谈话，取消半年评先评优资格，停发 1 个月的岗位津贴。情况特别严重，党内警告处分，停发 2 个月的岗位津贴	在学院内通报批评。情况特别严重，分管副校长诫勉谈话，取消半年评先评优资格，扣发岗位津贴 100 元	全校通报批评，党委书记或副书记诫勉谈话，取消半年评先评优资格，停发 1 个月的岗位津贴。情况特别严重，党内警告处分，停发 2 个月的岗位津贴	在学院内通报批评。情况特别严重，党委书记或副书记诫勉谈话，取消半年评先评优资格，扣发岗位津贴 100 元

第六章　学生工作责任事故处理程序

第七条　责任事故发生后，事故责任人所在单位的党总支，应责成事故责任人立即写出书面检查或情况说明，对事故的情节和个人的责任做出明确、完整、如实的描述。事故责任人所在单位及时填写《南昌理工学院学生工作责任事故认定表》，与责任人的检查或情况说明一并报送学工处（部）。学工处（部）查实后，报学生工作责任事故处理工作领导小组，事故处理工作领导小组依据本办法对事故等级和责任人进行认定，并填写学生工作责任事故认定表（见附件 1）。

第八条　Ⅰ、Ⅱ、Ⅲ级责任事故由责任事故处理工作领导小组提出处理意见，报校长办公会研究决定。

第九条　责任事故一经确定，由责任事故处理工作领导小组办公室在一周内向事故责任人及学校各部门通报处理结果。

第十条　事故责任人在收到事故处理结果后，如对处理结果不服，可在接到处理

结果通知后 5 个工作日内向学校法务部提出申诉，校法务部将在接到申诉 10 个工作日内开展调查、取证，并予以反馈。

第七章　附则

第十一条　本办法在公布之前已征求全体学工人员、学工领导意见，自公布之日起生效。

第十二条　本办法由学生工作责任事故处理工作领导小组办公室负责解释。

附件：1. 南昌理工学院学生工作责任事故认定表；
　　　2. 南昌理工学院学生工作责任事故认定通知书。

附件 1

南昌理工学院学生工作责任事故认定表

事故责任人		所在部门	
事故发生时间		发生地点	
事故发生的原因、过程及采取的措施	事故责任人：签字　　　年　　月　　日		
责任人所在部门意见	部门负责人：签字（盖章）　　　年　　月　　日		
校学生工作责任事故工作领导小组认定意见	事故认定：Ⅰ级学生工作责任事故□ Ⅱ级学生工作责任事故□ Ⅲ级学生工作责任事故□		
校长办公会意见			

《南昌理工学院学生工作责任事故认定表》一式三份，一份存责任人所在部门，一份存学生处，一份送人事处或组织部。

附件 2

南昌理工学院学生工作责任事故认定通知书（第_____号）

_________同志：

你于______年___月___日___时至___时，由于_____________________________
________________，给学生工作造成不良影响。经校学生工作责任事故工作领导小组认定，属于学生工作责任事故。按照《南昌理工学院学生工作责任事故认定与处理办法》规定，作如下决定：

1.____

2.____

3.____

4.____

签发单位（盖章）

签发人签字：

签发日期：　　年　月　日

六、国际生、留学生管理规范

1. 南昌理工学院国际学生管理规定（修订）

第一章 总则

第一条 为促进国际交流与合作，推动国际化进程，提升学校的国际知名度，规范国际学生管理，根据《中华人民共和国教育法》、《中华人民共和国外国人入境出境管理法》、《来华留学生高等教育质量规范（试行）》和《学校招收和培养国际学生管理办法》、《关于普通高等学校授予来华留学生我国学位试行办法》等有关法律法规，结合学校实际情况，制定本规定。

第二条 本规定所称国际学生是指持外国护照、在我校注册接受学历教育或非学历教育的外国公民。

第三条 我校国际学生教育与管理的基本方针是以学为本，推动特色专业建设，推进国际化教育事业全面健康发展。

第四条 本规定适用于学校的各部门及各学院，学校各有关单位应积极配合，认真做好我校国际学生教育、管理、服务等各项工作。

第二章 管理体制

第五条 为实现学校制定的发展战略，学校鼓励各学院接收和培养国际学生，鼓励教师积极参与国际学生培养及承担国际学生专业课与公共课的教学工作。学校鼓励并采取措施大力提高教师的双语授课能力，对实施双语授课的教师在课时待遇、晋升职称、评定岗位等方面给予倾斜政策。

第六条 制定国际学生培养工作细则，将国际学生培养工作纳入教师的考核与评估体系，并保证参与国际学生教学的教师课时津贴按时足额发放。

第七条 学校对在国际学生培养和教学工作中做出突出贡献的学院和个人予以表彰。并对参与国际学生培养的教师在语言培训和专业提高方面给予更多的支持；在参加考核、评职时，同等条件下，参与国际学生培养教育的教师予以优先考虑。

第八条 学校根据国家有关规定建立国际学生管理制度，外事办作为学校外事管理部门，按照国家有关规定对国际学生工作进行宏观管理、指导与协调。同时，按照教育行政管理部门要求留学生工作实行趋同化管理，校内有关部门，相互配合、各司其职。

第九条 各部门和各学院具体工作分工如下：

1. 外事办

（1）做好国际学生的招生宣传工作；

（2）根据学校制定的国际学生录取条件，与相关专业院部拟定录取名单；

（3）办理国际学生录取及来华学习相关手续；

（4）协助院部组织开展各种活动；

（5）协助院部有关国际学生奖学金年度评审工作；

（6）协助院部有关国际学生的住宿安排和管理；

（7）协助院部有关国际学生毕（结）业证书、学位证书的申报；

（8）与相关部门合作对国际学生安全事务进行管理和上报。

2. 国际交流学院

（1）参与国际学生的招生宣传工作；

（2）做好国际学生入学时的接待、管理等各项工作；

（3）做好国际学生的教育教学、学工、安全等各项工作；

（4）做好国际学生的日常及涉外管理工作；

（5）制定国际学生汉语学习培养计划、具体实施工作；

（6）制定国际学生英语授课专业培养方案、具体实施工作；

（7）做好国际学生国家汉语水平考试的报名组织工作；

（8）做好本学院国际学生的学籍管理、成绩管理；

（9）做好国际学生奖学金资格评审工作；

（10）做好本学院国际学生毕业审核、毕业证和学位证申报和发放工作。

（11）协调各二级学院和有关职能部门对违纪国际学生的处理意见。

3. 教务处

（1）做好国际学生培养计划的审定、教学任务的协调和教 学的组织安排；

（2）做好国际学生的学籍注册、成绩管理、毕业申报；

（3）做好国际学生中英文成绩单的制作及发放；

（4）做好国际学生毕业审核、中英文毕业证书的制作与发放工作；

（5）做好国际学生其他各项工作。

4. 各学院

（1）协助做好国际学生的招生宣传工作；

（2）根据专业要求，制定录取标准，对国际学生进行学业 考核和评定，拟定录取名单；

（3）做好国际学生的学籍管理、成绩管理、毕业管理；

（4）做好国际学生进入专业学习的各项教学安排，包括教 学任务中规定的外出参观实习、毕业设计指导、论文答辩等；

（5）根据专业培养要求，结合国际学生原国家的实际情况 和特点指导国际学生进行选课；

（6）做好国际学生的日常管理和安全保卫工作；

（7）做好国际学生奖学金资格评审工作；

（8）做好国际学生毕业及学位授予的资格的初步审定工作。

5. 总务处

负责国际学生宿舍、教学场所维修及周边环境 卫生工作。

6. 膳食处

负责协调国际学生膳食习惯工作。

7. 学工处

负责国际学生公寓的安排、购买保险、日常管理及奖惩管理、防火设施的配备等。与各院部做好国际学生奖学金资格评审工作；国际学生的学生工作纳入学校学工处统一管理。

8. 人事处

根据国际学生教学和日常管理，配备相应的教师和工作人员，并考虑给予相应的待遇。

9. 图书馆

应按照有关规定为国际学生学习提供图书借阅和信息检索等服务。

10. 保卫处

负责国际学生的安全保卫工作，包括检查国际学生公寓的防盗设施配备等；协助辖区派出所、当地公安部门依法处理各类涉外案（事）件。

11. 学位办

国际学生学位审核及学位授予工作。

12. 校医院

负责国际学生的医疗事宜，国际学生应享受与中国学生同等待遇。

第三章　招生与录取

第十条　招生

1. 外事办、国际交流学院和各院部

根据国家政策和学校发展规划制定招生计划。

2. 各类国际学生的录取标准

根据国家《来华留学生高等教育质量规范（试行）》和《学校招收和培养国际学生管理办法 -42 号令》和本管理规定的招生条件之规定予以录取。

3. 入学条件

1）学历生（本科）：

（1）申请人能够遵守中国的法律、法规及南昌理工学院的各项规章制度，并尊重中国人民的风俗习惯；

（2）身体状况符合国家卫生检疫部门外国人入境要求；

（3）有可靠的经济保证和在华事务担保人；

（4）申请人必须为高中或以上毕业的学生；

（5）申请人年龄为 18-25 周岁；

（6）申请人英语和数学单科成绩为 80 分以上，其他主科成绩为 60 分以上；入读汉语授课的学生须达到汉语水平考试三级；

（7）申请人在国内其他高校学习汉语到我校入读专业的学生，均须符合以上招生条件。

2）汉语言进修生：

（1）申请人能够遵守中国的法律、法规及南昌理工学院的各项规章制度，并尊重中国人民的风俗习惯；

（2）身体状况符合国家卫生检疫部门外国人入境要求；

（3）有可靠的经济保证和在华事务担保人；

（4）申请人年龄为 18 岁以上。

4. 申请人需提交的申请材料：

（1）《南昌理工学院国际学生来华学习申请表》；

（2）护照；

（3）简历；

（4）高中或以上学历的成绩单及认证件；有学历证书的，需提供学历证书及认证件；

（5）外国人体检证明（含血液证明）

（6）无犯罪记录证明。

第十一条　录取和报到

（1）凡申请我校的国际学生（不论国籍）符合录取条件的，按计划和规定程序录取，并发放录取通知书。外事办为其办理来华留学审批手续。

（2）凡被我校录取的国际学生持录取通知书和相关材料到中国驻该国使（领）馆办理学习（X1 或 X2）签证手续。

（3）国际学生在规定时间内，持《录取通知书》、护照、成绩单及其认证件、毕业证书及其认证件、外国人体检证明等材料原件到国际交流学院报到。国际交流学院安排他们到学校缴纳学费、教材费、住宿费等应缴纳的费用。外事办工作人员为他们办 理临时住宿登记。因故不能按期入学者，应当向外事办、国际交流学院请假并说明情况。

（4）报到后，国际学生均应取得南昌市出入境检验检疫局出 具的健康证明。不能取得健康证明的应立即回国，所需费用自理，学校退还学费、教材费、住宿费等。

（5）国际学生取得合格健康证明后，外事办为他们代办在中国合法居留的手续，所需签证费用自理。

（6）新生报到后，国际交流学院为其办理学生证。已在我校学习一学期以上的在校国际学生，应于每学期开学一星期内持学生证到国际交流学院办理注册手续。未经批准不按期返校注册者，按旷课处理，逾期一个月者，按自动退学处理。

（7）完成报到手续后，学历生（汉语授课）凭外事办的通知到相关专业院系报到和选课。

第四章　教学管理

第十二条　国际学生的教学管理参照国内学生的教学管理办法实行。

第十三条　国际学生来华学习期间，入读汉语授课专业的、未取得国家汉语水平考试三级（HSK3）证书的需要先学习汉语，通过国家汉语水平考试三级（HSK3）后进入其所申请专业所在院部学习，毕业时汉语水平必须达到国际汉语能力标准五级；入读英文授课专业的，毕业时汉语水平须达到国家汉语水平考试四级（HSK4）(国际汉语能力标准四级)。

第十四条　根据国家《来华留学生高等教育质量规范（试行）》和《学校招收和培养国际学生管理办法 -42 号令》，国际学生可不修读国防教育和军事课程（含军事理论课和军事技能训练）以及政治理论课程（哲学、政治学专业除外），但必须修读汉语课程和中国概况类课程，学校根据课程安排折算成学分；并按《南昌理工学院大学本科教学计划》的规定修读所在专业的基础课和　专业课程。英文授课专业取得了汉语水平考试（HSK）4 级（或国际汉语能力标准四级）、汉语授课专业取得了国际汉语能力标准五级、相应的专业课程学分（总学分不少于 140 分，含实习和毕业论文 / 设计）、撰写毕业论文（设计）并通过答辩，经审核符合《中华人民共和国学位条例》规定的国际学生可获颁我校的本科毕业证书和学士学位证书。

第十五条　各相关学院组织国际学生进行教学实习和社会实践，应按教学计划与在校的中国学生一起进行，在选择实习或实践地点时，应遵守有关涉外规定。

第十六条　学校及相关学院不组织国际学生参加政治性活动。各学院应组织国际学生自愿参加一些了解中国社会和历史文化的活动以及有利身心健康的文体活动。学校允许、鼓励国际学生在符合学校规定的情况下加入学生社团组织并参与活动。鼓励中外学生共同组团参加学校组织的各类体育竞赛和文艺活动。并做好学生的思想工作和心理疏导。

第十七条　国际学生因病或其他原因不能坚持学习，应当办理请假手续。国际学生请假由所在学院批准，并及时通报国际交流学院和外事办。请假期满后，应及时向学院销假。任课教师应有国际学生的出勤记录。请假的有关材料和出勤记录应留存备查。

第十八条　未经请假或请假未获批准而缺席者，按旷课论处。学院应将旷课国际学生及时通报国际交流学院和学工处，并视情节轻重给予批评教育直至给予纪律处分。具体参照《南昌理工学院学生管理规定》办理，对于一学期累计旷课次数达到 3 次以上的国际学生给予记过处分，累计旷课次数达到 5 次以上者，给予全院通报及留校察看处分，累计旷课次数达到 8 次以上者，给予勒令退学并注销居留许可签证处分。

第十九条　原则上应给予国际学生同中国学生相当的待遇，按规定借阅图书、报

刊、文献、资料等有关借阅规定。

第二十条　凡受过记过、留校察看、勒令退学、开除学籍等处分的人员，不得申请学校及政府奖学金，如已获奖学金人员，学校将视情节给予取消或暂停奖学金的处罚。

第五章　学籍管理

第二十一条国际学生在规定的时间内办理报到手续。因故不能按期入学者，应当以书面形式，陈述充分理由，向国际交流学院、学院和班级请假。请假一般不超过二周，未请假或请假后逾期二周未报到注册者，除因不可抗力等特殊事由外，视为放弃入学资格。

第二十二条　新生入学后，学校按照国家有关国际学生招生规定对其入学资格、健康状况进行复查，相关手续齐全且复查合格者，准予注册；

第二十三条　各学院按照培养方案组织实施各教学环节；并提供国际学生学习期间的有关学习情况的评语和建议，每学期不少于一次。

第二十四条　各学院要认真按照学校的学生学籍管理规定，对国际学生进行管理。对成绩优秀、有突出贡献的国际学生给予口头或书面表扬，发给奖学金、奖品或奖状。对于违反校规或其他相关法规的学生给予警告、严重警告、记过、留校察看、勒令退学和开除学籍等处分。

第二十五条　学校根据有关规定为国际学生颁发毕业证书。获得毕业资格并具备授予学位条件的国际学生均可向学校申请学位证书。学校为获得学位的国际学生颁发学位证书。对中途退学者，按有关规定发给结业证明，注明学习年限。

第二十六条　需要进行汉语补习的学生，在汉语补习期间学籍暂由国际交流学院代管，转入专业学习前，国际交流学院将这些学生汉语学习期间的成绩及相关资料一并转至教务处，学生办理完相应手续后正式取得学籍，并由教务处在国家教育部网站上予以注册。

第六章　日常与涉外管理

第二十七条　国际学生须遵守中国的法律、法规和学校的规章制度，违犯者将受到处罚。

第二十八条　国际学生按中国的法定节假日以及学校的规定放假，不按照学生所在国的节假日放假。

第二十九条　与当地公安局一起按照国家的有关涉外法规做好国际学生的涉外管理和教育，减少或杜绝涉外案件的发生。

第三十条　对受到勒令退学或开除学籍处分的国际学生，由各学院出具相关申请，外事办应及时在所辖出入境管理处注销其相关签证（居留许可）。

第三十一条　学校尊重国际学生的民族习俗和宗教信仰，但不提供举行宗教仪式的场所。经学校批准，国际学生可以在校内指定的地点和范围举行庆祝本国重要传统节日的活动，但不得有反对、攻击其他国家的内容或违反公共道德的言行。严禁国际学生在校内设立中国法律禁止的非法堂、台，不得从事传教及宗教集会等活动。

第三十二条　国际学生在校学习期间不得就业、经商，或从事其他经营性活动，但可以按学校规定参加勤工助学活动。

第七章　住宿管理

第三十三条　国际学生入境后及时到校报到注册，应在 24 小时内由外事办为其办理临时住宿登记。

第三十四条　国际学生应在报到注册时一次性缴清一年的住宿费后方可入住。因特殊原因要求一人住一间房者，须向所在学院提出书面申请，在条件允许的情况下，经批准可住单间，并按规定缴纳单间房费。

第三十五条　国际学生应服从所在学院的安排，按指定房间住宿，不得私自调换或强占房间。

第三十六条　凡已失去我校学生资格者，应在规定的期限内离校并搬离学校宿舍。逾期学校不提供住房，室内遗留物品，按无主物品处理。

第三十七条　每晚必须在 11：00 点前回到宿舍。保持宿舍安静，不得在宿舍内从事影响他人学习与休息的活动，如跳舞、大声喧哗、高声播放音乐等。

第三十八条　不得损坏、拆卸、改装宿舍楼内设备和线路。损坏或遗失公物要赔偿。

第三十九条　注意节约用水、电、气，水、电、气等自行购买。

第四十条　遵守防火规定，严防火灾。严禁乱动配电箱、消防器材等，室内禁止存放易燃易爆物品。酿成火灾者，须赔偿一切经济损失，并移送司法机关处理。

第四十一条　凡住在学生宿舍的国际学生应在指定处所烹饪，禁止在宿舍内使用燃气灶、电磁炉等大功率电器进行食品烹饪加工。

第四十二条　学校管理人员因工作需要进入房间，国际学生应给予配合，不得拒绝，更不能私换、私装锁具。

第八章　缴费

第四十三条　国际交流学院根据学生类别和收费标准，开具学费、教材费、住宿费缴费清单，收费大厅根据收费标准开 具相关发票。

第四十四条　国际学生的培养和教育的经费按相应比例制定。

第九章　保险

第四十五条　国际学生在校期间须购买医疗保险。

第十章　离校

第四十六条　国际学生毕业 / 结业后在离开学校前，应到学校领取《南昌理工学院离校手续清单》，按表上各项要求，到有关部门办理好交还证件、借用的物品、图书、结清账目等手续

第四十七条　国际学生在离校前一天，应通知国际学生专管员和宿舍服务人员，清点归还各项生活用品，离校时交还各种钥匙。

第四十八条　已毕业 / 结业的国际学生，须在毕业 / 结业后一周内离校。如因特殊原因推迟离校，需向国际交流学院说明原因，征得同意。

第十一章　附则

第四十九条　本办法未尽事宜依据国家相关法律、法规及南昌理工学院相关规定执行。

第五十条本　规定自公布之日起实施，原《南昌理工学院外国留学生管理暂行规定（试行）》自动废止。由外事办、国际交流学院负责解释。

2. 南昌理工学院接受外国留学生具体实施方案

一、招生管理

在学校招生网站、外事办网站发布招生信息、招生简章等。

（一）招生范围：申请到我校学习、进修的外国公民。

（二）招生类别：本科生、语言学习生。

（三）招生计划：通过学校入学资格审核，经教育行政主管部门批准招收的各类自费外国留学生。

（四）招生条件：

（1）申请人能够遵守中国的法律、法规及南昌理工学院的各项规章制度，并尊重中国人民的风俗习惯。

（2）身体状况符合国家卫生检疫部门外国人入境要求。

（3）有可靠的经济保证和在华事务担保人。

（4）申请攻读本科学历、学士学位者，年龄在 17~25 周岁，高中毕业或具同等学力。

（五）报名：

（1）报名时间：每年 10 月至第二年 5 月。

（2）报名方式：网上报名（根据要求提交申请材料）或邮寄申请材料。

（3）负责部门：南昌理工学院外事办。

（4）申请材料包括：

①《南昌理工学院外国留学生来华学习申请表》；

②学历或学位证书（原件和复印件一份，并附经过公证的、有中文或英文翻译的复印件）；

③所修最后学历的成绩单原件或复印件（并附经过公证的、有中文或英文翻译的复印件）；

④来华担保书（中文或英文）；

⑤护照复印件（中文或英文）；

⑥ 5 张近照；

⑦个人简历（中文或英文）；

⑧无犯罪记录公证（中文或英文）；

⑨所在国家的体检证明。

（六）录取和入学：

（1）学校外事办核实申请者材料后，报学校审批并发给入学通知书。学校外事办向上级主管部门申报申请人来华留学审批手续。

（2）学校外事办办妥审批手续将入学通知书和批准的《外国人入学申请表》（JW202）寄给申请人，供其到附近的中国使（领）馆办理入境学生签证（X 签证）。

（3）外国留学生新生应持录取通知书及护照于规定的期限到外事办登记，外事办人员带其到学校办理入学手续。报到时，须交纳小二寸正面免冠的半身照八张，按规定交纳各项费用。

（4）从国外直接入学的留学生，需填写《外国人居留申请表》，交护照及手续费，购买相关保险，以便向公安部门申办《外国人居留证》，从国内其他院校转学来校的留学生及要求延长居留期限的外国留学生，填写有关表格，交护照、居留证和有关手续费，并向市公安局申请办理延长居留手续。

（5）留学生到校后，外事办将学生信息交教务处、国际交流学院、专业教学院部、保卫处、学工处、总务处，以便学生学籍注册、中文学习、专业学习、学生安全、学工管理、后勤服务等各项工作的开展和顺利进行。

（七）开学时间：

（1）本科生：按学校规定时间

（2）语言学习生：双方商定时间

二、收费标准

（1）学费：本科生或语言学习生按学校经发改委批准的学费标准收取。

类别	文科（元/年/生）	理科（元/年/生）	艺术（元/年/生）	管理（元/年/生）
本科生	10 000	12 000	15 000	15 000
语言学习生	10 000	12 000	15 000	15 000

（2）书本费按学校规定收取，480 元 / 年 / 生，多退少补。

（3）食宿条件与费用标准：按学校标准给予留学生优惠待遇。

住房	家电配置	二人间（元/年/生）
博林公寓	空调、洗衣机、衣柜、中央热水、热水壶	3 800

七、校内团体管理规范

1. 南昌理工学院学生会章程

第一章　总　则

第一条　根据习近平总书记在全国学联二十七大贺信中指出，我国广大青年要坚定理想信念，培育高尚品格，练就过硬本领，勇于创新创造，矢志艰苦奋斗，同亿万人民一道，在矢志奋斗中谱写新时代的青春之歌，南昌理工学院学生会依据《习近平总书记对青年学子的重要讲话精神》《中华全国学生联合会章程》《江西省学生联合会章程》和《南昌理工学院章程》，制定并及时修订本章程。

第二条　南昌理工学院学生会（下称校学生会，英文译名为"Student Union of Nanchang Institute of Technology"）是在中国共产党南昌理工学院委员会（下称校党委）领导下的，由共青团南昌理工学院委员会（下称校团委）具体指导的学生群众性自治组织。

第三条　南昌理工学院学生会的宗旨是全心全意为同学服务，在总书记精神的指领下，聚焦政治引领，服务同学思想文化需求；强化价值倡导，服务同学精神文化需求；助力成长学习，服务同学全面发展需求，解决实际困难，服务同学校园生活需求，团结带领全体同学为把南昌理工学院建设成为特色鲜明的高水平应用型院校而努力奋斗。

第四条　学生会的基本任务：

（一）遵循和贯彻党的教育方针，明确以马克思列宁主义，毛泽东思想，邓小平理论，"三个代表"重要思想，科学发展观，习近平新时代中国特色社会主义思想为指导，组织同学开展学习、文体、社会实践、志愿服务、创新创业创优等多种活动，促进同学德、智、体、美、劳全面发展，团结和引导同学成为热爱祖国，适应中国特色社会主义事业要求的合格人才，进一步增强对中国特色社会主义的道路自信、理论自信、制度自信、文化自信，自觉树立和践行社会主义核心价值观，为实现中华民族伟大复兴的中国梦而不懈奋斗；

（二）维护校规校纪，倡导优良的校风、学风，促进同学之间、同学与教职员工之间的团结，协助学校建设良好的教学秩序和学习、生活环境；

（三）组织同学开展有益于成长成才的服务同学活动，积极协助学校解决同学在学习和生活中遇到的实际问题；发挥作为学校党政联系同学的桥梁和纽带作用，通过学校各种正常渠道，反映同学的建议、意见和要求，参与涉及学生的学校事务的民主管理，依法依章程表达和维护广大同学的正当权益；

（四）引导和支持学生社团健康发展，配合党组织、团组织加强对学生社团的管理和服务；

（五）增进各民族同学的团结，加强与少数民族同学的联系，促进中华民族的团结

和伟大祖国的统一；

（六）发展同全国各地学生和学生组织的友谊与合作，支持各国、各地区人民和学生的正义事业；

（七）在南昌理工学院团委的带领下，积极主动开展各项工作，为同学服务，为校园服务。

第五条　本会的一切活动以中华人民共和国宪法为最高准则。

第六条　本会参加中华全国学生联合会和江西省学生联合会，为团体会员。

第二章　会　员

第七条　凡具有南昌理工学院学籍的全日制本、专科学生，不分民族、性别、宗教信仰均为本会会员。

第八条　会员的基本权利：

（一）会员通过符合本章程规定的民主程序，讨论和决定本会的重大事务；

（二）对本会工作提出建议、批评和实行监督；

（三）享有平等的选举权和被选举权。

第九条　会员的基本义务：

（一）坚持四项基本原则，认真学习贯彻党的路线、方针、政策，刻苦学习科学文化知识，自觉提高思想道德修养和科学文化水平，培养和践行社会主义核心价值观；

（二）严格遵守国家的各项法律法规和学校的各项规章制度，增强主人翁意识；

（三）遵守本会章程，执行本会决议，维护本会荣誉，积极参加本会活动。

第三章　组织和职权

第十条　本会按照民主集中制的组织原则，在中国共产党南昌理工学院委员会的领导和中国共产主义青年团南昌理工学院委员会的指导下，依照国家的法律、法规，学校的规章制度和本组织的章程开展工作。

第十一条　学生代表大会由各院选出的代表组成。代表依照各院本科学生人数按比例民主推选产生。

第十二条　南昌理工学院学生委员会是南昌理工学院学生代表大会在南昌理工学院学生代表大会闭会期间的最高权力机关。

南昌理工学院学生委员会由当选委员的会员组成，每届任期一年。南昌理工学院学生代表大会如提前或推迟举行，它的任期相应改变。

南昌理工学院学生委员会全体会议应当有三分之二以上委员参加才能召开。

委员会全体会议由南昌理工学院学生会主席团召集和主持。

南昌理工学院学生委员会进行选举和通过决议实行表决制。

南昌理工学院学生委员会行使下列职权：

（一）在南昌理工学院学生代表大会闭会期间，执行代表大会的决议，决定南昌理工学院学生会工作的重大事项；

（二）召集南昌理工学院学生代表大会；

（三）选举南昌理工学院学生会主席团；

（四）审议和批准南昌理工学院学生会主席团的工作报告。

第十三条　南昌理工学院主席团是南昌理工学院学生委员会的常设机关。

南昌理工学院学生会主席团由南昌理工学院学生委员会选举产生，并向南昌理工学院学生委员会负责并报告工作。

南昌理工学院主席团全体会议每学期至少举行一次，由主席召集。

南昌理工学院学生会主席团决定重要事项实行表决制。

南昌理工学院学生会主席团行使下列职权：

（一）在南昌理工学院学生代表大会和南昌理工学院学生委员会全体会议闭会期间，执行代表大会和委员会的决议，决定南昌理工学院学生会的重大事项；

（二）召集南昌理工学院学生委员会会议；

（三）决定聘任和解聘南昌理工学院学生会秘书长；

（四）审议和批准南昌理工学院学生会秘书长所作的年度工作报告和年度经费使用情况的报告；

（五）批准任免南昌理工学院学生会各职能部门负责人。

第十四条　南昌理工学院学生会主席团成员不超过五名，采取执行主席轮岗制。

南昌理工学院学生会主席行使下列职权：

（一）主持主席团工作，召集主席团会议、各院（系）学生会主席联席会议；

（二）定期向南昌理工学院党委汇报学生会工作，接受南昌理工学院团委的工作指导；

（三）对外代表南昌理工学院学生会。

南昌理工学院学生会副主席协助主席分管学生会某方面工作，受主席委托，可召集主席团会议、各院（系）学生会主席联席会议；向南昌理工学院党委汇报学生会工作，对外代表南昌理工学院学生会。

第十五条　南昌理工学院学生会主席团聘请校团委专职干部担任秘书长，秘书长向学生会主席团负责并报告工作。

南昌理工学院学生会秘书长行使下列职权：

（一）执行南昌理工学院学生会主席团的决议和决定；

（二）负责指导和监督南昌理工学院学生会的日常工作；

（三）管理南昌理工学院学生会的经费和财产；

（四）受主席团委托，可对外代表南昌理工学院学生会。

第四章　基层组织

第十六条　南昌理工学院各院（系）学生会和班级委员会是本院（系）或班级全

体本、专科学生的群众性自治组织，是南昌理工学院学生会的基层组织，受南昌理工学院学生会监督。

第十七条　各院（系）学生会和班级委员会在本院（系）党组织的领导和团组织的指导帮助下，依照国家法律法规、学校和各自院（系）、班级的规章制度，独立自主地开展工作。

第十八条　各院（系）学生代表大会每年举行一次，审查和决定学生会的工作，选举学生会工作领导机构，修改学生会章程。

第十九条　各院（系）学生会的工作领导机构负责学生会的日常工作，向各自代表大会负责并报告工作。

各院（系）学生会的工作领导机构选举主席一人、副主席若干人主持日常工作并报南昌理工学院学生会备案。

第二十条　南昌理工学院学生会指导和监督各院（系）学生会工作，定期召集各院（系）学生会主席联席会议，向各院（系）学生会主席通报工作，协商和部署学生会重要事项。

各院（系）学生会每年至少一次通过集中会议或书面形式向南昌理工学院学生会报告工作，提出意见建议。

第二十一条　各院（系）学生会务必积极配合校学生会相关工作，校学生会每年有责任对院（系）学生会的工作进行考核。

第五章　工作人员

第二十二条　学生会工作人员要发挥先锋模范带头作用，应按德才兼备的原则选拔并须接受考察、监督和考核。

第二十三条　学生会工作人员必须模范履行本章程第二章第九条所规定的会员义务，并具备以下基本条件：

（一）具有高度的思想政治觉悟和坚定的理想信念，做到“品学兼优、才干卓越、胸怀宽广”；

（二）学习成绩良好，团结广大同学，有较强的组织协调能力、社会活动能力，强烈的工作责任感，全心全意为同学服务的精神。

第六章　附　则

第二十四条　南昌理工学院学生会的工作经费来源：

（一）学校专项经费；

（二）相关单位辅助经费。

第二十五条 本章程的解释权属于南昌理工学院学生会主席团，自通过之日起生效。各院（系）学生会可依据本章程制定有关工作制度，但不得与本章程相抵触。

2. 南昌理工学院校友会章程

第一章　总则

第一条　本会定名为南昌理工学院校友会（Nanchang Institute of technology Alumni Association 简写：NITAA）

第二条　本会为南昌理工学院校友自愿联合的、经江西省民政厅注册登记具有法人资格的非营利性社会团体组织。

第三条　本会的宗旨是加强校友之间及校友和母校之间的联系，激励校友继续发扬南昌理工学院“科学、求实、厚德、创新”的校训精神，以“航天科教，兴我中华”为己任。为增进友谊与合作，为社会和谐与母校的发展，为国家现代化建设和繁荣富强贡献力量。

第四条　本团体坚决拥护中国共产党的领导，执行党的路线、方针和政策，走中国特色社会组织发展之路，依照《中国共产党章程》有关规定设立中国共产党的组织，开展党的活动，为党组织的活动提供必要条件，承担保证政治方向、团结凝聚群众、推动事业发展、建设先进文化、服务人才成长、加强自身建设等职责。接受江西省教育厅和江西省民政厅的业务指导和监督管理。

第五条　本会办公地址为江西南昌经开区英雄大道 901 号南昌理工学院图文信息中心 303 室，邮编：330044。

第二章　党建工作

第六条　本团体党组织是党在社会团体中的战斗堡垒，发挥政治核心作用。按照建设基层服务型党组织的要求，创新服务方式，提高服务能力，提升服务水平。

第七条　本团体实行党员管理层人员和党组织班子成员双向进入、交叉任职制度。原则上本团体党组织书记由团体负责人中正式党员担任；团体负责人中没有党员的，推荐业务能力强、群众基础好的正式党员理事或监事担任党组织书记。本团体内部没有合适人选的，由上级党组织选派，并全力支持选派党组织书记开展工作。党组织书记依照《中国共产党章程》和《中国共产党基层组织选举工作条例》选举产生。

第八条　本团体建立健全党组织参与和监督制度。本团体开展重要事项决策、重要业务活动、大额经费开支、接收大额捐赠、开展涉外活动等，党组织书记须参与讨论研究。理事会在作出决定前，须征得党组织同意。建立健全党组织与理事会、监事会（或监事）日常沟通协商制度，强化党组织对重要决策实施的监督，定期组织党员、监事等听取理事会工作报告。

第九条　本团体支持配合党组织严格执行和维护党的纪律，规范党内政治生活，充分发挥党组织在社会团体的诚信自律和反腐倡廉建设中的主导作用。

第十条　本团体党组织每届任期 3 年，任期届满根据《中国共产党章程》和相关党内法规按期进行换届。

第十一条　本团体变更、撤并或注销，党组织须向上级党组织报告，并做好党员组织关系转移等相关工作。

第十二条　本团体为党组织开展活动、做好工作提供必要的场地、人员和经费支持。

第十三条　本团体支持建立工会、共青团、妇联组织，做好联系职工群众等工作。

第三章　业务范围

第十四条　本会的业务范围，主要职能是为校友、母校服务，为构建和谐社会服务，具体做到以下几点：

（一）加强校友间、校友和母校的联系和相关信息交流，以此为平台为校友提供终身服务；

（二）促进校友为国家建设和母校的发展作贡献；

（三）进行学术理论与科研开发的探讨与交流；

（四）组织联谊活动，到一定阶段为校友和社会相关部门提供培训和咨询等服务；

（五）编辑、印刷《南理校友双月刊》等内部刊物；

（六）尽力为母校招生宣传与就业信息和专业设置、课程开设的有关事宜提供服务。

第四章　会员

第十五条　本会会员种类为个人会员。

第十六条　申请加入本团体的会员，必须具备下列条件：

（一）拥护本团体的章程；

（二）有加入本团体的意愿；

（三）在本团体的业务（行业、学科）领域内具有一定的影响；

（四）凡在南昌理工学院（包含原江西航天科技专修学院、江西航天科技职业学院）学习过的学生及工作过的教职工，学校聘任的顾问、兼职教师和客座教授，拥护本会章程，自愿参加本会者，均可申请参加本会。

第十七条　会员入会的程序是：

（一）提交《入会申请登记表》；

（二）常务理事会讨论通过。

（三）由理事会或理事会授权的机构发给会员证。

第十八条　会员享有下列权利：

（一）本会的选举权、被选举权和表决权；

（二）参加本会组织的各项活动的权利；

（三）对本团体工作的批评建议权和监督权；

（四）有获得本会服务的优先权，也有退会自由的权利。

第十九条　会员履行下列义务：

（一）遵守本会章程，关心和支持本会工作；

（二）执行本会决议；

（三）接受并完成本会委托的任务，关心和支持母校建设与发展；

（四）维护本会合法权益和社会声誉；

（五）向本会反映情况，提供有关资料，积极促进校友与母校、校友之间联系、交流和合作。

（六）按规定交纳会费；

（七）向本团体反映情况，提供有关资料；

第二十条　对违背本会宗旨或损害本会声誉的会员，经常务理事会表决通过取消或暂停其会员资格。

第五章　组织机构和负责人产生、罢免

第二十一条　本会的最高权力机构是会员代表大会，其职权是：

（一）制定和修改章程；

（二）选举和罢免本会理事；

（三）审议理事会的工作报告和财务报告及制定会费标准；

（四）决定终止事宜；

（五）决定其他重大事宜。

第二十二条　会员代表大会须有 2/3 以上的会员代表出席为有效，决议须经到会代表半数以上表决通过方能生效。

第二十三条　会员代表大会每届四年，因特殊情况需提前或延期换届的，须由理事会表决通过，并报江西省教育厅、江西省民政厅主管部门批准同意，延期换届最长不超过一年。

第二十四条　理事会是会员代表大会的执行机构，会员代表大会闭会期间领导本会工作，对会员代表大会负责。

第二十五条　理事会的职权是：

（一）执行会员代表大会的决议；

（二）选举和罢免会长、副会长、秘书长，聘请名誉会长；

（三）筹备召开会员代表大会；

（四）向会员代表大会报告工作和财务状况；

（五）决定重要会员的吸收或除名；

（六）决定设立或撤销办事机构；

（七）决定副秘书长、各办事机构主要负责人的聘任；

（八）领导本会各办事机构开展工作；

（九）制定内部管理制度；

（十）决定其他重大事项。

第二十六条　理事会须有 2/3 以上理事出席方能召开，其决议须到会理事 2/3 以上表决通过方能生效。

第二十七条　理事会每年召开一次，必要时将采用网站通讯形式召开。

第二十八条　本会设立常务理事会，常务理事会由理事会选举产生，在理事会闭会期间行使第十八条的第一、三、五、六、七、八、九项的职权，对理事会负责。

第二十九条　常务理事会须有 2/3 以上常务理事出席方能召开，其决议须经到会常务理事 2/3 以上表决通过方能生效。

第三十条　常务理事会由会长（或常务副会长）主持，每季度召开一次，必要时由会长根据工作需要临时召开，也可采用通讯形式召开。

第三十一条　本会会长、副会长、秘书长必须具备下列条件：

（一）坚持党的基本路线、方针、政策、政治素质好；

（二）在校友中较有影响；

（三）理事长（会长）、副理事长（副会长）、秘书长最高任职年龄不超过 75 周岁，秘书长为专职；

（四）身体健康，能坚持会章所规定的工作；

（五）未受过刑事处罚；

（六）具有完全民事行为能力。

第三十二条　会长、副会长、秘书长超过最高任职年限的，须经理事会表决通过，报江西省教育厅和江西省社会组织管理局批准后继续任职。

第三十三条　会长、副会长、秘书长任期不超过两届（不超过 8 年），因特殊情况需延长任期的，须经会员代表大会 2/3 以上人数表决通过，报江西省教育厅和江西省社会组织管理局批准后继续任职。

第三十四条　本会会长或常务副会长为本会法定代表人，担任本会法定代表人后不兼任其他团体的法定代表人。

第三十五条　本会会长行使下列职权：

（一）召集和主持理事会和常务理事会；

（二）检查会员代表大会、理事会和常务理事会决议落实情况；

（三）代表本会签署有关重要文件和协议等。

第三十六条　本会秘书长行使下列职权：

（一）主持办事机构开展日常工作，组织实施年度工作计划；

（二）提名副秘书长及各办事机构的主要负责人，交常务理事会决定；

（三）决定办事机构专职工作人员的聘用；

（四）处理其他日常事务。

第三十七条　本会秘书处是理事会下设的日常办事机构，其任务是执行会长、副会长对校友会工作的指示，处理本会日常工作，拟定工作计划，撰写工作总结，搜集校友信息，接待校友来信来访，表彰杰出校友事迹，办好校友会双月刊，管理好校友会网站，管理好会费，完成学校和理事会交办的其他工作。

第六章　资产管理、使用原则

第三十八条　本会经费来源

（一）会员缴纳会费；

（二）母校或各地校友会资助；

（三）校友或其他友好人士捐赠；

（四）业务活动合法收入；

（五）政府资助；

（六）利息。

第三十九条　本会按照国家有关规定收取会员会费，根据具体情况调整每年会费数额。

第四十条　本会经费用于本会章程规定的业务范围和事业发展，不在会员中分配。

第四十一条　本会建立严格的财务管理制度，做到会计资料合法、真实、准确、完整。

第四十二条　本会配备具有专业资格的会计人员担任财务工作，严格制度，遵守国家有关规定。

第四十三条　本会严格按国家规定和财务管理制度管理经费，接受会员代表大会和财政部门的监督。接受审计机关的监督，每年向会员公布一次账目。

第四十四条　本会换届或更换法定代表人之前自觉接受江西省教育厅和江西省社会组织管理局的财务审计。

第四十五条　本会经费任何单位和个人不得侵占、私分和挪用。

第四十六条　本会专职工作人员的工资和保险、福利待遇，参照国家和南昌理工学院有关规定执行。

第七章　章程的修改程序

第四十七条　本会会章修改，须经理事会表决通过后报会员代表大会审议通过。

第四十八条　本会修改的章程，原则上在会员代表大会通过，并于15日内上报江西省教育厅和江西省社会组织管理局审查，核准后生效，如因特殊情况不能在会员代表大会讨论，可在理事会通过后上报，并尽快在会员代表大会上宣布。

第八章　终止程序及终止后的财产处理

第四十九条　本会如因各种原因终止活动需要注销时，由理事会提出终止决议。

第五十条　本会终止动议须经会员代表大会表决通过，并报相关主管部门审查同意，并办理各项清理和善后处理事宜。

第五十一条　本会经江西省社会组织管理局办理注销登记手续后即为终止。

第五十二条　本会终止后的剩余财产，在江西省教育厅和江西省民政厅监督下，按国家有关规定，用于母校发展或校友联谊活动有关事业。

第九章　附则

第五十三条　本章程经 2022 年 12 月 16 日理事会表决通过。

第五十四条　本章程的解释权属本会理事会。

第五十五条　本章程自江西省社会组织管理局核准之日起生效。

3. 南昌理工学院学生社团管理制度

第一章　社团基本配备单位

第一条　学生社团须有校内业务指导单位，承担政治监管责任。

第二条　学生社团应至少有 1 名社团指导教师，作为社团教育监管的第一责任人，负责指导社团发展建设，加强社团成员思想政治教育，规范学生社团日常管理，参加学生社团相关活动，开展学生社团骨干培训。指导教师所在党组织负责指导教师的政治和师德师风审查。

第三条　社团内必须设立社长、副社长、团支书职务，以便分工合作提高社团管理效率，严格把控社团发展方向。

第二章　社团成立、注销

第四条　学生社团数量原则上不超过 80 个，分为传统文化、艺术创造、体育活动、专业知识传播、科技创新五大类。

第五条　申请成立学生社团，须满足以下要求：

（1）社团具有规范的名称和相应的组织机构，符合法律法规要求，全称冠以“南昌理工学院 XX 社团（协会）”字样，能直接分辨出社团的类别、开展活动的范畴。

（2）社团应有 20 名以上（含 20 名）在籍普通全日制学生联合发起，所有发起人必须未受过校纪校规处分、具有开展该社团所必备的基本素质。

（3）社团根据社团功能及主题须接受相关学院（系）或职能部门的指导和监督；

（4）社团具有规范的章程，包括：社团名称，类别，宗旨，成员资格、权利和义务，组织管理制度，财务制度，负责人产生程序，章程修改程序，社团终止程序及其他应当由章程规定的事项；

（5）企业、社会机构或个人原则上不得在学校建立特定冠名的学生俱乐部、协会等社团，确有冠名需要的，须报学校学生组织和社团建设领导小组批准。

第六条　社团负责人需在党委学生工作部、校团委指导下，通过提名推荐、考察公示、公开选举、审核批准等环节遴选产生。社团负责人须满足以下要求：

（1）政治立场坚定，拥护党的领导，热爱祖国，能在政治方向、政治原则、政治道路上同党中央保持高度一致，一般为中共党员或共青团员。

（2）学习成绩良好，学业成绩综合排名及综合测评排名均须在年级专业前 50% 以内，且无课业不及格情况。

（3）组织能力优秀，在学生中具有较好的声望，具备与社团主题相关的专业特长。

（4）在校期间曾因违反有关规定被撤销社团职务的、对社团被宣布解散或注销承担主要责任的学生不得再担任社团负责人。

第七条　以下情形不得成立学生社团：

（1）涉及宗教类、气功类、仅吸纳单一民族学生。

（2）涉及跨地跨校联合、校外组织分支机构性质。

代表和表达特定人员群体利益诉求。

第八条　学生社团的登记事项、备案事项需要变更或修改，须向党委学生工作部、校团委申请登记，党委学生工作部、校团委在 15 个工作日内完成核准。

第九条　学生社团有下列情形之一的，党委学生工作部、校团委应当对其进行注销，并依据情节严重程度追究指导教师及主要负责人的责任：

（1）违背国家法律法规和党的路线方针政策的，违反各级教育部门、共青团组织和学校相关规定的。

（2）已完成学生社团章程规定的使命宗旨，申请注销的。

（3）会员大会决议解散的。

（4）已分立或合并至其他社团的。

（5）社团活动范围、内容与社团宗旨、章程不符的。

（6）年审不合格的。

（7）其他原因终止社团运行，连续 4 个月以上不开展活动的。

第十条　未获批准注册的或已注销的社团，严禁以学校社团名义开展活动。

第三章　学生社团指导老师选聘制度及社团年审制度

第十一条　社团指导教师由党委学生工作部、校团委联合选聘，每名指导教师只能指导 1 个学生社团，并填写南昌理工学院社团指导老师聘任申请表，在党委学生工作部、校团委留存备案。

第十二条　党委学生工作部、校团委对学生社团实行年审制度，并集中公示公告社团年审情况。年审不合格的社团，党委学生工作部、校团委对其进行注销。

（1）年审内容包括社团成员构成、社团负责人工作及学习情况、年度活动清单、指导教师履职情况、业务指导单位意见、财务状况、有无违纪违规和违反社团章程的情况等，审核通过的社团方可继续运行。

（2）年审过程公开、公平、公正。

（3）党委学生工作部、校团委牵头，学校依据工作实绩评选“优秀学生社团”“社团优秀学生干部”“星级学生社团”，对优秀学生社团及个人进行表彰奖励，同时加强先进典型事迹宣传，强化先进典型经验交流，营造积极健康、内涵丰富、团结向上的校园文化氛围。

（4）年审存在问题的社团，提出整改；整改期限依据问题严重程度，一般为 1-3 个月；整改期间社团不得开展除整改以外的其他活动。

参考文献

[1] 马纪岗 . 大学生入学教育 [M]. 北京：北京理工大学出版社，2018.
[2] 刘学 . 大学生入学教育 [M]. 北京：人民邮电大学出版社，2011.
[3] 马纪岗 . 大学生安全法制教育 [M]. 北京：北京理工大学出版社，2018.
[4] 张敏 . 大学生入学教育教材：大学新生 [M]. 北京：中国水利水电出版社，2014.